Ripperger & Kremers
VERLAG

Lesen, Kopieren, Schreiben

Lese- und Exzerpierkunst in der
europäischen Literatur des 18. Jahrhunderts

Herausgegeben von

Elisabeth Décultot

Die Deutsche Nationalbibliothek verzeichnet diese Publikation in der Deutschen Nationalbibliografie, detaillierte bibliografische Daten sind im Internet über http://dnb.d-nb.de abrufbar.

Die Originalausgabe erschien 2003 unter dem Titel »Lire, copier, écrire: Les bibliothèques manuscrites et leurs usages au XVIIIème siècle« bei CNRS éditions Paris.

1. Auflage
© Ripperger & Kremers Verlag, Berlin 2014
Informationen über Bücher aus dem Verlag unter
www.ripperger-kremers.de
»Lire, copier, écrire« © CNRS éditions, 2003
Übersetzung ins Deutsche von Kirsten Heininger und Elisabeth Décultot.
Alle Rechte vorbehalten.

Einbandgestaltung: Vera Eizenhöfer
Schrift Innenteil: Minion Pro
Papier: Munken (holz-, chlor- und säurefrei, alterungsbeständig)
Printed in EU
ISBN: 978-3-943999-33-4

Inhalt

Einleitung
Die Kunst des Exzerpierens –
Geschichte, Probleme, Perspektiven

Elisabeth Décultot

> O, wenn man die Bücher und die Kollektaneen sähe,
> aus denen oft die unsterblichen Werke erwachsen sind [...].
> Man muß niemanden für zu groß halten,
> und mit Überzeugung glauben,
> daß alle Werke für die Ewigkeit
> die Frucht des Fleißes und einer angestrengten Aufmerksamkeit
> gewesen sind.
>
> Georg Christoph Lichtenberg: *Sudelbuch G$_{II}$ 209*

Obwohl die Geschichte des Lesens einen bedeutenden Teilbereich der geisteswissenschaftlichen Forschung darstellt, ist die Kunst des ›Exzerptes‹ (Lateinisch: *excerptum*, Französisch: *extrait*, Englisch: *excerpt* oder *extract*, Italienisch: *estratto*), mit anderen Worten, die Kunst, Sammlungen von Leseaufzeichnungen anzufertigen, bis heute insbesondere für das 18. Jahrhundert relativ unbeachtet geblieben. Diese Sammlungen hatten als einfacher Ersatz für umfangreiche Bibliotheken einen entscheidenden Einfluss auf die europäische Literatur zwischen dem 16. und 19. Jahrhundert. Mit Beginn ihrer Ausbildung wurden die europäischen Gelehrten seit der Renaissance für gewöhnlich aufgefordert, selbst solche Exzerpthefte – die gelegentlich den Umfang von ganzen handgeschriebenen Bibliotheken einnehmen konnten – anzulegen. Diejenigen Gelehrten, die über die entsprechenden Mittel verfügten, überließen die Mühen des Exzerpierens einem Sekretär oder erwarben sogar Exzerpthefte, die von anderen zusammengestellt worden waren.[1] Aufgabe dieser allzeit verfügbaren Exzerpthefte war es nicht nur, Auszüge aus gelesenen Werken zu speichern, sondern vielfältige Materialien (Informationen, Wörter, Tropen, Gedanken usw.) für die möglichen Schreibarbeiten des Exzerpierers bereitzustellen. Aus den so entstandenen Exzerptmagazinen haben sich nicht nur die bedeutendsten Humanisten gespeist, sondern auch zahlreiche Schriftsteller nachfolgender Jahrhunderte.[2] Damit erweisen sich

---

[1]   Zur Geschichte der Exzerpierkunst und der damit verbundenen Formen von Lesefrüchten zwischen dem 15. und dem 17. Jahrhundert vgl. vor allem: Ann M. Blair: Too Much to Know. Managing Scholarly Information before the Modern Age, Yale University Press 2010; Alberto Cevolini: De arte excerpendi. Imparare a dimenticare nella modertinà, Leo S. Olschki editore 2006; Heike Mayer: [Art.] Kollektaneen, in: Historisches Wörterbuch der Rhetorik, hg. von Gert Ueding, Tübingen 1998, Bd. 4, Sp. 1125–1130; Dies.: Lichtenbergs Rhetorik. Beitrag zu einer Geschichte rhetorischer Kollektaneen im 18. Jahrhundert, München 1999, S. 23–103; Ann Moss: Printed Commonplace Books and the Structuring of Renaissance Thought, Oxford 1996; Robert Ralph Bolgar: The Classical Heritage and its Beneficiaries, Cambridge 1963; Joan Marie Lechner: Renaissance concepts of the commonplaces. An historical investigation of the general and universal ideas used in all argumentation and persuasion with special emphasis on the educational and literary tradition of the sixteenth and seventeenth centuries, New York 1962. Zu weiteren Teilaspekten in derselben Periode vgl. auch: Ann M. Blair: Humanist Methods in Natural Philosophy: The Commonplace Book, in: Journal of the History of Ideas 53, 1992, S. 541–551, vor allem S. 548f.; Dies.: Bibliothèques portables: les recueils de lieux communs dans la Renaissance tardive, in: Le Pouvoir des bibliothèques. La mémoire des livres en Occident, hg. von Marc Baratin u. Christian Jacob, Paris 1996, S. 84–106; Jean-Marc Chatelain: Les recueils d'*adversaria* aux XVIe et XVIIe siècles: des pratiques de la lecture savante au style de l'érudition, in: Le Livre et l'historien. Études offertes en l'honneur du Professeur Henri-Jean Martin, hg. von Frédéric Barbier u.a., Genf 1997, S.169–186. Neben dem Artikel von Anthony Grafton im vorliegenden Band sind für die humanistische Tradition folgende Untersuchungen ebenfalls zu nennen: Anthony Grafton u. Lisa Jardine: From humanism to the humanities. Education and the liberal arts in fifteenth- and sixteenth-century Europe, London 1986; August Buck: Die ›Studia Humanitatis‹ und ihre Methode, in: Ders.: Die humanistische Tradition in der Romania, Bad Homburg 1968, S.141–149; Terence Cave: The Cornucopian Text: Problems of Writing in the French Renaissance, Oxford 1979.

[2]   Die Bedeutung dieser Leseaufzeichnungen für Schriftsteller des 16. und 17. Jahrhunderts wie Montaigne und Shakespeare haben schon einige Forschungsarbeiten aufgezeigt. Vgl. z.B. Francis Goyet: A propos de ›Ces

diese Hefte als Quelle außerordentlichen Werts. Über zwei zentrale Aspekte geben sie wichtige Aufschlüsse. Dokumentiert wird einerseits selbstverständlich die Lesetätigkeit des Exzerpierers: Sie belegen seine Vertrautheit mit diesem oder jenem Autor, seine Vorliebe für dieses oder jenes Fach. Obwohl diese Exzerptsammlungen wertvolle Informationen zu seinen Lektüren liefern können, so lassen sie sich aber keinesfalls auf ihre Funktion als Quellenverzeichnisse beschränken. Sie sind keine bloßen Magazine von Lesefrüchten, keine einfachen Speicher von gepflückten Zitaten, sondern bilden die Keimzelle der eigenen Schreibarbeit, erlauben einen Einblick in die Werkstatt des schreibenden Gelehrten und schaffenden Schriftstellers. Ihnen lässt sich entnehmen, wie das in einem fremden Werk Gelesene in dem eigenen Werk verarbeitet und verwandelt werden kann. Gegenstand des vorliegenden Bandes ist es, die Rolle zu beleuchten, welche diese Wissens- und Textspeicher für das literarische und gelehrte Schaffen des 18. Jahrhunderts gespielt haben.

Die Tradition der Exzerpierkunst: ein historischer Überblick

Die Exzerpierkunst ist schon seit der Antike bekannt. Sie liegt beispielsweise dem monumentalen Werk von Plinius dem Älteren zugrunde, wie sein Neffe berichtet:

> [E]in Buch wurde vorgelesen, und er machte Notizen und Auszüge. Er las nämlich nichts, ohne Auszüge zu machen; ja er pflegte zu sagen, kein Buch sei so schlecht, daß er nicht irgendwie nützen könne. [...] In solch angestrengter Tätigkeit vollendete er all die vielen Bände und hinterließ mir hundertsechzig Hefte mit Auszügen aus Büchern, und zwar beidseitig

---

pastissages de lieux communs‹ (le rôle des notes dans la genèse des ›Essais‹), in: Bulletin de la Société des Amis de Montaigne, Nr. 5–6, Jul.–Dez. 1986, S. 11–26 u. Nr. 7–8, Jan.–Juli 1987, S. 9–30; Zachary S. Schiffman: Montaigne and the Rise of Skepticism, in: Early Modern Europe: A Reappraisal, in: Journal of History of Ideas 45 (1984), S. 499–516, vor allem S. 503–506; Thomas Whitfield Baldwin: William Shakespeare's Small Latin and Lesse Greeke, 2 Bde., University of Illinois Press 1944.

und sehr eng beschrieben, wodurch sich die Zahl der Auszüge noch erhöht.[3]

Cicero weist darauf hin, dass er zur Abfassung seines Werkes *De inventione* auf Exzerpte zurückgriff und Quintilian erwähnt diese Praxis in rhetorischen Übungen als geläufig.[4] Im Mittelalter wurde diese Technik in unterschiedlicher Gestalt wieder aufgenommen, und mit Aufbruch der Neuzeit erfreute sie sich besonderer Beliebtheit. Wie Ann Blair gezeigt hat, regten die Erfindung des Buchdrucks und die damit einhergehende Vervielfältigung der gedruckten Werke den Gelehrten dazu an, Exzerpthefte anzulegen.[5] Diese Notizenspeicher ermöglichten es ihm, der exponentiell steigenden Masse der gelesenen oder nachgeschlagenen Werke überhaupt Herr zu werden.

Die Exzerpthefte, die die Keimzelle jeder intellektuellen Arbeit ausmachen sollten, wurden für gewöhnlich als kostbares Gut betrachtet. Jeder angehende Gelehrte wurde schon in seiner Schulzeit dazu aufgefordert, durch regelmäßige Bereicherung seiner Hefte sein ›Kapital‹ von Lesefrüchten zu erhöhen. Im *De ratione studii* unterstrich Erasmus von Rotterdam den überaus hohen Wert dieser »Schatzkammer der Lektüre«.[6] Als Winckelmann 1755 nach Rom zog,

---

[3] C. Plinius Caecilius Secundus: Sämtliche Briefe, eingeleitet, übersetzt u. erläutert von André Lambert, Zürich u. Stuttgart 1969, S. 111f. (Buch III, Brief Nr. 5 [10, 17]): »liber legebatur, adnotabat excerpebatque. Nihil enim legit quod non excerperet; dicere etiam solebat nullum esse librum tam malum ut non aliqua parte prodesset. [...] Hac intentione tot ista volumina peregit electorumque commentarios centum sexaginta mihi reliquit, opisthographos quidem et minutissimis scriptos; qua ratione multiplicatur hic numerus.«

[4] Cicero: De inventione/Über die Auffindung des Stoffes, Lateinisch-deutsch, hg. u. übersetzt von Theodor Nüßlein, Darmstadt 1998, S. 166 (Buch II, 4): »sed omnibus unum in locum coactis scriptoribus, quod quisque commodissime praecipere videbatur, excerpsimus et ex variis ingeniis excellentissima quaeque libavimus.« Deutsche Übersetzung, ebd., S. 167: »sondern ich brachte alle Schriftsteller an einen Ort zusammen, und was ein jeder am zweckmäßigsten vorzuschreiben schien, habe ich herausgenommen und aus vielen Geistern das jeweils Vorzüglichste entlehnt.« Marcus Fabius Quintilian: Institutionis oratoriae libri XII/Ausbildung des Redners. Zwölf Bücher, hg. u. übersetzt von Helmut Rahn, 2 Bde., Darmstadt 1988, Bd. 2, S. 261 (Buch IX, 1, 24).

[5] Vgl. Ann M. Blair: Too Much to Know, vor allem S. 62–116 u. 173–229.

[6] Erasmus von Rotterdam: De ratione studii, in: Opera omnia Desiderii Erasmi Roterodami, Bd. I, 2, Amsterdam u.a. 1971, S. 110–151, hier S. 118; vgl. dazu Heike Mayer: Lichtenbergs Rhetorik, S. 41ff.

waren seine stattlichen Exzerpthefte seine wichtigste, ja eigentlich seine einzige Ausstattung.[7] »Exzerpten-Buch Sparbüchse«, notierte Lichtenberg lakonisch in einem seiner *Sudelbücher*.[8] Und noch 1812 gab Jean Paul vor einer Reise nach Nürnberg folgende Anweisung an seine zu Hause bleibende Frau Caroline: »Bei Feuer sind die schwarzeingebundnen Exzerpte zuerst zu retten.«[9]

Die Sammlungen von Exzerpten konnten in der frühen Neuzeit verschiedene Formen annehmen, unter denen man zwei Haupttypen unterscheiden kann: die nach einer festen Taxonomie organisierten Exzerptsammlungen und die Sammlungen, in denen die Exzerpte ohne sichtbare Ordnung nacheinander aufgeschrieben wurden. Für beide Sammlungstypen wurden unterschiedliche Bezeichnungen verwendet, die allerdings eine gewisse Unschärfe und Variabilität aufweisen. Nach der rhetorischen Terminologie, wie sie etwa an der Schwelle vom 17. zum 18. Jahrhundert von Christian Weise oder Friedrich Andreas Hallbauer vorgeschlagen und in deutschen Schulen und Universitäten gelehrt wurde, wurden die eine strengere Ordnung aufweisenden Exzerpte *collectanea* genannt, während die anderen als *miscellanea* oder auch als *adversaria* bezeichnet wurden.[10] In der erstgenannten Form wurden die während des Lesens

---

[7] Vgl. meinen Artikel im vorliegenden Band sowie für weitere Details: Elisabeth Décultot: Johann Joachim Winckelmann. Enquête sur la genèse de l'histoire de l'art, Paris 2000, S. 9ff. (deutsche Übersetzung: Dies.: Untersuchungen zu Winckelmanns Exzerptheften. Ein Beitrag zur Genealogie der Kunstgeschichte im 18. Jahrhundert, übers. von Wolfgang von Wangenheim u. René Mathias Hofter, Ruhpolding 2004, S. 11ff.).

[8] Georg Christoph Lichtenberg: Sudelbuch J$_I$ 471, in: Ders.: Schriften und Briefe, hg. von Wolfgang Promies, Bd. I (Sudelbücher 1), München 1968, S. 722.

[9] Nachlass Jean Paul, Staatsbibliothek Berlin, Handschriften-Abteilung, Fsz. X/13, Bl. 2r. Vgl. auch Jean Paul. Dintenuniversum. Schreiben ist Wirklichkeit, hg. von Markus Bernauer, Angela Steinsiek u. Jutta Weber, Berlin 2013, S. 24, Kat. 1.16; Jean Pauls Sämtliche Werke. Historisch-kritische Ausgabe. Im Auftrag der Preußischen Akademie der Wissenschaften begründet von Eduard Berend [...], Weimar u.a. 1927ff., Bd. III/6, S. 267.

[10] Zur Unterscheidung zwischen *collectanea* und *miscellanea* vgl. Heike Mayer: Lichtenbergs Rhetorik, S. 32ff., vor allem S. 52ff.; Christian Weise: Gelehrter Redner, das ist Ausführliche und getreue Nachricht wie sich ein junger Mensch in seinen Reden klug und complaisant aufführen soll, Leipzig 1692, S. 39ff.; Friedrich Andreas Hallbauer: Anweisung zur verbesserten Teutschen Oratorie, nebst einer Vorrede von den Mängeln der Schul-Oratorie, Jena 1725, Faksimile Kronberg/Ts. 1974, S. 286ff., vor allem S. 286 u. 288. Zur

zusammengetragenen Stellen in verschiedene Rubriken – die *loci* oder
tituli – eingeordnet, die einem mehr oder weniger festen Klassifizierungsraster entsprachen und das Wiederfinden der aufgeschriebenen
Zitate erleichtern sollten.[11] Als Ordnungsprinzip der Titel, unter
welche die *collectanea* subsumiert werden sollten, empfiehlt etwa
der Lesepädagoge Hallbauer das Alphabet.[12] Hauptaufgabe solcher
Exzerptsammlungen war es, die einzelnen Phasen der rhetorischen
Arbeit zu begleiten. Sie konnten der *inventio* dienen, indem sie in
Form von Argumenten oder Anekdoten den Stoff des Diskurses
bereicherten oder sogar bereitstellten. Sie konnten aber auch für die
elocutio verwendet werden, d. h. zur Gestaltung und Verschönerung
des Diskurses, indem sie eine Reihe von Redefiguren anboten (Metaphern, Vergleiche usw.), die entweder wortwörtlich aufgenommen
oder variiert werden konnten. Zum Unterschied von diesen systematisch geordneten Exzerptsammlungen folgten die *adversaria*- oder
miscellanea-Sammlungen keiner nach festen Kategorien kodifizierten
Ordnung. Dort konnten gegebenenfalls die aus dem gelesenen Werk
exzerpierten Stellen zusammen mit den Bemerkungen aufgeschrieben
werden, die sie beim Leser hervorriefen. Sie konnten ebenfalls frei
nach dem Prozess des Lesens angeordnet werden und waren daher
stärker als die in *loci* oder *tituli* streng gegliederten Sammlungen vom
lesenden Subjekt geprägt. Sie spiegelten den persönlichen Gang seiner
Lektüren und Gedanken wider und waren weniger auf die getreue

---

Praxis und Geschichte der *adversaria*-Sammlungen im 16. Jahrhundert vgl.
Jean-Marc Chatelain: Les recueils d'*adversaria* aux XVIe et XVIIe siècles, vor
allem S. 182.

[11] Der Begriff *loci* weist in der frühen Neuzeit eine doppeldeutige Bedeutung
auf. Entweder bezeichnet er die Kategorie oder Rubrik, unter welche die Exzerpte gesammelt werden (in dieser Bedeutung steht er dem Begriff *titulus*
sehr nahe) oder er bezeichnet die exzerpierten Textstellen selbst. In den rhetorischen Anleitungen aus dieser Zeit wurde oft zwischen *loci communes* und
loci topici unterschieden. Die *loci topici* bilden die Ideen, Gedanken, Begriffe
oder Argumente, die der Exzerpierer dem gelesenen Text entlehnt, während
die *loci communes* vielmehr den Textstellen mit ihren gesamten rhetorischen
Merkmalen (Tropen, Bildern usw.) entsprechen, die der exzerpierende Leser heraussucht und gegebenenfalls nach Rubriken sortiert. Vgl. dazu Heike
Mayer: Lichtenbergs Rhetorik, S. 42, 51f. u.74f.

[12] Friedrich Andreas Hallbauer: Anweisung zur verbesserten Teutschen Oratorie, S. 271.

Wiedergabe des gelesenen Textes ausgerichtet, als auf die persönliche Auseinandersetzung mit ihm.

Bereits in der Antike wurden diese unterschiedlichen Formen der Exzerptsammlungen als einander ergänzend betrachtet. So setzte Cicero im *Pro Quinto Roscio comoedo* die *adversaria*-Sammlungen mit der ›Kladde‹ des Kaufmanns gleich, d. h. mit einer Art Kassenbuch, in dem die Ein- und Auszahlungen Tag für Tag eingetragen wurden, im Gegensatz zu den Registern (*codices* oder *tabulae*), welche Monat für Monat diese Aufzeichnungen ordneten oder sauber ablegten.[13] Auf diesen Bildkomplex greift Lichtenberg im 18. Jahrhundert zurück und variiert dabei möglicherweise einen Gedanken, den er in Ciceros Rede exzerpiert hatte:

Die Kaufleute haben ihr Waste book (Sudelbuch, Klitterbuch glaube ich im Deutschen), darin tragen sie von Tag zu Tag alles ein was sie verkaufen und kaufen, alles durch einander ohne Ordnung, aus diesem wird es in das Journal getragen, wo alles mehr systematisch steht, und endlich kommt es in den Leidger at double entrance nach der italiänischen Art buchzuhalten. In diesem wird mit jedem Mann besonders abgerechnet und zwar erst als Debitor und dann als Creditor gegenüber. Dieses verdient von den Gelehrten nachgeahmt zu werden. Erst ein Buch worin ich alles einschreibe, so wie ich es sehe oder wie es mir meine Gedanken eingeben, alsdann kann dieses wieder in ein anderes getragen werden, wo die Materien mehr abgesondert und geordnet sind, und der Leidger könnte dann die

---

[13] Marcus Tullius Cicero: Rede für den Schauspieler Q. Roscius, in: Ders.: Sämtliche Reden, eingeleitet, übersetzt u. erläutert von Manfred Fuhrmann, 7 Bde., Zürich u. München 1985 (Erstveröffentlichung: 1970), Bd. 1, S. 183–207, hier S. 185 (Buch II, 7: »Quid est quod neglegenter scribamus adversaria? quid est quod diligenter conficiamus tabulas? qua de causa? Quia haec sunt menstrua, illae sunt aeternae; haec delentur statim, illae servantur sancte; haec parvi temporis memoriam, illae perpetuae existimationis fidem et religionem amplectuntur; haec sunt disiecta, illae sunt in ordinem confectae. Itaque adversaria in iudicium protulit nemo; codicem protulit, tabulas recitavit.«) Zu diesem Cicero-Beleg und dessen Verbreitung in der humanistischen Literatur, beispielsweise bei Adrien Turnèbe oder Jean de Coras, vgl. Jean-Marc Chatelain: Les recueils d'*adversaria* aux XVIe et XVIIe siècles, S. 173f.

Verbindung und die daraus fließende Erläuterung der Sache in einem ordentlichen Ausdruck enthalten.[14]

Die *adversaria-*, *miscellanea-* und *collectanea-*Sammlungen waren zwar Produkte persönlicher, handgeschriebener Arbeit, konnten aber auch publiziert werden, etwa nach dem Beispiel von Adrien Turnèbes *Adversariorum tomus primus.*[15] Unter Titeln wie *Loci communes,* *Polyanthea, Theatrum* oder *Florilegium* erzeugte die Exzerpierpraxis zahlreiche Nebenprodukte auf dem Buchmarkt.[16] Wenn solche Bücher sich einer großen Beliebtheit erfreuten, so wurde der Rückgriff auf gedruckte Sammlungen ab dem 17. Jahrhundert mit zunehmender Schärfe kritisiert. In Deutschland wurde in vielen rhetorischen An-leitungen den Lesern nachdrücklich empfohlen, ihre Sammlungen selbst zusammenzustellen, denn nur dadurch seien Lesefrüchte für die intellektuelle Ausbildung wirklich ertragreich auszuwerten. Christian Weise zufolge verstießen solche Veröffentlichungen schon aufgrund ihrer Öffentlichkeit gegen ein grundlegendes Prinzip des Exzerpierens: Die Herstellung von Exzerptheften gehöre zu den privaten, ja zu den vertraulichsten Aktivitäten des Gelehrten und dürfe diese Sphäre nicht überschreiten.»Wer *Miscellanea* haben will/ der muß sie allein haben. Dannenhero was schon gedruckt/oder was auch in den Collegiis privatissimis etlichen Personen communiciret wird/das hat einer nicht allein.«[17] Von Friedrich Andreas Hallbauer wurden solche gedruckten Exzerptsammlungen als »oratorische Tredelbuden [sic!]« gebrandmarkt, die sich eigentlich nur deshalb erfolgreich verkaufen würden,»weil unter den Gelehrten so viel Ignoranten sind.«[18]

Von Anfang an wurde die Exzerpierpraxis von pädagogischen An-leitungen zur *ars excerpendi* begleitet. Wie Ann Moss gezeigt hat, sind die ersten neuzeitlichen Zeugnisse dafür im frühen 15. Jahrhundert

[14] Georg Christoph Lichtenberg: Sudelbuch E₁ 46, in: Ders.: Schriften und Brie-fe, hg. von Wolfgang Promies, Bd. I, S. 352. Vgl. im vorliegenden Band den Artikel von Hans Georg von Arburg.

[15] Adriani Turnebi: Adversariorum tomus primus, Paris 1564.

[16] Ann M. Blair: Too Much to Know, S. 173–229; Ann Moss: Printed Common-place Books and the Structuring of Renaissance Thought, S. 186–214.

[17] Christian Weise: Gelehrter Redner, S. 55.

[18] Friedrich Andreas Hallbauer: Anweisung zur verbesserten Teutschen Orato-rie, S. 288f.

zu finden. Gemeinsam mit Gasparino Barzizza, der vermutlich zu den ersten gehört, die in der Neuzeit diese Technik erwähnen, empfiehlt Guarino Guarini von Verona seinen Schülern nachdrücklich, ausgewählte Auszüge aus den antiken Autoren in Heften aufzuschreiben und nach Rubriken zu ordnen, die sie dann als Quellen für die *copia* und *promptitudo* ihrer eigenen Reden und Schriften benutzen können.[19] Die Exzerpierkunst, die anschließend mit großem Eifer von Lorenzo Valla und Agostino Dati entwickelt und verbreitet wurde, wurde somit zur tragenden Säule der humanistischen Studien. In der zweiten Hälfte des 15. Jahrhunderts trugen Albrecht von Eyb und Rudolf Agricola zu ihrer Verbreitung im Norden Europas bei. Um der Gefahr der Unordnung vorzubeugen, die aus der Koexistenz verschiedener Klassifizierungsmodelle entstanden war, riet Agricola, die Exzerptinhalte in verschiedene Rubriken nach einer strengen Taxonomie zu klassifizieren. Für die Weiterentwicklung dieser Methode sorgten berühmte Gelehrte im 16. Jahrhundert, wie etwa Erasmus von Rotterdam, der im *De ratione studii* (1512) die Vorteile von sinnvoll klassifizierten Exzerpten für die Produktion von neuen Texten betonte, und Melanchthon, der im *De locis communibus ratio* (1531) der Klassifizierung der *excerpta* eine fundamentale Bedeutung beimaß.[20] Im 17. Jahrhundert entwickelte sich die *ars excerpendi* weiter, blieb aber ihren ursprünglichen, wesentlichen Zielsetzungen treu. Es ging darum, einerseits das Gelesene festzuhalten und dabei das Gedächtnis des Lesers zu entlasten, und andererseits Materialien für die Herstellung eigener Schriften zu sammeln. Allerdings versuchten die Gelehrten der späthumanistischen Periode die Exzerpierkunst an die veränderten Bedingungen der Wissensproduktion anzupassen.[21]

---

[19] Ann Moss: Printed Commonplace Books and the Structuring of Renaissance Thought, S. 51–82, hier vor allem S. 52ff.; Robert Ralph Bolgar: The Classical Heritage and its Beneficiaries, S. 268–275. Zur humanistischen Ausbildung in der Renaissance, vgl. Anthony Grafton u. Lisa Jardine: From humanism to the humanities. Education and the liberal arts in fifteenth- and sixteenth-century Europe.

[20] Ann Moss: Printed Commonplace Books and the Structuring of Renaissance Thought, S. 101–115 u. 119–133.

[21] Vgl. den Artikel von Helmut Zedelmaier im vorliegenden Band sowie Helmut Zedelmaier: Lesetechniken. Die Praktiken der Lektüre in der Neuzeit, in: Die Praktiken der Gelehrsamkeit in der Frühen Neuzeit, hg. von Helmut Zedelmaier u. Martin Mulsow, Tübingen 2001, S. 11–30; Ders.: De ratione excerpendi: Daniel Georg Morhof und das Exzerpieren, in: Mapping the world of

Das 18. Jahrhundert, mit dem sich der vorliegende Band befasst, spielt hierbei eine ambivalente Rolle. Einerseits wird die humanistische Tradition des Lesens in dieser Periode einer schärferen Kritik unterworfen, andererseits widmen sich aber viele Schriftsteller, und dies in ganz Europa, weiterhin der Praxis des Exzerpierens, wobei sie sie zu adaptieren und zu reformieren versuchen. Durch das Schwanken zwischen Wiederaufnahme und Infragestellung der humanistischen Tradition scheint dieses Jahrhundert für die Kunst des Lesens besonders fruchtbar zu sein, indem sich zwar in dieser Zeit eine neue Beziehung zum gelesenen Text abzeichnet, zugleich jedoch die Fortdauer alter Paradigmen spürbar bleibt.[22] Der deutschsprachige Raum als Hüter einer alten Gelehrtenkultur gehört zu den Regionen Europas, die diesen Konflikt zwischen traditioneller und moderner Lesekultur am deutlichsten wiedergeben, weswegen ihm im vorliegenden Band einen besonderen Platz eingeräumt wird. Dort wurde die humanistische Kunst des Lesens durch die synergetische Wirkung eines soliden Universitätssystems, eines starken Bildungsmodells und eines hoch entwickelten Buchwesens besonders lange aufrechterhalten. Doch gerade dort suchte man auch nach möglichen Alternativen zur gelehrten Lesetradition. 1688 warnte Daniel Georg Morhof, selbst Autor von ausführlichen Exzerpieranweisungen, die bis in die zweite Hälfte des 18. Jahrhunderts hinein breiten Anklang fanden, seine Leser vor der Tyrannei des Exzerpts. 1725 eiferte sich der fortschrittliche Pädagoge Friedrich Andreas Hallbauer gegen die »Excerpir-Sucht«, die die deutschen Leser befallen habe, und noch im Jahre 1792 bezeichnete Georg Christoph Lichtenberg Deutschland als »Exzerpier-Comptoir«.[23]

Learning: The Polyhistor of Daniel Georg Morhof, hg. von Francoise Waquet, Wiesbaden 2000, S. 75–92.

[22] Vgl. Francis Goyet: Encyclopédie et ›lieux communs‹, in: Encyclopédisme, hg. von Annie Becq, Paris 1991, S. 493–504 (Beiträge zur Tagung von Caen, 12.–16. Jan. 1987).

[23] Daniel Georg Morhof: Polyhistor litterarius, philosophicus et practicus, cum accessionibus virorum clarissimorum Joannis Frickii und Joannis Molleri. 4. Ausgabe mit einem Vorwort von Johan Albert Fabricius, Lübeck 1747 (Faksimile dieser Ausgabe Aalen 1970; 1. Ausgabe Lübeck 1688), S. 559 u. 562 (Buch III): »Modus in excerpendo non usque adeo operosus esse debet«; Friedrich Andreas Hallbauer: Anweisung zur verbesserten Teutschen Oratorie, S. 289; Georg Christoph Lichtenberg: Sudelbuch J_1 1094, in: Ders.:

Ordnung und Unordnung des Lesens.
Zur Klassifizierung der Exzerpte in der frühen Neuzeit

Was die Praxis der Exzerpte anbelangt, wurden im 18. Jahrhundert weniger radikale Veränderungen als vielmehr spürbare Akzentverschiebungen vorgenommen. Hierzu gehört zunächst das Prinzip der Klassifizierung der Leseaufzeichnungen. Im 16. und 17. Jahrhundert wurde die Exzerpierkunst durch die Tradition der topischen Systematik beherrscht. Zwar zeigt sich – wie bereits erwähnt – schon im 16. Jahrhundert in den *adversaria*- und *miscellanea*-Sammlungen die Entwicklung einer freien, zufälligen Klassifizierungsform der Leseaufzeichnungen, dennoch wurde dieses Modell lange Zeit von seinem Gegenstück in den Schatten gestellt: den in *loci* oder *tituli* gegliederten Sammlungen. Wenn der Gelehrte mit der Schreibfeder in der Hand las, wurde er dazu angestiftet, seine Exzerpte nach Rubriken zu ordnen. ›Virtus‹, ›vitium sive improbitas‹, ›sapientia‹, ›stultitia‹, ›fortitudo‹, ›timor‹: so konnten beispielsweise die Rubriken heißen, unter die seine Leseaufzeichnungen eingeordnet wurden.[24] Die lange Tradition der *loci* bot allerdings ein vielfältiges Arsenal von möglichen Rubriken an, in dem der Leser freie Hand hatte, Kategorien auszuwählen, die seinen Bedürfnissen am ehesten entgegenkamen.[25] In seiner *Bibliotheca universalis* (1545) führt Konrad Gessner mehrere Beispiele für diese Art von Klassifizierungen auf.[26] Am Ende des 17. Jahrhunderts empfiehlt Christian Weise, der sich noch teilweise dieser Tradition verschreibt, leicht verständliche

---

Schriften und Briefe, hg. von Wolfgang Promies, Bd. I, S. 806. Vgl. auch Ders.: Sudelbuch J$_1$ 509, in: ebd., Bd. I, S. 728.

[24] Diese Begriffe entsprechen den Rubriken, unter die Georg Meier (auch unter dem Namen Major oder Maior bekannt), Rektor des Johannesgymnasiums in Magdeburg, die Parabeln von Erasmus in seiner Anthologie *Elegantiores aliquot parabolae ex Erasmi Rote* (1532) einordnet. Vgl. dazu Ann Moss: Printed Commonplace Books and the Structuring of Renaissance Thought, S. 186f.

[25] Zur Geschichte der Klassifizierungsmodelle vgl. Wilhelm Schmidt-Biggemann: Topica universalis. Eine Modellgeschichte humanistischer und barocker Wissenschaft, Hamburg 1983; Francis Goyet: Le Sublime du ›lieu commun‹. L'invention rhétorique dans l'Antiquité et à la Renaissance, Paris 1996, vor allem S. 22.

[26] Helmut Zedelmaier: Bibliotheca universalis und bibliotheca selecta. Das Problem der Ordnung des gelehrten Wissens in der frühen Neuzeit, Köln, Weimar u. Wien 1992, S. 51–124, vor allem S. 89ff.

Rubriken auszuwählen, unter welche die exzerpierten Stellen streng
eingeordnet werden sollen. Diese Rubriken, die in angemessener
Zahl sein sollen, dürfen weder zu präzise, noch zu allgemein sein,
so dass sich deren Verwendung so komfortabel wie möglich gestal-
te.[27] Trotz dieser Mannigfaltigkeit lässt sich aber feststellen, dass
die Kategorien, die für die Klassifizierung der exzerpierten Stellen
benutzt wurden, gemeinhin akzeptierten Mustern entsprachen und
von einer Exzerptsammlung zur anderen mit meistens nur leichten
Abwandlungen übernommen wurden.[28]

Im Laufe des 17. Jahrhunderts tauchen nun mit zunehmender
Eindringlichkeit immer flexiblere Klassifizierungsmuster innerhalb
der Lehrmethoden zur Lesekunst auf. Diese Klassifizierungsmuster
werden nicht mehr von einer vorgefertigten Systematik diktiert,
sondern vorwiegend durch die persönlichen Bedürfnisse des Lesers
und die interne Struktur des gelesenen Textes vorgegeben. Diese
subjektbezogene Dimension beim Verfassen und Einordnen der
Exzerpte wird in dieser Periode immer spürbarer. So verteidigt der
aus Augsburg stammende Jesuit Jeremias Drexel in seinem Werk
Aurifodina Artium & Scientiarum (1638), das zur *excerpendi sollertia*
erziehen soll, das Recht des Gelehrten, die Exzerpte, die er aus der
»Goldgrube der Künste und Wissenschaften« schöpft, nach seinen
eigenen Bedürfnissen einzuordnen.[29] In seinem *Polyhistor* weist Daniel
Georg Morhof nachdrücklich darauf hin, dass nur das Verfassen von
unwichtigen Exzerpten an einen Sekretär delegiert werden könne. Die
wichtigen Exzerpte müssen dagegen unbedingt vom Benutzer selbst
verfasst werden, denn nur dieser könne seiner Exzerptsammlung
seine eigene Ordnung einprägen.[30] In Deutschland haben jesuitische

---

[27] Christian Weise: Gelehrter Redner, S. 550.

[28] Ann Moss: Printed Commonplace Books and the Structuring of Renaissance
Thought, S. 188–189, 192–193; Helmut Zedelmaier: Bibliotheca universalis
und bibliotheca selecta, S. 73ff.

[29] Jeremias Drexel: Aurifodina Artium & scientiarum omnium; Excerpendi
Sollertia, Omnibus litterarum amantibus monstrata, München 1638. Vgl.
Florian Neumann: Jeremias Drexels *Aurifodina* und die *Ars excerpendi* bei
den Jesuiten, in: Die Praktiken der Gelehrsamkeit in der frühen Neuzeit, hg.
von Helmut Zedelmaier u. Martin Mulsow, S. 51–61, sowie den Artikel von
Helmut Zedelmaier im vorliegenden Band.

[30] Daniel Georg Morhof: Polyhistor litterarius, S. 559 u. 562 (»Excerpta usui &
scopo nostro accomodanda«).

Pädagogen wie Drexel eine grundlegende Rolle in dieser Bewegung gespielt. Für sie stand im Fokus, das *judicium* des jungen Lesers zu schulen, damit dieser gegen den Einfluss schlechter Bücher gewappnet sei. Nun werde diese Urteilsfähigkeit zum großen Teil durch die individuelle Kunst der Leseaufzeichnungen erworben, die nicht von vorgegebenen Kategorien bestimmt werde, sondern durch die persönliche Ordnung des lesenden Subjekts. Diese Emanzipation von festen humanistischen Klassifizierungsmodellen ist eine Erscheinung europäischen Ausmaßes. Man begegnet ihr in Frankreich, wie etwa Bernard Lamys pädagogische Anleitungen zeigen,[31] oder auch in England, wo John Locke, Hauslehrer von Shaftesbury und Autor einer berühmten *Méthode nouvelle de dresser des recueils* – ein Werk, das erstmalig 1687 auf Französisch erschien –, beispielsweise zur Erfindung effizienter Rubriken rät, die den Bedürfnissen des Lesers streng angepasst seien.[32]

Aufgrund dieser Entwicklung nimmt die Frage nach der Sortierung der Exzerpte, mit der sich die humanistische Tradition schon intensiv beschäftigt hatte, an der Schwelle vom 17. zum 18. Jahrhundert

---

[31] Bernard Lamy: Entretiens sur les sciences dans lesquels on apprend comment l'on doit étudier les sciences et s'en servir pour se faire l'esprit juste et le cœur droit, hg. von François Girbal u. Pierre Clair, Paris 1966, S. 161–164 (Erstveröffentlichung: Paris u. Lyon 1684). Vgl. auch Ann Moss: Printed Commonplace Books and the Structuring of Renaissance Thought, S. 275f.

[32] [John Locke]: Méthode nouvelle de dresser des recueils communiquée par l'auteur, in: Bibliothèque universelle et historique de l'année 1686, Bd. II, Amsterdam 1687, S. 315–340 (die englische Übersetzung erschien erst 1706: John Locke: A New Method of Making Common-Place-Books. [...] Translated from the French [...], London 1706): »Si je veux mettre quelque chose dans mon recueil, je cherche un titre, à quoi je le puisse rapporter, afin de le pouvoir trouver, lorsque j'en ai besoin. Chaque titre doit commencer par un mot important et essentiel à la matière dont il s'agit. [...] Quand je rencontre quelque chose que je crois devoir mettre dans mon recueil, je cherche d'abord un titre qui soit propre.« (S. 320f.). (Deutsche Übersetzung: »Wenn ich etwas meiner Sammlung hinzufügen will, suche ich einen Titel, worauf ich es beziehen kann, damit ich den Eintrag wiederfinde, wenn ich ihn benötige. Jeder Titel muss mit einem wichtigen Wort beginnen, das sich auf das Wesen der behandelten Materie bezieht. [...] Wenn ich auf etwas stoße, von dem ich denke, dass es aufgenommen werden soll, suche ich zuerst nach einem passenden Titel.«) Zu Lockes Exzerpiermethode vgl. Geoffrey Guy Meynell: John Locke's Method of Commonplacing, as seen in his Drafts an his Medical Notebooks, Bodleian Mss. Locke D. 9, F. 21 and F. 23, in: The Seventeenth Century, Bd. 8, Nr. 2, 1993, S. 245–267 und den Artikel von Laurent Jaffro im vorliegenden Band.

wahrhaft irritierende Züge an. Morhof zieht zu Beginn seiner Ausführungen über die Exzerpierkunst das atemberaubende Fazit über die Klassifizierungsmuster, die seit über zwei Jahrhunderten entworfen wurden: Franciscus Bonnaeus trete dafür ein, die Exzerpte nach drei größeren Kriterien (Disziplin, Geschichte, Sprache) zu sortieren; Johannes Sturmius empfehle, die *excerpta* in die vier Rubriken der Theologie, Physik, Technik und Anthropologie einzuordnen; Jodocus Willichius schlage vor, nach dem lexikographischen Modell die exzerpierten Texte in Lexeme (wie etwa *togo, horto, vestis, vinea* usw.) zu zerlegen, ganz zu schweigen von den 76 *loci* unter denen Johannes Benzius den gesamten lateinischen Textkorpus einordne.[33] Dabei ist diese Auflistung keinesfalls vollständig. Diese Bestandsaufnahme steht zu ihrem Gegenstand – der Ordnung – in einer wahrhaft widersprüchlichen Beziehung. Morhofs Auflistung bisheriger taxonomischer Modelle führt unmerklich zur Frage, ob die Wahl eines Klassifizierungssystems nicht grundsätzlich subjektbezogen ist und ob die Anzahl der Taxonomien nicht mit der Zahl der möglichen Exzerpierer identisch ist. Muss sich das lesende Subjekt überhaupt an ein vorgegebenes Ordnungsprinzip halten? Ist die Sortierung der Exzerpte nicht in erster Linie und jederzeit das Ergebnis einer persönlichen Arbeitsmethode und daher das Merkmal eines einzelnen Menschen? Diese Frage wird mit dem Ende des 17. Jahrhunderts immer hörbarer. Die *adversaria-* oder *miscellanea*-Sammlungen, in denen der Leser all das notiert, was ihm an einem Buch interessant erscheint und selbst das, was außerhalb des Buches seine Aufmerksamkeit weckt, stoßen auf wachsendes Interesse. Daniel Georg Morhof sieht darin eine besondere Prägung der Moderne und weist nachdrücklich auf deren Vorteile hin. Die von einer festen Systematik befreiten Sammlungen ermöglichen es, ›freie‹, unsortierte Exzerptsammlungen zu konzipieren, die aus der schillernden Wissbegierde des Einzelnen entstehen.[34]

---

[33] Vgl. Daniel Georg Morhof: Polyhistor litterarius, vor allem S. 561–562 u. S. 565–567.
[34] Ebd., S. 563. Zur Kritik der humanistischen Topik der Klassifizierungsmodelle im Frankreich des 17. Jahrhunderts vgl. Ann Moss: Printed Commonplace Books and the Structuring of Renaissance Thought, S. 255–269.

Exzerpte und *memoria*.
Aspekte eines gespannten Verhältnisses

Allerdings sind all diese Überlegungen zur Organisation der Exzerpthefte vor dem Hintergrund der prinzipiellen Diskussion zu
verstehen, die die Exzerpierpraxis seit ihrer Entstehung begleitet:
Welche Beziehung unterhält die Kunst des Exzerpierens zum Erinnerungsvermögen? Ist sie diesem Vermögen hilfreich oder schädlich?
Bezeichnenderweise eröffnet Morhof seine Kapitel über die Exzerpthefte mit dem Hinweis auf Platos Angriffe gegen die das Vergessen
fördernde Schrift, um diese allerdings sogleich zu widerlegen.[35] Am
Ende des *Phaidros* erzählt Sokrates, dass der ägyptische Gott Theuth,
Erfinder der Schrift, seine Technik dem König Thamus als Hilfsmittel
des Gedächtnisses und Träger der Weisheit empfahl. Thamus wies
Theuth mit folgenden Worten zurück:

> So hast auch du jetzt, als Vater der Buchstaben, aus Liebe das
> Gegenteil dessen gesagt, was sie bewirken. Denn diese Erfindung
> wird den Seelen der Lernenden vielmehr Vergessenheit einflößen
> aus Vernachlässigung der Erinnerung, weil sie im Vertrauen auf
> die Schrift sich nur von außen vermittels fremder Zeichen, nicht
> aber innerlich sich selbst und unmittelbar erinnern werden.[36]

Will man ihren Gegnern Glauben schenken, konzentrieren die
Exzerpthefte zugleich alle Makel der Schriftkultur. Indem sie das
Erinnerungsvermögen entlasten, regen sie zur Amnesie an, worauf
Morhof sogleich erwidert, dass dieser Vorwurf ungerechtfertigt sei.
Weit davon entfernt, das Vergessen zu begünstigen, erfülle das Exzerpt
im Gegenteil eine mnemonische Schlüsselfunktion: Es rege die Auf-
merksamkeit des Kopisten an und ermögliche, den aufgeschriebenen
Auszug für immer festzuhalten.[37]

---

[35] Daniel Georg Morhof: Polyhistor litterarius, S. 560.

[36] Platon: Phaidros, nach der Übersetzung von Friedrich Schleiermacher mit
der Stephanus-Numerierung hg. von Walter F. Otto, Ernesto Grassi u. Gert
Plamböck, in: Ders.: Sämtliche Werke, 6 Bde., Hamburg 1988–1989 (Erstveröffentlichung: 1957ff.), Bd. 4 (1989), S. 10–60, hier S. 55 (275a). Zum Verhältnis der Griechen zur Schrift vgl. Ernst Robert Curtius: Europäische Literatur
und lateinisches Mittelalter, Bern 1948, S. 306–310.

[37] Daniel Georg Morhof: Polyhistor litterarius, S. 560f.: »Provocat enim legenti-
um attentionem excerpendi industria; ipsa illa scriptio intelligentiam juvat &,

Der hier beschriebene Vorbehalt gegen das Exzerpieren hat die Auseinandersetzung über die *ars excerpendi* seit Beginn der frühen Neuzeit unaufhörlich geprägt. Grund dafür ist, dass das Exzerpieren, wie das Schreiben selbst, zum menschlichen Gedächtnis in einer ambivalenten Beziehung steht. Einerseits erleichtert, entlastet, befreit es das Gedächtnis. Ihren Aufstieg erfuhr die Kunst des Exzerpierens in einer Zeit, in der die schnelle Vermehrung des Lesestoffs eine ernsthafte Gefahr bedeutete, die mnemonischen Fähigkeiten des Einzelnen zu übersteigen. Vor diesem Hintergrund besteht die Funktion der Exzerptsammlungen darin, den Schwächen des Gedächtnisses abzuhelfen. Indem sie dies aber leisten, fordern sie das Gedächtnis zum Stillstand auf, machen es träge, lassen es in Lethargie versinken. Das Exzerpt stellt demnach ein unerlässliches Hilfsmittel und gleichzeitig eine offenkundige Gefahr für das Gedächtnis dar – eine zweischneidige Wirkung, die auf dem Schaffen des Kopisten dauerhaft lastet. Indem der Exzerpierer die Textpassagen festhält, die ihn beeindruckt haben, um diese nicht zu vergessen, eröffnet er sich gleichzeitig die Möglichkeit, diese zu vergessen.

Die frühe humanistische Tradition hatte im 15. und 16. Jahrhundert den Versuch unternommen, diesen Widerspruch aufzulösen, indem sie auf die Klassifizierung der Leseaufzeichnungen nach dem Modell der *loci communes* oder *loci topici* zurückgriff, deren Ziel es war, nicht das Gedächtnis durch Entlastung aufzuheben, sondern die Erinnerungsarbeit zu erleichtern.[38] Traditionsgemäß musste der Leser die abgeschriebenen Exzerpte tatsächlich immer wieder lesen, damit er sie sich einprägen konnte, was die Klassifizierung in *loci* erleichtern sollte. Damit zielten die Exzerptsammlungen nicht so sehr darauf ab, Daten zu speichern, die das Gedächtnis ohne weiteres vergessen durfte, da sie in jederzeit verfügbaren Heften gesammelt worden waren. Sie sollten vielmehr – zumindest idealer Weise – das Gedächtnis in die Lage versetzen, dank einer festen Klassifizierung über diese Daten zu verfügen. Dieses Ziel verfolgt beispielsweise Rudolf Agricola, wenn er dafür wirbt, die Exzerpte nach begrifflichen Gegensatzpaaren wie ›Virtus‹ und ›Vitium‹, ›Vita‹ und ›Mors‹, ›Doctrina‹ und ›Ineruditio‹

---

quod praecipuum est, certissimae hoc oblivionis remedium est.«
[38] Vgl. Frances Amelia Yates: The Art of Memory, London 1966. Zur Unterscheidung zwischen *loci communes* und *loci topici* in der frühen Neuzeit (besonders bei Christian Weise) vgl. Anm. 11.

einzuordnen – ein taxonomisches Modell, das die mnemonische Speicherung erleichtern soll.[39] Dieser Tradition folgend sind die in Rubriken gegliederten Exzerptsammlungen vielmehr Stützen als Ersatz für das Gedächtnis des einzelnen Lesers. Selbst für Erasmus, der den Zweck der Exzerpierkunst zwar weniger in der mnemonischen Speicherung von fremden Textstellen als in der Produktion von eigenen Texten sah, blieb die systematische Organisation der Exzerpte ein Hilfsmittel für das Gedächtnis.[40] Dieses Verständnis der Exzerpierpraxis blieb bis zum Ende des 17. Jahrhunderts weitgehend lebendig, wie zahlreiche Lesemethoden zeigen, darunter insbesondere die Lesemethode des Jesuiten Francesco Sacchini, die 1614 in Ingolstadt veröffentlicht und noch 1786 ins Französische übersetzt wurde.[41] Auch Dominique Bouhours bezog sich auf diese mnemonische Verwendung des Exzerpts, als er den Gelehrten Eudoxos als Gesprächspartner von Philantos in *La manière de bien penser dans les ouvrages de l'esprit* portraitierte:

> Eudoxe ne s'est pas contenté de lire ses livres, il en a fait des extraits qu'il relit de temps en temps; si bien que les choses luy sont fort présentes & qu'il scait presque par cœur tous les beaux endroits de son recueil.[42]

Im Laufe der frühen Neuzeit erscheinen jedoch nachdrückliche Warnungen gegen eine mögliche Spannung zwischen der Exzerpierpraxis

---

[39] Vgl. Robert Ralph Bolgar: The Classical Heritage and its Beneficiaries, S. 272; Ann Moss: Printed Commonplace Books and the Structuring of Renaissance Thought, S. 55 u. 75f.

[40] Ebd., S. 103ff.

[41] Francesco Sacchini: De Ratione Libros cum profectu legendi libellus, Ingolstadt 1614 (französische Übersetzung: F. Sacchini: Moyens de lire avec fruit, trad. du latin par J.-M. Durey de Morsan, La Haye u. Paris 1786). Auch Jeremias Drexel besteht in seiner *Aurifodina Artium et scientiarum omnium* darauf, dass die Erstellung von Exzerptheften das Gedächtnis nicht schwächen darf.

[42] Dominique Bouhours: La Manière de bien penser dans les ouvrages de l'esprit, Paris 1705 (Erstausgabe Paris 1687), Faksimile, mit einer Einführung u. Anmerkungen versehen von Suzanne Guellouz, 1988, S. 43, deutsche Übersetzung: »Eudoxos hat sich damit nicht begnügt, seine Bücher zu lesen, sondern er hat auch daraus Exzerpte gemacht, die er ab und zu liest, so dass ihr Gegenstand ihm durchaus gegenwärtig ist und er all die schönen Stellen seiner Sammlung fast auswendig kennt.«

einerseits und der Übung des Erinnerungsvermögens andererseits.
Um die immer größeren Mengen von Lesenotizen zu bewältigen,
die den immer größeren Mengen von Büchern entnommen werden,
werden in dieser Zeit Klassifizierungstechniken entwickelt, die
sich von der traditionellen Praxis der *ars memoriae* entfernen. Zu-
nehmend wird der Akzent auf neue Werkzeuge gelegt, die sich für
die Klassifizierung von größeren *corpora* von Exzerpten am besten
eignen, wie Sachregister, Tabellen, Register für Eigennamen und
Sachgruppen, mit dem Ziel, diese persönlichen Bestände so einfach
wie möglich zugänglich zu machen.[43] Damit entwickeln sich die traditionellen Exzerptsammlungen zu echten persönlichen Archiven, zu
Notizspeichern, die möglicherweise einen solchen Umfang erlangen,
dass sie nicht mehr in ihrer Gesamtheit memoriert werden können,
sondern einfach gespeichert und erst für eine mögliche spätere
Verwendung aufbewahrt werden. Unter den neuen Hilfsmitteln zur
Klassifizierung von größeren Exzerptkorpora treffen Karteisysteme
im 17. und 18. Jahrhundert auf besonderes Interesse. So finden sich
in der handschriftlichen Bibliothek von Montesquieu ganze Reihen
von Karteien, welche die aufgeschriebenen Exzerpte in verschiedene Lemmata zergliedern, womit die Sorge um deren effiziente und
praktische Verwendung deutlich wird.[44] Der deutschsprachige Raum
brachte eine ganze Reihe solcher Systeme hervor, angefangen vom
Modell des ›Zettelschrankes‹ von Vincentius Placcius im 17. Jahrhundert bis zum von Jacob Moser 1773 beschriebenen ›Zettelkasten‹.[45]
Aufschlussreich für diese Entwicklung sind die Register von Registern
von Johann Caspar Hagenbuch, ein wahrhaft abstruses System von
Verweissystemen, das der Züricher Gelehrte auf der Grundlage seiner Leseaufzeichnungen zur Realisierung seiner riesigen *Bibliotheca
Epigraphica* zusammenzustellen versuchte, allerdings nie vollenden

---

[43] Vgl. Markus Krajewski: Zettelwirtschaft: Die Geburt der Kartei aus dem Geiste der Bibliothek, Berlin 2002.

[44] Vgl. den Artikel von Catherine Volpilhac-Auger im vorliegenden Band.

[45] Vgl. den Artikel von Helmut Zedelmaier im vorliegenden Band sowie Helmut
Zedelmaier: Buch, Exzerpt, Zettelschrank, Zettelkasten, in: Archivprozesse.
Die Kommunikation der Aufbewahrung, hg. von Hedwig Pompe u. Leander
Scholz, Köln 2002, S. 38–53. Daniel Georg Morhof hält eine Lobrede auf den
scrinium litteratum (Zettelschrank), den Vincentius Placcius beschrieben hat-
te (vgl. Daniel Georg Morhof: Polyhistor litterarius, S. 562).

konnte.[46] Am Ende des 18. Jahrhunderts brachte allerdings Lichtenberg die Spannung zwischen den mnemotechnischen ›Vorteilen‹ der Exzerpierkunst, die er selbst intensiv praktizierte, und deren Gefahren für die Ausübung der Verstandesvermögen deutlich zum Ausdruck:

> Das Sammeln und beständige Lesen ohne Übung der Kräfte hat das Unangenehme, welches ich seit einigen Jahren (1788 geschrieben) bei mir bemerke, daß sich alles an das Gedächtnis und nicht an ein System hängt.[47]

Die Gesetze des lesenden Subjekts
Zur Exzerpierkunst im 18. Jahrhundert

Interessant sind viele Schriftstellernachlässe des 18. Jahrhunderts eben deshalb, weil sie die verschiedenen Phasen dieser Entwicklung widerspiegeln. An ihnen lässt sich in erster Linie der Übergang von einem strengen *collectanea*- zu einem freieren *miscellanea*-Modell ablesen, wofür etwa Jean Pauls Exzerptsammlung ein sehr aufschlussreiches Beispiel liefert. Den Arbeiten Götz Müllers und Michael Wills zufolge lässt sich seine Tätigkeit als Exzerpierer in zwei Hauptphasen zergliedern, die sich voneinander deutlich unterscheiden.[48] In der Frühphase war Jean Pauls Umgang mit der Exzerpierpraxis vom traditionellen *collectanea*-Modell geprägt, das er wohl ursprünglich im Rahmen seines Gymnasialstudiums erlernt hatte. Die achtzehn Exzerptbände,

---

[46] Vgl. den Artikel von Klaus Weimar im vorliegenden Band.

[47] Georg Christoph Lichtenberg: Sudelbuch H$_{II}$ 168, in: Ders.: Schriften und Briefe, hg. von Wolfgang Promies, Bd. II, S. 202.

[48] Götz Müller: Jean Pauls Exzerpte, Würzburg 1988; Michael Will: Die elektronische Edition von Jean Pauls Exzerptheften, in: Jahrbuch für Computerphilologie 4, 2002, S. 167–186 (dieser Artikel kann auch unter folgender Internetadresse abgerufen werden: http://computerphilologie.uni-muenchen.de/ejournal.html). Ders.: Jean Paul:»Schreiben – Aufzeichnen – Eingraben.« Aus den unveröffentlichten Exzerptheften (1782–1800), in: Jahrbuch der Jean-Paul-Gesellschaft 37 (2002), S. 2–13; Ders.: Jean Pauls (Un-)Ordnung der Dinge, in: Jahrbuch der Jean-Paul-Gesellschaft 41, 2006, S. 71–95; Ders.: Lesen, um zu schreiben – Jean Pauls Exzerpte, in: Jean Paul. Dintenuniversum. Schreiben ist Wirklichkeit, hg. von Markus Bernauer u.a., S. 39–48. Vgl. auch Thomas Wirtz: Die Erschließung von Jean Pauls Exzerptheften, in: Jahrbuch der Jean-Paul-Gesellschaft 34, 1999, S. 27–30 und den Artikel von Christian Helmreich im vorliegenden Band.

die er in seiner Jugend zwischen 1778 und 1781 (also innerhalb von
nur drei Jahren) anlegte, und die zum Teil der Vorbereitung auf das
geplante Theologiestudium dienen sollten, bestehen aus geschlossenen,
oft längeren, meistens wortwörtlich treuen Auszügen aus dem gelesenen Buche und sind mit sehr genauen bibliographischen Hinweisen
(Autor, Titel, Verlag, Erscheinungsort und -datum, Seitenangaben)
versehen.[49] Trotz der Vielfalt der exzerpierten Stellen, die zum großen
Teil Rezensionen von neueren Publikationen entlehnt sind, lassen sich
thematische Schwerpunkte – wie etwa Theologie und Philosophie,
Literatur oder Anthropologie – in diesen ersten Heften wenigstens
grob erkennen. Im Zuge seiner Weiterentwicklung als Schriftsteller
gab Jean Paul seine Gewohnheiten als gewissenhafter Kopist sehr ausgefeilter, mit exakten bibliographischen Referenzen ausgeschmückter
Exzerpte allmählich auf. Mit anderen Worten verabschiedete er sich
von der *collectanea*-Tradition, um sich derjenigen der *miscellanea* zu
nähern. Ab 1782 nehmen miszellaneische Exzerpte in seinen Heften immer mehr Platz ein. Die exzerpierten Einträge werden in der
Regel kürzer; ihre Provenienz ist wegen persönlicher Verarbeitung
oder gänzlich fehlender Quellenangaben oft nicht mehr festzulegen;
auch ihre Gruppierung lässt keine eindeutige thematische Systematik
erkennen.[50] Eine ähnliche Tendenz lässt sich in der Entwicklung von
Winckelmanns Exzerpierpraxis beobachten. In seinen Jugendjahren
als Hauslehrer, Schulmeister und Bibliothekar in Deutschland schrieb
Winckelmann gerne lange, genaue und ausführliche Exzerpte aus
sehr umfangreichen Werken wie etwa aus Lexika oder Sammlungen
von Periodika. So exzerpierte er in der chronologischen Reihenfolge zahlreiche Nummern der Leipziger *Acta eruditorum* oder las

---

[49] Zu den Exzerpten aus dieser Periode vgl. Nachlass Jean Paul, Staatsbibliothek
    zu Berlin, Fasz. Ia, Ib, IVb. Vgl. z.B. Fasz. Ia, 2, Bl. 2r: Exzerpt aus *Über die
    Krankheiten der Gelehrten und die leichteste und sicherste Art sie abzuhalten
    und zu heilen von Johann Gottlieb Akkermann der Arzneigelahrtheit Doktor.
    Nürnberg, in der Martin Jakob Lauerischen Buchhandlung. 1777* (der Titel
    wird in dieser Form von Jean Paul angegeben).
[50] Diese Tendenz lässt sich ab dem Exzerptband bemerken, der mit dem Ti-
    tel *Geschichte. 1. Bd. 1782* (Nachlass Jean Paul, Staatsbibliothek zu Ber-
    lin, Fasz. IIa, 1) versehen ist. Ein Beispiel für diese Entwicklung liefern die
    Exzerpte ohne Quellenangaben, die unter der Überschrift »Anekdoten«
    (Fasz. IIa, 1, Bl. 9ff.) versammelt sind und aus kurzen Sätzen bzw. Abschnitten
    zu den vielfältigsten Themen bestehen.

Pierres Bayles *Historisches und Critisches Wörterbuch* zweifach in seinem Gesamtumfang und entnahm dieser gründlichen Lektüre drei stattliche Exzerptkonvolute: einen ersten Exzerptband von ca. 700 Seiten und zwei weitere Hefte von insgesamt rund 40 Seiten, die in Exzerpten aus Exzerpten bestehen.[51] Am Ende seines Aufenthalts in Deutschland und vor allem ab seiner Ankunft in Rom Ende 1755 brach er mit dieser Form der Exzerpierpraxis. Die Exzerpte seiner späteren Hefte sind erheblich kürzer und zielgerichteter, d. h. an den momentanen Bedürfnissen des lesenden und schreibenden Subjekts deutlicher orientiert.

Das Aufkommen dieser subjektbezogenen Dimension lässt sich an der Gestaltung von Ordnungssystemen besonders gut beobachten. Viele Schriftsteller des 18. Jahrhunderts, deren Exzerptnachlässe uns überliefert worden sind, unterscheiden sich durch eine persönliche, von traditionellen, vorgegebenen Klassifizierungsmustern weitgehend entfernte Organisation ihrer Lesefrüchte. So hielten sich offenbar weder Winckelmann noch Heinse oder Jean Paul an eine vorab festgelegte Systematik, als sie ihre Exzerpte niederschrieben.[52] Sie folgten einem individuellen Ordnungsprinzip, das sich aus der Erschließung des gelesenen Buches oder aus der Logik ihrer persönlichen Arbeitspläne ergab – falls sie überhaupt einer Gesetzmäßigkeit folgten. Um die Orientierung in seine gewaltigen Exzerptmengen nicht zu verlieren, schuf sich beispielsweise Jean Paul höchst persönliche, sehr ausgeklügelte Klassifizierungssysteme, die auf seine eigenen Bedürfnisse so stark zugeschnitten waren, dass sie bis heute fremden Augen verschlüsselt

---

[51] Johann Joachim Winckelmann: Exzerpte aus Peter [Pierre] Bayle: Historisches und Critisches Wörterbuch, nach der neuesten Auflage von 1740 ins Deutsche übersetzt; auch mit einer Vorrede und verschiedenen Anmerkungen sonderlich bey anstößigen Stellen versehen, von Johann Christoph Gottscheden, 4 Bde., Leipzig 1741–1744, in: Nachlass Winckelmann, Paris, Bibliothèque Nationale de France, Département des manuscrits: Fonds allemand, Bd. 76, S. 1–676 (hier wurden die Exzerpthefte wahrscheinlich von Winckelmann selber ausnahmsweise als Seiten numeriert; im Normalfall erfolgt die Numerierung nach Blättern); ebd., Bd. 72, Bl. 176r–191v; Nachlass Winckelmann, Staats- und Universitätsbibliothek Hamburg, Cod. hist. art. 1, 2 (4°), Bl. 4r–9v. Winckelmanns Exzerpte aus den *Acta eruditorum* sind in der Staats- und Universitätsbibliothek Hamburg aufbewahrt: Cod. hist. art. 1, 2 (4°), Bl. 122r–139v. Vgl. dazu meinen Artikel im vorliegenden Band.

[52] Vgl. die Artikel von Sylvie Le Moël, Christian Helmreich sowie meinen eigenen Aufsatz im vorliegenden Band.

bleiben. Selbst für eingeweihte Jean Paulianer ist es schwierig, sich in seinen alphabetischen Schlagwortregistern, Inhaltsverzeichnissen, Registern von Registern, Repositoria von Register und Nummerierungssystemen aller Art einen Weg zu bahnen.[53] Diese subjektbezogene Art der Klassifizierung hat durchaus historische und epistemologische Bedeutung, handelt es sich doch um das Ergebnis einer bedeutenden Veränderung in der Beziehung zur vorigen, vom humanistischen Modell geprägten Lektüretradition.

Diese Veränderungen gehen mit tiefgreifenden Wandlungen in der Gestaltung und Zielsetzung der Exzerptsammlungen einher. Verstärkt wird im 18. Jahrhundert der Akzent auf die kritische Auseinandersetzung mit dem gelesenen Text gelegt. Die Exzerptsammlungen sollen nicht nur die interessanten Textstellen sondern auch alle interessanten Gedanken festhalten, die das gelesene Werk hervorruft, wie Herders Kommentare über die Textstellen zeigen, die er Baumgarten entnahm.[54] Gegen Ende des 18. Jahrhunderts vermengte Wilhelm Heinse in seinen Exzerpten Zitate aus gelesenen Werken mit kritischen Kommentaren unentwirrbar miteinander, wie etwa seine Exzerpte und Aufzeichnungen zu Winckelmanns *Geschichte der Kunst des Alterthums* nachweisen.[55] Darüber hinaus überborden die Sammlungen von Leseaufzeichnungen immer stärker die engen Grenzen des Buches, um sich bedeutsamen Gedanken, die man entdeckt oder hört, d. h. auch nicht buchimmanenten Erfahrungen des Exzerpierers zu öffnen. Allerdings sollte diese Entwicklung nicht als radikaler Bruch mit der frühen Neuzeit, sondern vielmehr als Akzentverschiebung verstanden werden: Die Gelehrten der vorigen Jahrhunderte untersagten sich keinesfalls, in ihre Leseaufzeichnungen persönliche

---

[53] Götz Müller: Jean Pauls Exzerpte, besonders S. 9–13 u. 327–330; Michael Will: Jean Pauls (Un-)Ordnung der Dinge, S. 71–95.

[54] Johann Gottfried Herder: Plan zu einer Ästhetik, in: Ders.: Frühe Schriften 1764–1772, hg. von Ulrich Gaier, Frankfurt am Main 1985 (Ders.: Werke, hg. von Martin Bollacher u.a., Bd. 1), S. 659–676. Vgl. den Artikel von Hans Dietrich Irmscher im vorliegenden Band. Ähnliche, mit kritischen Kommentaren versehene Exzerpte sind auch bei Montesquieu zu finden.

[55] Nachlass Heinse, Stadt- und Universitätsbibliothek Frankfurt am Main, N 55, Bl. 1r–46v.; vgl. Wilhelm Heinse: Die Aufzeichnungen. Frankfurter Nachlass, hg. von Markus Bernauer u.a., Mit einem Vorwort von Norbert Miller, 5 Bde., München u. Wien 2003–2005, hier Bd. 1, S. 265–318. Vgl. im vorliegenden Band den Artikel von Sylvie Le Moël.

Kommentare einfließen zu lassen. Jedoch wurde in der frühen Neuzeit immer wieder versucht, Grenzlinien zwischen dem ›eigentlichen‹ Exzerpt und anderen Aufzeichnungsarten zu ziehen. Im ausgehenden 17. Jahrhundert achtete etwa Christian Weise in seiner Anleitung zur Beredsamkeit noch sehr auf die Unterscheidung zwischen den *collectanea* (Exzerpte, die streng genommen aus gelesenen Werken stammen und einer festen Klassifizierung unterworfen wurden) und den *miscellanea* (Sammlungen unterschiedlicher Aufzeichnungen, die nicht nur Leseexzerpte, sondern auch gute, seltene, hier und da aufgeschnappte ›Dinge‹ enthielten und frei geordnet wurden).[56] Alles deutet darauf hin, dass diese terminologische Abgrenzung mit dem Fortschreiten des 18. Jahrhunderts immer durchlässiger wird. Winckelmann liefert dafür ein eloquentes Beispiel. Zur Betitelung von genauen, wortgetreuen Exzerpten aus der antiquarischen Literatur oder aus Voltaires Schriften griff er ohne ersichtlichen Grund entweder auf den Begriff *collectanea* oder *miscellanea* zurück. In seiner Exzerpierpraxis sind beide Termini nicht mehr klar unterscheidbaren Exzerptkorpora zuzuweisen, als wären sie austauschbar geworden.[57]

Der immer häufigere Rückgriff auf eine persönliche Taxonomie der Exzerpte sowie auf persönliche Kommentare und subjektive Aufzeichnungen führte schließlich zu einer tiefgreifenden Umwälzung des humanistischen Modells. Die Sammlungen von ›Exzerpten‹ – ein Begriff der nunmehr im weitesten Sinne verstanden werden muss – nahmen nun die mannigfaltigsten Formen an. Die Namen, anhand derer die Exzerptkonvolute von ihren Eigentümern bezeichnet wurden, spiegeln diese Wandlung wider. Mit Bezeichnungen wie »Vermischte Einfälle«, »Schmier-« oder »Sudelbücher« bei Lichtenberg, »Gedanken Hecke« oder »Augenblickliche Empfindungen« bei Heinse kamen

---

[56] Christian Weise: Gelehrter Redner, S. 40.

[57] Johann Joachim Winckelmanns Nachlaß, Paris, Bibliothèque Nationale de France, Département des manuscrits: Fonds allemand, Bd. 63, Bl. 1r mit dem Titel *Antiquitat, Graec. Collect*; Bd. 72, Bl. 1r mit dem Titel *Miscellanea* (fängt mit Exzerpten aus Voltaires *Siècle de Louis XIV* an); Bd. 66, Bl. 1r mit dem Titel *Extraits of English Poets*; Bd. 62, Bl. 13r mit dem Titel *Extraits touchant la vie des peintres*; Bd. 67, Bl. 7r mit dem Titel *Miscellanea Romana inchoata mense Nov. 1757*. Bei letzterem Band scheint allerdings Winckelmann der traditionellen Definition von Miszelleneen näher zu stehen, denn dieses Heft enthält neben Leseaufzeichnungen über die römische Antike persönliche Kommentare über Denkmäler, interessante Kunstwerke oder Galerien usw.

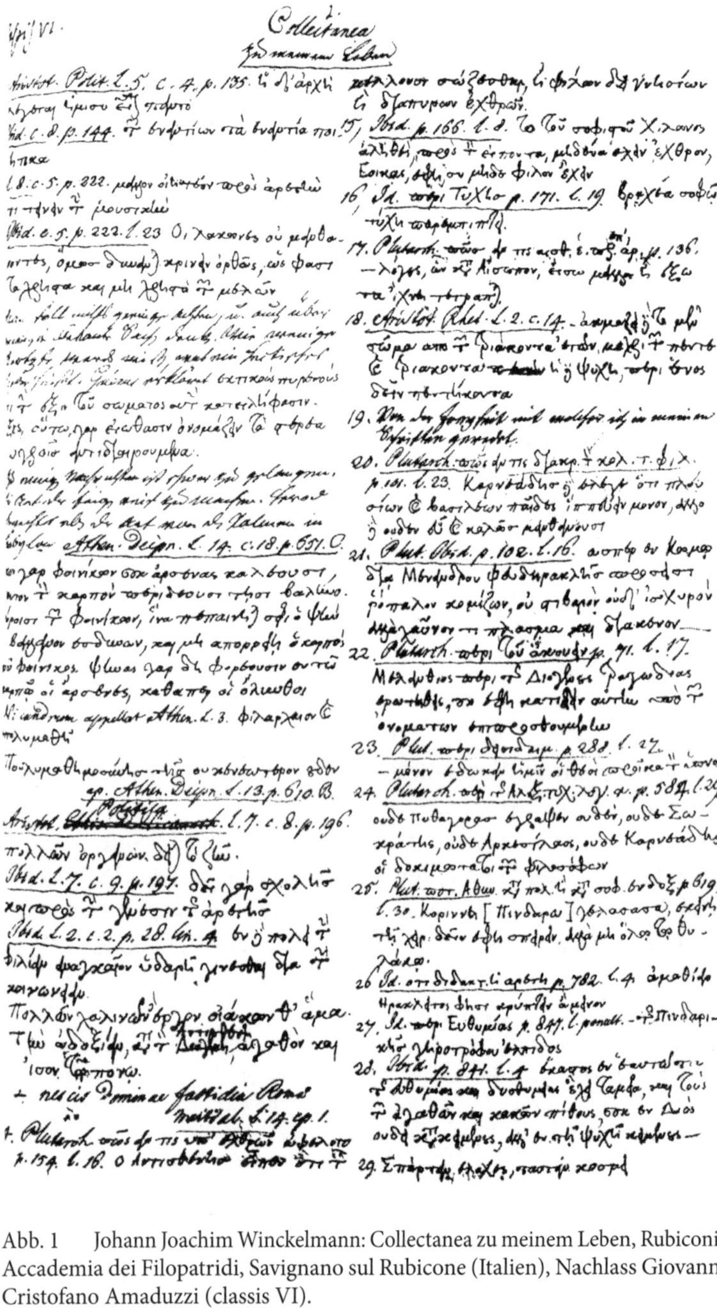
Collectanea
zu meinem Leben

Abb. 1 Johann Joachim Winckelmann: Collectanea zu meinem Leben, Rubiconia Accademia dei Filopatridi, Savignano sul Rubicone (Italien), Nachlass Giovanni Cristofano Amaduzzi (classis VI).

diesen Heften neue Funktionen zu.[58] Sie konnten sogar als Grundlage
für eine besondere Art autobiographischen Schrifttums, als Arsenal
von Aufzeichnungen zum eigenen Leben dienen. Winckelmann legte
für diese subjektive Wende ein besonders aufschlussreiches Zeugnis
ab. Im Jahre 1767, ein Jahr vor seinem gewaltsamen Tod, verfasste er
ein Heft mit dem Titel *Collectanea zu meinem Leben*, eine autobiographische Erzählung merkwürdiger Art. Mit Hilfe von unkommentierten
Zitaten aus fremden Autoren, die er seinem immensen Exzerptmagazin
entlehnte, zeichnete er den eigenen Lebensweg nach. Seine schweren
Jugendjahre beschrieb er mit den Worten Ovids; eine Passage von
Sallust diente ihm zur Beschreibung seiner zahlreichen Reisen. Aus
dem Zusammenflicken ›fremder‹ Zitate entstand damit ein Porträt
seiner selbst, das ausschließlich auf einer Aneinanderreihung einiger
Exzerpte beruhte (Abb. 1).[59] An jenen bemerkenswerten Exzerptseiten
wird die subjektive Wende der Exzerpierkunst besonders deutlich. Für
Winckelmann wird das Exzerpieren von Werken anderer Autoren zur
Arbeit an der eigenen Autobiographie. Ihm ist schon das Exzerpieren
fremder Texte ein Schreiben über sich selbst.

Dabei wird die Grenze zwischen den Exzerptsammlungen als Arsenal ›fremder‹ Zitate und den Prolegomena zu eigenen Werken immer
fließender. Auf diese Weise entwirft Herder Kommentare zu Exzerpten
aus Winckelmanns Werk, die sich in etwas ausgearbeiteter Form in
den *Kritischen Wäldern* wiederfinden, welche er ab 1769 publiziert.[60]

---

[58] Georg Christoph Lichtenberg: Sudelbuch D_{II} [Annotationes et collectanea phi-
losophica et physica], in: Ders.: Schriften und Briefe, hg. von Wolfgang Promies,
Bd. II (Sudelbücher 2), München 1971, S. 91; Ders.: Sudelbuch J_1 1, in: ebd.,
Bd. I, S. 650; Ders.: Sudelbuch D_1 668, in: ebd., Bd. I, S. 341; Wilhelm Heinse:
Die Aufzeichnungen. Frankfurter Nachlass, hg. von Markus Bernauer u.a., Bd. I,
S. 101 u. 321. Vgl. auch Johann Gottfried Herder: Sämmtliche Werke, hg. von
Bernhard Suphan u.a., 33 Bde., Berlin 1877–1913 (Faksimile: Hildesheim u.
New York, 1967–1968), hier Bd. 23, S. 118. Zu Lichtenberg und Heinse vgl. im
vorliegenden Band die Artikel von Hans Georg von Arburg und Sylvie Le Moël.
[59] Vgl. hierzu Wolfgang Schadewaldt: Winckelmann als Exzerptor und Selbst-
darsteller. Mit Beiträgen von Walther Rehm, in: Ders.: Hellas und Hesperien,
Bd. 2, Zürich u. Stuttgart 1960, S. 637–657; Elisabeth Décultot: Johann Joachim Winckelmann. Enquête sur la genèse de l'histoire de l'art, S. 9f. (deutsche Übersetzung: Dies.: Untersuchungen zu Winckelmanns Exzerptheften,
S. 11f.).
[60] Johann Gottfried Herder: Kritische Wälder. Erstes kritisches Wäldchen, in:
Ders.: Schriften zur Ästhetik und Literatur 1767–1781, hg. von Gunter E.

Ebenso speisen die Ideen- oder Ausdruckssammlungen, die von Jean Paul im Zuge unzähliger Lektüren zusammengetragen wurden, seine gesamten Romane.[61] Es kann sogar vorkommen, dass diese Sammlungen, die einem persönlichen Parcours durch die gelesenen Bücher entstammen, eine derartige Autonomie erlangen, dass sie Gegenstand einer unabhängigen Veröffentlichung werden. Ein aufschlussreiches Beispiel dafür liefern die handschriftlichen Aufzeichnungen, die Lichtenberg mindestens seit 1765 kontinuierlich über drei Jahrzehnte bis zu seinem Tod 1799 in einer Reihe von Notizheften bzw. -büchern sammelte. Ein Teil dieser rund 8.000 Notizen, die sich ohne strenge Systematik aus Zitaten, Exzerpten, eigenen Bemerkungen, wissenschaftlich-experimentellen Überlegungen und literarischen Einfällen zusammensetzen, wurde zwischen 1902 und 1908 unter dem Titel *Georg Christoph Lichtenbergs Aphorismen* von Albert Leitzmann herausgegeben.[62] Im Jahr 1968 gab Wolfgang Promies eine neue, korrigierte und um bisher weggelassene Notizen erheblich ergänzte Ausgabe dieser Handschriften heraus, die zur Betitelung den Begriff Aphorismus als willkürlich und einseitig verwarf und stattdessen das von Lichtenberg ab und zu verwendete Wort »Sudelbuch« wählte.[63] Einige Jahrzehnte später hob Heike Mayer allerdings hervor, dass diese Bezeichnung nicht einer gewissen Willkür entbehrte, und begründete ihr Urteil damit, dass der Begriff »Sudelbuch« nur vereinzelt in Lichtenbergs Notizen auftauche und von ihm selbstironisch verwendet worden sei. Der Titel »Kollektaneen« wäre der Lichtenberg-Forscherin zufolge zur Bezeichnung dieser Hefte passender, da Lichtenberg selbst sich der alten rhetorischen Tradition der Lesefrüchte verschrieben und

---

Grimm, Frankfurt am Main 1993 (Johann Gottfried Herder: Werke, hg. von Martin Bollacher u.a., Bd. 2) S. 63–245.

[61] Vgl. den Artikel von Christian Helmreich im vorliegenden Band, sowie Götz Müller: Jean Pauls Exzerpte, vor allem S. 294–317 (dort sind einige Beispiele dieser Sammlungen aufgeführt). Vgl. auch Markus Bernauer u. Angela Steinsieck: Vom Geist in der Feder. Jean Pauls Exzerpieren und Registrieren, in: Zettelkästen. Maschinen der Phantasie, hg. von Heike Gfrereis u. Ellen Strittmatter, Marbach/Neckar 2013, S. 57–65; Michael Will: Lesen, um zu schreiben – Jean Pauls Exzerpte, S. 44–47.

[62] Georg Christoph Lichtenbergs Aphorismen, nach den Handschriften hg. von Albert Leitzmann, 5 Bde., Berlin 1902–1908 (Deutsche Litteraturdenkmale des 18. und 19. Jahrhunderts, Bd. 123, 131, 136, 140 u. 141).

[63] Wolfgang Promies: Zum vorliegenden Band, in: Georg Christoph Lichtenberg: Schriften und Briefe, hg. von Wolfgang Promies, Bd. I, S. 950ff.

für seine Notizen nicht selten auf diesen Terminus zurückgegriffen habe.[64] Diese Diskussionen um die Namengebung sind für die Verwirrung kennzeichnend, die die Loslösung der Exzerpierkunst von traditionellen Mustern hervorrief: die vielfältigen modernen Nachbildungen und entfernten Erzeugnisse dieser alten Lesekunst, die mit dem ursprünglichen Modell manchmal nur noch weitläufig verwandt sind, lassen sich nicht mehr eindeutig benennen.

Obwohl sich die Exzerpierkunst durch diese Transformationen von den im 16. und 17. Jahrhundert vorherrschenden Mustern verabschiedete, blieb sie bis zum 18. Jahrhundert mit dem ursprünglichen Modell verbunden. Selbst wenn Winckelmann seine umfangreichen Leseaufzeichnungen nicht nach der humanistischen Taxonomie der *loci* oder *tituli* ordnet, hält er sich in seinen Exzerpten an die wortgetreue Abschrift des Originaltextes und hütet sich davor, ihm jegliche persönliche Bemerkung hinzuzufügen. Auch Jean Paul zeugt trotz einer scheinbar freien Verwendung der *ars excerpendi* für die Fortdauer traditioneller Paradigmen. Zwar folgt er bei der Zusammenstellung seiner Hefte einem persönlichen System, dessen Taxonomie keine direkte Verbindung mit den Rastern eines Christian Weise aufweist. Zur Organisation seiner vielfältigen Exzerptregister greift er jedoch, den Anweisungen zahlreicher Lesepädagogen der vorigen Jahrhunderte gemäß, auf Rubriken zurück, die von der Struktur her mit der Tradition der *loci* und *tituli* verwandt sind. Hauptaufgabe dieser ausgefeilten Registersysteme bleibt es den Abhandlungen des 17. Jahrhunderts gemäß den gesuchten Eintrag leicht wiederzufinden.[65] Obwohl der Autor des *Titan* seine unzähligen Exzerpthefte einer intensiven Verarbeitung für seine eigene literarische Produktion unterzieht, gibt er also das aus dem Humanismus stammende Modell der Leseaufzeichnungen nicht vollständig auf. Vielmehr versucht er, dieses Wissenssystem für seine schriftstellerische Arbeit intensiv zu nutzen.

Schließlich bleiben die exzerpierenden Schriftsteller und Gelehrten des 18. Jahrhunderts durch eine grundlegende Voraussetzung

---

[64] Heike Mayer: Lichtenbergs Rhetorik, S. 106f.; Georg Christoph Lichtenberg: Sudelbuch D_{II} [Annotationes et collectanea philosophica et physica], in: Ders.: Schriften und Briefe, hg. von Wolfgang Promies, Bd. II, S. 91; Ders.: Sudelbuch L_I 186, in: ebd., Bd. I, S. 878; Ders.: Sudelbuch G_{II} 209, in: ebd., Bd. II, S. 169.

[65] Vgl. Götz Müller: Jean Pauls Exzerpte, vor allem S. 9, 14–119 u. 319.

mit ihren Vorgängern eng verbunden: dem Gestus des Exzerpierens, des Abschreibens, der handschriftlichen Kopie wird von ihnen eine Bedeutung zugewiesen, der – über alle historischen Unterschiede hinaus – eine zentrale kognitive Dimension anhaftet. Bei einigen der in dem vorliegenden Band untersuchten Schriftsteller scheint zwar das Exzerpieren vor allem durch sozial-wirtschaftliche Faktoren wie etwa Armut oder Entfernung von gut ausgestatteten Bibliotheken ursprünglich bedingt zu sein. Winckelmann, Herder oder Jean Paul haben sich sicherlich dem Exzerpieren auch deshalb gewidmet, weil sie sich insbesondere in ihrer Jugend die Anschaffung von gedruckten Bänden nicht leisten konnten. Mit anderen Worten ist die Herstellung handgeschriebener Exzerpthefte für sie als Ersatz für die Konstituierung von Büchersammlungen zu betrachten, die sie aus finanziellen Gründen in gedruckter Form nicht erwerben konnten. Allerdings scheinen diese sozial-wirtschaftlichen Bedingungen ihre leidenschaftliche Exzerpiertätigkeit nicht ganz erklären zu können. Wenn solche handgeschriebenen Bibliotheken nur als Surrogat von ›echten‹ Bibliotheken anzusehen wären, dann würde man sich schwer erklären, warum etwa Winckelmann auch Bücher exzerpierte, die er in Druckform selbst besaß,[66] oder warum Jean Paul sich der Exzerpierpraxis auch dann widmete, als er zahlreiche gedruckte Bücher hätte kaufen können. Sein Leben lang begnügte sich der Autor des *Titan* mit einer recht bescheidenen privaten Büchersammlung. Der Exzerpiertätigkeit scheinen vielmehr Motivationen zugrunde zu liegen, die abgesehen von allen historisch, soziologisch und kulturell bedingten Verhältnissen mit einer höchst persönlichen Erfahrung im Lesen, Verstehen und Registrieren von Buchinhalten verbunden sind. Einem leidenschaftlichen Exzerpierer wie Winckelmann ist das Kopieren die unerlässliche Bedingung zur wahrhaften Inbesitznahme des Buches. Für ihn erschöpft sich der Besitz eines Buches nicht damit, dass der gedruckte Band gekauft, gelesen und neben anderen Büchern in einem Regal gestellt wird. Ein Buch besitzen bedeutet vielmehr den gedruckten Text kopieren, die unpersönlichen Buchstaben des Druckmaterials in eigene Handschrift verwandeln, die anonyme Einheit des Verlagsprodukts nach eigenen Regeln umorganisieren. Erst wenn man sich das fremde Buch auf diese höchst persönliche Weise

---

[66] Vgl. meinen Artikel im vorliegenden Band.

angeeignet hat, erst wenn man es den eigenen Heften einverleibt hat,
kann man sich wirklich als dessen Besitzer betrachten. Trotz ihres z.T.
lauten Protests gegen überholte Formen der Gelehrsamkeit sind viele
exzerpierende Schriftsteller des 18. Jahrhunderts unter dieser Hinsicht
vollgültige Repräsentanten einer alten Lese- und Schreibkultur.

Von der Exzerptsammlung zur Schreibfabrik.
Zur effizienten Auswertung von Kollektaneen

Wie hat sich nun diese weit verbreitete Exzerpiertätigkeit auf die
Schreibtätigkeit von Autoren des 18. Jahrhunderts ausgewirkt? Von
Anfang an wurden diese Exzerpthefte als Gegenstände verstanden,
die nicht nur das bloße Lesen dokumentieren, sondern auch – ja
eigentlich mehr noch – dem Schreiben dienen sollten. Mit anderen
Worten waren sie nicht nur Speicher von Gelesenem, sondern sollten
auch als Generatoren von neuen Texten fungieren.

Im 18. Jahrhundert wird die Frage nach der Nutzung der Exzerptmagazine, d. h. nach deren Verwendung beim persönlichen Schreiben
immer dringender gestellt. Die rapide Zunahme der offensichtlich
subjektiven Klassifizierungsmodi von Leseaufzeichnungen und der
entsprechende Verzicht auf eine vorbestimmte, von der gelehrten Tradition gesicherte Taxonomie der Exzerpte gehen mit der zunehmenden
Berücksichtigung der Verwendungsmöglichkeiten und -modalitäten
der aufgeschriebenen Textstellen einher. Immer deutlicher wird der
Akzent auf die Nutzung der Exzerptmagazine durch das Subjekt
gelegt, das heißt auf deren Verwendung beim persönlichen Schreiben. Vorzeichen dieser Entwicklung lassen sich eigentlich schon im
17. Jahrhundert deutlich spüren. In dieser Zeit haben sich zahlreiche
Lesepädagogen mit der Frage intensiv auseinandergesetzt, wie diese
corpora von Lesenotizen am effizientesten auszuwerten sind. Die
Verteilung der Exzerpte auf mobile Zettelsysteme bei Johann Jacob
Moser, die Schaffung von verschiedenen Exzerptsammlungen, die – so
Daniel Georg Morhof – Materialien für die unterschiedlichsten Rede-
situationen bereitstellen müssen,[67] all diese Ordnungsstrukturen haben
gemeinsam, dass sie vor allem die Effizienz des Exzerpierens für das

---

[67] Vgl. dazu S. 12f.

Schreiben im Fokus haben – eine Effizienz, die sich am Schaffensprozess jedes Einzelnen messen lässt. Bei vielen Autoren des 18. Jahrhunderts lässt sich dieses Streben nach Effizienz an einigen formalen Merkmalen in der Gestaltung der eigenen Exzerpte beobachten, wie etwa an der Länge, der bibliographischen Präzision und der thematischen Organisation der Exzerptkonvolute. Als Winckelmann noch in Deutschland ist und keine eigene Publikation ins Auge fasst, tendiert er dazu, breit angelegte Exzerpte über sehr verschiedene Themen und Wissensfelder (Geschichte, Medizin, moderne Literatur, antiquarische Wissenschaft usw.) ohne eindeutig erkennbares Ziel aufzuschreiben. Erst mit der Vorbereitung seiner ersten Veröffentlichung, den *Gedancken über die Nachahmung der Griechischen Wercke* von 1755, die schon 1756 um drei weitere Schriften ergänzt wird, lassen sich thematisch kohärente *corpora* – etwa zur französischen *Querelle des Anciens et des Modernes* – in seinen Exzerptheften erkennen. Als er in Rom ankommt und an dem Projekt der *Geschichte der Kunst des Alterthums* zu arbeiten beginnt, werden seine Exzerpte bündiger und sind thematisch deutlicher auf die antiquarischen Wissenschaften fokussiert. Das Kopieren dient ab jetzt unmissverständlich dem Schreiben.[68] Eine ähnliche Entwicklung lässt sich bei Jean Paul feststellen. Ab 1782, als Jean Paul an seinen ersten Werken zu arbeiten beginnt, sind in seinem Nachlass immer häufiger Blätter zu finden, auf denen er kurze Exzerpte aus unterschiedlichen Werken notiert, ohne deren Titel aufzuschreiben, ja sogar ohne den Übergang von einer Quelle zur anderen deutlich anzugeben. Die Exzerptbände sind nun zu Magazinen von Lesefrüchten geworden, die nicht mehr auf ihren Ursprung – das gelesene Buch eines fremden Autors – hindeuten sollen, sondern auf das Schreiben eigener Texte hinzielen.[69]

Das Prinzip der effizienten Auswertung der Exzerptsammlungen findet einen sprachlichen Ausdruck in dem wiederholten Zurückgreifen

---

[68] Vgl. meinen Artikel im vorliegenden Band sowie für weitere Details: Elisabeth Décultot: Johann Joachim Winckelmann. Enquête sur la genèse de l'histoire de l'art, S. 11–14 u. 34–47 (deutsche Übersetzung: Dies.: Untersuchungen zu Winckelmanns Exzerptheften, S. 11–14 u. 21–28).

[69] Es zeigt sich ab 1782 tatsächlich häufig, dass Jean Paul auf demselben Blatt Exzerpte aus unterschiedlichen Werken notiert, ohne diese Brüche durch eine explizite Änderung der bibliographischen Referenzen anzuzeigen. Dadurch wird es besonders schwierig, diese Aufzeichnungen als Quellen zu verwenden. Vgl. Götz Müller: Jean Pauls Exzerpte, S. 120–281.

auf die kaufmännische Metaphorik. Zwar ist die Gleichsetzung der Exzerpierpraxis mit der Buchführung im 18. Jahrhundert keineswegs neu, wie die schon zitierte Metapher Ciceros im *Pro Quinto Roscio comoedo* nachweist. Gleichwohl muss betont werden, dass diese Assoziation besonders häufig im Deutschland des 18. Jahrhunderts vorzufinden ist, wo die Begriffe ›Buchhalter‹, ›Buchhalterey‹ und ›die Bücher führen‹, die sich im gängigen Gebrauch auf die Aktivitäten des Kaufmanns beziehen, ebenfalls verwendet werden, um die Tätigkeit des Exzerpierers zu bezeichnen.[70] Die Exzerpte sind Waren, über die der Gelehrte nach dem Vorbild des Kaufmanns minutiös Buch führen muss, indem auf der einen Seite eingetragen wird, was er kauft, und auf der anderen Seite, was er verkauft, mit anderen Worten, was er beim Anderen abschreibt und was er in seinen eigenen Schriften ›umsetzt‹. Um die kaufmännische Metapher aufzugreifen, könnte man sagen, dass diese Sammlungen in gewisser Weise die finanzielle Bilanz des Soll und Haben darüber ermöglichen, was sich der Kopist von anderen leiht und was er im Gegenzug produziert. Diese Metaphorik zieht sich durch das gesamte 18. Jahrhundert hindurch. Sie ist etwa bei dem französischen Schriftsteller Pitaval zu finden:

> J'exige d'un homme d'esprit, lorsqu'il emprunte quelque belle pensée, qu'il paye comptant avec usure, qu'il y mette du sien le double de ce qu'il a reçu. Je veux qu'il fasse comme le diamant qui ne reçoit pas un rayon de lumière qu'il n'embellisse, qu'il ne multiplie.[71]

Diese Pitaval-Stelle wurde kennzeichnender Weise von Hamann exzerpiert und im *Tagebuch eines Lesers* ins Deutsche übersetzt:

> Ich fordere von einem witzigen Kopf, dass er, wenn er einen schönen Gedanken borgt, ihn brav mit Wucher wiederzahle, und dass er von den seinigen noch einmal soviel zulege, als er bekommen hat. Ich verlange von ihm, dass ers wie der Diamant

---

[70] Vgl. den Begriff ›Gelehrte Buchalterey‹ bei Johann Caspar Hagenbuch im Artikel von Klaus Weimar sowie den Artikel von Sven Aage Jørgensen über Johann Georg Hamann im vorliegenden Band. Als Angestellter von Rigaer Kaufleuten wurde Hamann 1758 zu Geschäftszwecken nach England geschickt.

[71] François Gayot de Pitaval: L'Art d'orner l'esprit en l'amusant, 2 Bde., Paris 1728–1732, hier Bd. 1, Teil 2, S. 266f.

machen soll, der keinen Lichtstrahl auffängt, den er nicht ver-
schönt und vervielfältigt.[72]

Welches waren nun die Wege und Modalitäten der Auswertung
solcher Lektürespeicher für das eigene Schreiben? Darauf lässt sich
angesichts der Nachlässe, die im vorliegenden Band analysiert werden,
auf mannigfaltige Weise antworten. Der Weg, der den Schriftsteller
vom Exzerpieren zum Schreiben führt, fängt allerdings meistens mit
der Herstellung von Katalogen, Registern und Inhaltsverzeichnissen
seiner Exzerpthefte an – mit anderen Worten, mit der Produktion
von Ordnungssystemen, die das Wiederfinden und die Verarbeitung
des ›fremden‹ Exzerpts für die eigene Schreibtätigkeit ermöglichen.
Kennzeichnend dafür sind etwa die zahlreichen Versuche Winckelmanns, Kataloge oder Verzeichnisse seiner eigenen Exzerptbiblio-
thek herzustellen. Als das Projekt seiner *Geschichte der Kunst des
Alterthums* kurz nach Beginn seines römischen Aufenthalts Gestalt
zu nehmen anfängt, beginnt auch Winckelmann, an einem *Catalo-
gus* seines Exzerptmagazins zu arbeiten, den er allerdings nicht zu
Ende führt.[73] In derselben Zeit unternimmt er es, seine bisherigen
Exzerpte unter bestimmten Rubriken zu klassifizieren. Unter dem
Titel *Collectanea ad historiam artis* versammelt er z. B. Exzerpte aus
Pausanias, Strabo, Lukian oder Plinius, die er dann in immer feinere
Kategorien einzuordnen versucht: Architektur, olympische Spiele,
Ursprünge und Verfall der Kunst, griechische Freiheit usw.[74] Den
bloßen Schlagwörtern, unter die die Exzerpte subsumiert werden,
lässt sich schon eine Art gedankliches Gerüst des kommenden eigenen
Werkes entnehmen. Noch deutlicher ist allerdings diese Verbindung
von Exzerptkatalog und Schreibarbeit bei einem Schriftsteller wie
Jean Paul, der seine Register gezielt in Hinsicht auf seine Bedürfnisse
als Schriftsteller einrichtete. Die Herstellung von solchen Registern
erhält damit eine zentrale Bedeutung als grundlegende Phase der

---

[72] Johann Georg Hamann: Tagebuch eines Lesers, 1753–1788, in: Ders.: Sämtliche Werke. Historisch-kritische Ausgabe, hg. von Josef Nadler, 6 Bde.,
Wien 1949–1957, Bd. 5 (1953), S. 267f.
[73] Nachlass Winckelmann, Paris, Bd. 73, Bl. 46r–68r (*Catalogus*).
[74] Ebd., Bd. 57, Bl. 198r–233v (dort Rubriken wie »De Architectura«, »Ludi
Olympici«, »Libertas Graeciae« usw.). Vgl. auch ebd., Bd. 59, Bl. 252r–273v;
Bd. 69, Bl. 43r–126v.

persönlichen Schreibarbeit. Sie ist oft das erste Signal dafür, dass das Exzerptmagazin nicht mehr auf die bloße Reproduktion von fremden Zitaten zielt, sondern auf die Produktion eines eigenen Diskurses. Mit der Herstellung von Registern kann die Exzerptsammlung beginnen, sich in eine eigentliche Schreibfabrik zu verwandeln.

Es wäre nun sinnlos, die vielfältigen inhaltlichen und stilistischen Modalitäten der Auswertung dieser Lesespeicher für die Herstellung von persönlichen Werken in eine einfache Typologie zusammenfassen zu wollen. Unter den Schriftstellern des 18. Jahrhunderts, die im vorliegenden Band untersucht werden, lassen sich allerdings einige Gemeinsamkeiten beobachten, die möglicherweise auf ihren gemeinsamen intensiven Umgang mit Exzerpten zurückzuführen sind. Dazu gehört eine deutliche Vorliebe für aphoristische Formeln, gnomische Redewendungen, einprägsame Ausdrücke. Dies ist sowohl in Winckelmanns Erstlingsschrift, den *Gedancken über die Nachahmung der Griechischen Wercke*, als auch in Lichtenbergs, Heinses oder Jean Pauls Werk der Fall. Ein sicheres Zeichen für diese Vorliebe ist, dass die Werke dieser Schriftsteller oft zu anthologischen Editionen Anlass gegeben haben, wie etwa die *Chrestomathie der vorzüglichsten, kräftigsten und gelungensten Stellen* Jean Pauls oder die sogenannten *Aphorismen* Lichtenbergs zeigen.[75] Exzerpierende Autoren lesen also nicht nur die Werke, die sie exzerpieren, gerne anthologisch, sondern schreiben selbst auch Texte, die sich für eine anthologische Lektüre besonders gut eignen. Man könnte sich sogar fragen, ob diese Art des anthologischen Zerpflückens, d. h. der nicht ausführlichen, sprunghaften, zerstückelnden Lektüre von solchen Autoren für ihre eigenen Texte nicht von vornherein erwogen, ja sogar intendiert wurde. »Ich wünsche mir jemanden, der mich zu zerpflücken weiß«, erklärte schon Montaigne in seinen *Essais* – ein Werk, das der Kunst des Exzerpts wesentliche Anregungen verdankt.[76]

---

[75] Jean Pauls (Friedrich Richter) Geist, oder Chrestomathie der vorzüglichsten, kräftigsten und gelungensten Stellen, 4 Bde., Weimar u. Leipzig 1816–1818. Vgl. auch Jean Paul Friedrich Richter: Geist- und kraftvolle Stellen aus dessen sämmtlichen Werken, hg. von Franz Xaver Wißhofer, Grätz 1834. Zu Lichtenbergs Aphorismen vgl. S. 32f.

[76] Michel de Montaigne: Essais, hg. von Pierre Michel, 3 Bde., Paris 1973 (erste Auflage Paris 1965), Bd. 2, S. 105: »J'aimerais quelqu'un qui me sache déplumer«. Vgl. Francis Goyet: A propos de ›Ces pastissages de lieux communs‹ (le rôle des notes dans la genèse des ›Essais‹).

Originalität und Erfindung.
Zur Kritik des Exzerpts im 18. Jahrhundert

Kennzeichnend für das 18. Jahrhundert ist allerdings auch, dass viele Gelehrte aus dieser Zeit die *ars excerpendi* einer scharfen Kritik unterziehen. Immer wieder wird die Befürchtung hervorgerufen, dass das Exzerpieren zur fruchtlosen Imitation oder sogar zum Plagiat ermutige, der Autonomie und der Originalität des Denkens schade. Eigentlich sind diese Vorbehalte nicht neu. Erasmus von Rotterdam, der sich selbst dieser Kunst geschickt bediente, liebte es, ihre zu beflissenen Anhänger zu verhöhnen, wie Anthony Grafton im vorliegenden Band zeigt. Schon früh in der humanistischen Tradition wurde vor den Gefahren der Exzerpierpraxis gewarnt. Mit der wachsenden Trennung zwischen *honnête homme* und *érudit*, Eleganz und Pedanterie wurden im Frankreich des 17. Jahrhunderts die Vorbehalte gegen die Exzerpierkunst immer lauter. Schon 1640 verspottet Jean-Louis Guez de Balzac, der selbst des Plagiats bezichtigt worden war, die »Kompilatoren von *loci communes*« und die »Kopisten von Anleitungen zur Beredsamkeit, die von anderen geschrieben wurden«.[77] In einem 1673 hinzugefügten Anhang zu seinem Werk *De la connoissance des bons livres ou Examen de plusieurs autheurs* (1671) gibt zwar Charles Sorel genaue Anweisungen zur Erstellung von Exzerptheften, warnt aber von den »Pedanten und Sophisten, die große Ladungen von *loci communes* aufnehmen, um über ein Magazin von schönen Worten zu verfügen, mit denen sie überall angeben«.[78] Im 18. Jahrhundert wird diese Frage mit neuer Schärfe erörtert. Im Zeitalter der Aufklärung hat die Erstellung von Exzerptheften einen schlechten Ruf, und dies

---

[77] Jean-Louis Guez de Balzac: De la grande éloquence. A Monsieur Costar [1640 verfasst], in: Ders.: Œuvres, Bd. 2, Paris 1665, S. 522f.: »Les Compilateurs de Lieux communs [...], les Copistes des Rhetoriques d'autruy«. Vgl. auch Marc Fumaroli: L'Age de l'éloquence, Genf 1980, S. 544–551; Antoine Compagnon: La Seconde Main ou le travail de la citation, Paris 1979; Ann Moss: Printed Commonplace Books and the Structuring of Renaissance Thought, S. 255–266.

[78] Charles Sorel: De la connoissance des bons livres ou Examen de plusieurs autheurs. Supplément des »Traitez de la connoissance des bons livres«, hg. von Hervé D. Béchade, Genf u. Paris 1981, S. 15: »Il n'y a que les Pedans et les Sophistes se chargent de Lieux communs pour avoir un magazin de belles paroles dont il font parade en tous lieux.«

wiederum besonders in Frankreich, wo sie nicht selten als genuin
›deutsch‹ dargestellt wird. Das Motiv findet man bereits bei Montaigne, der zwar selbst die Exzerpierkunst intensiv praktizierte, sich
jedoch darin gefiel, sich über das Zusammenflicken von Exzerpten
und *allegata* lustig zu machen, mit denen die deutschen Gelehrten
gerne versuchten, ihre Schriften »vollzustopfen«.[79] 1741 wird diese
Kritik u.a. von Voltaire wieder aufgenommen, der anlässlich einer
bissigen Bemerkung über Leibniz und Wolff die »deutschen Köpfe«
verhöhnt, die »gerne viel lesen, aber wenig verstehen«.[80] Im Jahr 1751
tadelt Diderot jene

> deutschen Kompilationen, ohne Sinn und Formgefühl gespickt
> mit Hebräisch, Arabisch, Griechisch und Latein, jene Wälzer, die
> schon sehr dick sind, noch dicker werden, ja deren Umfang un-
> aufhörlich wachsen wird, und die darum noch schlechter sind.[81]

Wenn die Kritik an der Exzerpierpraxis im Frankreich des 18. Jahrhunderts sehr weit verbreitet ist, so ist sie allerdings in der gleichen Zeit
auch im deutschsprachigen Raum sehr präsent. Seit dem 17. Jahrhundert fordern selbst die Anleitungen zur Kunst des Exzerpierens dazu
auf, den exzerpierten Text bei persönlicher Benutzung nicht einfach zu
kopieren, das persönliche Urteilsvermögen zu schärfen und Plagiate zu
vermeiden – eine Vielzahl an Mahnungen, die unter den Vorzeichen

---

[79] Michel de Montaigne: Essais, hier Bd. 3, S. 343: »Il ne faut que l'épître liminai-
re d'un Allemand pour me farcir d'allégations, et nous allons quêter par là une
friande gloire, à piper le sot monde. Ces pâtissages de lieux communs, de quoi
tant de gens ménagent leur étude, ne servent guère qu'à sujets communs«.
Vgl. Francis Goyet: A propos de ›Ces pastissages de lieux communs‹ (le rôle
des notes dans la genèse des ›Essais‹); Zachary S. Schiffman: Montaigne and
the Rise of Skepticism, hier S. 504f.

[80] Voltaire: Brief an Jean-Jacques d'Ortous de Mairan. 5. Mai [1741], D 2479, in:
Ders.: Correspondance, hg. von Theodore Besterman, Bd. 8, Genf 1970 (The
complete Works of Voltaire, Bd. 92) S. 21f.: »Sa raison insuffisante [de Leib-
niz], sa continuité, son plein, ses monades, etc. sont des germes de confusion
dont M.Volf a fait éclore méthodiquement 15 volumes in 4 qui mettront plus
que jamais les têtes allemandes dans le goût de lire beaucoup et d'entendre
peu.«

[81] Denis Diderot: Lettre sur les sourds et muets (1751), in: Ders.: Œuvres complètes, hg. von J. Assézat, Paris 1875, Bd. 1, S. 370: »ces compilations germa-
niques, hérissées, sans raison et sans goût d'hebreu, d'arabe, de grec et de latin,
qui sont déjà fort grosses, qui grossissent encore, qui grossiront toujours, et qui
ne sont que plus mauvaises«.

der Aufklärung immer mehr zur Tagesordnung werden. Einer der unbarmherzigsten Gegner der *ars excerpendi* in der ersten Hälfte des 18. Jahrhunderts war Friedrich Andreas Hallbauer, ein Pädagoge, dessen Kritik aufgrund ihres Umfangs besondere Aufmerksamkeit verdient. Den Exzerptheften wird vorgeworfen, zur Produktion von Schriften zu führen, die ohne jegliche persönliche Reflektion aus schlecht zusammengesetzten Zitaten von fremden Texten bestehen und daher viele Fehler enthalten. Hier sind die insgesamt sechzehn Klagepunkte, die Hallbauer gegen die »oratorischen excerpta und collectanea« aufführt:

1. Hält das Excerpiren an und vor sich vom Meditiren ab [...]
2. Die Collectanea macht man, dem Gedächtniß zu statten zu kommen: allein diesen Endzweck kann man durch leichtere Mittel erhalten. [...].
3. Das Colligiren erfordert viel Zeit [...].
4. Das viele schreiben macht ungesund [...].
5. Die Collectanea werden doch nie zu einer Vollkommenheit gebracht. [...].
6. In die collectanea trägt man viel, das man sein Lebtage nicht braucht. [...].
7. Von manchen Materien muß man sehr oft reden: und da werden die collectanea bald erschöpft. [...].
8. Die collectanea werden meist in der Jugend gemacht. [...]. Nun haben die wenigsten in der Jugend ein solches judicium, daß sie das nöthige von unnöthigen, das nützliche von unnützen, das brauchbare von unbrauchbaren unterscheiden könten. [...].
9. Man kann sich auf die collectanea nicht sicher verlassen. In der Jugend sind die meisten so flüchtig, daß sie nichts accurat aufzeichnen. [...].
10. Wer seine Reden aus den collectaneis macht, sagt vieles aus keiner andern Ursache, als weil ers in selbigen fand. [...].
11. Reden aus collectaneis haben gemeiniglich mehr Spielwerck, Vanitäten, unnützes Zeug, als rechte Realien. Man prahlet mehr mit Lectur, als daß man erbauet.
12. Man nehet die Reden oder Schriften aus lauter Stücken zusammen. Es wird alles unterbrochen: es fliesset die Rede nicht, sie hat keine rechte Connexion, kein Leben [...].

13. In der Zeit, die man aus Durchlesen [...] oder aufs Wehlen wenden muß, [...] hätte man eine weit bessere Rede, vermittelst der Meditation, machen können [...].

14. Die besten Redner haben ihre Reden nicht aus collectaneis gemacht. [...].

15. Mercken die Zuhörer, daß ein Redner alles aus collectaneis nimmt; so verliehren sie das Vertrauen zu ihm. [...].

16. Wer aus gredruckten collectaneis schreibt, prostituirt sich noch mehr: denn weil diese in mehrerer Händen sind, kann der Redner desto eher verrathen werden, mit was vor einem Kalbe er pflüge.[82]

Noch am Ende des 18. Jahrhunderts macht sich Lichtenberg gerne über diejenigen lustig, »die sich im Geiste über Newton, Gibbon, Priestley und Franklin wegsetzen, weil sie Collectanea zu machen und anderer Leute Wein auf Bouteillen zu ziehen gelernt haben«. Über einen belesenen Gelehrten, dessen Namen er nicht verrät, vermerkt er höhnisch: »Er exzerpierte beständig, und alles, was er las, ging aus einem Buche *neben dem Kopfe vorbei* in ein anderes.«[83]

Allerdings zeigen die hier gesammelten Beiträge, dass die Kunst des Exzerpierens trotz aller Kritik im 18. Jahrhundert noch intensiv gepflegt wird, auch wenn ihre Grundlagen und Methoden komplexer geworden sind. In der eigentlichen Ausübung dieser Kunst ist die Beziehung zwischen der Kopie und dem Original, zwischen dem Fremden und dem Eigenen zweifellos nicht so einfach, das heißt nicht so streng antithetisch, wie es etwa Hallbauers Vorwürfe vermuten lassen. So zögerte etwa Herder nicht, in seine *Plastik* von 1778 Metaphern und Bilder einzubauen, die er Winckelmanns *Geschichte der Kunst des Alterthums* direkt entnahm.[84] Diese für den damaligen wie für den heutigen

---

[82] Vgl. Friedrich Andreas Hallbauer: Anweisung zur verbesserten Teutschen Oratorie, S. 291–294.

[83] Georg Christoph Lichtenberg: Brief an Samuel Thomas Sömmerring [undatiert, wahrscheinlich Januar o. Februar 1791], in: Ders.: Schriften und Briefe, hg. von Wolfgang Promies, Bd. IV (Briefe), München 1972, Brief Nr. 595, S. 788; Ders.: Sudelbuch G_{II} 181, in: ebd., Bd. II, S. 166.

[84] Zu Herders Exzerpten aus Werken von Winckelmann, Mendelssohn oder Hagedorn im Hinblick auf die Plastik, vgl. Johann Gottfried Herder: Sämmtliche Werke, hg. von Bernhard Suphan, Bd. 8, S. 116–163 (insbesondere Nr. 10, 11, 13 u. 16).

Leser offenkundige Intarsienarbeit kann jedoch keinesfalls als bloßes Abschreiben bezeichnet werden. Ganz im Gegenteil erwuchs daraus ein Werk, das sich stark von seiner ursprünglichen Vorlage emanzipiert hatte und hinter der offenkundigen Variation von Winckelmannschen Motiven eine Kritik an dessen Auffassung der bildenden Kunst versteckte.[85] Winckelmann selbst verfuhr nicht anders mit den Autoren, die er exzerpierte. So ist seine berühmte Formel »edle Einfalt, stille Größe« die mehr oder weniger getreue Übersetzung eines *topos* der europäischen Kunstliteratur, den er in seinen Exzerptheften – vor allem auf der Grundlage französischer Lektüren – mehrmals aufschrieb. Bei der Übertragung dieser Begriffe ins Deutsche eröffnete er jedoch ein fruchtbares Feld, das Anlass zu neuen Diskussionen und Publikationen im deutschsprachigen Raum gab.[86] So gewährt die Untersuchung der Exzerpierpraxis im 18. Jahrhundert einen Einblick in die gerade in dieser Zeit immer komplexer werdende Beschaffenheit der Begriffe von ›Kopie‹ und ›Original‹ – eine Komplexität, die die exzerpierenden Autoren schon in ihrer eigenen Schreibpraxis wohl ermessen, ja erlebt haben. Dass ein Teil dieser Autoren – wie etwa Winckelmann, Herder oder Jean Paul – sich gerade mit der Frage der Nachahmung und Originalität in der bildenden Kunst und in der Literatur eng auseinandergesetzt haben, ist wahrscheinlich auch dem Umstand geschuldet, dass sie als Exzerpierer mit dem Geschäft des Kopierens durchaus vertraut waren.

Vom Nutzen der Erforschung der Exzerpthefte

Am Ende dieser einleitenden Ausführungen bleibt die Frage offen, ob wir heutzutage in unseren Forschungspraktiken nicht zu sehr den Verruf unterstützen, den zahlreiche Autoren im 18. Jahrhundert dieser alten Lesemethode angedeihen ließen. Haben wir nicht

---

[85] Elisabeth Décultot: »Voll vortrefflicher Grundsätze…; aber…«. Herders Auseinandersetzung mit Winckelmanns Schriften zur Kunst, in: Herder und die Künste. Ästhetik, Kunsttheorie, Kunstgeschichte, hg. von Elisabeth Décultot u. Gerhard Lauer, Heidelberg 2013, S. 77–95.

[86] Vgl. meinen Artikel in diesem Band sowie für weitere Einzelheiten: Elisabeth Décultot: Johann Joachim Winckelmann. Enquête sur la genèse de l'histoire de l'art, vor allem S. 295–300 (deutsche Übersetzung: Dies.: Untersuchungen zu Winckelmanns Exzerptheften, S. 179–183).

mangels Distanz zu den Autoren, die wir studieren, ihre öffentliche Kritik an dieser gelehrten Praxis des Abschreibens etwas naiv übernommen? Überraschend bleibt in der Tat, dass solche Sammlungen von Leseaufzeichnungen, die in den Nachlässen von Autoren des 18. Jahrhunderts häufig zu finden sind, von der Forschung selten untersucht werden, als würden sich die Forscher davor fürchten, wenn sie sich mit dieser Thematik beschäftigen, selbst von der Schande der Kompilation besudelt zu werden. Dabei sind allerdings namhafte Arbeiten zu nennen, die einen aufschlussreichen Einblick in dieses noch wenig erforschte Feld gewähren. Nicht von ungefähr sind die meisten Studien, die uns über diese Form der Lektüre informieren, im englisch- oder deutschsprachigen Raum entstanden, einem Raum, in dem die Praxis des Exzerpierens und der *commonplace books* sehr lange lebendig geblieben ist. In Frankreich, wo die Kritik des Pedanten und seiner gelehrten Methoden im literarischen Feld schon früh hörbar wurde, stehen diese Forschungen noch am Anfang. Dort wird man sogar mit einem lexikalischen Problem konfrontiert. Während im Englischen und im Deutschen die Begriffe Exzerpte, *commonplace books* oder *extracts* auch heute noch relativ gebräuchlich sind, ist der entsprechende französische Begriff, *recueils d'extraits*, der im Frankreich des 18. Jahrhunderts geläufig war, in der heutigen Sprache zumindest missverständlich.[87] Diejenigen, die ihn kennen, setzen ihn meistens in Verbindung mit dem wenig glanzvollen Begriff der *compilation* gleich, wodurch dieser Gegenstand für die Forschung noch weniger attraktiv erscheint.

Die Schwierigkeiten, mit denen man bei der Untersuchung solcher handschriftlichen Nachlässe konfrontiert ist, sind allerdings nicht gering. Zunächst sind sie materieller Art. Die Exzerptsammlungen, meistens nicht oder nur teilweise publiziert, sind schwer zugänglich. Oft sind sie kaum inventarisiert oder teilweise verloren.[88] Allerdings sollte hier darauf hingewiesen werden, dass es auch Ausnahmen gibt.

---

[87] Ebenso betont Jean-Marc Chatelain, wie schwierig es ist, im Französischen einen passenden und verständlichen Begriff für den lateinischen Begriff *excerptum* zu finden. Vgl. Jean-Marc Chatelain: Les recueils d'adversaria aux XVIe et XVIIe siècles, S. 171.

[88] Ein Großteil der Exzerptsammlungen Montesquieus ist beispielsweise verloren gegangen (vgl. den Artikel von Catherine Volpilhac-Auger im vorliegenden Band).

Dazu gehört etwa Jean Paul, dessen umfangreiche Exzerpthefte bereits in einem Register erfasst sind und bald vollständig digital zugänglich sein sollen.[89] Heinses Aufzeichnungen, die zum Teil auf Exzerpten beruhen, sind ediert worden.[90] Die Exzerpte Winckelmanns oder Montesquieus werden ebenfalls von der Forschung untersucht.[91] Die Hindernisse, auf die man bei der Untersuchung von Exzerptheften oft stößt, sind übrigens nicht zufällig, sondern unmittelbar mit der Kultur des Geheimnisses verbunden, welche solche Exzerptsammlungen umgibt. Im 18. Jahrhundert haben die Gelehrten oder Schriftsteller genauso argwöhnisch auf ihre Exzerptsammlungen geachtet wie in den Jahrhunderten davor, denn diese Hefte stellten das offene Herz, die Keimzelle ihrer geistigen Arbeit dar. Von Drexel bis Morhof haben die Lesepädagogen stets nachdrücklich empfohlen, solche Sammlungen vor neugierigen Blicken verschlossen zu halten.[92]

Mehr noch als diese materiellen Probleme stellen sich vor allem aber epistemologische Hindernisse der Erschließung von Exzerptheften in den Weg. Die Untersuchung dieser Art von Sammlungen setzt in der Tat voraus, dass man mit einigen Vorstellungen bricht. Zunächst muss man auf ein Verständnis des 18. Jahrhunderts verzichten, das die Verbindungen dieser Epoche mit den gelehrten Praktiken der vorigen Jahrhunderte und insbesondere des frühen Humanismus kappt. Darüber hinaus muss man sich von einem Autorenbegriff verabschieden, der vorwiegend von späteren, klassisch-romantischen Vorstellungen geprägt ist und sich mit der systematischen Kopie- oder Kompilationspraxis schwer tut. Um sich von diesen Schwierigkeiten zu überzeugen, genügt es, die unzähligen Vorsichtsbekundungen zu

---

[89] Michael Will: Die elektronische Edition von Jean Pauls Exzerptheften, S. 167–186. Vgl. auch Thomas Wirtz: Die Erschließung von Jean Pauls Exzerptheften, S. 27–30. Vgl. http://www.jean-paul-portal.uni-wuerzburg.de/aktuelle_editionen/nachlass_exzerpthefte/

[90] Wilhelm Heinse: Die Aufzeichnungen. Frankfurter Nachlass, hg. von Markus Bernauer u.a. Vgl. dazu den Artikel von Sylvie Le Moël im vorliegenden Band.

[91] Elisabeth Décultot: Johann Joachim Winckelmann. Enquête sur la genèse de l'histoire de l'art (deutsche Übersetzung: Dies.: Untersuchungen zu Winckelmanns Exzerptheften); André Tibal: Inventaire des manuscrits de Winckelmann déposés à la Bibliothèque nationale, Paris 1911. Zu den Forschungen über Monstesquieus Exzerpte vgl. den Artikel von Catherine Volpilhac-Auger im vorliegenden Band.

[92] Vgl. hier S. 14.

lesen, mit denen sich die Forscher umgeben, die das Gelände dieser Leseaufzeichnungen betreten. In den wenigen wissenschaftlichen Arbeiten, die sich mit Winckelmanns Exzerptheften beschäftigt haben, war es beispielsweise lange Zeit üblich, Winckelmann von vornherein vom Verdacht der Nachahmung freizusprechen und in seiner ganzen Originalität darzustellen.[93]

Schließlich ist es erforderlich, sich Forschungsziele zu setzen, die den vielfältigen Facetten dieser Exzerptsammlungen wirklich gerecht werden. Gegenüber einer solchen Masse an bibliographischen Informationen ist die Versuchung groß, diese Objekte als bloße Quellenverzeichnisse zu betrachten, welche die Lektüre eines bestimmten Autors bestätigen oder diesen oder jenen ›Einfluss‹ aufzeigen. Obwohl die Exzerptsammlungen in der Tat solche Informationen liefern können, so lassen sie sich keinesfalls auf diese Funktion beschränken. Sie sind keine bloßen Sammlungen von Titeln oder Zitaten, sondern bilden das Gedächtnis eines Individuums ab, spiegeln seine Arbeitsmethode sowie sein kulturelles Umfeld wider. Auf halbem Weg zwischen Kopie und persönlichem Schaffen, zwischen Bücherkatalog und Werkentwurf stellen die Exzerptsammlungen hybride Objekte dar, deren Fruchtbarkeit der vorliegende Band beleuchten möchte.

Der Band ist das Ergebnis der im März 2002 an der École Normale Supérieure in Paris abgehaltenen Tagung »Lire au XVIIIe siècle. Les écrivains et leur bibliothèque manuscrite«, deren Beiträge zunächst 2003 unter dem Titel *Lire, copier, écrire. Les bibliothèques manuscrites et leurs usages au XVIIIe siècle* im Verlag CNRS Éditions erschienen sind. Die Einleitung ist für die deutsche Übersetzung erweitert und aktualisiert worden. Den Impuls zur Übersetzung dieses Bandes ins Deutsche gab Markus Bernauer, dem an dieser Stelle gedankt sei.

---

[93] Vgl. Carl Justi: Winckelmann und seine Zeitgenossen, 3 Bde. Leipzig 1898 [Erstausgabe 1866–1872], hier Bd. 1, S. 400–403. Gottfried Baumecker liefert ebenfalls ein aufschlussreiches Beispiel für diese Art von Analysen. Er bringt zwar zahlreiche Belege dafür, dass der berühmte Ausspruch »edle Einfalt, stille Größe« der Übersetzung eines Topos der klassischen europäischen Literatur entspricht, ist aber gleichzeitig sehr bemüht, Winckelmann als genuin originellen Autor darzustellen. Vgl. Gottfried Baumecker: Winckelmann in seinen Dresdner Schriften. Die Entstehung von Winckelmanns Kunstanschauung und ihr Verhältnis zur vorhergehenden Kunsttheoretik mit Benutzung der Pariser Manuskripte Winckelmanns dargestellt, Berlin 1933, S. 59.

Die *loci communes* der Humanisten

Anthony Grafton

Beim Studium von Handschriften, mit Hilfe derer wir die Kulturgeschichte Europas vom 15. bis 17. Jahrhundert erforschen, stellen sich die handgeschriebenen Exzerpthefte der Schüler und Studenten aus dieser Zeit nicht gerade als die reizvollsten heraus. Sie können jedoch zeigen, wie die ersten Humanisten ihre Texte gelesen haben – wie Schriftsteller, Dichter, Akademiker, Wissenschaftler, gebildete Damen und selbst Schüler in der Zeit des Humanismus das wunderbare Werkzeug Buch nutzten, als Bücher die einflussreichste Wissensquelle im persönlichen Leben, in der Gesellschaft und der Welt darstellten. Zugleich entwickelte sich im Umfeld solch radikaler Ereignisse wie der Reformation oder des englischen Bürgerkrieges eine ganz neue Lektürekunst. Das weite Feld der Geschichte des Buches und der Leser, das auch die Geschichte der Leseaufzeichnungen umfasst, war den vergangenen Generationen noch weitgehend unbekannt. Heute wartet diese Disziplin allerdings mit eigenen wissenschaftlichen Gesellschaften, Kongressen, Jahrbüchern, Zeitschriften und wissenschaftlichen Methoden auf. Im Laufe der Zeit hat diese neue wissenschaftliche Disziplin ihre eigenen klassischen Texte hervorgebracht aber auch Konflikte ausgetragen.

Insbesondere die Buchhistoriker entdeckten in den Schulwerken des 15. und 16. Jahrhunderts auf zeitgenössischen Buchseiten Kritzeleien als Zeichen von in Vergessenheit geratenen Lesemethoden. Helen Jackson hat die Geschichte des Lesens aus der Perspektive der modernen Welt untersucht, indem sie die fast unlesbaren aber unerlässlichen Notizen und Erkenntnisse entzifferte, die sich an den Rändern der

Bücher befanden.[1] Ihr Werk wurde in den USA zum Bestseller: Sie
konnte einer breiten Öffentlichkeit vermitteln, von welch historischer
Bedeutung diese Kritzeleien am Rand der Buchseiten waren, die
Buchhändler des 19. Jahrhunderts noch mit chemischen Produkten
zu entfernen versuchten. Lawrence Rainey hat die Geschichte der
Lyrik und der Prosa der englischen und amerikanischen Avantgarde
zu Beginn des 20. Jahrhunderts vor dem Hintergrund der Geschichte
der privaten Druckpresse untersucht.[2] Bei Jonathan Rose klingt dann
die Geschichte der englischen Arbeiterklasse wie eine Erzählung über
leidenschaftliche Leser.[3] Kevin Sharpe deutete die Geschichte des
englischen Bürgerkrieges neu: als Geschichte gefährlicher Bücher,
die von politisch aktiven Lesern mit Aufzeichnungen versehen und
verinnerlicht wurden.[4] Und genau jene Historiker, die sich mit der
Lektürekunst beschäftigt haben, entdeckten die bedeutende Rolle der
Kunst des Exzerpierens als pädagogische Methode und wissenschaftliche Praxis im 15., 16. und 17. Jahrhundert wieder.

Die vorliegende Untersuchung soll die Auswirkungen der humanistischen Diskurse auf die Erstellung von Exzerptheften nach der
Systematik der *loci communes* und entsprechenden Lektürepraktiken
während der Lehrjahre der Gelehrten zu Beginn der frühen Neuzeit
in Europa, d.h. vor dem Jahr 1600 untersuchen. Es ist unbestritten,
dass diese vielschichtigen Arten von Exzerptheften eine entscheidende
Rolle für die Vorbereitung einer wissenschaftlichen Karriere gespielt
haben, selbst wenn diese noch so schwer entzifferbar waren. Von Beginn
des 15. Jahrhunderts an rieten humanistische Lehrer ihren Zöglin-
gen, sich über alles, was sie lasen, systematisch Leseaufzeichnungen
anzulegen, um Stil und Inhalt der klassischen Dichter zu bewältigen.
Jeder von ihnen musste sich eine persönliche Bibliothek an Texten
und Informationen aufbauen, die in einem oder gewöhnlich mehreren systematisch aufgebauten Exzerptheften verfügbar waren. Diese

---

[1] H. J. Jackson: Marginalia. Readers Writing in Books, New Haven 2002.
[2] Lawrence Rainey: Institutions of Modernism. Literary Elites and Public, New Haven 1999.
[3] Jonathan Rose: The Intellectual Life of the British Working Classes, New Haven 2001; vgl. auch Jonathan Rose: Rereading the English Common Reader: A Preface to a History of Audiences, in: Journal of the History of Ideas, 53, 1992, S. 47–70.
[4] Kevin Sharpe: Reading Revolutions. The Politics of Reading in Early Modern England, New Haven, Yale University Press 2000.

Sammlungen stellten das einzige System dar, mit dem ein Humanist klassischen Dichtern nacheifern und gleichzeitig sein Gedächtnis von den umfangreichen Datenmengen entlasten konnte, die durch die philologischen Entdeckungen des 16. Jahrhunderts und die Erfindung der Druckkunst entstanden waren. Es ging also weniger darum, den gelesenen Text zu verstehen, als diesen zu speichern, wie Elisabeth Décultot hinsichtlich Daniel Georg Morhof bemerkte.[5] Idealerweise sollten die Humanisten die antiken Texte nicht nur lesen, sondern auch verarbeiten und verinnerlichen. Mehr oder weniger sollten sie wie der Protagonist Peter Kien in Elias Canettis Roman *Die Blendung* zu einer lebendigen Bibliothek werden. Mehr als ein Humanist erreichte dieses Ziel: Beispielsweise schlug der Philologe Justus Lipsius vor, das Gesamtwerk des Tacitus mit einem Dolch an der Gurgel vorzutragen, der beim geringsten Fehler zum Einsatz kommen sollte. Nur wenn die hunderten von Seiten von Leseaufzeichnungen systematisch nach einer bestimmten Methode und nach einer präzisen Systematisierung in *loci communes* geordnet wurden, konnten Normalsterbliche eine Gedächtniskunst dieses Formats betreiben.

Lesekunst als Grundlage des Humanismus: Von Guarino da Verona bis zu Erasmus von Rotterdam

Der berühmte Lehrer der Familie Este in Ferrara, Guarino da Verona, weist seinen besten Schüler Leonello d'Este darauf hin, dass es beim Lesen vor allem darauf ankomme, dass dieser »ein Heft griffbereit« halte, in dem er »alles aufschreiben« könne, was er wolle, und in dem er »die besten Stellen« registrieren könne. So würde er nicht »zu viele Seiten durchblättern müssen«, wenn er Lust bekomme, »die Stellen noch einmal zu lesen, die ihm aufgefallen« sind. Sein Heft würde ihm »als aufmerksamer und eifriger Diener immer beistehen und ihm alles besorgen, was er brauch[e]«. Es zeigt sich also, dass Kompilation für Guarino eher dem Schreiben als dem Lesen dienen soll, denn ein Exzerptheft besorgt vor allem die *copia*, mit Hilfe derer ein junger Gelehrter eigene Gedanken entwickeln kann. Die Kunst

---

[5] Elisabeth Décultot: Johann Joachim Winckelmann. Enquête sur la genèse de l'histoire de l'art, Paris 2000, S. 38.

der Kompilation stützt sich eigentlich auf zahlreiche klassische Modelle. In der lateinischen Literatur findet sich mehr als ein Beispiel für diese Praxis, da sich die Römer der Antike – wie die späteren Italiener – sich fremden Stilformen und Gelehrsamkeitsmodellen systematisch anpassen mussten: »Die alten Lehrer und Studenten hielten [die Exzerpierpraxis] für so wichtig, dass viele von Ihnen – darunter auch Plinius der Ältere – fast nie ein Buch gelesen hatten, ohne die interessantesten Stellen zu exzerpieren.«[6] Die Anweisungen von Guarino hinsichtlich der Lektüreaufzeichnungen bleiben jedoch weiterhin vage.

Erst zum Ende des 15. und zu Beginn des 16. Jahrhunderts, als die Leseaufzeichnungen entscheidender Bestandteil der humanistischen Lehre wurden, erschienen Lehrbücher, die detaillierte Protokolle darüber enthielten. Die geistigen Fundamente der Kunst des Exzerpierens waren für die Zukunft bereits gelegt. Jedermann kannte die Ausführungen von Aristoteles und Cicero über die Art und Weise, wie jedwedes Thema in Einträge untergliedert werden sollte, die buchstäblich als *loci communes* betrachtet wurden, in denen man geeignete Themen und Argumente finden konnte. Auch wusste jedermann, dass Seneca und Macrobius die Schriftsteller aufgefordert hatten, es den Bienen gleich zu tun und ihr Material aus einem reichhaltigen Blumenstrauß zu entnehmen, um daraus den kostbarsten Honig zu erzeugen. In kürzester Zeit verwandelten sich die traditionellen Techniken, mit denen man sich die wertvollsten Gegenstände geistig einprägen konnte – und die übrigens den meisten Schriftstellern des Altertums zur Vorbereitung auf ihre öffentlichen Reden dienten –, in eine Art Materialität besitzendes Speichermedium, das zur Abrufung von Informationen dienen konnte.[7] In seinem Lehrbuch mit dem aufschlussreichen Titel *De utraque rerum ac verborum copia* weist Erasmus von Rotterdam seine Studenten darauf hin, dass »jeder Mensch, der alle Arten von Autoren lesen möchte, (zu einem bestimmten Zeitpunkt seines Lebens muss derjenige, der als Gelehrter anerkannt sein möchte, die gesamte

---

[6] Epistolario di Guarino Veronese, hg. von Remigio Sabbadini. Venedig 1915–1919, Bd. 2, S. 269–270; zitiert durch Anthony Grafton: Le lecteur humaniste, in: Histoire de la lecture dans le monde occidental, hg. von Guglielmo Cavallo u. Roger Chartier, Paris 1997, S. 230.

[7] Ann Moss: Printed Commonplace Books and the Structuring of Renaissance Thought, Oxford 1996.

lateinische und griechische Literatur gelesen haben) so viele Zitate
wie möglich für sich selbst gesammelt haben sollte.«

Er führt weiter aus, dass ein Student ein vollständiges System an
Überschriften und Zwischenüberschriften entwerfen müsse, unter
denen er seine Exzerpte einzuordnen habe:

> Sobald Sie also so viele Titel wie möglich ausgewählt haben,
> ordnen Sie diese auf ihre individuelle Weise, weisen Sie jedem
> Titel den entsprechenden Textabschnitt zu, und schreiben
> Sie die *loci communes* oder die *sententiae* unter die Zwischen-
> überschriften, alles was Sie bei den Autoren, insbesondere bei
> den besten Autoren finden: *exemplum, casus novus, sententia,*
> Scherze oder Wunder, Sprichwörter, Metaphern oder Parabeln.
> Mit Hilfe dieser Methode wird das, was Sie lesen, in ihrem
> Gedächtnis fixiert und Sie gewöhnen sich an die Verwendung
> des Reichtums ihrer Lektüre. Denn es gibt viele Menschen,
> die Dinge klassifizieren, um diese zu nutzen. Doch wenn sie
> sprechen oder darüber schreiben sollen, stellt sich heraus, dass
> ihr Wortschatz nur wenige Vokabeln enthält. Auf diese Weise
> werden Sie bei jeder Gelegenheit über einen vollständigen Ap-
> parat verfügen, um eine Rede zu konzipieren – einen Apparat,
> der dazu vorbereitet wurde und von dem Sie sich weitgehend
> inspirieren lassen können.[8]

Es zeigt sich bei Erasmus wie bei Guarino gleichermaßen, dass die
systematische Kompilation vor allem auf die Komposition ausgerichtet ist.

Eine Unterrichtspraxis

Wie ein gut bestelltes, bewässertes und eingesätes Feld garantiert
das Heft mit den *loci communes* seinem Verfasser große Erträge und
bestärkt die Hoffnung des Gelehrten, dass kein Korn verschwendet

---

[8] Desiderius Erasmus: De utraque verborum ac rerum copia libri II, Amsterdam
1645. Zur englischen Übersetzung (die als Grundlage für die vorliegende deutsche Übersetzung benutzt wurde), vgl. Ders.: On copia of words and ideas.
De utraque verborum ac rerum copia, ins Englische übersetzt und mit einer
Einleitung versehen von Donald B. King u. H. David Rix, Milwaukee 1963.

wird. Diese Prinzipien blieben keinesfalls unbeachtet und wurden systematisch in die Praxis umgesetzt. In der englischen Schule von Rivington legten die Statuten des 16. Jahrhunderts ausdrücklich fest, dass die Lehrer »so traditionell wie möglich den Schülern die Art und Weise beibringen müssen, wie man alles Gelesene unter bestimmten *loci communes*, wie beispielsweise der Tugend, dem Fehler, der Ausbildung, der Geduld, der Unannehmlichkeit, dem Wohlstand, dem Krieg, dem Frieden usw. einordnen soll, damit sie auf alle Situationen vorbereitet sind, in denen man fertige Bücher aus Papier braucht, um selbst zu schreiben.« Im Eton College wird noch weniger dem Zufall überlassen. An jedem Samstagnachmittag müssen die Schüler »ihre Bücher mit Satzaufzeichnungen, die sie während der Woche zusammengestellt haben, sowie ihre Exzerpthefte vorzeigen«. Die aus den humanistischen Schulen hervorgegangenen »Mandarine« haben den Glauben an diese Methoden nie aufgegeben. Sir Philip Sidney passte gegen Ende des 16. Jahrhunderts die Ratschläge von Erasmus von Rotterdam nur an, als er eine Einführung zum Studium antiker Historiker für seinen Bruder skizzierte, die auf der Methode der Exzerpthefte beruhte.[9]

Selbstverständlich hielten sich nicht alle Gelehrten streng an die Vorgabe, von allem Gelesenen ausführliche Leseaufzeichnungen anzufertigen. Doch diejenigen, die es nicht taten, wussten, dass sie irrten. Johannes Sturm, ein einflussreicher Rhetoriker aus Straßburg, berichtete mit tiefem Bedauern an seine Schüler, »dass er es nicht getan hatte und es tief bedauere«. »Ich hätte es vorgezogen, dass meine Lehrer mir vorgeben, so zu verfahren. So könnte ich Ihnen nützlicher sein, als ich es heute bin«. Der namhafte hugenottische Philologe Isaac Casaubon füllte die Ränder seiner Version des *Corpus Hermeticum*, die sich mittlerweile in London befindet, sowie zahlreiche andere Bücher mit Kommentaren aus, die aussahen, als seien Hühner über die Blätter

---

[9] Vgl. The Correspondence of Sir Philip Sidney and Hubert Languet, hg. von S.A. Pears, London 1845, S. 201: »But that I wish herein is this, that when you read any such thing, you straight bring it to his head, not only of what art, but by your logical subdivisions, to the next member and parcel of the art. And so, as in a table, be it witty words, of which Tacitus is full, sentences, of which Livy, or similitudes, whereof Plutarch, straight to lay it up in the right place of the storehouse, as either military, or more especially defensive military, or more particularly defensive by fortification, and so lay it up. So likewise in politic matters.«

gelaufen. Daraus entwickelte er jedoch auch längere Essays in seinen sechzig Bände umfassenden Heften, die in der Bodleian Library bis heute aufbewahrt sind. Ähnlich wie Sturm drückte Casaubon sein Bedauern darüber aus, dass er »viele Dinge gelesen [habe], die [er] nicht in [seinen] *adversaria*-Sammlungen notiert [habe]«. Der Begriff der *adversaria* bezeichnet Exzerpthefte, in denen der Humanist das Exzerpt mit seinen eigenen Anmerkungen, das Zitat mit dessen Interpretation eng vermischt.[10]

Kurz gesagt, unterschied sich die übliche Lektürepraxis, die man in den Schulen lernte und folglich selbst auf Reisen oder im Gefängnis anwendete, grundlegend von ihrer modernen Variante. Die alte Lesekunst wurde mit größter Sorgfalt gepflegt. Zu einem Zeitpunkt, als die Informationsflut schwindelerregend zunahm, als Bücher massenweise aus den Druckereien kamen und sowohl Leser als auch Zensoren zu ersticken drohten, musste man auf modernste Techniken zurückgreifen. Diese Techniken umfassten wunderbare Werkzeuge wie beispielsweise das ›Leserad‹, mit dem der Leser mehrere Texte oder Editionen eines Textes oder mehrere Versionen einer bestimmten Begebenheit miteinander vergleichen konnte. Es war aber vor allem wichtig, mit der Schreibfeder bewaffnet zu lesen, damit geeignete Abschnitte des Buches aufgezeichnet und im Hinblick auf eine effiziente Suche systematisch kopiert werden konnten. Als Johann Amos Comenius, ein tschechischer Reformpädagoge des 17. Jahrhunderts, seinen Schülern das Bild eines Lesers in seinem Arbeitszimmer zeigte, fügte er ganz selbstverständlich den Akt des Schreibens in dieses Bild und in den Begleittext ein:

> Die Studirstube ist ein Ort / wo der kunstliebende Student / abgesondert von den Leuten allein sitzet / dem Kunstfleiß ergeben / indem er lieset Bücher / welche er neben sich auf dem Pult / aufschläget / und daraus in sein Handbuch das Allerbeste auszeichnet; oder darinnen mit Untersteichen / oder am Rand mit einem Sternlein / bezeichnet.[11]

---

[10] Vgl. Earle Havens: Commonplace Books: A History of Manuscripts and Printed Books from Antiquity to the Twentieth Century, New Haven 2001.

[11] Johann Amos Comenius: Orbis sensualium pictus. Die sichtbare Welt, Nürnberg 1698, Kap. XCIIX, S. 200–201.

Der aufmerksam über das Buch gebeugte Leser wird genau beschrieben. Er rührt sich fast nicht: Einzig und allein das Schreibzeug bewegt sich, mit dem der Leser die Stellen aufschreibt, die ihm am bedeutendsten erscheinen.

Eine Kunst mit vielen Gesichtern: Das Exzerpieren und seine Spielarten

Selbstverständlich griffen die Gelehrten auf verschiedene Systeme zurück, um ihre Exzerpte zu selektieren. Dabei ist allerdings hervorzuheben, dass diese Selektionssysteme erstaunlich vielfältig waren. Celio Calcagnini, ein Freund von Erasmus von Rotterdam in Ferrara, machte sich über seinen Botanikerkollegen Pandolfo Colenuccio lustig, der farbige Tinte verwendete, um den Inhalt der Abschnitte zu ordnen, die er in den Büchern unterstrich. Er lässt sich mit sarkastischen Bemerkungen über pedantische Gelehrte aus, die die Ränder ihrer Werke vollkritzeln, in der Hoffnung, dass ihre primitiven Symbole (gotische Türme, Säulen, Hände) aus einem einfachen Druckwerk ein Gedächtnistheater machen. Stattdessen fasst Calcagnini jeden gelesenen Text an den oberen Seitenrändern zusammen und schreibt gleichzeitig Exzerpte seiner Lektüre in ein Heft. Mit Hilfe dieser Technik kann er einen Großteil seiner Bibliothek innerhalb einer halben Stunde durchgehen.[12] Sein Exemplar der Dioskurides-Ausgabe, die der aus Florenz stammende Humanist Marcello Ani korrigierte, und das sich heute in Princeton befindet, bestätigt diese Beschreibung bis ins kleinste Detail. Auf den Rändern erstreckt sich ein ausschweifender handgeschriebener Kommentar, der 1521 und 1522 verfasst wurde. Calcagnini selbst lieferte uns die Daten seiner Leseaufzeichnungen, in denen der geschickte Leser riesige und schwer verständliche Textmengen zusammenfasst.[13] Seinen eigenen Aussagen zufolge scheiterte Calcagnini nur bei seinem Versuch, Plinius zusammenzufassen: Die gigantischen Ausmaße und der bunt gemischte Inhalt der *Naturgeschichte* des römischen Gelehr-

---

[12] Vgl. Celio Calcagnini: Opera aliquot, Basel 1544, S. 26.
[13] Vgl. Pedacii Dioscoridae Anazarbei De materia medica libri sex, hg. von Marcello Virgilio Adriani, Florenz 1518; Ausgabe der Princeton University Library.

ten – an sich schon das Ergebnis einer unglaublich umfangreichen Sammlung von Leseaufzeichnungen und Kompilationen – verwirrten den Humanisten Calcagnini, der sich an ein Inhaltsverzeichnis des Textes versuchte und schließlich eingestand, dass er den gesamten Inhalt fast vollständig transkribiert hatte.

Andere Humanisten erdachten eindrucksvolle Systeme zur Vereinfachung der Arbeit mit Leseaufzeichnungen und Exzerpten. John Foxe, Autor des berühmten *Book of Martyrs* (1560), veröffentlichte in London ein Exzerptheft, in dem die Titel der *loci communes* bereits vorgedruckt waren, so dass ein Student nur noch die freien Stellen mit seinen Exzerpten auszufüllen hatte. Hundert Jahre später bot Vincentius Placcius der Öffentlichkeit mit dem *scrinium litteratum* eines der ersten Karteisysteme an, die wir kennen.[14] Selbst Placcius konnte sich nicht mit dem aus Venedig stammenden Gelehrten Giulio Camillo messen, der in den Jahren 1520 und 1530 im wahrsten Sinne des Wortes ein Gedächtnistheater geschaffen hatte: ein großes Amphitheater, auf dem die Namen und Bilder der Planeten und der antiken Götter *loci communes* anzeigten, unter denen Camillo hunderte Zitate Ciceros sammelte. Nachfolgend beschreibt der niederländische Humanist Viglius Ayatta das System von Camillo in seinem am 8. Juni 1532 an Erasmus von Rotterdam gerichteten Brief:

> Es handelt sich um ein Gegenstand aus Holz, das mit vielen Bildern dekoriert ist und an den Seiten unzählige Schubladen enthält. Darüber hinaus gibt es viele Unterabteilungen. Jeder Figur und jedem Ornament hat er einen eigenen Platz zugewiesen. [...] Der Autor gibt diesem von ihm selbst geschaffenen Theater mehrere Namen, wie Intelligenz und Geist. [...] Er ist nämlich der Ansicht, dass alles, was der menschliche Geist ausdenkt, und alles, was wir nicht mit den körperlichen Augen erfassen können, jedoch nach sorgfältiger Untersuchung durch bestimmte materielle Zeichen ausgedrückt werden kann, so dass jeder in der Lage ist, die Tiefen unmittelbar mit den Augen wahrzunehmen, die sonst in der menschlichen Intelligenz vergraben

---

[14] John Foxe: Pandectae locorum communium, London 1585; Vinzent Placcius: De arte excerpendi, Hamburg 1689. Hinsichtlich des Zettelschrankes von Placcius vgl. den Artikel von Helmut Zedelmaier in diesem Band.

sind. Und genau aufgrund dieser körperlichen Vorstellung hat er es als Theater bezeichnet.[15]

Es handelt sich hierbei um ein echtes *theatrum mundi*, ein Welttheater, das in Gestalt eines menschlichen Gehirns ein ideales Exzerptheft darstellt, ein Abbild des Gedächtnisses seines Verfassers. Viglius erklärt jedoch, dass es sich letzten Endes wirklich nur um ein dreidimensionales Heft handelt, und führt weiter aus:

> Er hat mir eine so riesige Menge Blätter gezeigt, dass mich niemals zuvor jemand hätte überzeugen können, dass ein einziger Autor einen solch großen Bereich abdecken könnte, noch dass man zu Beginn seines Werkes so viele Bände hätte kompilieren können. Und dies trotz der Tatsache, dass ich immer über Cicero hörte, seine Eloquenz sei unerschöpflich.[16]

Dass Viglius nicht wirklich beeindruckt ist, kann daran liegen, dass Giulio Camillo, der Erfinder des Theaters, seiner Ansicht nach

> stark stottert und sich schwerlich in Lateinisch auszudrücken vermag. Er entschuldigt sich unter dem Vorwand, dass ihm fast der Gebrauch der Wörter abhanden gekommen ist, weil er die Schreibfeder nie aus der Hand legt.

Letztendlich gesteht Viglius gegenüber Erasmus von Rotterdam, dass er »die strengen Ohren« seines Briefpartners »mit Banalitäten dieser Art nicht verletzen möchte«. Eine Exzerpierkunst, die seinem Erfinder die *copia* nicht beschaffen kann, die er offensichtlich benötigt, stellt eine Art *contradictio ex adjecto* dar.[17]

Folgt man Erasmus und vielen anderen Theoretikern der Leseaufzeichnungen, so muss ein jeder Schüler, der ein Gelehrter werden will, seine eigenen Exzerpthefte anfertigen. Nur wenn er die Texte selbst liest, kann er ihnen »das substantielle Mark« (»la substantifique

[15] Textgrundlage für die deutsche Überstezung: La Correspondance d'Érasme, übersetzt von M. Delcourt u.a., hg. von Alois Gerlo, Bd. 10, Brüssel 1981, S. 45 [Brief von Viglius Ayatta an Erasmus, 8. Juni 1532].
[16] Ebd.
[17] Ebd. S. 44. Vgl. Frances Yates: The Art of Memory, Chicago 1966; Lina Bolzoni: La stanza della memoria: modelli letterari e iconografici nell' età della stampa, Turin 1995.

moelle«) entziehen, von dem Rabelais spricht. Doch in der Praxis sind die Hefte keinesfalls private und einzigartige Schöpfungen. Erasmus selbst untergräbt die Systeme, die er den Pädagogen empfiehlt. 1508 veröffentlicht er in Venedig bei Alde Manuce die endgültige Ausgabe seiner *Adagia* (*Collectanea adagiorum*) die über 4.000 Artikel enthält, welche sich auf griechische und lateinische Aphorismen aus der antiken Literatur und Lexikographie beziehen. So erfährt der Leser der *Adagia*, wie man zu einem Freund, der die Neigung hat, die Älteren und Vorgesetzten zu ärgern, sagen kann:»Ne ignem gladio fodias« (»Lösche nicht das Feuer mit dem Schwert aus«); wie man einen Freund motiviert, der mit seinem Schicksal wenig zufrieden ist:»Spartam nactus es, hanc orna« (»Du stammst aus Sparta; mache der Stadt Ehre«); wie man jemandem, der seine Dissertation nicht abschließen kann, erklären soll, dass er lernen muss, seine»Hand von der Tafel zu nehmen« (»Manum de tabula«); wie man einen jungen kriegslustigen Prinzen darauf hinweisen muss, dass»der Krieg nur den Unerfahrenen süß erscheint« (»Dulce bellum inexpertis«). Jeder Kommentar enthält sowohl moralische Ratschläge als auch eine stilistische Vorgabe. Interne Querverweise, thematische Rubriken und zahlreiche alphabetische Indizes ermöglichen einen schnellen Zugang zu hunderten von griechischen und lateinischen Zitaten, die der niederländische Humanist gesammelt hat.[18] Diese Sammlung ist in der Tat viel nützlicher als irgendein von einem zwölf- oder sechzehnjährigen Schüler erstelltes Heft.

Mit dem Rückgriff auf die *Adagia* oder auf ähnliche Werke konnte also, wie Ann Blair aufgezeigt hat, die Herstellung von persönlichen Zitat-Anthologien ernsthaft gefährdet werden.[19] Einhundert Jahre später veröffentlichte Henricus Arningk die gesamten Abschnitte, die ein junger Lateinschüler für jede Rede verwenden kann. Im *Theatrum humanae vitae* von Theodor Zwinger sind Exzerpte aus den Werken von fünfhundert Autoren systematisch auf ca. 5.000 Seiten in Folioformat sortiert.[20] Dieser wunderbare Schatz erschließt sich

---

[18] Vgl. Anthony Grafton: Le lecteur humaniste, S. 230.

[19] Vgl. Ann Blair: Annotating and Indexing Natural Philosophy, in: Books and the Sciences in History, hg. von Marina Frasca-Spada u. Nick Jardine, Cambridge 2000, S. 69–89.

[20] Vgl. Heinrich Arningk: Medulla variarum earumque in orationibus usitatissimarum connexiium, Altenburg 1652, S. 11; Walter J. Ong: Commonplace

leicht durch Themenindizes und dies selbst für einen unwissenden
Leser, der nur durch die Seiten eilt.

Humanistische Kritik an der Kompilation

Das System der *loci communes* bietet allerdings nicht nur praktische
Vorteile. Es birgt daneben auch schwerwiegende und deutliche
intellektuelle Risiken. Einerseits besteht die Gefahr, dass die originalen Texte durch diese Sammlungen zerstückelt werden und
jeder Gelehrte die von ihm verwendeten Texte wie einen Steinbruch
hinterlässt, wenn er sein eigenes Exzerptheft zusammenstellt. Denn
die von ihm exzerpierten Textstellen werden zwangsläufig ihres
Originalkontextes beraubt, auch dann, wenn er diese eigenhändig
transkribiert. Eine noch größere Gefahr besteht andererseits darin,
dass dieses System Schüler und selbst ausgebildete Humanisten zu
einer extremen Passivität gegenüber geistigen Autoritäten verleitet.
Ein junger Philologe, der Zuflucht in den Texten sucht und an der
Konstruktion dieser mit klassischen Juwelen verzierten Textmosaiken
immer wieder arbeitet, geht fast automatisch davon aus, dass er in
den Texten all die Weisheit und Wissenschaft finden wird, wonach
ihm dürstet. So scheint die Kunst der Kompilation Pedanten und
keine Gelehrten hervorbringen zu können.

Nicht nur im Zeitalter der Aufklärung wurde die Kompilation
der Exzerpthefte dieser Kritik unterworfen. Die Humanisten als
Spezialisten dieser Kunst haben auch als erste diese Gefahr gesehen
und Alarm geschlagen. Erasmus von Rotterdam verfasste mit seinem
Dialog *Ciceronianus* eine unbarmherzige Satire auf die römischen
Humanisten, die eine lateinische Sprache zu schreiben versuchten, die
perfekt derjenigen Ciceros ähnelte. So beschrieb er den Ciceronianer
Nosoponus, der überaus stolz darauf war, ein System erfunden zu
haben, um innerhalb eines Briefes oder selbst einer Unterhaltung kein
Wort zu verwenden, das nicht im Cicero-Korpus belegt sei. Nosoponus weigerte sich also, ein lateinisches Wort auszusprechen oder zu
schreiben, das nicht bei Cicero vorkomme und dies in der exakten

Rhapsody: Ravisius Textor, Zwinger and Shakespeare, in: Classical Influences on European Culture, A.D. 1500–1700, hg. von R. R. Bolgar, Cambridge 1976, S. 111–118.

grammatischen Form, die er benötigte. In drei Exzerptheften – über die er stolz berichtete, dass diese mittlerweile so umfangreich waren, dass ein Mann sie alleine nicht tragen könne – hatte er alle von Cicero verwendeten Sätze und Worte aufgelistet. Bevor er einen lateinischen Brief schrieb, unterwarf er sich einer asketischen Diät für seine Recherche: Zum Abendessen nahm er nur zehn rote Johannisbeeren und drei gezuckerte Korianderkörner zu sich, dann setzte er sich in eine Bibliothek, wo er vom Lärm der Straße und vom Sonnenlicht durch dicke Mauern und dichte Fenster abgeschirmt war – wie es später auch Marcel Proust tat. Doch trotz aller Vorsichtsmaßnahmen brauchte er eine Nacht, um einen einzigen Satz zu schreiben.

Bulephorus, der zweite Hauptdarsteller des Dialoges, amüsiert sich über Nosoponus. Er zeigt vor allem, dass der versessene Ciceronianer die Methode seines klassischen Idols falsch verstanden habe. Als die Bürger von Crotone den griechischen Maler Zeuxis baten, ein Porträt von Helena von Troja anzufertigen, so gab sich der Künstler nicht mit einem einzigen Modell zufrieden, erklärt Bulephorus. Unter allen Frauen, die zu ihm kamen, wählte er die fünf schönsten aus, übernahm deren bemerkenswerteste Gesichtszüge, welche er miteinander kombinierte, um eine Idee der Schönheit Helenas zu geben. Dabei verzichtete Bulephorus darauf, zu erwähnen, dass er diese Geschichte bei Cicero gefunden hatte, denn jeder humanistische Leser war darüber im Bilde. Cicero selbst hatte diese Geschichte erzählt, um den eklektischen Stil in seiner Abhandlung *De inventione* zu rechtfertigen. Eigentlich kann man Cicero durch Kompilation oder mit dem Durchblättern der Exzerpthefte nicht wirklich imitieren, denn tatsächlich hindert Nosoponus' Kompilation ihn selbst ausgerechnet an einer echten Nachahmung.[21] Die Kritik, die Erasmus von Rotterdam hierzu anbringt, wurde selbst zum *locus communis* der pädagogischen und literarischen Gedankenwelt. Richard West fasst hundert Jahre später Erasmus' Lehre in zwei beißende Verse zusammen: »Their Braines lye all in Notes; Lord! How they'd looke / If they should chance to loose their Table-book!«[22]

---

[21] Vgl. Erasmus: Il Cicerioniano, o dello stile migliore, hg. u. übersetzt von Angiolo Gamaro, Brescia 1965.

[22] Peter Beal: ›Notes in garrison.‹ The Seventeenth-century Commonplace Book, in: New Ways of Looking at Old Texts, hg. von William S. Hill (Medieval and Renaissance Texts and Studies, 107), Binghamton, NY 1993, S. 131–147.

Doch auch Erasmus selbst blieb von dieser Kritik nicht verschont. Der deutsche Gelehrte Mutianus Rufus gestand 1530, dass er die *Adagia* seines niederländischen Freundes Erasmus nicht wirklich schätzte. Er war der Ansicht, dass es sich bei diesem Werk nur um eine Art literarische Textsammlung handele, die jeder fleißige *grammaticus* hätte zusammenstellen können und mit Hilfe derer die Schüler eine Gelehrsamkeit zur Schau stellen konnten, die nicht ihre eigene war.[23] So können Exzerpthefte auch die Last der Vergangenheit verkörpern.

Sammlungen von *loci communes* als wissenschaftliche Werkzeuge

Doch die negativen Aspekte der Exzerpthefte und die Fehler ihrer Besitzer sollten nicht überbewertet werden. Seit den 1960er Jahren haben Philologiehistoriker nachgewiesen, dass zahlreiche Humanisten ihre Exzerpthefte in philologische Hilfsmittel einzigartigen Umfangs und außergewöhnlicher Genauigkeit verwandelt hatten. In den meisten Fällen haben sich zwei Methoden oder Modelle innerhalb dieser Kompilationen vermischt. Einerseits folgt der Kompilator hinsichtlich des Aufbaus seiner *excerpta* einer vorbestimmten Logik und versucht, daraus literarische oder moralische Lehren abzuleiten; andererseits stellt er gleichzeitig eine persönliche Klassifizierung auf, die andere, darunter rein philologische oder historische Zwecke verfolgt. Zu erwähnen ist an dieser Stelle beispielsweise Guillaume Budé, der große Jurist und Freund von Erasmus, der zu Beginn des 16. Jahrhunderts zum wichtigsten Gräzisten Europas wurde. Als Budé seine Gräzistikstudien beginnt, stellt er eine Reihe systematischer Exzerpthefte zusammen, von denen sieben in Genf erhalten geblieben sind. Die Gestaltung seiner Aufzeichnungen zeigt, dass Budé ganz offensichtlich seine Arbeit zunächst als literarische Ausbildung betrachtete. Als er seine Exzerpthefte zu Homer oder anderen Schriftstellern anlegte, suchte er vor allem eindrucksvolle Stellen, die sich in seine eigenen Textmosaike einfügen ließen. Als Homer den *Riesen* mit *hekatoncheir*, also *Einen mit hundert Händen* bezeichnet, notiert Budé dieses wenig

---

[23] Vgl. Der Briefwechsel des Mutianus Rufus, hg. von Carl Krause, Kassel 1885, S. 392.

gebräuchliche Adjektiv und ist der Ansicht, dass man es für einen
König oder einen Papst verwenden könnte, der Hab und Gut der
Bürger oder einfachen Christen sich anzueignen versucht. Doch die
Arbeiten von Budé dienen schließlich nicht nur der Zusammenstellung
von feierlichen Reden oder bedeutsamen Briefen. Sie unterstützen
ihn bei der Zusammenstellung und Veröffentlichung einer wichtigen
Abhandlung über die Verwendung der griechischen Sprache, die
Commentarii linguae graecae, die auf gesammelten Materialien aus
seinen Exzerptheften beruht.[24]

Im vorliegenden Fall, wie auch in mehr oder weniger ähnlich ge-
lagerten Fällen bei Angelo Poliziano und Jacopo Sannazaro, geht die
Kompilationsarbeit und die innere Gestaltung der Exzerpthefte mit
einem Verarbeitungs- und Auswertungsprozess einher. Von nun an
werden Exzerpthefte nicht nur für die eigene literarische Ausbeute
zusammengestellt, sondern auch, um die Aussage eines antiken Textes herauszuarbeiten, um diesen in einem historischen und literarischen Kontext zu verorten und seine Quellen zu bestimmen. In den
Exzerptheften des Florentiner Humanisten Angelo Poliziano, die in
der Bayerischen Staatsbibliothek München aufbewahrt werden, sind
die Früchte der Textarbeit nicht mehr nach *loci communes* geordnet.
Vielmehr dient der gelesene Text als Organisationsstruktur. Der
Humanist unterteilt ihn in kohärente Gruppen von Versen oder von
Abschnitten, zwischen denen er Stellen leer lässt, die er mit Parallel-
texten auffüllt, indem er die Kunstschätze der großen Bibliotheken
von Florenz durchforstet, ohne seine eigene Meinung mit einfließen
zu lassen. Poliziano weist ohne Zweifel einen beeindruckenden Sinn
für die *arte allusiva* auf und verfügt über ein erstaunliches lateinisches
und griechisches Vokabular, wenn er sich an einen Mäzen wie Lorenzo
de' Medici oder an einen Kollegen wenden will. Jedoch ist die Vergangenheit für ihn von größerem Interesse als die Gegenwart: Seine
Exzerpthefte kündigen das Entstehen einer neuen Gelehrtenkultur
an, die nicht von den Regeln der Rhetorik bestimmt wird.[25]

---

[24] Vgl. Anthony Grafton: Commerce with the Classics, Ann Arbor, University
   of Michigan Press 1997, S. 135–183.
[25] Vgl. Vittore Branca: Poliziano e l'umanismo della parola, Turin 1983; Angelo
   Poliziano: Commento inedito alle ›Selve‹ di Stazio, hg. von Lucia Cesarini
   Martinelli, Florenz 1978; Lucia Cesarini Martinelli: In margine al commento
   di Angelo Poliziano alle ›Selve‹ di Stazio, in: Interpres, 1, 1978, S. 96–145;

Wenn es darum geht, einen Humanisten als großen Meister des Exzerpierens und der *loci communes* zu bezeichnen, kommt einem der große französische Jurist Jean Bodin in den Sinn. Mit seinem Werk *Methodus ad facilem historiarum cognitionem* will Bodin die Lektüre aller historischen, antiken und modernen Texte erleichtern. Seine Absicht ist es, zu lehren, wie man eine moderne historische Anthologie zusammenstellen kann, indem man systematisch in seinen Büchern recherchiert, welchen Historikern man Glauben schenken darf und welche Verfassungen für welche Völker gut funktionieren. Die Rezeption und Auswirkung der *Methodus* ist groß gewesen, obwohl das Werk selbst offensichtlich das Ergebnis einer Kompilationsarbeit ist. Sir Philip Sidney schreibt an seinen Bruder, dass er »Bodin lesen kann und in vielen seiner Aussagen reichhaltigen Stoff finden kann«, und als er die *Römische Geschichte* des Titus Livius unter der Leitung des englischen Humanisten Gabriel Harvey liest, übernimmt er dafür die Ratschläge Bodins. In seinen *Essais* weist Montaigne nachdrücklich darauf hin, dass er »die Bücher durchblättere«, diese allerdings »nicht ausstudiere«.[26] Er versucht jedoch, den hermeneutischen Fragestellungen Bodins Rechnung zu tragen, und erzählt, dass er den Anweisungen der *Methodus* gemäß Exzerpte aus historischen Werken zusammengestellt habe. Für Bodin ging es nicht nur darum, die Wahrheit über die Vergangenheit herauszufinden, sondern aus ihr eine Lehre zu ziehen: Bei Geschichte handle es sich eigentlich um eine Philosophie, die auf konkreten Beispielen beruhe. Aus dieser Perspektive lerne man sie auch zu lesen, indem man beispielsweise auf gekürzte Hinweise an den Rändern zurückgreife (›CH‹ für ›consilium honestum‹, ›CTU‹ für ›consilium turpe utile‹, d.h. unehrlicher, aber nützlicher Rat), so dass jede Rede oder Schlachtbeschreibung in diesen Rahmen gezwängt wird. Die Suche nach Wahrheit spielt jedoch auch bei Bodin eine zentrale Rolle. Indem er seinen eigenen Ratschlägen bei der Kompilationsarbeit folgt, entwickelt er neue Theorien über die Staatsverfassung und die Geschichte. Er weist das traditionelle Vier-Reiche-Schema aus dem Buch *Daniel* im *Alten Testament* als ungültig zurück, indem er feststellt, dass die Chronisten,

---

Poliziano nel suo tempo, hg. von Luisa Secchi Tarugi, Florenz 1996; Carlo Vecce: Gli zibaldoni di Iacopo Sannazaro, Messina 1998.

[26] Michel de Montaigne: Essais, hg. von Pierre Michel, 3 Bde., Paris 1973 (erste Auflage: Paris 1965), Bd. 2, S. 411: »Je feuillète les livres, je ne les étudie pas«.

die es übernommen haben, zahlreiche Reiche wie beispielsweise das Türkische ausgelassen haben. Eine neue Theorie der Souveränität entwickelt er, indem er die Lehren der Historiker erforscht. Zu seinen innovativen Thesen ist er über das Exzerpieren und Zusammentragen moralischer und politischer Lehren traditionellen Kategorien gemäß gekommen.[27] Zusammengefasst lässt sich feststellen: Die humanistische Exzerpierkunst war nicht nur eine kulturell etablierte Kunst, sondern auch ein umstrittenes Feld, auf dem ganz unterschiedliche Methoden zum Einsatz kamen und wo man sich erbitterte Diskussionen zum Status der Gelehrsamkeit lieferte.

---

[27] Vgl. Ann Blair: Humanist Methods in Natural Philosophy: The Commonplace Book, in: Journal of History of Ideas, 53, 1992, S. 541–551; Ann Blair: The Theatre of Nature: Jean Bodin and Renaissance Science, Princeton University Press 1997.

Johann Jakob Moser und die gelehrte Wissensverwaltung in der Frühen Neuzeit[1]

Helmut Zedelmaier

Er war »einer der produktivsten Autoren der Weltgeschichte«,[2] heißt es in einem neueren biographischen Abriss zu Johann Jakob Moser (1701–1785), dem deutschen Staats- und Völkerrechtler des 18. Jahrhunderts. Sein gedrucktes Werk umfasst über 100.000 Seiten, das Verzeichnis der publizierten selbständigen Werke 331 Titel, einige davon mit mehr als 1.000 Seiten Umfang. Dazu kommt eine große Zahl ungedruckter Schriften. Ohne Zweifel eine hervorstechende literarische Produktion im 18. Jahrhundert, die aber, erweitert man das Blickfeld auf die ganze Epoche der Frühen Neuzeit, durchaus Konkurrenten hat, genannt sei etwa das Œuvre des Herborner Enzyklopädisten Johann Heinrich Alsted (1588–1638), der es zwar *nur* auf

---

[1] Die folgenden Überlegungen gründen auf Untersuchungen, die im Rahmen der von der Deutschen Forschungsgemeinschaft geförderten Münchner Forschergruppe »Zum politisch-sozialen Diskurs und zu Formen des Wissens im Zeitalter des Humanismus« von mir in Zusammenarbeit mit Florian Neumann durchgeführt wurden, sowie auf Untersuchungen, die ich an der Herzog August Bibliothek Wolfenbüttel im Rahmen des von der Deutschen Forschungsgemeinschaft bewilligten Projektes »Die Frage nach dem Ursprung der Kultur. Das gelehrte Wissen im Spannungsgefüge von Autorität und Pluralisierung« in Kooperation mit dem Münchner Sonderforschungsbereich 573 durchführte. Für kritische Lektüre danke ich Ann Blair (Harvard) und Ulrich J. Schneider (Leipzig). Der Text entspricht der Vorlage, die ich 2002 für die französische Übersetzung verfaßt habe. Nur in den Fußnoten wurden einige neuere Literaturverweise eingefügt.
[2] Karl Otmar Freiherr von Aretin, in: Neue Deutsche Biographie 18 (1997) S. 175–178.

über 60 gedruckte Werke brachte, die sich dafür z. T. über mehrere tausend Seiten erstrecken.[3] Fülle und Vielfalt der frühneuzeitlichen literarischen Produktion werden heute gerne ›polyhistorisch‹ genannt und charakterisieren die späthumanistische oder barocke Gelehrsamkeit, von der das ›Selbstdenken‹ des Zeitalters der Vernunft und Aufklärung abgehoben werden kann. ›Polyhistorie‹ bzw. ›polyhistorisch‹ und ›Polyhistor‹ sind Begriffe, die in der Frühaufklärung ihr besonderes Begriffs- bzw. Kritik-Potential entfalteten.[4] »Hüte dich auch / daß du nicht einen Weisen vor einen solchen Mann hältst / welcher vielerley Bücher lieset / wie die heutigen Polyhistores«, notierte 1713 Christian Thomasius;[5] seine Schüler und Adepten haben diese Sichtweise radikalisiert und den Polyhistor zum Sinnbild eines Gelehrten geformt, der zwar alles mögliche, dies aber nur oberflächlich weiß, »der von allem etwas«, so etwa Nikolaus Hieronymus Gundling, »und doch von dem Grunde nichts weiß.«[6] Der Polyhistor wird mit »mannigfaltiger Belesenheit« verknüpft, die, wenn sie literarisch produktiv wird, sich in der Reproduktion von Wissen erschöpft:

> Alle ihre Sätze und Zeilen starren von den Namen berühmter Scribenten. Die Zeugnisse angeführter Autoren füllen ihre Bogen weit mehr, als ihre eigenen Gedanken. Sie machen sich eine Ehre daraus, mit fremden Augen zu sehen, mit fremden Lippen zu reden, und mit fremden Federn zu schreiben.[7]

---

[3] Howard Hotson: Johann Heinrich Alsted 1588–1638. Between Renaissance, Reformation and Universal Reform, Oxford 2000.

[4] Helmut Zedelmaier: Von den Wundermännern des Gedächtnisses. Begriffs-geschichtliche Anmerkungen zu ›Polyhistor‹ und ›Polyhistorie‹, in: Die Enzy-klopädie im Wandel vom Hochmittelalter bis zur frühen Neuzeit, hg. von Christel Meier, München 2002, S. 421–450.

[5] Christian Thomasius: Cautelen, Halle 1713, S. 110.

[6] Nikolaus Hieronymus Gundling in der Vorrede zu der von ihm herausge-gebenen Neuen Bibliothec von 1715; zitiert nach Herbert Jaumann: Critica. Untersuchungen zur Geschichte der Literaturkritik zwischen Quintilian und Thomasius, Leiden u.a. 1995, S. 301.

[7] Johann Christoph Gottsched: Vorrede zu: Pierre Bayle: Historisches und Cri-tisches Wörterbuch. Nach der neuesten Auflage von 1740 ins Deutsche über-setzt; auch mit einer Vorrede und verschiedenen Anmerkungen versehen von Johann Christoph Gottsched, Bd. 1. Mit einem Vorwort von Erich Beyreuther, Hildesheim-New York 1974 (= Neudruck der Ausgabe Leipzig 1741).

Im Fokus der aufgeklärten Kritik polyhistorischer Wissensproduktion steht die Herrschaft der Tradition, der unreflektierte, mit bloßer
memoria identifizierte Umgang mit dem überlieferten Wissen. Was
Texte als polyhistorisch qualifiziert, ist das Fehlen der Unterscheidung
zwischen Fremdem und Eigenem. Wer sich der Überlieferung nur
einschreibt, sie nicht mit Hilfe des kritischen Urteils beherrscht und
in (historische) Distanz rückt (und entsprechend, etwa als Fußnote,
markiert), unterliegt einem *Praejudicium auctoritatis*. Es entsteht u. a.
durch die übermäßig ausgedehnte »lectio librorum«.[8] Gegenstand
der folgenden Überlegungen ist der Prozess der Infragestellung polyhistorischer Wissensrepräsentation im Blick auf die Veränderung
der Praktiken gelehrter Wissensorganisation. Diese lässt sich als
Umstellung von einer Orts- bzw. Buchgebundenheit der gelehrten
Wissensverarbeitung und -verwaltung – die sich als festgefügtes,
auch *materialiter* buchfixiertes Ordnungssystem, als geschlossener
Wissensraum darstellt – zu beweglichen Verwaltungssystemen der
Lektüre beschreiben, als eine Emanzipationsbewegung, in der ein
Wille zum freien, selbständigen Umgang mit der gelehrten Tradition
zum Ausdruck kommt.

Der anonyme Zettelschrank

Wissensverwaltungssysteme für den privaten Gebrauch mit Hilfe
loser Zettel sind im 17. Jahrhundert nicht üblich. Verzettelungstech-
niken werden in Exzerpieranleitungen des 17. Jahrhunderts nur als
Mittel, nicht als Prinzip der Wissensverwaltung beschrieben. Lose,
ungebundene Ordnungen sowie das Verschieben und Umsortieren
von Exzerpten, die bereits einem *locus* zugewiesen wurden, werden
in ihnen als Gefahren markiert. Vor der Benutzung von losen Zetteln
wird ausdrücklich gewarnt, denn lose Zettel gefährden die *memoria*.
Das Exzerpieren, lautet eine oft wiederholte Vorschrift, dürfe das
Gedächtnis nicht schwächen.[9] Das Exzerptmaterial soll deshalb ständig

---

[8] Johann Gerhard Meuschen (Praes.) u. Christian Iversen (Resp.): De praeiu-
     dicio auctoritatis, Kiel 1704, S. 9.

[9] So beginnt Francesco Sacchini (De Ratione Libros cum profectu legendi li-
     bellus, Ingolstadt 1614, S. 78) das Kapitel »Quid curandum, ut excerpendi

wiedergelesen und so dem Gedächtnis eingeprägt werden,[10] damit seine Verfügbarkeit auch ohne Rückgriff auf die Exzerptsammlung gewährleistet ist. Das Exzerpieren wird als »medicamentum obliuionis nobilissimum«,[11] als bloßes Hilfsmittel der *memoria naturalis* profiliert, die dieser Stütze angesichts ihrer beschränkten Fassungskraft bedarf.[12] Aus der Sicht der Verfasser von Exzerpieranleitungen sind Exzerptbücher aber nur sozusagen temporäre Zwischenspeicher. Sie dienen der zeitweiligen Entlastung des natürlichen Gedächtnisses, das sich der gesammelten Exzerpte immer wieder als Ganzes vergewissern muss. Das Exzerpieren benötigt also festgefügte, diese Erinnerungsarbeit fördernde Ordnungsstrukturen. Die Exzerpieranleitungen empfehlen deshalb zur Sammlung und Verzeichnung der Exzerpte festgebundene Exzerptbücher (»libri excerptorum«). Dass aber Exzerptbücher als externe (künstliche) Gedächtnisspeicher dazu tendieren, dem Griff der *memoria naturalis* zu entgleiten, verdeutlichen die Argumente gegen das Exzerpieren, mit denen sich die Verfasser von Exzerpieranleitungen auseinandersetzen. Wer auf Exzerpte vertraut, den bedroht u.a. der Verlust der Aufzeichnungen (durch Feuer, Wasserschäden, Diebstahl)[13] und damit der Verlust von Wissenskompetenz. Einerseits ist also Exzerpieren nötig, weil das natürliche Gedächtnis beschränkt

---

labor sit totum saluber« mit der Warnung: »Primum, ne hebescat memoria; illustriores quidam loci non solum scribendi, sed etiam ediscendi sunt«.

[10] Entsprechend lautet die fünfte und sechste Exzerpierregel (»Leges pauculae ad excerpendum scriptae«) bei Jeremias Drexel (Aurifodina Artium et scientiarum omnium; Excerpendi Sollertia, Omnibus litterarum amantibus monstrata, München 1638, S. 122f.): »Excerpta horulis subseciuis Relege«; »Edisce quaedam, non tantum Exscribe & Relege [...]. Alterum ab altero iuuetur. Memoriae opitulentur Excerpta, his illa suppeditet adiumentum. Hinc ista in familiari vsu, colloquijs eruditis, scribendis litteris, disputationibus priuatis & publicis dextre misceri possunt, quo altius memoriae inhaereant.« Spätere Anleitungen wiederholen solche Forderungen, vgl. etwa noch Dominique Bouhours, La manière de bien penser dans les ouvrages d'ésprit. Dialogues. Suivant la copie, Amsterdam 1688, S. 43: »Eudoxe ne s'est pas contenté de lire les livres, il en a fait des extraits qu'il relit de temps en temps; si bien que les choses luy sont fort présentes, & qu'il sçait presque par cœur tous les beaux endroits de son recueil«.

[11] Jeremias Drexel: Aurifodina Artium et scientiarum, S. 83.

[12] Ebd., Pars II: »Excerptorum neceßitas ob memoriae inconstantiam« (S. 4–15).

[13] Ebd., Pars X: »Obiectionibus contra Excerpendi sollertiam respondetur« (S. 94–111).

ist, andererseits gefährden die technischen Mittel, die gegen diese Beschränkung eingesetzt werden, das individuelle Gedächtnis.

Dass in Exzerpieranleitungen so nachdrücklich vor den Gefahren einer vom natürlichen Gedächtnis entkoppelten, verselbständigten Wissensverwaltung gewarnt wird,[14] verweist auf die tatsächliche Zunahme ungebundener Weisen der Wissensaneignung und die Benutzung entsprechend flexibler Ordnungstechniken. Das jedenfalls legen Relikte solch ungebundener Lese- und Verzeichnungstechniken und Anleitungen zur Exzerpiertechnik selbst nahe.[15] Der deutsche Gelehrte Vinzent Placcius hat 1689, unter Berufung auf Francis Bacon, eine umfassende Bestandsaufnahme der gelehrten Wissensverwaltung unternommen, die unterschiedliche Techniken und Methoden dokumentiert und zur Disposition stellt. Das Buch heißt *De arte excerpendi. Vom gelehrten Buchhalten*.[16] Es enthält auch eine *Historia excerptorum propriorum*, eine Geschichte der gelehrten Sozialisation des Autors Placcius, in der er die eigenen Erfahrungen mit der Exzerpierkunst verarbeitete, um dem Leser die »universalis hujus artis notitia« konkret zu veranschaulichen.[17] Das interessanteste Dokument der Sammlung ist ein *Über den gelehrten Kasten* (*De scrinio litterato*) überschriebener Abschnitt.[18] In ihm edierte und kommentierte Placcius ein Manuskript. Den Verfasser konnte Placcius nicht identifizieren. Hinweise im Text deuteten aber darauf hin, dass es sich um einen Anhänger des Reformpädagogen Amos Comenius und Freund Samuel Hartliebs, Wegbereiter der *Royal Society*, handelte und das Manuskript 1637 oder kurz danach abgefasst sein musste.[19] Sein Thema erläutert der Titel (nach der Edition des Placcius):

---

[14] Francesco Sacchini (De Ratione Libros cum profectu legendi libellus, S. 69ff.) greift zur Beschreibung dieser Gefahren auf Platons Schriftkritik zurück.

[15] Christoph Meinel: Enzyklopädie der Welt und Verzettelung des Wissens: Aporien der Empirie bei Joachim Jungius, in: Franz M. Eybl, Wolfgang Harms, Hans-Henrik Krummacher u. Werner Welzig (Hg.): Enzyklopädien der frühen Neuzeit. Beiträge zu ihrer Erforschung, Tübingen 1995, S. 162–187.

[16] Vincentius Placcius: De arte excerpendi. Vom gelehrten Buchhalten liber singularis, Stockholm u. Hamburg 1689; der folgende Abschnitt ist ein Auszug von: Helmut Zedelmaier: Buch, Exzerpt, Zettelschrank, Zettelkasten, in: Archivprozesse. Die Kommunikation der Aufbewahrung, hg. von Hedwig Pompe u. Leander Scholz, Köln 2002, S. 38–53.

[17] Vicentius Placcius: De arte excerpendi, S. 184–228.

[18] Ebd., S. 121–159.

[19] Ebd., S. 148f. Inzwischen wurde der Verfasser des Manuskripts identifiziert. Es handelt sich um den englischen Juristen und Puritaner Thomas Harrison;

Vorstellung eines Kastens oder Aufbewahrungsortes für gelehrte Studien, eine Methode, mit deren Hilfe alles Gelesene, Gehörte und Gedachte leichter aufbewahrt und schneller wieder aufgefunden werden kann (Arca studiorum sive Repositorium. Quo lecta, audita, meditata omnia expeditius disponendi, promptiusque [dispositis] utendi, modus proponitur).[20]

Der Autor beschreibt zunächst gängige Methoden gelehrter Wissensverwaltung mit Hilfe von Exzerptbüchern. Sie seien umständlich und nicht geeignet, die unüberschaubar angewachsene Masse des Bücherwissens so zu verwalten, dass schnelle Verfügbarkeit (»promptitudo utendi«) gewährleistet ist.[21] Ihn jedenfalls habe der Umgang mit diesen Methoden erschöpft und deshalb veranlasst, etwas Neues zu erfinden:[22] einen Zettelschrank zur Verwahrung von Exzerptzetteln.

Mit Akribie erläutert der Autor, wie seine neue Methode es ermögliche, die drei für das Exzerpieren und die Exzerptverwaltung wesentlichen Komponenten – Aufschreiben der Exzerpte (»scribendi modus«), Ordnung der Exzerpte (»digerendi modus«), Finden der abgelegten Exzerpte (»utendi modus«) – effektiver zu handhaben; u.a. werden die (einheitliche) Größe und Beschriftung der Notizblätter (»chartae«) und die Modalitäten der privaten und öffentlichen Benutzung der Wissensverwaltung behandelt.[23] Im Zentrum der Anweisungen steht die genaue, mit zwei Abbildungen illustrierte Bauanleitung für den Zettelschrank (»Arcae seu repositorii fabrica«) aus Holz (Abb. 1).[24] Er besteht aus einem Kasten im Längsformat mit zwei Flügeltüren. Im Schrankinneren befinden sich Gerüstbauten mit querliegenden hölzernen Stäbchen (»bacilli lignei«), die zur Befestigung der quadratischen, mit Ordnungskategorien (»loci«) beschrifteten Karten aus

---

vgl. Noel Malcolm: Thomas Harrison and his ›Arc of Studies‹: An Episode in the History of the Organization of Knowledge, in: The Seventeenth Century 19 (2004), S. 196–232.

[20] Ebd., S. 124 (die eckige Klammer ist ein Zusatz von Vicentius Placcius, der den Text mit Korrekturen versah).

[21] Ebd., S. 124ff.

[22] Vgl. den Abschnitt »Auctor fatigatus, quomodo ad novum modum excerpendi pervenerit« (ebd., S. 130ff.).

[23] »Usus privatus in evolvendis & ordinandis collectis« (ebd., S. 144f.), »Usus publicus, in communicandis collectis, & socianda collectione« (ebd., S. 145f.).

[24] Ebd., S. 137–143.

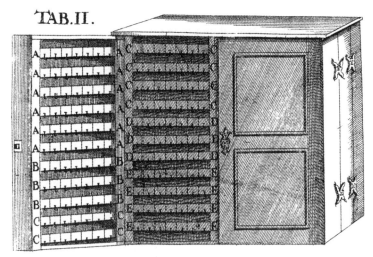

Abb. 1   Vincentius Placcius: De arte excerpendi. Vom gelehrten Buchhalten
liber singularis, Stockholm u. Hamburg 1689, Tafel II, S. 138: Arca studiorum
sive repositorium.

Weißblech (»Orichalci schedae«) dienen. Den Blechkarten verbunden
sind (zu Haken gebogene) Nadeln, an die Exzerptblätter geheftet werden können. Die Stellordnung der *loci* markieren die Großbuchstaben
des Alphabets an den Längsseiten der Gerüstbauten.

Jeder muss, darauf kommt es dem Autor an, seine eigene *arca*
bauen, d. h. deren Größe, Ordnung und Ausstattung ist den besonderen fachlichen Bedürfnissen, vor allem der Ordnung der *tituli*
und *loci* anzupassen.[25] Er selbst habe als Theologe »Titulos sive locos
Theologicos omnes, morales omnes, naturales & Civiles plerosque«
gesammelt und etwa 3.000 Blechkarten entsprechend beschriftet.[26]

---

[25] Ebd., S. 138f.: »Harum particularum numerus capitum sive locorum communium, quae pro studiorum ratione, plura vel pauciora habere desideras,
numerum aequare debet, ut singulis portiunculis titulus peculiaris affigatur.
Priusquam igitur de illarum numero statuas, colligenda sunt in Indicem vo-
cabula sive locorum communium capita, quemadmodum ipse non exiguo
certe labore feci, adjectis etiam in libro seu nomenclatura, & quasi subordina-
tis Synonymis, minusque usitatis titulis, ad proprios, & usitatos.«

[26] Ebd., S. 139: »Ego certe Titulos sive locos Theologicos omnes, morales omnes, naturales & Civiles plerosque collegi, ita ut 3000. ad minimum sripti, &
laminis istis parvulis affixi sint, relictis insuper albis, sive Vacuis 300. passim
inter scriptores hic illicque, seminales, in quibus si forte novus aliquis, quod

Die Überschaubarkeit gilt als besonderer Vorzug der als »machina«[27] bezeichneten Wissensverwaltung, mit ihr werde es möglich, betont der Autor, große Wissensbestände in kleinem Raum so zu verwalten, dass alles mit einem Blick erfasst werden kann.[28] Die *machina* erspare das mühsame Blättern in gebundenen *loci*-Sammlungen oder Zettelkonvoluten, mit einem Griff können die Informationen abgerufen werden.

Die neue Erfindung sorgte für Furore in der gelehrten Welt. Placcius führte einen Nachbau mit eigenen Verbesserungen seinen Studenten vor, berichtet er in seiner *Historia excerptorum propriorum*,[29] Leibniz soll einen nach diesen Angaben hergestellten Exzerpierschrank benutzt haben.[30] Mit der *machina* lag ein für Vervollständigungen offenes, von der Ausübung individueller Gedächtnistechniken sowie vom Buch als Gedächtnisort losgelöstes Verwaltungssystem für Notizen und Exzerpte vor. Doch ist die *arca studiorum* ein janusköpfiges Instrument, das nicht nur in die Zukunft, sondern auch in die Vergangenheit weist. Zukunftsweisend ist das Verfahren offener, flexibler Wissensverwaltung: die Informationen (die Zettel) sind frei beweglich, sie können nach Belieben hinzugefügt, entnommen und umsortiert werden, eingeplante Leerstellen (»albi sive vacui«) können (wenngleich nur beschränkt) als neue Systemstellen (»tituli«) markiert werden. Doch im Vergleich mit späteren Zettelkästen ist der Bau der *arca* aufwendig, die Wissensverwaltung umständlich. Warum baute man im 17. Jahrhundert keinen simplen, einfach zu erweiternden Zettelkasten mit beweglichen Stellregistern? Im Prinzip war diese Methode spätestens seit Mitte des 16. Jahrhunderts, seit Konrad Gessners Anleitung zur Erstellung von Registern,[31] bekannt; es kann also nicht am fehlenden technischen Wissen liegen.

---

fit, occurrant titulus, inscribatur, suoque ordini, aliisque locum cedentibus, inseratur.«

[27] Ebd., S. 142f.

[28] Ebd., S. 142: »In hoc enim Artificii hujus (sive arcae) compendium constat, unde tantum titulorum numerum, tam parvo spatio contineat, & duabus tantum apertionibus, plane omnes oculis proponat.«

[29] Ebd., S. 221f.; die mit drei weiteren Abbildungen illustrierten Verbesserungen werden in dem der Edition folgenden Abschnitt erläutert (ebd., S. 149–155).

[30] Christoph Meinel: Enzyklopädie der Welt, S. 182.

[31] Helmut Zedelmaier: De ratione excerpendi: Daniel Georg Morhof und das Exzerpieren, in: Mapping the World of Learning: The Polyhistor of Daniel Georg Morhof, hg. von Françoise Waquet, Wiesbaden 2000, S. 75–92 u. 85ff.

Die aus moderner Sicht schwerfällige Architektur des Zettelschrankes erklärt sich einmal aus der topischen Ordnungsvorstellung, die
die frühneuzeitliche Wissensverwaltung beherrscht. Die Kategorien
zur Ordnung des Exzerptmaterials entstammen der zeitlosen Welt der
Topica universalis.[32] Gott (*Deus*), Glauben (*Fides*), Tugend (*Virtus*)
oder Vergnügen (*Voluptas*) heißen die *loci*, nach denen zu exzerpieren
bzw. denen das exzerpierte Wissen zuzuordnen ist. Die *loci* oder *tituli*
ergeben sich nicht erst nach und nach aus dem Prozess der Lektüre,
sie sind vielmehr, zumindest überwiegend, festgelegte Kategorien.[33]
Die Ordnung des Zettelschrankes besitzt also nur eine beschränkte
interne Ausbau- bzw. Weiterbaufähigkeit. Die wenig bewegliche
Architektur des *scrinium litteratum* korrespondiert der festgefügten
Topik des in ihm verzettelten Wissens. Zum anderen verweist die
Besonderheit der Bauweise des Zettelschrankes auf die künstlichen
Räume der hermetischen Gedächtniskunst und damit auf eine Ordnungswelt, nach der die zu erinnernden Gegenstände an markanten
Orten abgelegt werden mussten.[34]

Mosers Zettelkasten

Sieht man von einzelnen Hinweisen wie den auf Leibniz' Zettelschrank
ab, findet sich ein Beleg für die Benutzung von flexibel erweiterbaren
Verwaltungssystemen für den privaten Gebrauch mit Hilfe von Zetteln
erst wieder bei dem eingangs als Gelehrter mit phänomenaler literarischer Produktivität gerühmten Johann Jakob Moser. Moser war
Jurist, zeitweise (von 1748 bis 1751) auch Chef der Kanzlei des Landgrafen von Hessen-Homburg sowie Leiter einer privaten Staats- und
Kanzleiakademie in Hanau. Gerade für Kanzleibeamte bzw. -sekretäre
gibt es bereits im 17. Jahrhundert spezielle Exzerpieranleitungen,
die auf die Verwaltungspraxis fürstlicher Kanzleien und Archive

---

[32] Wilhelm Schmidt-Biggemann: Topica universalis. Eine Modellgeschichte humanistischer und barocker Wissenschaft, Hamburg 1983.

[33] Vicentius Placcius: De arte excerpendi, S. 139: »Illa autem nomenclatura plena perfectaque semel quantum fieri potest esse debet, pro studiorum ratione,
scilicet in quibus versaris.«

[34] Das hat Christoph Meinel (Enzyklopädie der Welt, S. 183ff.) plausibel
gemacht.

(Aktenrubrifizierung, Aktenauszüge, Registerführung) zugeschnitten sind.[35] Moser selbst hat solche Anleitungen verfasst.[36] Über seine eigene Arbeitsweise berichtet er in der Schrift *Einige Vortheile für Canzley=Verwandte und Gelehrte, in Absicht auf Acten=Verzeichnisse, Auszüge und Register* von 1773 und in der dritten, zwischen 1777 und 1783 gedruckten Auflage seiner Autobiographie (*Lebens=Geschichte*).[37]

Er habe, schreibt Moser im Rückblick auf sein literarisches Schaffen, keinen »Polyhistor abgeben« wollen; so oft er etwas schrieb, habe er so getan, »als hätte ich niemalen etwas zuvor davon gelesen, oder selber darüber gedacht; um desto gewisser auf die Wahrheit einer Sache, um welche es mir allein zu thun ware, zu kommen«.[38] Mit dem Begriff »Polyhistor« bezieht sich Moser auf die aufgeklärte Kritik gelehrter Lektürepraktiken und ihrer Repräsentationsformen. Das Aufklärungsgebot ›Selbstdenken‹ zeigt sich in der Absicht, von gelehrtem (Bücher-) Wissen, ja sogar von früheren eigenen Gedanken zur behandelten Sache abzusehen. Zudem, ergänzt Moser, habe er keine »Gehülfen« benutzt, um Exzerptsammlungen anzulegen.[39] Und Moser verzichtete nicht nur auf die unter Gelehrten in der Frühen Neuzeit verbreitete Praxis, das Exzerpieren Assistenten (»amanuenses«) zu überlassen;[40]

---

[35] Vgl. Der expedite Referendarius, oder Anleitung wie man gerichtliche Acten Mit Nutzen lesen / geschickt excerpiren / und verständig referiren soll [...], Wetzlar 1739; zum Kontext: Cornelia Vismann: Akten. Medientechnik und Recht, Frankfurt am Main 2000; Markus Friedrich: Die Geburt des Archivs. Eine Wissensgeschichte, München 2013.

[36] Johann Jacob Moser: Einleitung zu denen Cantzley=Geschäfften. Abgefasset zum Gebrauch seiner ehemaligen Staats= und Canzlei=Academie; nun aber zum allgemeinen Nutzen bekannter gemacht, Frankfurt am Main 1755 (zum Exzerpieren S. 184ff.).

[37] Johann Jacob Moser: Einige Vortheile für Canzley=Verwandte und Gelehrte, in Absicht auf Acten=Verzeichnisse, Auszüge und Register, desgleichen auf Sammlungen zu künfftigen Schrifften, und würckliche Ausarbeitung derer Schrifften, 1773 (Signatur des seltenen Textes in der Staatsbibliothek München: *J.pract. 187h*); Ders.: Lebens=Geschichte [...] von ihm selbst geschrieben, 4 Bde., Frankfurt u. Leipzig 1777–1783.

[38] Ebd., Bd. 4, S. 116.

[39] An anderer Stelle schränkt er allerdings ein: Früher habe ihm ein Schreiber gedient, »der mir die ihme angewiesene Stellen aus anderen Schrifften und Urkunden copirte« (ebd., S. 121, u. Bd. 3, S. 108).

[40] Hinweise darauf u.a. bei Francesco Sacchini: De Ratione Libros cum profectu legendi libellus, S. 94; Daniel Georg Morhof: Polyhistor [...], Editio tertia [...], Lübeck 1732, Bd. 1, S. 560 (recte: 562).

ihm standen auch, wie er betont, keine größeren Bibliotheken zur
Verfügung, und seine eigene Bibliothek war nicht sehr zahlreich, den
größten Teil hatte er schon 1758 verkauft.[41]

Mosers Bekenntnis, ausschließlich auf eigenes Denken gesetzt zu
haben, manifestiert den Willen, unabhängig und unbestechlich nur
der »Wahrheit einer Sache« zu dienen. Das Programm, auf Lektüre
und fremde Hilfe zu verzichten, redet allerdings im Modus des ›als
ob‹. Denn natürlich hat Moser viel gelesen und exzerpiert. Gerade
angesichts seiner ungeheuren Produktivität war er dem Vorwurf
ausgesetzt, sich »fremde Arbeiten zugeeignet«[42] zu haben:

> Leute, die nicht in würcklichen Geschäfften gebraucht worden
> seynd, und immer nur von denckenden Köpfen sprechen, halten
> mich für einen blossen Collectaneenmacher, und die, so sich an
> denen Alterthümer etc. ergözen, für keinen Gelehrten.[43]

Die denkenden Köpfe – das waren die *philosophes*, die gegen das gelehrte Viellesen die Souveränität eigener Gedanken setzten; die Liebhaber
der Altertümer – das waren die Philologen, die antike Texte edierten
und kommentierten. »Meinetwegen wohl!«, so Mosers Kommentar
zu den Vorwürfen. Den Nachweis, dass er trotz der vielen Bücher, die
er geschrieben hat, kein Polyhistor ist, führt Moser, indem er seine
»Art, meine Collectanea und Schrifften zu verfertigen«, beschreibt:

> Ich habe vile kleine offene Kästgen, etwas über einen Schuh lang
> und breit, so dann 4. Finger breit hoch, mit einem in der Mitte
> nach der Länge durchgehenden Unterschid, daß zwey Reihen
> Octav-Blätter darinn Plaz haben, und eines halben octav=Blattes
> hoch. In disen Zettel=Kästgen stehen 1 1/2. Finger breite und
> etwas höhere, als die octav=Blätter seynd, Riemen von Char-
> ten=Papier, darauf die Namen aller Materien des Teutschen
> Staats=Rechts in systematischer Ordnung stehen, und so auch
> die Rubriquen aller anderer Materien, auf welche ich sammle,
> um selbige mit der Zeit auszuarbeiten.[44]

---

[41] Johann Jacob Moser: Lebens=Geschichte, Bd. 3, S. 78f.
[42] Ebd., S. 109.
[43] Ebd., S. 102.
[44] Ebd.

Auf die Blätter seiner Zettelkästen notierte Moser nicht Exzerpte aus Büchern, sondern nur knappe Verweise auf interessante Stellen (»mit wenigen Buchstaben oder Sylben die Materie, und den Ort, wo ich es antreffe«). Seine Beschreibung der Arbeit mit den Kästen mit je etwa 1.000 Zetteln preist deren Vorteile gegenüber traditionellen »Collectaneen=Büchern« jedoch weniger hinsichtlich der dadurch gewährleisteten Effektivität der Wissensverwaltung (vor allem: unbegrenzte Erweiterungsfähigkeit der einzelnen Rubriken, Flexibilität des Ordnungssystems),[45] vielmehr im Blick auf deren Verwendung für die Schreibpraxis. Denn auch für die Ausarbeitung von Büchern dienen Zettel (»lauter ganze oder halbe einzelne octav-Blätter«) und Zettelkästen.[46] Am Anfang steht das Nachdenken über Struktur und Gliederung der Materie. Einzelne Abschnitte werden entworfen und auf Blättern verzeichnet. Sie fungieren im Zettelkasten als Rubriken. Das inhaltliche Konzept für die einzelnen Paragraphen (die kleinsten Einheiten des Buchs) wird auf kleinere Blätter notiert und den entsprechenden Abschnitten in geordneter Folge zugeteilt. Dann wird die (Gedanken-)Struktur mit Wissen versorgt, d. h. die Zettelkästen mit Exzerpten werden nach den für das Thema relevanten Gesichtspunkten ausgewertet, das Ergebnis wiederum auf Blättern festgehalten und den entsprechenden Rubriken des Zettelkastens zugeordnet: »Schließlich übersehe ich dann das ganze Werck noch einmal, numerire die Blätter auf einander, und gebe es also in die Druckerey«. Der Vorteil dieses Schreibens im und aus dem Zettelkasten ist für Moser die dadurch gegebene Möglichkeit ständiger Revision, das Buch ist bis zuletzt, bis zur Abgabe an die Druckerei, ein *work in progress*; ohne Umstände können der Aufbau verändert, neue Gedanken und Materialien eingebaut werden. Nur mit Hilfe dieser Technik, resümiert Moser, habe er so viel schreiben können. Hätte er seine Bücher »nach der gewohnlichen Art nacheinander« ausgearbeitet, so hätte er »bis zu 10mal so viel Zeit« gebraucht.[47]

---

45 Johann Jacob Moser: Einige Vortheile für Canzley=Verwandte und Gelehrte, S. 50ff. (»Vorzüge dieser Art von Collectaneen=Büchern«); Markus Krajewski (Zettelwirtschaft: Die Geburt der Kartei aus dem Geiste der Bibliothek, Berlin 2002, S. 69–74) betont vor allem diesen Aspekt.

46 Vgl. (auch zum Folgenden) Johann Jacob Moser: Lebens=Geschichte, S. 103f.; Ders.: Einige Vortheile für Canzley=Verwandte und Gelehrte, S. 54–64.

47 Johann Jacob Moser: Lebens=Geschichte, S. 105.

Die Anfangsbedingungen des Schreibens, die Ausarbeitung der Fragestellung setzt der Autor selbständig und ohne fremde Hilfe, »als hätte ich niemalen etwas zuvor davon gelesen, oder selber darüber gedacht«. Ist der Anfang gemacht, schreibt sich das Werk mit Hilfe der Zettelkästen gleichsam automatisch. Entscheidend ist im Blick auf den Vorwurf der Polyhistorie, im Blick auf die Tradition gelehrter Wissensrepräsentation und ihre Praktiken, die autonome Herrschaft des Denkens über das gelehrte Material. Die Vorgabe des Autors regelt, welches Wissen, welche Exzerpte in das Buch gelangen können. Mosers Zettelkasten ist das ideale Instrument der Umsetzung von Fremdem in Eigenes. Der Autor dirigiert seine Materialien wie ein Feldherr seine Soldaten: »Zwar siehet ein nach diser Weise zu Stand gebrachtes Werck«, heißt es über das im Zettelkasten entstehende Buch,

fast biß ans Ende, wie ein Chaos oder Chartenspil, da alles unter einander liget, aus, und wann eine solche Arbeit unvollendet bleibet, kan einer, der dise Art zu handlen nicht verstehet, selbige nicht vollends zu Stande bringen: Aber es kommt mir vor, wie ein Regiment auf seinem Exercierplaz, da, ehe das Exercitium angehet, alle Soldaten unter einander lauffen und weder Ordnung noch Schöne beobachtet wird: So bald man aber das Zeichen gibt, zum Gewehr zu greiffen; so präsentiret sich in kurzem alles in der vortrefflichsten Stellung.[48]

Exzerpieren
von Francesco Sacchini bis Christoph Meiners

Der anonyme Zettelschrank und Mosers Zettelkasten dokumentieren den Willen zur selbständigen Inbesitznahme der gelehrten Tradition. Sie lassen sich zugleich als Dokumente einer Entwicklung lesen, in der sich die moderne Vorschrift selbständiger Gedankenproduktion formierte. Das ist natürlich ein Prozess mit komplexen (epistemologischen) Implikationen. In der Geschichte gelehrter Verwaltungssysteme repräsentieren der anonyme Zettelschrank und Mosers Zettelkasten

---

[48] Johann Jacob Moser: Einige Vortheile für Canzley=Verwandte und Gelehrte, S. 64.

unterschiedliche Formationen. Bei dem von Placcius edierten Zettelschrank besitzt die gelehrte Wissensverwaltung bei aller Beweglichkeit
der Zettel noch eine vorgeordnete topische Struktur, bei Moser ist sie
zur funktionalen Bedingung eigener Gedankenproduktion geworden.
Zwei eng miteinander verknüpfte Komponenten des Willens zur Inbesitznahme der gelehrten Tradition zeigen sich: die Flexibilität der
Wissensverwaltung und die Selbständigkeit der Gedankenproduktion. Dafür gibt es schon Indizien in Instruktionen zum Lesen und
Exzerpieren im 17. Jahrhundert. Die gelehrten Selbstzeugnisse (der
anonyme Autor bei Placcius und Moser) müssen bezogen werden auf
einen langen Problematisierungsraum des Exzerpierens. Lese- und
Exzerpieranleitungen zeichnen das gelehrte Lesen, Exzerpieren und
Verwalten von Wissen als besondere Kunst (*ars*) aus. Jeder Gelehrte
soll selbständig, unabhängig von vorgeordneten Wissensverwaltungen,
d. h. bereits gedruckt vorliegender Kompilationsliteratur, *loci communes*-Sammlungen und Enzyklopädien, Bücher mit Nutzen lesen
und auswerten – *De ratione libros cum profectu legendi* lautet der Titel
der 1614 erstmals publizierten Schrift von Francesco Sacchini –, im
Goldbergwerk der Künste und Wissenschaften schürfen (*Aurifodina
Artium et Scientiarum*), so der Titel der 1638 erstmals publizierten
Schrift von Jeremias Drexel (Abb. 2). Einige Hinweise auf das Genre
der Exzerpieranleitungen im 17. Jahrhundert können verdeutlichen,
dass der Prozess der Ablösung festgefügter, buchzentrierter Gedächt-
nisorte durch pragmatische und flexible Verwaltungssysteme gelehrten
Wissens sowie der Wille zum freien, selbständigen Umgang mit der
gelehrten Überlieferung trotz der bereits angeführten Vorbehalte
gegenüber einer gedächtnislosen Wissensverwaltung und dem Behar-
ren auf gebundene Gedächtnisspeicher schon dem 17. Jahrhundert
eingeschrieben ist.

Ein allgemeiner Gesichtspunkt ist zunächst wichtig. Lese- und
Exzerpieranleitungen verfassten im 17. Jahrhundert vor allem Jesuiten.[49] Sacchini, Verfasser der auflagenstärksten Leseanleitung

---

[49] Florian Neumann: Jeremias Drexels *Arifodina* und die *Ars excerpendi* bei den
Jesuiten, in: Die Praktiken der Gelehrsamkeit in der Frühen Neuzeit, hg. von
Martin Mulsow u. Helmut Zedelmaier, Tübingen 2001, S. 51–61. Generell zur
frühneuzeitlichen Geschichte des Exzerpierens vgl. Ann Blair: Too Much to
Know: Managing Scholarly Information before the Modern Age, New Haven
u. London 2010, S. 62–116.

Abb. 2 Jeremias Drexel: Aurifodina Artium et scientiarum omnium; Excerpendi Sollertia, Omnibus litterarum amantibus monstrata, München 1638. Frontispiz.

des Jahrhunderts,[50] war ein italienischer Jesuit, der u.a. am *Collegio Romano* lehrte, Drexel, ein bayerischer Jesuit und Prediger, verfasste die auflagenstärkste Exzerpieranleitung.[51] Ihre Anleitungen prägt der Kontext des streng reglementierten jesuitischen Studiensystems. Leitender Gesichtspunkt ist der Schutz des Lesers. Bei Sacchini kommt die Sorge um den lesenden Menschen besonders in einem Text zum Ausdruck, der als Anhang zu seiner Leseanleitung publiziert wurde.[52] *De vitanda librorum moribvs noxiorvm lectione* lautet der Titel, wer Bücher schlechter Menschen liest, wird verdorben, ist der Leitsatz.[53] Jesuitische Leseinstruktionen sind der Versuch, das der Aufsicht entzogene private Lesen einem Regelwerk zu unterwerfen. Lesen wird als eine Tätigkeit beschrieben, die effektiv organisiert werden muss. Wichtig ist die »Beständigkeit beim Lesen«, die strikte Einhaltung von »Arbeitszeiten«,[54] das sorgfältige Lesen (vom Anfang zum Ende)[55] und die genaue Festlegung, wann wie viel zu lesen ist.[56] Die Rationierung der Lektüre dient, analog zur jesuitischen ›Ratio studiorum‹, der Selbstkontrolle des Lesers, der dadurch die Wirkungen der Lektüre beherrschen lernen soll. Denn Lektüre hat unmittelbaren Einfluss, sie

---

[50] Neben der Erstausgabe Ingolstadt 1614 erschienen u.a. folgende Ausgaben: Würzburg 1614, Ingolstadt 1616, Bordeaux 1617, Dillingen 1621, Leipzig 1711 (und 1738).

[51] Folgende Ausgaben erschienen u.a. neben der Erstausgabe München 1638: Antwerpen 1638 (und 1641, 1642, 1657, 1658, 1691), Köln 1638 (und 1643), München 1642, Vratislavia 1659, Frankfurt 1670, Lyon 1675, Naumburg 1695.

[52] Francesco Sacchini: De Ratione Libros cum profectu legendi libellus, S. 103–172.

[53] Vgl. ebd., S. 104f.

[54] »De constantia lectionis« (ebd., S. 42–45): »Deinde ad constantiam spectat, vt destinatas lectioni horas perseueranter obserues. Sunt enim singulorum dierum spatia certas in actiones apte distribuenda« (S. 43f.); auch für die Freizeit (»vacua tempora«, S. 49) gilt: »Cauendum igitur primum in hisce temporibus est, ne inter manus elabantur« (S. 48).

[55] »Oportet sapientiae cupidos deditos esse lectioni: in eamque studiose, ac diligenter insistere, caeterum optimis in quoque genere scriptoribus debere esse contentos: quod profectus in perseueranti magis, salubrique lectione, quam in bibliothecarum peruolutatione consistat« (ebd., S. 24); »Ex ordine, porro constanter, ab initio ad extremum vsque prosequere. Ita argumentum operis totum, resque singulae, ac series disputationis percipietur facilius, & haerebit fidelius. Neque taedium capiat, si quaedam spinosiora interueniant, neque transilias« (S. 41f.).

[56] »Quo tempore, & quantum legendum« (ebd., S. 51–54).

ist analog der Nahrungsaufnahme, mit der ihre Macht seit der Antike parallelisiert wird, ein sozusagen medizinischer Tatbestand.[57] Texte sind leibhaftige und stimmbegabte Produkte, die hungrige Leser formen. Leser, besonders jugendliche Leser, müssen vor der Gewalt dieser Einflüsse geschützt werden. Mit Hilfe einer disziplinierten Haltung gegenüber dem Lesen und der Ausstattung mit Lektüretechniken sollen sie in die Lage gesetzt werden, Widerstand zu leisten. Lesetechniken sind Schutzschilde. Mit ihrer Hilfe können Leser Angriffe abwehren, die hereinstürzenden Stimmen in ein Ordnungsgefüge bannen, das der Disziplinierung weltlicher Neugierden und Begierden und damit der Ausrichtung auf das Seelenheil dient. »Beim Lesen eines Buches hat man mit dem Autor persönlichen Umgang«;[58] die jesuitische Profilierung dieser humanistischen Sicht[59] lautet: Ein »schlechtes Buch ist schlimmer als eine Bestie«; und weil »keine Beziehung enger ist als die des Lesers zu dem Buch, das er liest«, können Bücher »verderblicher als Ungeheuer« sein, denn sie »wirken an vielen Orten zugleich«.[60]

Die jesuitische Pädagogik imaginiert den Ansturm der »Bestien«, um aus ihrer Bändigung besondere Kraft zu ziehen. Die Zurüstung des in einsamer Lektüre sich selbst überlassenen Einzelnen erfordert die Ausbildung von dessen Urteilsfähigkeit, nur so können die verderblichen von den guten Einflüssen unterschieden werden. Urteilskraft ist deshalb die zentrale Kategorie jesuitischer Exzerpieranleitungen. Jeremias Drexel hat seine Exzerpierkunst, orientiert an Justus Lipsius,

---

[57] »[...] quod corporibus cibus est, id ingeniis esse lectionem« (ebd., S. 12).

[58] »Atqui lectio librorum quaedam est cum autoribus consuetudo, & familiaritas« (ebd., S. 139).

[59] Dazu Anthony Grafton: Der Humanist als Leser, in: Die Welt des Lesens. Von der Schriftrolle zum Bildschirm, hg. von Guglielmo Cavallo, Roger Chartier, Frankfurt am Main 1999 (zuerst 1995 in italienischer Sprache erschienen), S. 263–312.

[60] Francesco Sacchini: De Ratione Libros cum profectu legendi libellus: »At malus liber, vt immanis, ac venenata bestia, tolli potest, mutari non potest« (S. 141); »nulla est coniunctior, nulla magis assidua, nulla magis efficax consuetudo, quam lectori cum eo quem legit« (ebd., S. 147); »denique nullis terminis, nec locorum, nec temporum claudantur. Dicam amplius, nulla ex Tartareis Furiis tam funesta, & exitialis est, quam vnus libellus. Nam, nec illae tam multos simul mortales, nec multis in locis eodem oppugnant tempore. At hic ita serpit, ita multiplicatur, & spargitur, vt eodem momento, longissimo inter se dissitas interuallo regiones, ac gentes peruagetur, ac perdat. O monstrum, portentum que inauditum« (S. 155).

im 17. Jahrhundert die große Autorität klugen und scharfsinnigen
Urteilens, als eine vom *iudicium* geleitete Lesekunst entfaltet.[61] Die
Fähigkeit zu urteilen bildet sich nach Drexel durch Exzerpieren aus.
Exzerpieren erzieht zum langsamen, bedächtigen und aufmerksamen
Lesen, es zwingt Leser, abzuwägen und zu vergleichen.[62] Es erzwingt
damit eine Inbesitznahme der Lektüre, die auf der gedanklichen
Auseinandersetzung mit den Texten beruht. Zwar gebe es, verteidigt
Drexel die Notwendigkeit des Exzerpierens für jeden Gelehrten, schon
nützliche Exzerptsammlungen, gedruckte Produkte der »Excerpendi
sollertia« in großer Zahl (»Miscellanea, Florilegia, Epitomae, Summa-
ria, Pandectae, Collectanea, & Coniectanea, Aduersaria, Promptuaria,
Rerum Siluae, Quaestiones epistolicae, Horae subseciuae, Farragines
eruditae, Memoriales tituli, Electorum libri, Musarum horti«). Doch
unvergleichlich mehr Wert sind Aufzeichnungen, die selbst ausge-
schöpft, auf Grund eigener Urteile ausgewählt wurden.[63]

   Urteil, Auswahl und Nutzen definieren nach Drexel das Exzerpieren:
»Est igitur Excerpere, e scriptore quocunque cum iudicio in certas
classes id annnotare, ac seligere, quod iudicetur vsui futurum«.[64]

---

[61] Jeremias Drexel feiert Justus Lipsius an mehreren Stellen seines Werks; von
   Lipsius habe er jedes Werk, jede Silbe gelesen und vieles exzerpiert (Aurifodina Artium et scientiarum, S. 302). Dass Lipsius, obwohl er intensiv seiner
   Lehrtätigkeit nachging und von kränklicher Natur war, so viel geschrieben
   habe, verdanke er nur dem Exzerpieren: »Non legit tantum Lipsius, sed &
   Excerpsit, idque cum iudicio, non obuia quaeuis in chartas rapiendo, sed
   seligendo, & excerpendo. Hinc ipsius dictum solenne: Non colligo, sed se-
   lego. Seligit prorsus haec apis mel eximium« (S. 26f.). Seine speziellen Ex-
   zerpiertechniken habe Lipsius nicht verraten, allenfalls wenige Hinweise
   gegeben. Drexel bezieht sich auf die Schrift: De conscribendis latine episto-
   lis. Excerpta e dictantis eius ore, Anno MDLXXXVII mense Iunio. Adiunc-
   tum est Demetri Phalerei eiusdem argumenti scriptum. Magdeburgi 1594,
   Cap. XII: »De Excerptis, quo ordine ea instituenda, & a quibus singula car-
   penda«, S. 28f. Die an die Jugend gerichtete Anleitung beschränkt sich auf das
   Briefeschreiben; zur Verzeichnung der *Excerpta* und *Notae* empfiehlt Lipsius
   drei »memorales libri«: für Redeformeln, *Ornamenta* (Ähnlichkeiten, Allego-
   rien etc.) und *Dictiones* (ganze Sätze, seltene und neu gebildete Worte).
[62] Jeremias Drexel: Aurifodina Artium et scientiarum, S. 81ff. Analog, nur
   knapper, argumentiert auch schon Francesco Sacchini: De Ratione Libros
   cum profectu legendi libellus, S. 73f.
[63] Jeremias Drexel: Aurifodina Artium et scientiarum, S. 84f.; vgl. auch Francesco Sacchini: De Ratione Libros cum profectu legendi libellus, S. 76.
[64] Jeremias Drexel: Aurifodina Artium et scientiarum, S. 2.

Wer exzerpiert, ist ein Goldgräber, der die Goldadern der gelehrten Überlieferung selbst erforscht und ausbeutet: »Lege, scribe, Excerpe, quicquid dum legis, metalli nobilioris inueneris.«[65] Welche speziellen Techniken beim Exzerpieren anzuwenden sind, ist von besonderen Fachinteressen abhängig.[66] Drexel handelt nur über Grundsätze und gibt Empfehlungen; letztlich muss jeder seine eigene Methode finden, ein an seinem besonderen Bedarf orientierter Sammler und Verwalter der Wissensschätze werden. Wichtig ist nur: jeder muss exzerpieren, soll die Lektüre nützlich sein. Dass man exzerpieren muss, bestätigen fast alle.[67] Das belegen in der *Aurifodina* lange Exempelreihen.[68] Auch Heroen des Gedächtnisses, betont Drexel, haben exzerpiert.[69] Dennoch umhüllt das Exzerpieren die Aura des Geheimnisses. Exzerpte sind auch Instrumente einer Arkanpolitik der Gelehrten. Der Gelehrte Eulogius erklärt in Drexels Text (der als Dialog aufgebaut ist) seinem Schüler Faustinus, dass er ihm über das Exzerpieren zwar Erfahrungen aus der eigenen Praxis vermitteln könne, seine eigenen Exzerpte aber werde er ihm um keinen Preis verkaufen – nur wenn er ihm den Himmel oder Christus dafür bieten würde (»Caelum pollicere, Christum licitatorem oppone: Iam vendo«).[70] Die Exzerpte sind in dieser Hinsicht zu verbergende Quellen der eigenen Wissensproduktion: der Gelehrte will sich sozusagen nicht in die eigenen Karten schauen lassen.[71]

Angestoßen von der jesuitischen Sorge um den sich selbst überlassenen Leser, den es vor verderblichen Lektüreeinflüssen zu schützen gilt, zeichnet sich in der jesuitischen Lese- und Exzerpierkunst das Modell eines Selbstdenkens ab, das nicht von Anderen (und Fremdem) abhängig sein, das aus sich selbst schöpfen will. In den Exzerpieranleitungen der zweiten Hälfte des 17. Jahrhunderts, die nun in Anlehnung

---

[65] Ebd., Ad lectorem, S. 10r.

[66] Zur Abhängigkeit des Exzerpierens von Fachinteressen ebd., S. 206–234 (»Qui dictis Excerpendi modis Philosophus, Mathematicus, Medicus, Iurisconsultus, Theologus vti possint«).

[67] Ebd., S. 47: »Quod de Excerptis iam diximus, id omnium paene doctorum hominum voces & exempla firmant.«

[68] Ebd., S. 15ff.

[69] Ebd., S. 14: »Imo ex illis ipsis, quos modo dixi, ingentis memoriae viris, Excerpta & Notas aliqui velut certissimum, & summe necessarium memoriae subsidium industria singulari adhibuerunt«.

[70] Jeremias Drexel: Aurifodina Artium et scientiarum, S. 70f.

[71] Zu Daniel Georg Morhofs analoger Position Helmut Zedelmaier: De ratione excerpendi, S. 91f.

an die jesuitischen Vorbilder auch von protestantischen Gelehrten (wie eben Vinzent Placcius) verfasst wurden, gewinnt dieses Modell genauere Konturen. Das soll abschließend in Form eines Abrisses, im bloßen Verweisen auf einschlägige Stellen, skizziert werden.

Zunächst zum Gesichtspunkt der Ablösung topischer durch flexible Ordnungsmodelle der gelehrten Wissensverwaltung. Bezeichnend dafür ist, dass die Verfasser von Exzerpieranleitungen seit Drexel der Mnemotechnik mit ihrer *loci*-Architektur, von der noch der Zettelschrank bei Placcius geprägt ist, mit wenigen Ausnahmen kritisch gegenüberstehen.[72] Drexel hat für die *memoriae magistri* mit ihren aufwendigen und ausgeklügelten Vorschriften nur Spott übrig.[73] Ebenfalls steht schon bei Drexel nicht die Klassifikation der *loci communes*, die Systematik der Exzerpthefte im Zentrum des Interesses, sondern ihre effektive, auf die Bedürfnisse und Umstände des einzelnen Gelehrten zugeschnittene Organisation.[74] Für Daniel Georg Morhof (im *Polyhistor*, dessen drittes, 1692 posthum erschienenes Buch der *ars excerpendi* gewidmet ist)[75] heiligt beim Exzerpieren der Zweck die Mittel. Man muss die Ernte des Lesens in seine Scheune einfahren, um sie, wie ein guter Familienvater, stets zur Verfügung zu haben.[76] Unter dem

---

[72] Eine Ausnahme ist Daniel Georg Morhof (vgl. ebd., S. 90).

[73] »Quosdam memoriae magistros rideo, qui nescio quot domunculas aedificant, & in domunculis cellulas, rerumque imagines multiplicant in infinitum. Eruditum sane principium ad inducendam phrenesin. Ad hanc porro memoriam, quanta opus est memoria? Si velimus, Faustine, impendijs minoribus insanire possumus« (Jeremias Drexel: Aurifodina Artium et scientiarum, S. 375).

[74] Die Effektivität der Wissensverwaltung betonen in der Folge etwa der Prediger Justus Christoph Udenius, der die erste Exzerpieranleitung in deutscher Sprache verfasste (und beim Exzerpieren die Verwendung der deutschen Sprache empfiehlt: Excerpendi ratio nova. Das ist eine neue und sonderbahre Anweisung wie die studierende Jugend in jeden Wissenschaften, Disciplinen und Facultäten vornehmlich aber in Theologia homiletica ihre Locos communes füglich einrichten, leichtlich verfertigen und nützlich gebrauchen [...], Nordhausen 1687, S. 63; Erstausgabe Nordhausen 1681, weitere Ausgaben Nordhausen 1684, Leipzig 1696), und eine Leipziger Dissertation (Johann Balthasar Schubert: Sciagraphia de studio excerpendi, Leipzig 1699).

[75] Das Buch wurde auch als eigene Abhandlung publiziert (dazu Helmut Zedelmaier: De ratione excerpendi, S. 78f.).

[76] Daniel Georg Morhof: Polyhistor, Lib. III, Cap. I, § 1, S. 559f.: »Ut qui domum exstructurus est, lignis & lapidibus opus habet: ita qvi egregium aliqvid in qvocunqve doctrinae genere conatur, silvam prius congerere debet ad opus

Vorzeichen *politischer* Klugheit ist Wissenschaft eine Frage des Kampfes, der Schnelligkeit und Schlagfertigkeit erfordert. Hauptsache ist, man hat das, was man braucht, schnell zur Hand. Es kommt nicht so sehr darauf an, meint Morhof, in welcher Ordnung man die Waffen in Stellung bringt, vielmehr darauf, sie zur Stelle zu haben, wenn es zum Kampf kommt. Häufig nämlich stünden diejenigen, die allzu viel auf subtile Exzerpiermethoden geben, im entscheidenden Moment ohne Waffen da.[77] Die Titel zur Verzeichnung des Exzerptmaterials sind nach Morhof möglichst nicht (von anderen) vorgeordnete Kategorien. Sie entstehen vielmehr erst bei der Lektüre in der Auseinandersetzung mit der Sache und ihrem Kontext.[78]

Die von Morhof betonte Effektivität der Benutzung ist ein leitender Gesichtspunkt in den Exzerpieranleitungen der zweiten Hälfte des 17. Jahrhunderts.[79] Wichtiger als die Topik der Wissensverwaltung ist das schnelle Auffinden des Wissens mit Hilfe alphabetischer *indices*. Die Wissensverwaltung durch *indices* ermöglicht größere Unabhängigkeit von vorgeordneten Topiken der Verzeichnung. John Locke etwa konzentriert sich in einer (zuerst anonym 1686 publizierten) *Méthode nouvelle de dresser des Recueils* ganz auf die Anlage möglichst

---

suum idoneam. Qvorsum enim multa legere proderit, nisi cum fructu legantur, & in usus nostros, velut in horrea qvaedam, seponantur? qvemadmodum scilicet bonus Pater familias promptuaria habet, e quibus familiam sustentat; Ita vir doctus suas quasdam opes congerit, quibus bonam mentem alat, ac famam sibi excitet.«

[77] Ebd., § 19, S. 560 (recte: 562): »Ita enim instituere excerpta tyronem meum velim, ut non multum sibi negotii anxia & scrupulosa diligentia facessat, potius vero ad utilitatem rerum, qvam methodi subtilitatem, respiciat. Parum refert, qvo loco, qvo ordine arma qvis posita habeat, modo in promptu sint, cum ad pugnam ventum est. Et accidit plerumqve, ut, qvemadmodum illi, qvi in nummis opibusqve congerendis nimis sunt studiosi, raro iis recte uti norint, ita qvi Excerptis nimis insudant, omniaqve illis scrinia plena habent, cum qvid in medium proferendum est, jejuni & steriles evadant, ac ingenio suo, qvod sui nunqvam juris & arbitrii est, semper diffidant.«

[78] Ebd., Cap. II, § 27, S. 567: »Qvare mihi semper placuit methodus illa, ut tituli ex occasione inter legendum obvii ponantur, facile per indicem postea in ordinem redigendi.«

[79] Sie steht auch in einer in der zweiten Hälfte des 17. Jahrhunderts erschienenen jesuitischen Anleitung im Zentrum: P. Philomusus S. (Pseudonym): Industria excerpendi brevis, facilis, amoena, a multis impedimentis, quibus adhuc tenebatur, exsoluta, Konstanz 1684.

kurzer *indices*.[80] Der Betonung der Selbständigkeit, Effektivität und Praktikabilität der Wissensverwaltung korrespondiert in den Exzerpieranleitungen der Aufstieg der *adversaria*, der Exzerpthefte, in die ohne Ordnung nacheinander alles, was im Verlauf der Lektüre Wichtiges begegnet, eingetragen wird. Umgekehrt sinkt die Bedeutung der *Codices*, in denen Exzerpte vorgefertigten topischen Rastern zugeordnet werden. Morhof hat auch diesen Gesichtspunkt in eine luzide Sentenz gefasst:

> Es ist sehr nützlich, Exzerpte nicht nur unter *loci* zu ordnen, sondern auch *Adversaria* anzulegen, in denen wir das sammeln, was uns bei der Lektüre eines Autors oder beim täglichen Nachdenken eingefallen ist, auch was wir gesehen haben oder uns von anderen erzählt worden ist.[81]

Exzerpieren ist hier nicht die Suche nach Mustern zur Nachahmung, sondern ein Akt des Nachdenkens, das Exzerpt kein abrufbarer *locus communis*, sondern ein von der Lektüre ausgelöster Gedanke.[82] Und Exzerpieren löst sich von der Beschränkung auf die gelehrte Lektüre. Exzerpte sind Aufzeichnungen von Erfahrungen in einem umfassenden Sinn, auch Gehörtes und vor allem Gesehenes gilt es zu exzerpieren.[83] Eine Leipziger Dissertation von 1684 erweitert deshalb Drexels auf das Lesen beschränkte Definition um die Aspekte des

---

[80] Methode nouvelle De dresser des Recueils Communiquée par l'Auteur, in: Bibliothèque Universelle et Historique, Bd. II, Amsterdam 1686, S. 315–340; zwanzig Jahre später erschien der Text, jetzt unter dem Namen des Autors, leicht verändert in Englisch: John Locke: A New Method of Making Common-Place-Books, London 1706.

[81] Daniel Georg Morhof: Polyhistor, Lib. III, Cap. I, § 22, S. 561 (recte: 563): »Utilissimum est, non tantum sub Locis Excerpta digerere, sed & Adversaria qvaedam conficere, in qvibus congeramus, qvicqvid unqvam cogitatum a nobis est, in lectione Autorum, aut in qvotidiana meditatione: deinde qvicqvid vel vidimus, aut ab aliis nobis narratum est.«

[82] Daniel Georg Morhof verweist (ebd., § 25) auf (und zitiert) die *Medicina mentis* (Amsterdam 1687) von Ehrenfried Walther von Tschirnhaus; Johann Balthasar Schubert (*Sciagraphia de studio excerpendi*) unterscheidet im Abschnitt »unde excerpendum sit« (Membrum III) »fontes intra & extra nos« und fasst unter den »intra nos« die eigenen Gedanken.

[83] Vgl. auch Daniel Georg Morhof: Polyhistor, Lib. III, Cap. XIII, § 43; nach Justus Christophorus Udenius sind auch die Gedanken der Nacht zu exzerpieren (Excerpendi ratio nova, S. 73).

Hörens und Sehens.[84] Und weil Exzerpte Ausdruck der Inbesitznahme und Verwandlung von Fremdem in Eigenes sein sollen, tritt das wörtliche Abschreiben beim Exzerpieren gegenüber der selbständigen (resümierenden) Verarbeitung zurück.[85] Wort für Wort abschreiben, so Justus Christopherus Udenius, Verfasser der ersten, im Jahr 1681 erstmals gedruckten deutschsprachigen Exzerpieranleitung, ist »ausschreiben und nicht excerpiren«.[86] Exzerpte sollten kurz sein;[87] »Excerpe breviter«, heißt es in einer Leipziger Dissertation von 1699, weder Papier noch Zeit dürfen zu sehr konsumiert werden, alles ist nur im Kern (»in nuce«) zu erfassen.[88]

Der Grundsatz, nicht zu viel Worte herauszuschreiben und überhaupt nicht zu viel Zeit und Mühe auf das Exzerpieren zu verwenden, gilt auch für die Exzerpierkunst, die Jean Le Clerc im ersten Teil der *Ars critica* (zuerst 1696/97) unter dem Gesichtspunkt »De ordine in Lectione Veterum Scriptorum observando« entwirft.[89] Das Interessante (und Zukunftsweisende) an seiner Anleitung ist, dass geläufige Regeln der Lesekunst des 17. Jahrhunderts einen neuen Kontext erhalten. So heißt es etwa, man solle Texte sorgfältig, wiederholt

---

[84] Exercitatio academica de excerptis adornandis (Praeses: M. Andreas Stübelius; Respondent: Johannes Leonardus Brebis), Leipzig 1684, S. 8: »Excerpta sunt collectanea eruditorum ex lectis, auditis et visis, quandoque etiam proprio marte in ventis cum judicio et bono, quoad licet ordine descripta, ut ijs memoriae succurrere, eademque in usum convertere possint«.

[85] Ein Folgeproblem der Unterscheidung zwischen Eigenem und Fremdem ist die Frage des Plagiats und die verstärkte Notwendigkeit von exakten Stellenangaben; vgl. dazu die Bemerkungen in der Leipziger Dissertation von 1684 (ebd., S. 35).

[86] Justus Christophorus Udenius: Excerpendi ratio nova, S. 11 (hier zitiert nach der Ausgabe Leipzig 1696); Udenius bezieht sich bei seiner Begründung in der Nachfolge Jeremias Drexels auf Justus Lipsius (»Non colligo, sed seligo«, ebd., S. 12).

[87] Vgl. etwa Daniel Georg Morhof: Polyhistor, Lib. III, u.a. Cap. V, § 19.

[88] Johann Balthasar Schubert: Sciagraphia de studio excerpendi, Membrum IV (»Quomodo sit excerpendum«), S. 6v.

[89] Jean Le Clerc (Johannes Clericus): Ars Critica, in qua ad studia Linguarum Latinae, Graecae, Hebraicae, via minitur; Veterum emendandorum, spuriorum Scriptorum a Genuinis dignoscendorum, & judicandi de eorum Libris ratio traditur. Editio Quarta auctior & emendatior, ad cuijus calcem quatuor Indices accesserunt, Amsterdam 1712, S. 21–103 (Erstausgabe: 2 Bde., Amsterdam 1696/1697), hier S. 101: »(...) ne nimis multa excribantur verba, sed tantum observatu dignissima, adnotato Scriptoris loco. Nimium enim tempus, nec sine magna molestia, alioquin in excribendo absumeretur«.

und nicht durcheinander lesen.[90] Ähnliche Bestimmungen finden sich auch in früheren Leseanleitungen. Doch während sie dort von der Sorge um das individuelle Gedächtnis geprägt sind, ergeben sich diese Regeln bei Le Clerc aus dem Willen zur (historisch-kritischen) Rekonstruktion des Sinnhorizonts der Texte. Das sorgfältige Lesen ist ein Erfordernis und eine Übung des Verstehens.[91] In dieser Perspektive stehen auch Le Clercs spezielle Anweisungen zum Exzerpieren. Schwierige Stellen sind bei der ersten Lektüre in ein eigenes Heft (mit dem Titel *Quaerenda*) zu notieren.[92] Doch solle man während des Lesens möglichst nicht exzerpieren, um die Lektüre nicht zu unterbrechen, einzig Stellenangaben sind auf Zettel zu notieren.[93] Sacchini und Drexel sahen im Exzerpieren während des Lesens die notwendige Unabhängigkeit des Lesers gewährleistet und ein Mittel zur Disziplinierung des flüchtigen Lesens.[94] Bei Le Clerc stört dagegen das exzerpierende Lesen den Verstehensakt, der ein intensives Einlassen auf den Textzusammenhang erfordert. Eine vorgeordnete Topik der Verzeichnung des Exzerptmaterials ist im Horizont von

---

[90] Vgl. ebd., S. 45 u. 94.

[91] Ebd., S. 45: »Igitur legendi non semel modo, sed iterum, atque iterum; ut eodem stylus nobis veluti familiaris evadat, & omnes Anomalias eorum pernoscamus. Huic jacto fundamento, cetera firmius inaedificabuntur; quam si, vix intellecto libro, alterius lectio superinijceretur; nutante enim cognitione nonnisi dubia nititur interpretatio«.

[92] Ebd., S. 47: »Utile est tamen, in prima lectione, libellum habere in quo adnotentur loca, quae intelligi non potuerunt, & in quorum sensum inquirerere nondum licuit. Is libellus inscribetur Quaerenda, in quo postea, si tanti videatur, & inveniri potuerit locorum illorum interpretatio, scribi poteris paucis, aut indicari Scriptor qui eam tradiderit; addita pagina, Libro & Capite, prout commodissimum erit. Nihil interest illa Quaerenda postea nobis nihili videri, post majores progressus; imo jucundum erit ex illis, quanti profectus sint, videre«.

[93] Ebd., S. 101: »Non est etiam excerpendum quidquam, dum lectione distinemur; ita ut propterea abrumpatur lectio, ut calamus in manum sumatur; hoc enim taediosam lectionem efficit. Notanda sunt tantum locas postea excribenda, in schedula, ut absoluta lectione id fiat; neque etiam initio, post primam libri lectionem id tentandum, sed post secundam dumtaxat«.

[94] »Excerpendi vero tempus ipsa lectio. Vt enim quidque notatu dignum offertur, continuo seligendum, ac reponenendum est« (Francesco Sacchini: De Ratione Libros cum profectu legendi libellus, S. 85); »Nam saepiuscule lector oculis per paginas volat, & cursim ad alia atque alia properat; cum gnauiter excerpit, & annotat, crebrius subsistere cogitur, & pedem figere; ita dum lectis immoratur, dum relegit, & retractat, longe melius, quae retinenda, penetrat« (Jeremias Drexel: Aurifodina Artium et scientiarum, S. 82).

Le Clercs hermeneutischem Lesen geradezu kontraproduktiv. Die
Ordnung der Exzerpte ist ausschließlich eine Frage des bequemen
und leichten Wiederfindens, die, empfiehlt Le Clerc, am besten mit
Hilfe der *Indices*-Methode John Lockes gelöst werden kann.[95]
    Im 18. Jahrhundert wird das Exzerpieren auch programmatisch der
Herrschaft des ›Selbstdenkens‹ unterstellt. ›Selbstdenken‹ ist in der
Lesekunst des 18. Jahrhunderts ein inflationär eingesetzter Begriff. Ein
schmaler Text des Göttinger Historikers Christoph Meiners (1747–
1810) führt zurück zum Ausgangspunkt dieser Überlegungen, zur
aufgeklärten, am ›Selbstdenken‹ orientierten Kritik ›polyhistorischer‹
Wissensproduktion. Mit mehr als 30 Büchern und zahlreichen Artikeln
war Meiners zwar längst nicht so produktiv wie Moser, doch reichte
dieser Umfang aus, ihm wie Moser den Vorwurf eines »Vielschreibers« einzutragen.[96] In den *Anweisungen für Jünglinge zum Arbeiten
besonders zum Lesen, Excerpiren, und Schreiben*, in zwei Ausgaben
1789 und 1791 gedruckt, spielen ›Selbstdenken‹ und ›Vielwissen‹ eine
prominente Rolle. Bei der Lektüre, so Meiners, komme es darauf an,
sich die Texte »zu eigen« zu machen:

> Man strebe ja nicht nach dem Ruhme eines Vielwissers, oder
> einer ungeheuren Gelehrsamkeit; denn das ganze aufgeklärte
> Publicum ist jezo überzeugt, daß vieles Wissen ohne Selbstden-
> ken schädlich, und daß eine weitläuftige, aber verworrene und
> unverarbeitete Gelehrsamkeit das Zeichen eines mittelmäßigen
> Kopfes sey.[97]

Meiners ›Selbstdenken‹ ist wie Mosers an Techniken einer effektiven
Wissensverwaltung geknüpft: an Zettel, ihrer Rubrifizierung und
Einordnung in »Fachwerke«, »dergleichen man in Post- und Hand-
lungscomtoren oder in großen Archiven sieht«.[98] Auch die Vorteile

---

[95] Vgl. Jean Le Clerc: Ars Critica, S. 99f. Le Clerc hatte Lockes Text in seiner *Bibliothèque Universelle et Historique* ediert (vgl. Anm. 80).

[96] Michael Harbsmeier, in: Killy Literaturlexikon, Berlin 2000 (Digitale Bibliothek Bd. 9), 13021.

[97] Christoph Meiners: Anweisungen für Jünglinge zum Arbeiten besonders zum
Lesen, Excerpiren, und Schreiben, Hannover 1789, S. 36; die zweite, vermehr-
te Ausgabe Hannover 1791 hat einen leicht veränderten Titel: *Anweisungen
für Jünglinge zum eigenen Arbeiten besonders zum Lesen, Excerpiren, und
Schreiben.*

[98] Ebd. (Ausgabe 1791), S. 90.

der Zetteltechnik für die eigene schriftstellerische Produktion werden
ganz ähnlich wie von Moser beschrieben: man könne nun ganz »ohne
Hinderniß nachdenken und ausarbeiten«, habe den »Geist« vieler
Schriften »in seiner Hand«, sei »von den Büchern, die man gelesen
hat, und von ihren Besitzern unabhängig«. Es entstehen so, gleichsam automatisch, »Combinationen und Aussichten, die man sonst
niemals gemacht, oder erhalten hätte«.[99] Kurz gesagt: mit Hilfe des
Zettel gestützten »Selbstdenkens« wird man beim eigenen Schreiben
zum »originalen Kopf«.[100]

---

[99] Ebd. (Ausgabe 1789), S. 62.
[100] Ebd., S. 67.

Johann Caspar Hagenbuchs
»gelehrte Buchhalterey«

Klaus Weimar

Der Artikel *Excerpiren* im achten Band des Zedlerschen *Universal-Lexikons* von 1734 handelt nur im einleitenden Satz vom eigentlichen Herausschreiben, danach aber von »Methoden« des Exzerpierens. Dieses zu verrichten, sind unterschiedene Methoden vorgeschlagen worden. Einige lassen ein Buch, darinne sie etwas sammlen wollen, mit Papir durchschüssen, machen sich die Ordnung des Buches bekannt, und schreiben alsdenn hinzu, was sie bey andern finden. Andre machen ihnen erstlich ein Buch, worein sie alles weitläufftig hineinsetzen; In einem andern machen sie Titel, und notiren nur kürtzlich hierinne das erstere, wobey sie sich auf jenes Buch beziehen. Ueber diese Titel wird nun in das dritte Buch nach Alphabetischer Ordnung ein Register gemacht, und denn ist die gelehrte Buchhalterey, welche in etwas wegen ihrer Weitläufftigkeit schwer wird, fertig. Von andern Methoden können noch *Drexelii* Aurifod. Artium et Scient. *Sachinus* de Ratione libros legendi 9. *Kekermann* in Consilio Log. de Locis commun. *Placcius* de Arte excerpendi. *Morhof* in Polyhist. III. 1. *Lock* œuvres Diverses p. 373. Welches die beste Art sey, kann man überhaupt nicht sagen, sondern es muß ein jedweder aus seiner eigenen Erfahrung wissen, was ihm am leichtesten und annehmlichsten vorkömmt.[1]

---

[1] Großes vollständiges Universal-Lexicon Aller Wissenschafften und Künste [...], 8. Bd., Halle u. Leipzig 1734, Sp. 2322f.; zu den Anleitungen zum Exzerpieren allgemein Helmut Zedelmaier: Lesetechniken. Die Praktiken der

Exzerpieren, so lernt man daraus, ist nicht einfach nur das Herausziehen von Zitaten, bibliographischen Angaben, Zusammenfassungen aus Büchern, sondern auch und nicht zuletzt das Sammeln und Ordnen der Exzerpte. Im gleichen Sinne schreibt der eben erwähnte Vincentius Placcius: »Wir unterscheiden Exzerpte rechtens von demjenigen, das entweder gar nicht herausgeschrieben bzw. nur [im Buch] ausgezeichnet oder kunstlos und konfus herausgeschrieben wird.«[2] Kunstloses und konfuses Exzerpieren fällt aus der Definition heraus und ist also gar keines. Erst ein Exzerpieren, Sammeln, Ordnen mit Methode verdient den Namen, den es trägt.

Ich will von einem erzählen, der mit ungeheuerlichem Aufwand die für ihn »leichteste und annehmlichste« Methode oder Ordnung der Exzerpte gesucht und dann auch gefunden hat. Es ist eine Methode, die meines Wissens nirgendwo vorher beschrieben und ganz individuell auf seine Zwecke zugeschnitten war. Trotzdem ist das keine fröhlich endende Geschichte; denn ihr Held ist gestorben, bevor er das umfassende Werk geschrieben oder auch nur zu schreiben angefangen hätte, auf das er fast drei Jahrzehnte lang exzerpierend hingearbeitet hat.

Die Rede ist von einem Zürcher Philologen und Theologen namens Johann Caspar Hagenbuch oder, wie er sich in seinen Publikationen und Aufzeichnungen genannt hat, Ioannes Gasparus Hagenbuchius.[3] Er gehörte zur neuen Generation von Intellektuellen, die das puritanisch

---

Lektüre in der Neuzeit, in: Die Praktiken der Gelehrsamkeit in der Frühen Neuzeit, hg. von Helmut Zedelmaier u. Martin Mulsow, Tübingen 2001, S. 12–30; zu Drexel speziell Florian Neumann: Jeremias Drexels *Aurifodina* und die *Ars excerpendi* bei den Jesuiten, in: ebd., S. 51–61; außerdem Helmut Zedelmaier: De ratione excerpendi. Daniel Georg Morhof und das Exzerpieren, in: Mapping the world of learning. The Polyhistor of Daniel Georg Morhof, hg. von Françoise Waquet, Wiesbaden 2000, S. 75–92.

[2] Vincentius Placcius: De arte excerpendi. Vom Gelahrten Buchhalten Liber singularis [...], Holmiae & Hamburgi: Liebezeit 1689, S. 4: »Secernimus ab excerptis merito, quicquid vel non exscribitur, seu enotatur, vel sine arte, & confuse exscribitur.«

[3] Vgl. Urs B. Leu: Nicht Tigurum, sondern Turicum! Johann Caspar Hagenbuch (1700–1763) und die Anfänge der römischen Altertumskunde in der Schweiz, in: Zürcher Taschenbuch 2002. Neue Folge. Hundertzweiundzwanzigster Jahrgang, Zürich 2001, S. 233–313. Der Titel bezieht sich darauf, dass Hagenbuch anlässlich des Fundes eines Grabsteins die bis dahin übliche Rückführung der Zürcher auf den von Cäsar erwähnten Stamm der tapferen Tiguriner widerlegt hat. Das antike Zürich hieß nicht Tigurum, sondern Turicum.

erstarrte Zürich in der erstaunlich kurzen Zeit von wenig mehr als zwei
Jahrzehnten wieder mit der internationalen Entwicklung synchroni-
siert und zum Teil sogar an deren Spitze gebracht haben, wofür seine
gleichaltrigen Kollegen und Freunde Johann Jacob Breitinger und
Johann Jacob Bodmer stehen mögen. Hagenbuch ist einer von den
vielen respektablen Gelehrten vergangener Zeiten, die in unserem
Jahrhundert fast niemandem mehr bekannt sind, wie es ja vielleicht
auch manchen von uns in künftigen Jahrhunderten ergehen wird, gesetzt, es werde sie, die künftigen Jahrhunderte, überhaupt noch geben.
Um die Mitte des 18. Jahrhunderts allerdings hatte sein Name einen
guten Klang als derjenige eines profunden Kenners der lateinischen
Epigraphik. Das war sein Spezialgebiet, und vor allem dafür hat er
exzerpiert und Exzerpte geordnet. Mehr als vierzig handgeschriebene
Bände in großen Formaten hat er angelegt; nebeneinander gestellt
würden sie eine Reihe von wohl mehr als vier Meter Länge bilden.
Der handschriftliche Nachlass befindet sich in der Zentralbibliothek
Zürich,[4] ebenso auch der Kernbestand seiner Bibliothek von ursprünglich mehr als dreitausend Bänden,[5] allerdings nicht mehr in
der originalen Aufstellung, sondern über mehrere Signaturgruppen
verteilt, erkennbar aber an der Eintragung seines Namens auf den
Vorsatz- oder Titelblättern.[6] Sie enthält übrigens auch Traktate über
das Exzerpieren.[7]

Falls nichts Früheres verloren gegangen ist, hat Hagenbuch im
Alter von siebzehn Jahren sein erstes Heft mit Exzerpten angelegt,[8]
nachdem er mit fünfzehn einen *Index Sallustianus* und einen *Index*

---

[4] Ernst Gagliardi u. Ludwig Forrer: Katalog der Handschriften der Zentralbi-
     bliothek Zürich, Bd. I: Neuere Handschriften, Zürich 1982, Sp. 373–393. Alle
     Hagenbuchschen Manuskripte gehören zur Signaturengruppe »Ms C«.
[5] Es haben sich vier handschriftliche Kataloge erhalten: der erste von 1744,
     überarbeitet 1747 (Ms C 270), dann einer von 1750, ergänzt 1754 und 1756
     (Ms C 277), einer von 1758 (Ms C 361) und schließlich die Bestandesaufnah-
     me (1764) nach seinem Tode (Ms C 393).
[6] Vgl. Urs B. Leu: Nicht Tigurum, sondern Turicum!, S. 265. Urs B. Leu zählt
     hier »noch etwa 1.700« von gut 3.000 Bänden und trifft die plausible Annah-
     me, dass der Rest Dubletten waren, die verkauft worden sind.
[7] Außer dem in Anm. 2 erwähnten Werk von Vincentius Placcius: De arte
     excerpendi auch Franciscus Sacchinus: De ratione libros cum profectu legen-
     di libellus [1610], Lipsiae: Grossius 1711.
[8] Ms C 327, S. 309–408: »Excerpta ad Literaturam Spectantia ex Variis Rei
     Literariae Scriptoribus. Anno 1717.«

Ciceronianus angefertigt hatte.[9] Dieses erste Heft zeigt den Anfänger. Nach den Maßstäben des Placcius sind die Exzerpte gar keine, weil sie ungeordnet sind und nicht einmal Spuren einer ordnenden Bearbeitung aufweisen. Es ist ein Bündel von 24 in der Mitte gefalteten Quart-blättern, die doppelseitig fortlaufend beschrieben sind mit Notizen aus einer erstaunlich ausgebreiteten Lektüre in fast allen Fächern der Gelehrsamkeit, mit Schwerpunkten in Philologie und Theologie: pro Buch ein Absatz, auf jeden Fall mit den bibliographischen Angaben, oft auch mit einer summarischen Inhaltsangabe und mit dem Hinweis auf wichtige oder interessante Punkte, praktisch ohne wörtliche Zitate. Als Beispiel diene das Exzerpt einer Dissertation von Daniel Georg Morhof. Es ist relativ umfangreich ausgefallen und beginnt, was nicht typisch ist, auf Deutsch.

> Morhof war dabey, da Petter ein glas mit thönen verbrache: wovon er nun diesen gelehrten tractat edirt: er handlet auch darinn de muris Jerichunticis ob sie durch der posaunen=schall naturaliter od. nicht gefallen. Nachdem der Autor die Nichtig-keiten der Rabbiner zur Sache verworfen hat, bringt er insbe-sondere viel bei zur Stützung der Meinung des Mersenne, daß jene Mauern natürlicherweise durch den Schall zerstört worden seien. Trotzdem anerkennt er schließlich, daß entweder Gott oder Engel die unmittelbare Ursache jener Zerstörung waren, zumal der Apostel allein dem Glauben die Ruinierung jener Mauern zuschreibt. Sehr viel Philosophisches über Schall und Glas. Aber es wird der Mühe wert sein, den Autor selbst zu untersuchen.[10]

---

[9] Ms C 335 u. Ms C 336.

[10] Johann Caspar Hagenbuch: Excerpta ad Literaturam Spectantia, S. 345: Dan. Georgii Morhofii Stentor ὑαλοκλάστης, sive de Scypho vitreo per certum humanae vocis sonitum fracto Dissertatio, qua soni natura non parvum il-lustratur. Kilonii A. 1682, 4°: »Morhof war dabey, da Petter ein glas mit thö-nen verbrache: wovon er nun diesen gelehrten tractat edirt: er handlet auch darinn de muris Jerichunticis ob sie durch der posaunen=schall naturaliter od. nicht gefallen. Autor postquam Rabbinorum hac de re explosit nugas, speciose multa pro sententia Mersenni, muros illos naturaliter sono fuisse dirutos existimantis, affert: agnoscit tamen tandem, vel Deum ipsum vel angelos immediatam eversionis illius causam, praesertim cum et Apostolus fidei unice ruinam illorum adscribat. Plurima de sono et vitro Philosophi-ca. Sed Autorem inspicere ipsum pretium erit operae.« Etwas mehr zu dem

Das Heft mit solchen Exzerpten eignet sich zwar zum Wiederlesen und Memorieren, bietet aber keinerlei Hilfe, wenn man einen bestimmten Eintrag sucht. Nicht einmal der Name des Autors ist unterstrichen, auch kein Stichwort hervorgehoben, – eben: keine Spur ordnender Bearbeitung. Trotzdem kann natürlich auch dieses anfängerhafte Exzerpieren eine Funktion haben, und sei es auch nur die paradoxe, die Johann Adam Bergk anspricht: man exzerpiert, damit man die Exzerpte nicht mehr braucht.

> Wir müssen die Feder immer bei der Hand haben, um dasjenige, was uns auffällt, und das etwan für uns einen Vortheil haben kann, niederzuschreiben, und lesen wir das Niedergeschriebene auch nicht immer wieder durch, so haben wir doch länger bei dem Gegenstande verweilt, und haben ihn uns tiefer eingeprägt. Wir sind nunmehro nicht mehr in Gefahr, ihn so bald zu vergessen, wie wir es vorher waren, ehe wir denselben uns aufschrieben.[11]

Das Entscheidende ist, so gesehen, nicht das Exzerpt, sondern der Akt des Exzerpierens selbst: das Schreiben mit eigener Hand und Handschrift als buchstäbliche Aneignung und als wirksame Zueignung ans Gedächtnis.

Zur Zeit des ersten Heftes muss Hagenbuch bereits angefangen haben, sich mit den ›helvetischen Altertümern‹ zu befassen, mit den archäologischen Funden in der Schweiz. Denn schon als Achtzehnjähriger konnte er sich mit zwei deutsch geschriebenen, anonymen Artikeln kenntnisreich in die seit längerem andauernde Diskussion um die Einordnung und Datierung der Würfel einschalten, die in großer Anzahl in Baden (heute im Kanton Aargau) immer wieder gefunden wurden.[12] 1722 findet sich ein Plan zu einem vierbändigen *Systema Antiquitatum Helveticarum*,[13] auf Anfang 1724 ist ein umfangreiches Wortregister zu den Inschriften in der Schweiz unter dem Titel *Index*

Glaszersingen durch den niederländischen Weinhändler Nicolaus Petter vor der Royal Society in London (ohne Bezug auf diese Dissertation) bei Barbara Bauer: Der Polyhistor physicus, in: Mapping the world of learning. The Polyhistor of Daniel Georg Morhof, S. 179–220, hier S. 179.

[11] Johann Adam Bergk: Die Kunst, Bücher zu lesen. Nebst Bemerkungen über Schriften und Schriftsteller, Jena 1799, S. 408.

[12] Vgl. Urs B. Leu: Nicht Tigurum, sondern Turicum!, S. 246 u. 268.

[13] Ms C 224, Bl. 154.

in inscriptiones Helveticas datiert,[14] und 1726 ist eine *Helvetia litterata*
in vier Bänden abgeschlossen, in denen die antiken Inschriften in
der Schweiz nach Fundorten verzeichnet sind, ebenso die außerhalb
der Schweiz gefundenen, die einen Bezug auf die Schweiz haben,[15]
mit den zugehörigen Exzerpten und Notizen in einem zusätzlichen
Band,[16] und schließlich gibt es noch einen Band mit dem Rückentitel
Non Helvetica, in dem Nebenprodukte aus der Beschäftigung mit den
Helvetica gesammelt sind: »Notizen zu antiken Inschriften, die nicht zu
den helvetischen gehören, hierher zusammengetragen, damit sie mir
nicht verloren gehen.«[17] Das ist die Keimzelle des Großprojekts, das als
Erweiterung und Internationalisierung auf die 1735 abgeschlossenen
helvetischen Studien folgt.[18]

Bevor ich darauf eingehe, sei noch das zweite und letzte Exzerpten-
heft erwähnt, das Hagenbuch viele (vielleicht zwanzig) Jahre später
angefangen und bis in seine letzten Lebensjahre benutzt hat.[19] Es
ist kein fortlaufendes Lektüreprotokoll mehr wie das erste. Auf die
Seiten, diesmal im halbierten Folioformat und ohne Titelblatt, hat er
zunächst nach einer nicht mehr erschließbaren Disposition einzelne
Notizen platziert, und die verbleibenden leeren Zwischenräume hat
er erst nach und nach mit weiteren Einträgen gefüllt oder auch leer
gelassen. Meistens handelt es sich um ganz knappe Exzerpte von
Details vor allem aus theologischen und philologischen Werken. Es
gibt aber auch Berichte über Diskussionen mit anderen Gelehrten,
Inhaltsverzeichnisse von Sammelbänden mit Kleinschriften im Besitz von Bekannten, Listen von Büchern, die er auf Auktionen nicht
erhalten hat, und die Erzählung eines Traumes, die mitgeteilt sei, weil
wir ja nur allzu selten etwas von den Träumen der Gelehrten erfahren.

---

[14] Ms C 298.

[15] Ms C 283–286.

[16] Ms C 288, S. 1: »Antiqua Monumenta peregrina seu extra Helvetiae terram
invenienda: quae ad res Helvetiorum pertinent.«

[17] Ms C 287, S. 1a: »Notae in inscriptiones antiquas ad Helveticas non perti-
nentes, huc, ne pereant mihi, collata.« Auf dem später vorgesetzten Titelblatt
steht: »Non Helvetica, quibus, dum in Helveticis illustrandis occupor, lux
adfertur.«

[18] Etliches aus den Arbeiten zu den helvetischen Inschriften ist fast hundert
Jahre später doch noch publiziert worden. Johannes Casparus Orellius: In-
scriptionum Latinarum selectarum amplissima collectio [...] cum ineditis
Hagenbuchii suisque adnotationibus, 2 voll., Zürich: Orelli, Füeßli 1828.

[19] Ms C 223.

Joh. 21,12 ruft mir meinen Traum in Erinnerung. Auf meinem
Wege zum Fußende meines Bettes war offensichtlich ein Wan-
derer dabei, mit dem ich diskutiert habe über die Jünger zu
Emmaus aus Anlaß der Fehldeutung Limborchs, als sei es Sache
nur der Gelehrten und nicht aller Christen, die Weissagungen
des Alten Testaments zu kennen. Mein Begleiter, der es mit mir
und nicht mit Limborch hielt, wurde mir auf einmal erkenntlich
als Christus, der Herr. Sofort von höchster Verehrung bewegt,
entblöße ich mein bedecktes Haupt, lege die Kopfbedeckung
bescheidentlichst unten auf das Bett und wage nicht, meinen
Christus zu fragen, was der Sinn der Propheten an einigen
schönen Stellen sei. Kühner geworden und im Begriff, nach den
in Matth. 2 angeführten Weissagungen zu fragen, sehe ich den
Herrn von mir scheiden, und wie ich ihn mit aller Kraft meines
Denkens fassen will, bin ich erwacht, und dieser mein Schlaf war
mir süß. Ich habe das meiner Frau und meiner Tochter gleich
am ersten Mittagessen erzählt, im März 1759.[20]

In dieser Traumerzählung, in der der Herr Jesus die Interpretation des
Träumers approbiert (was kann einem gelehrten Theologen Besseres
widerfahren), ist *somnium meum* rot unterstrichen, und das ist ein
Zeichen der ordnenden Bearbeitung. Alle so markierten Stichwörter
nämlich hat Hagenbuch mit Seiten- und Zeilenzahl herausgeschrieben
(auf den Seiten des Heftes und auch einiger seiner Bücher sind am
Rande die Zeilen in Fünferschritten gezählt), und die Liste dieser
Stichwörter hat er dann in schmale (etwa drei Millimeter breite) Streifen zerschnitten. Die Streifen wiederum hat er in der alphabetischen

---

[20] Ms C 223, S. 2b:»Ioh. 21:12 revocat mihi in memoriam somnium meum. Videbatur mihi ad infimam lecti partem ambulante adesse quidam viator, cum quo
de Emaunticis discipulis caedebam sermones ob Limborchii παρερμηνείαν,
quasi oracula V. T. nosse doctorum tantum, non omnium Christianorum re-
ferat. Comes mecum, non cum Limborchio faciens, subito mihi cognoscitur,
Christus Dominus esse: reverentia statim summa motus caput mihi tectum
aperio, tegmentum in imo lecto modestissime repono, non ausus ex Christo
meo quaerere, qui sensus essent prophetarum in locis specialibus. audacior
factus et de oraculis Matth. II. adductis interrogaturus video Dominum a me
abire, cumque cogitatione tota complexurus evigilavi, u. dieser mein Schlaf
war mir süß. narravi uxori meae et filiae gleich am ersten Mittageßen, mense
Martio 1759.«

Reihenfolge der Stichwörter in ein zweites Heft eingeklebt. Dort findet man unter *Somnium meum* die Angabe »2.b:70«, das heißt: Seite 2b, Zeile 70. Rechts und links neben der Kolumne mit den Streifen ist Platz frei für analoge Einträge, wenn das Heft nach Abschluss des Registers weitergeführt wird, was bei Hagenbuch der Fall war. Das ist eine abgekürzte Variante der Methode mit den drei Büchern, die im Artikel aus dem Zedlerschen Lexikon erwähnt war.

Eine andere Methode und Ordnung hat Hagenbuch in einem Konvolut von 642 Folioseiten ausprobiert, das er unter dem Titel *Bibliotheca Epigraphica* im Jahre 1738 am Tage des Frühlingsanfangs begonnen hat.[21] In diesen Band hat er – nach den ersten beiden anderweitig genutzten Blättern – oben auf jede Seite einen Titel geschrieben, manchmal auch denselben für mehrere Seiten. Ich zitiere die ersten von einigen hunderten nach den *Prolegomena*: »Abusus indicum; Abusus inscriptionum; Accentus in saxis latinis; Additiones in saxis; Antiquior in saxis, quam in chartis, scribendi modus«. Wir haben da ein Beispiel der Methode, *loci communes* oder Schlagwörter in alphabetischer Reihenfolge einzurichten,[22] auf die dann das Exzerptmaterial verteilt werden kann. Auf die so betitelten Seiten hat Hagenbuch kleinere und größere Zitate (stets mit genauer Stellenangabe) und eigene Bemerkungen entweder auf kleineren oder größeren Zetteln eingeklebt oder direkt geschrieben. Sehr viel ist es allerdings nicht geworden. Nur die Seiten für die Prolegomena sind gut gefüllt, die anderen dagegen nur spärlich, und viele sind ganz leer.

Den Grund dafür erfährt man auf den beiden ersten Blättern, die eine Art Fortschrittsbericht von Jahr zu Jahr enthalten. Er beginnt so:

> Zu weiteren Einträgen dieser *Bibliotheca Epigraphica* bin ich im Jahre 1738 nicht gekommen, weil ich vollständig davon absorbiert war, die Zettel mit den Gruterianischen Registern einzuordnen, einem höchst beschwerlichen und enorm arbeitsaufwendigen

---

[21] Ms C 289, S. 55: Bibliotheca Epigraphica. Huic συλλογῇ bono cum Deo feci initium a.d. XXI: Martii MDCCXXXVIII.

[22] Ann Blair: Bibliothèques portables. Les recueils de lieux communs dans la Renaissance tardive, in: Le pouvoir des bibliothèques. La mémoire des livres en Occident, hg. von Marc Baratin u. Christian Jacob, Paris 1996, S. 84–106; Ann Moss: Printed commonplace-books and the structuring of Renaissance thought, Oxford 1996.

Unternehmen, das ich endlich, Gott sei Lob, mit zwölf Bänden glücklich abgeschlossen habe.[23]

Für die folgenden Jahre werden weitere gleichartige Registerarbeiten erwähnt, nicht aber mehr ihr Effekt, der wohl immer derselbe war: die Verhinderung der Weiterarbeit an der *Bibliotheca Epigraphica*, die, wenn sie ausgearbeitet worden wäre, ein Sachregister zur epigraphischen Literatur geworden wäre. Sie hätte auf jeweils einer Seite oder wenigen Seiten alle wichtigen Erkenntnisse beispielsweise zum relativen Alter der Schrift auf Stein und Papier dargeboten und damit vielleicht sogar noch den höchst erwünschten Nebeneffekt gezeitigt, den Christoph Meiners so beschrieben hat:

> Selbst die Vereinigung von so vielen Factis und Gedanken, als man in vollständigen Excerpten zusammengebracht hat, veranlaßt eine Menge von Combinationen und Aussichten, die man sonst niemals gemacht, oder erhalten hätte.[24]

Daraus aber, wie gesagt, ist nichts geworden. Die *Bibliotheca Epigraphica* ist eine Investitionsruine geblieben. Verantwortlich dafür waren jedoch nicht nur die zeitraubenden Registerarbeiten, sondern offenbar auch Hagenbuchs Einsicht, dass die traditionsreiche und von vielen Autoren empfohlene Methode der *loci communes* für seine Zwecke doch nicht mehr die geeignete war. 1754 nämlich hat er eine wesentlich erweiterte Neufassung der *Bibliotheca Epigraphica* in elf Quartbänden[25] hergestellt, die ein Personenlexikon hätte werden sollen. Sie enthält in alphabetischer Ordnung Artikel über die Herausgeber epigraphischer Werke und über »alle Personen und Körperschaften, welche als Mitarbeiter, Förderer, Besitzer von

---

[23] Ms C 289, S. 55: »Ad alia Bibliothecae hujus Epigraphicae inserenda a. 1738. non porrexi, quia totus fui in digerendis indicum Gruterianorum schedulis, opere molestissimo et maximi laboris, quod tandem, Deo sit laus, XII. Voluminibus feliciter absolvi.«

[24] Christoph Meiners: Anweisungen für Jünglinge zum eigenen Arbeiten besonders zum Lesen, Excerpiren, und Schreiben, Hannover 1789, S. 62.

[25] Ms C 304–314 (begonnen 1754). Das handschriftliche Werk hat kein Titelblatt, aber der Titel ergibt sich aus der *Bibliotheca auctorum alphabetica* (begonnen 1759), in deren erstem Band (Ms C 315) auf S. 3 in der Liste der Sigeln, »quibus usus sum in his Tomis, et alibi«, unter B.E. eine »Bibliotheca Ephigraphica. MS. 4. Tomi XI.« aufgeführt ist.

Inschriften etc. etc. genannt werden, mit Angaben über ihre Persönlichkeit, ihre Werke, deren Benutzung« durch Hagenbuch selbst usw.[26]
Auch diese neue *Bibliotheca Epigraphica* ist sehr lückenhaft geblieben,
nicht zuletzt wohl deswegen, weil sie ihrerseits verarbeitet worden
ist in der noch umfassenderen zwölfbändigen *Bibliotheca auctorum
alphabetica*, einem veritablen bio-bibliographischen Lexikon, das
ebenfalls Fragment geblieben ist.[27]

Die Registerarbeiten also hat Hagenbuch schon vor der ersten
Bibliotheca Epigraphica von 1738 begonnen. Sein erster Versuch
hat einen Quartband mit 409 Blättern ergeben, trägt den Titel *Liber
Observationum in Reinesium*, wurde am 25. Juli 1735 »mit Gott« und
genau drei Monate später »dank Gott« abgeschlossen.[28] Das Ergebnis
imitiert offensichtlich die alte Praxis, sich von einem gedruckten Buch
ein durchschossenes Exemplar anfertigen zu lassen, wie sie auch der
Zedler-Artikel erwähnt. Auf ein *recto* und *verso* beschriebenes Blatt
folgt ein leeres, dann wieder ein doppelseitig beschriebenes und ein
leeres usw. Die leeren Blätter sind dabei für die *observationes* bestimmt,
die sich auf die benachbarten beschriebenen Seiten beziehen, in diesem
Falle allerdings leer geblieben sind, so dass paradoxerweise ein *liber
observationum sine observationibus* vorliegt.

Die beschriebenen Seiten haben einen fortlaufenden Text, der so
gegliedert ist: zuerst eine Titelzeile, z.B. »Rein. 24.I. p.51.« (d.h. die
24. Inschrift der ersten ›Klasse‹ bei Reinesius[29] auf S. 51), dann einige
Einträge aus den Registern des Reinesius zu dieser Inschrift, z.B. »Iun-
oni Reginae. 1.« (die Zahl ist diejenige des Registers) in meist roter,
manchmal aber auch brauner Tinte,[30] und danach, eingeleitet durch
die Randnotiz »comm. p. 52« (d.h. Kommentar zu dieser Inschrift auf
S. 52) weitere Registereinträge wie »Curator Calendarii. 5.« (also aus
dem fünften Register); schließlich folgt ein Querstrich über die ganze

---

[26] Ernst Gagliardi u. Ludwig Forrer: Katalog der Handschriften der Zentralbibliothek Zürich, I: Neuere Handschriften, Sp. 386.

[27] Ms C 315–326.

[28] Ms C 295. Ξ[ὺν] Θ[εῷ] *d. 25. Julii 1735.* (Titelseite), Δ[ιὰ] Θ[εόν] *die 25. Oc-
tob. 1735.* (letztes Blatt).

[29] Thomas Reinesius: Syntagma inscriptionum antiquarum cumprimis Romae
veteris, quarum omissa est recensio in vasto Jani Gruteri opere cujus isthoc
dici possit supplementum, Lipsiae, Francofurti: Fritsch & Gleditsch 1682.

[30] Not. Quae rubre scribuntur, Reinesii; quae atramento, mea sunt, ipsis Reinesii
indicibus a me addita meo in exemplari (Ms C 295, Titelblatt).

Seite, und dann wiederholt sich das Muster z.B. für »Rein. 25.I. p. 52.«
Auf jeder der so beschriebenen Seiten finden die Registereinträge zu
einer bis vier Inschriften Platz.

Das alles ist fortlaufend und ohne nachträgliche Einfügungen geschrieben, was voraussetzt, dass Hagenbuch die Register des Reinesius
vorher so bearbeitet hat, dass er eine geeignete Vorlage einfach hat
abschreiben können. Diese Vorarbeiten hat er fünfzehn Jahre später
auch einmal selbst beschrieben. Da hatte er allerdings die überhaupt
nur einmal praktizierte Methode des durchschossenen (handschriftlichen) Exemplars verabschiedet und war schon längst bei der über-
nächsten und endgültigen Methode des Exzerpierens angelangt. Aber
die Arbeitsgänge sind dieselben.

Die Register des *Museum Veronense* von Maffei habe ich vom
17. bis 21. Januar 1750 abgeschrieben. Das Abgeschriebene habe
ich am 22. Januar 1750 zerschnitten. Das Zerschnittene habe
ich verteilt nach Dekaden am 23. Januar 1750. Das Verteilte
habe ich in einen einzelnen Band eingetragen vom 24. Januar
bis zum 4. Februar.[31]

Die Frucht von neunzehn Arbeitstagen war in diesem Fall ein Folioband mit 496 Seiten,[32] der nach Hagenbuchs ultimativer Methode
angelegt ist.

Bevor ich mich ihr zuwende, muss ich noch auf die Gruterianischen
Register zurückkommen, die Hagenbuch 1738 an der Weiterarbeit an
der ersten *Bibliotheca Epigraphica* gehindert haben. Da er sie zu zwölf
Foliobänden ähnlichen Umfangs wie der eine Band zu Maffei verarbeitet hat, versteht man, warum er im selben Jahr zu nichts anderem
mehr gekommen ist. Objekt der Arbeit war das Monumentalwerk
*Inscriptiones antiquae totius orbis Romani in absolutissimum corpus
redactae* (1602), das unter dem Namen von Ianus Gruterus läuft und
das Hagenbuch 1735 in der Neubearbeitung von 1707 gekauft hat.[33]

---

[31] Ms C 289, S. 57: »Indices Maffeianos Musei Veronensis descripsi diebus 17.
18. 19. 20. 21. Ian. 1750. descriptos dissecui d. 22. Ian. 1750. dissectos dispo-
sui secundum decades d. 23. Ian. 1750. dispositos volumini singulari intuli ab
die 24. Ian. 1750. usque ad d. 4. Februar. 1750.«

[32] Indices et observationes in Maffeii Museum Veronense (Ms C 282).

[33] Inscriptiones antiquae totius orbis Romani in absolutissimum corpus redactae olim auspiciis Iosephi Scaligeri et Marci Velseri, industria autem et

Es enthält im vierten und letzten Band auf 303 Seiten im großen Folioformat nicht weniger als 25 Register, in denen zu jedem Stichwort die Seitenzahl und auch noch die Nummer angegeben ist, unter der eine Inschrift auf dieser Seite figuriert (es sind bis zu zehn auf einer Seite). Die Register sind dreispaltig gedruckt, und jede Spalte hat 74 Zeilen. Das ergibt, überschlagsmäßig und abrundend gerechnet, 60.000 Registereinträge. Die also hat Hagenbuch im ersten Arbeitsgang nacheinander mit brauner Tinte abgeschrieben, vermutlich auf längliche Zettel von etwa 8 cm Breite, nicht ohne am Ende jeder Zeile mit roter Tinte zu notieren, aus welchem Register er sie bezogen hat. Die Zettel hat er im zweiten Arbeitsgang zerschnitten, eben in 60.000 knapp einen Zentimeter hohe Streifen. Die Streifen hat er drittens in Gruppen geordnet (man stelle sich die Größe des Tisches vor, der dafür nötig ist), und viertens hat er sie schön untereinander auf die Recto-Seiten in einem Folioband geklebt, in der Reihenfolge der Seiten und Inschriftennummern, auf die sie verweisen. Im ersten der zwölf Hagenbuchschen Folianten (Umfang: 263 Blätter) geht das von Seite 1, Nummer 1, bis Seite 102, Nummer 7.

Die zwölf Bände[34] sind also eine Zusammenführung aller 25 Gruterianischen Register in einem, das, anders als sie, nach der Zahlenspalte sortiert ist – so etwas wie ein neu sortiertes Registerduplikat.[35] Nur wofür soll ein solches »Mosaikwerk«[36] gut sein? Der Titel des ersten Bandes lautet, gleich wie bei Reinesius: *Liber observationum in Gruterum*.[37] Neben der Kolumne mit den eingeklebten Streifen befinden sich diesmal aber tatsächlich zahlreiche Notizen, die Hagenbuch direkt auf das Blatt seines handschriftlichen Bandes geschrieben hat. Das

---

diligentia Iani Gruteri: [...] denuo cura viri summi Ioannis Georgii Graevii recensitae [...], 4 voll., Amstelaedami: Halma 1707.

[34] Ms C 253–264.

[35] Zu diesem Typ gehören auch die zwei Bände zu Ioannes Baptista Donius: Inscriptiones antiquae nunc primum editae notisque illustratae et XXVI. indicibus auctae ab Antonio Francisco Gorio, Florentinae: Tartinius & Franchius 1731 (1740, Ms C 242), und ein Band zu Marquardus Gudius: Antiquae inscriptiones quum Graecae, tum Latinae [...] a Francisco Hesselio editae, Leovardiae: Halma 1731 (1741, Ms C 231).

[36] Johann Caspar Hagenbuch pflegt seine Registerbände in Briefen und auch sonst als *opus tessellatum* zu bezeichnen, z.B. im Verzeichnis seiner Bibliothek von 1744–47 (Ms C 270, S. 41).

[37] Ms C 253, Titelblatt: Ξ[ὺν] Θ[εῷ] *d. 26. April. 1738.*

sind die *observationes*, in vielen Fällen knappe Verweise. Ein zufällig herausgegriffenes Beispiel mittleren Umfangs aus dem zweiten Band:

184:12. Vt ineditum est in Don. et ex Don. in Mur. v. omnino me ad Don. II:145. p. 101. Addo, tacito Grutero, ex Borghinio dare Gorium Etr. T. II. p. 86. ut et ad Don. l.c. noto, et bibl. epigr. voc. *Borghinius*.[38]

Ich erläutere. »184:12« bezeichnet die Inschrift bzw. den Stein (*saxum*, daher das Neutrum *ineditum*) Nr. 12 auf S. 184 bei Gruterus (1602), dort abgedruckt nach Borghinius (1584); Don[ius] (1731) hat das übersehen und seinen eigenen Abdruck als Erstedition bezeichnet; von ihm hat Mur[atorius] (1739) den Text übernommen. Dazu ist zu vergleichen »ad Don.«, das Registerduplikat zum Werk des Donius,[39] wo Hagenbuch in einer zwölfzeiligen Notiz zur Inschrift »II:145« bei Donius schon einmal dasselbe festgehalten hat, zusammen mit einigen Belegstellen und natürlich weiteren Verweisen.[40] Außerdem findet sich dieselbe Inschrift auch bei Gorius (1727) als Übernahme von Borghinius, ohne dass Gruterus erwähnt würde. Und zu Borghinius findet man Weiteres in »bibl. epigr.«, der Neufassung seiner *Bibliotheca Epigraphica*, im zweiten Band.[41]

Das monströse Registerduplikat ist also zunächst ein Ordnungsschema, in dessen sehr feines Raster Bemerkungen oder Beobachtungen aller Art an der genau passenden Stelle eingesetzt werden können. Die größtenteils sehr knappen *observationes* enthalten zwar mehr oder weniger kompakte Information (im zitierten Falle die Publikationsgeschichte einer einzelnen Inschrift), aber gerade durch ihre Kürze wird deutlich: sie fungieren auch und nicht zuletzt als Relais zu anderen Informationen. Nur schon diese eine Notiz stellt Verbindungen her zu fünf gedruckten Büchern in Hagenbuchs Bibliothek und zwei Bänden in seiner handschriftlichen Bibliothek, die mit ihrem Bestand von mehr als vierzig großformatigen Bänden natürlich längst keine *bibliotheca portabilis* mehr ist. Jede einzelne von den zahllosen *observationes*, die sich übrigens auch in den gedruckten Büchern finden, ist so etwas wie ein Knoten in einem Netz, von dem aus und auf den

---

[38] Ms C 254.
[39] Vgl. Anm. 35.
[40] Ms C 242, S. 81.
[41] Ms C 305, S. 303.

hin Fäden zu und von anderen Knoten laufen. Handschriftliche und gedruckte Bibliothek zusammen bilden ein Gedächtnismodell, das geradezu neurologischen Charakter hat. An der Vervollständigung und Vervollkommnung des Gedächtnismodells arbeitet der Gelehrte unablässig, als wolle er sein eigenes Gedächtnis restlos verschriftlichen und aufs Papier transferieren, damit es ihn überlebt. Dies soll fortan die erste Hagenbuchsche Methode des Exzerpierens heißen (*prima methodus excerpendi Hagenbuchiana*).

Ich vermute zwar, dass schon die erste Hagenbuchsche Methode des Exzerpierens kein Vorbild hat. Sozusagen deduktiv sicher bin ich mir aber, dass das für die zweite Hagenbuchsche Methode gilt (*secunda methodus excerpendi Hagenbuchiana*). Sie zeigt Hagenbuchs ganze Kreativität und Originalität in der Kunst des Exzerpierens, d.h. des Ordnens von Exzerpten. Im Jahr nach dem Abschluss der Gruteriani-schen Register, 1739 also, hat er sich das Inschriftenwerk von Sponius vorgenommen, das durch einen dürftigen *Index et conspectus totius operis* von zweieinhalb Seiten Umfang nur höchst unzulänglich er-schlossen ist.[42] Ein Duplikat nach der ersten Hagenbuchschen Methode hätte nur ein ganz schmales Heft ergeben, mit einem viel zu groben Raster und mit viel zu wenig Platz für all die nötigen *observationes*. Natürlich wäre es Hagenbuch ohne Weiteres zuzutrauen, dass er erst einmal selbst ein anständiges Register verfertigt hätte,[43] um es dann nach seiner ersten Methode zu verarbeiten. Statt dessen aber hat er das Gedächtnismodell des Registerduplikats unter Bewahrung all seiner Vorteile erweitert und verfeinert zu einem Duplikat des Buches.[44] Das geht so: man nimmt genau so viele Blätter, wie das Buch Seiten hat, und auf die Recto-Seite der Blätter projiziert man unsichtbar die typographische Distribution der Inschriften und Kommentare auf der entsprechenden Buchseite. Dann klebt man die Streifen, in die man die Registerabschrift zerschnitten hat, genau an die Stelle auf dem

---

[42] Iacobus Sponius: Miscellanea eruditae antiquitatis: in quibus marmora, sta-tuae, musiva, toreumata, gemmae, numismata, Grutero, Ursino, Boissar-do, Reinesio, aliisque antiquorum monumentorum collectoribus ignota, & hucusque inedita referunter ac illustrantur, Lugduni: Sumptibus Auctoris 1685, unpaginiert nach S. 376.

[43] Aus der Arbeit am Registerband zu Reinesius ist ein separates Register der *cognomina* überliefert, das Hagenbuch zusätzlich zu den 24 Registern bei Rei-nesius angefertigt hat (Ms C 221, S. 365–396).

[44] Ms C 241.

leeren Blatt, an der im Buch das Wort steht, auf das sie sich beziehen. Und die späteren *observationes* kann man ebenso präzis an den Ort ihrer Referenzstelle im Buch schreiben. Das Ordnungsschema für die Exzerpte aus und zu einem gedruckten Buch ist ein praktisch deckungsgleiches handgeschriebenes Buch. Das Buchduplikat wird transparent auf das Buch hin, das in ihm dupliziert ist.

Nach dem Abschluss dieser ingeniösen Arbeit ist Hagenbuch zwar zweimal noch zurückgefallen in seine erste Methode. Grund dafür dürfte gewesen sein, dass die jeweiligen Bücher[45] wesentlich bessere Register hatten. Ab 1742 aber hat er nur noch seine zweite Methode praktiziert, weil er nunmehr aus der eigenen Erfahrung wusste, was ihm am annehmlichsten vorkömmt, um nochmals den Zedler zu zitieren. Entstanden ist eine lange Reihe weiterer Buchduplikate.[46] Es sieht jedoch so aus, als habe er diese Arbeit nach 1753 abgebrochen und stattdessen die vorhandenen Buchduplikate unaufhörlich mit Verweisen und *observationes* gefüllt. Das Zentrum dieser Arbeit sind offenbar die beiden Bände zu Fabrettus gewesen. Sie sind die reichhaltigsten der ganzen Reihe und bieten beispielsweise auch zahlreiche kritische Notizen zum Wortlaut und zur Entzifferung der Inschriften. Die Ausfüllung des Ordnungsschemas ist an die Stelle von dessen Erweiterung getreten. Schwer zu sagen, ob das als Zeichen der Resignation oder

---

[45] Vgl. Anm. 35.

[46] Zu Raphael Fabrettus: Inscriptionum antiquarum quae in aedibus paternis asservantur explicatio et additamentum una cum aliquot emendationibus Gruterianis, Romae: Gallerus 1702 (ca. 1744, zwei Bände, Ms C 243–244), zu Antonius Franciscus Gorius: Inscriptiones antiquae Graecae et Romanae in Etruriae urbibus exstantes, 3 tom., Florentinae: Mannus 1727–1743 (1746, drei Bände, Ms C 279–281), zu Ludovicus Antonius Muratorius: Novus thesaurus veterum inscriptionum in praecipuis earundem collectionibus hactenus praetermissarum, 4 tom., Mediolani: Aedes Palatinae 1739–1742 (1746–1750, acht Bände, Ms C 245–252), zu Scipio Maffeius: Museum Veronense hoc est antiquarum inscriptionum atque anaglyphorum collectio, Verona: Seminarium 1749 (1750, ein Band, Ms C 282), zu Reinesius (nach 1750, drei Bände, Ms C 292–294, mit dem älteren Registerauszug [vgl. Anm. 28] als viertem Band), ein schmaler zweiteiliger Band zu Franciscus Antonius Zacharias: Marmora Salonitana [...] in ordinem digesta ac brevibus observationibus inlustrata, s.l., s.n. 1752, und Adolphus Occo: Inscriptiones veteres in Hispania repertae, [Heidelberg:] Commelinus 1596 (nach 1750, Ms C 291) und ein zierliches Heft mit 127 Seiten (18 cm hoch und 5,5 cm breit) zu Richard Pococke: Inscriptionum antiquarum Graec. et Latin. liber, [London:] s.n. 1752 (1753, Ms C 396).

Ermüdung zu deuten ist oder als entschlossener Eintritt in die zweite Phase der Vorbereitungsarbeit für das große Werk.

Vorher aber war Hagenbuch noch etwas Neues eingefallen. In die Sommerferien in den Thermalbädern von Baden hat er 1749 seine eigenen, inzwischen publizierten *Epistolae epigraphicae*[47] mitgenommen und für sie zwei Register angelegt. Das zweite, umfangreichere präsentiert sich auf 137 Seiten als ein konventionelles kombiniertes Namen-, Sach- und Bibelstellenregister. Unter dem Titel erfährt man aus einer kurzen Notiz, dass all die Registerarbeiten inzwischen nicht mehr nur auf die *Bibliotheca Epigraphica* abzielen, sondern auf ein zweifellos noch größer konzipiertes Werk mit dem Titel *Artis Epigraphicae Systema*, und zu dessen Abfassung soll dieses Register dienstbar sein.[48] Man möchte sich fragen, wie denn das gehen soll, und so etwas wie diese skeptische Frage muss auch Hagenbuch aufgetaucht sein; denn er hat auf dem Titelblatt noch die rechtfertigende gelehrte Bemerkung eingeschaltet, dass der Sinn von Registern nur im Gebrauch erkannt werde und dass er in seinen *Epistolae epigraphicae* Scaligers Worte zur Sache zitiert habe.[49] Dort liest man, dass erst und nur das Herausschreiben (und nicht ein sozusagen freies Nachdenken vorher) das Konzept eines geplanten Unternehmens klären könne; denn, so der große Scaliger, »beim Schreiben pflegt sich vieles zu ändern, vieles wird verworfen und vieles erneuert«[50] – die allmähliche Verfertigung der Gedanken beim Exzerpieren. Die Gedanken zum geplanten großen Werk *Artis Epigraphicae Systema* sind allerdings ihrerseits in all den

---

[47] Johann Caspar Hagenbuch: Epistolae epigraphicae, ad virum illustrem Ioannem Bouherium [...] et ad virum celeberrimum Ant. Franc. Gorium [...], in quibus hoc triennio scriptis plurimae antiquae inscriptiones Graecae et Latinae, thesauri inprimis Muratoriani, emendantur et explicantur, Tiguri: Heidegger 1747. Die beiden im Titel genannten Adressaten sind übrigens nicht die einzigen, und es werden auch Briefe an Hagenbuch abgedruckt.

[48] Ms C 240, S. 49: »[...] conficiendo *Artis Epigraphicae Systematis* inserviturus.«

[49] Ms C 240, S. 49: »Dies diem docet. neque indicum ratio nisi usu ipso perspicitur. v. verba Scaligeri ad Gruterum de indd. suis, a me data in ep. ad Inl. Blaurerum. p. (88) lin. 24.«

[50] Johann Caspar Hagenbuch: Epistolae epigraphicae, S. (88): »Prius, inquit, capita, quae occurrebant prima, collegi. Postea absoluto opere, quis ordo tenendus mihi esset, & quae totius negotii divisio, facilius judicavi, quam si illa animo concipere voluissem antequam scriptionem aggrederer. Frustra enim fuisset: quia inter scribendum multa mutantur, ut solet, multa damnantur, multa innovantur.«

Buchduplikaten nicht aufgeschrieben worden, die als Vorbereitung dienen und Hagenbuchs Gedächtnis enthalten.

Abgesehen davon, eröffnet das zweite Register zu den *Epistolae epigraphicae* eine doch etwas unheimliche Aussicht. Es befördert Hagenbuchs eigene Publikation nämlich erst auf die Stufe, die die Werke von Gruterus, Reinesius und vielen anderen schon durch den Druck erreicht haben, und es wäre nun fast schon zwingend, dass er dieses sein eigenes Register nach der ersten oder zweiten Hagebuchschen Methode des Exzerpierens zu einem der vielen Register- oder Buchduplikate verarbeiten würde. Die Registerarbeit müsste in ihrer Konsequenz rekursiv werden. Diese Aussicht dürfte das *System der Epigraphik* viel eher be- oder verhindert als gefördert haben.

Das gilt *a fortiori* vom ersten Register, das den Titel *Index Epigraphicus* trägt. Es verzeichnet auf 48 Seiten, welche Stellen aus welchen fremden Inschriftenwerken Hagenbuch wo in seinen eigenen Publikationen zitiert hat. Im *Index Epigraphicus* sind demnach Hagenbuchs Publikationen verarbeitet, in denen er die Register- und Buchduplikate verarbeitet hat, in denen er die Register seiner Bücher verarbeitet hat. Es ist eine Bearbeitung dritten Grades. Die »gelehrte Buchhalterey« potenziert sich, und es ist nicht abzusehen, wie dieser Selbstpotenzierung sollte Einhalt geboten oder das Hineinlaufen in eine Endlosschleife verhindert werden können. Genau genommen, müsste Hagenbuch diesen seinen *Index Epigraphicus* zu einem allgemeinen *citation index* erweitern, in dem verzeichnet ist, wo alle Epigraphiker, ihn eingeschlossen, einander zitieren. Dazu hat er doch tatsächlich auch mindestens einmal Anlauf genommen, indem er peinlich genau registriert hat, wo Maffeius ihn zitiert hat, und dazu noch, wo er von Maffeius nicht zitiert worden ist, obwohl er hätte zitiert werden können oder sogar müssen.[51] Auf jeden Fall müsste er die beiden neuen Register zu seinen eigenen Publikationen mit allen anderen bisher erstellten Registerbänden in einem weiteren Durchgang zu einem Superregister verarbeiten, von dem sich nicht absehen lässt, wie es aussehen könnte, sondern nur, dass es einerseits unabschließbar und andererseits doch unabdingbare Voraussetzung dafür wäre, die Ausarbeitung des *Systems der Epigraphik* auch nur anfangen zu können.

---

[51] Ms C 282, S. 513: »Hagenbuchius a Maffeio citatus [17 Stellen]. – Non citatus sum, ubi citari aut potuissem, aut debuissem [14 Stellen].«

Hagenbuch hat die beiden Register von 1749, die sein gesamtes Unternehmen zu unterminieren geeignet sind, in den Jahren 1760 bis 1762 noch um entsprechende Nachträge aus seinen inzwischen erschienenen Schul- und Synodalabhandlungen ergänzt. 1763 ist er gestorben. In seinem riesigen handschriftlichen Nachlass zur Epigraphik finden sich keine Ausarbeitungen zu seinem Hauptwerk *Artis Epigraphicae Systema.*

Habe, pia anima.

Mühsame Spurensicherung.
Die Rekonstruktion der Exzerptsammlung Montesquieus

Catherine Volpilhac-Auger

> De tous les auteurs, il n'y en a point que je méprise plus que les compilateurs [...]. Je voudrais qu'on respectât les livres originaux ; et il me semble que c'est une espèce de profanation, de tirer les pièces qui les composent du sanctuaire où elles sont [...].
>
> Montesquieu: *Lettres persanes*, 66

Montesquieu scheint von vorneherein der ideale Autor zur Untersuchung des Phänomens ›handgeschriebener Bibliotheken‹ zu sein. Eine erste Bestandsaufnahme hat ergeben, dass bei ihm – aufgrund interner Querverweise innerhalb seines Werkes und den aus seiner Bibliothek erhalten gebliebenen Bänden – 72 Sammlungen von Exzerpten aus einzelnen Autoren bzw. einzelnen Werken und 28 verschiedene, hauptsächlich thematisch organisierte Exzerptsammlungen nachgewiesen werden können.[1] Durch intensivere Forschungsarbeit konnte diese Liste nur unwesentlich erweitert werden. Dank der Öffnung der Archivbestände des Schlosses La Brède[2] kam eine bestimmte

---

[1] Louis Desgraves: Les extraits de lecture de Montesquieu, in: Dix-huitième siècle, Nr. 25, 1993, S. 483–491. Dieser Artikel führt Forschungsergebnisse aus, die dargelegt wurden in: Ders.: Notes de lecture de Montesquieu, in: Revue historique de Bordeaux, 1952, S. 149–151. Der Artikel wurde in folgendem Buch übernommen: Ders.: Montesquieu, l'œuvre et la vie, Bordeaux 1995, S. 261–273.

[2] Die Archivbestände des Schlosses La Brède wurden 1994 nach der Schenkung von Madame de Chabannes in die Bibliothèque Municipale von Bordeaux aufgenommen.

Anzahl von Exzerpten zum Vorschein, die bisher nur kurz erwähnt wurden und wodurch viele Verweise präzisiert und korrigiert werden konnten.[3] Ein weiterer Schritt muss mit der Veröffentlichung aller noch vorhandenen Exzerpte unternommen werden. Von den zwei, Montesquieus Exzerpten gewidmeten Bänden, die im Rahmen der von der Voltaire Foundation (Oxford) publizierten *Œuvres complètes* vorgesehen sind, ist bisher nur einer erschienen.[4]

Erst dieser Schritt wird eine vollständige Bestandsaufnahme von Montesquieus Exzerpiertätigkeit ermöglichen – ein Schritt, der mehr als wichtig im editorischen Programm der *Œuvres complètes* erscheint, dem Herausgeber allerdings zahlreiche Schwierigkeiten bereitet. In der Tat ließen die im Rahmen der Publikation der *Œuvres complètes* bisher unternommenen Arbeiten tendenziell außer Acht, was nicht den Status eines Werkes besaß, zu den in der Studierstube verrichteten Vorarbeiten gehörte und nur die Vorstufe eines »echten Werkes« darstellte. So konzentrierte man sich zunächst auf die Hauptwerke oder zumindest auf die bekanntesten Schriften – wie beispielsweise die *Lettres persanes* und *L'Esprit des lois*, die auch im Hinblick auf die Edition sehr große Herausforderungen stellten – oder auf die kürzeren zerstreuten Schriften, von denen es keine Edition gab, die wissenschaftlichen Ansprüchen genügte. Allerdings räumte diese 22 Bände umfassende Ausgabe dem lesebezogenen Material aus dem Nachlass von vornherein einen bedeutenden Platz ein: Für die *Collectio juris* (eine Sammlung von Leseaufzeichnungen über das römische Recht) sowie für die *Pensées* waren jeweils zwei Bände geplant. Dem *Spicilège* (einer Sammlung von *miscellanea*, die sowohl persönliche Gedanken als auch verworfene Stellen aus veröffentlichten Werken, direkte oder indirekte Erinnerungen und Leseaufzeichnungen enthält) sollte ein Band gewidmet werden. Und schließlich sollten, wie bereits erwähnt,

---

[3] Cecil P. Courtney, in Zusammenarbeit mit Catherine Volpilhac-Auger: Liste bibliographique provisoire des œuvres de Montesquieu, in: Revue Montesquieu, Nr. 2, 1998, S. 211–245.

[4] Montesquieu: Extraits et notes de lecture I (Geographica), hg. von Catherine Volpilhac-Auger (Œuvres complètes de Montesquieu, Bd. 16), Oxford 2007. Die Veröffentlichung des zweiten Bandes ist für 2014 geplant. Man kann diese Edition von Montesquieus Exzerpten mit der vorigen und bisher größten Edition vergleichen, die in den von André Masson herausgegebenen Œuvres complètes (Paris 1950–1955, 3 Bde.) verfügbar waren (Bd. II, S. 923–963, hg. von Françoise Weil, sowie Bd. III, S. 703–720).

den Exzerpten im strengen Sinne des Wortes zwei Bände zugewiesen werden. Damit werden also die Exzerptbände fast ein Drittel der lesebezogenen Bände einnehmen. Diese Exzerptbände, die in der Gelehrtenwelt als gleichberechtigt angesehen werden, stehen aber möglicherweise mit den anderen Bänden nicht ganz auf einer Stufe.[5] Dass dem Diskurs aus zweiter Hand nicht dieselbe Aufmerksamkeit zuteil werden darf wie dem perfekten Original, liegt auf der Hand. Doch zeigte sich im Verlauf der Arbeiten, dass das Wissen über diese bescheidenen Materialien eine unerlässliche Vorbedingung für weitere Forschungsarbeiten ist. Die Beschäftigung mit den Exzerptbänden stellt also keinen bloßen Umweg dar, der etwa durch die Notwendigkeit, Informationen über die Quellen der Hauptwerke zu sammeln, unerlässlich geworden wäre. Vielmehr handelt es sich dabei um den einzigen Weg, sich zur Methode Montesquieus einen Zugang zu verschaffen und zu verstehen, wie er arbeitete, las und schrieb.

Eine schwierige Rekonstruktion

An Problemen mangelt es bei der Untersuchung solcher Materialien allerdings nicht. Im Laufe der bibliografischen Arbeiten sind im wesentlichen zwei Hauptschwierigkeiten aufgetaucht. Schwierig ist es erstens, die Exzerptsammlungen – von denen ein großer Teil verloren gegangen ist – auf zufriedenstellende Weise zu rekonstruieren, und zweitens, sie in ein passendes Klassifizierungsraster einzuordnen. Aus der Erwähnung einer Exzerptsammlung durch Montesquieu kann man nicht automatisch auf deren tatsächliche Existenz schließen, zumindest in der Form, die man ihr aufgrund dieser Erwähnung zu geben geneigt wäre; und die noch vorhandenen Bände, die eine Überprüfung durch Gegenüberstellung erlauben, bringen manchmal mehr Probleme als Lösungen mit sich. So hatten uns unsere Listen aufgrund von Verweisen in den *Pensées* auf die Existenz von zwei unterschiedlichen Bänden, *Politica I* und *II*, schließen lassen, wobei die Existenz von *Politica I* von der Existenz des Bandes *Politica II* abgeleitet wurde. Allerdings verweist ein Gedanke aus den *Pensées*

---

[5] Ich beziehe mich hier weniger auf die *Pensées* und den *Spicilège*, die fast als ›Werke‹ gelten, weil sie als vorläufige Vertreter der sich fortdauernd entwickelnden Gedanken Montesquieus betrachtet werden.

(Nr. 1880) ausschließlich auf *Politica II*. Es stellte sich aber heraus, dass dieser Text der Sammlung *Geographica II* (einem der wenigen thematischen Bände, der erhalten geblieben ist) entnommen ist. In dieser Erwähnung entspricht die Seitenzahl der Seitennummerierung von *Geographica II*. Handelt es sich dabei um einen Fehler bei der Transkription? Oder haben wir es mit einem komplexen System zu tun, in dem derselbe Band verschiedene Namen führen oder verschiedenen Lektüren unterzogen werden könnte? Derzeit ist es schwierig, auf diese Fragen zu antworten, zumal die Verweise auf die einzige Sammlung, *Geographica II*, deren Beschaffenheit wir uns absolut sicher sind, selten und oft fehlerhaft sind.[6] Angesichts eines solchen Falls drängt sich die beunruhigende Frage auf, was man sich unter *Geographica II* hätte vorstellen können, falls man nur die Verweise darauf zur Verfügung gehabt hätte. Wir haben nichtsdestoweniger versucht, eine provisorische und vorsichtige Rekonstruktion bestimmter Exzerptsammlungen, die heute verschwunden sind, vorzunehmen.[7] Aus diesem Beispiel haben wir aber gleichzeitig die grundlegende Lehre gezogen, keine Überschrift aus einem Abschnitt der *Pensées* für den Titel eines Exzerptbandes zu verwenden,[8] oder aus Werken, die Montesquieu unvollendet ließ – was er häufig tat –, um Teile daraus in anderen Werken zu verwenden, wie der geheimnisvolle *Prince*, der den Philosophen so lange Zeit begleitete.[9] Dieses Verfahren könnte

---

[6] Beispielsweise werden in den *Pensées* (Nr. 1846) die *Voyages en Perse* von Chardin so erwähnt, als würden sie im zweiten Band der *Geographica* vorkommen. Dort kommen sie jedoch nicht vor. Es handelt sich hierbei zweifelsohne um einen einfachen Schreibfehler, da die Exzerpte aus Chardin zum ersten Band gehörten.

[7] Catherine Volpilhac-Auger, in Zusammenarbeit mit Claire Bustarret: L'Atelier de Montesquieu. Manuscrits inédits de La Brède, Neapel u. Oxford 2001, S. 281–283.

[8] Die Handschriften mit dem Titel *Academica*, die unter Nr. 2035 der *Pensées* angekündigt wurden, müssen demnach aus den Exzerptlisten gestrichen werden, da diese Überschrift eigentlich einen Aufsatz bezeichnet, der ursprünglich der Akademie von Bordeaux gewidmet war. Dabei ist aber auch nicht auszuschließen, das Montesquieu mit diesem Titel auf das gleichnamige Werk Ciceros hindeuten wollte.

[9] Ein Fall, den ich in folgendem Aufsatz untersucht habe: Catherine Volpilhac-Auger: Montesquieu, l'œuvre à venir, in: Revue Montesquieu Nr. 4, 2000, S. 5–25, insb. S. 18–21. Ein weiteres Beispiel findet sich in *Pensées*, Nr. 220: »Quelques morceaux qui n'ont pu entrer dans mes Pensées morales«. Weshalb sollten die »Pensées morales«, die sich über mehrere Abschnitte erstrecken

die Anzahl der mutmaßlichen Exzerptbände erheblich reduzieren, vor allem wenn man sich vor verwandten Überschriften wie »Journal«, »Journal espagnol«, »Journaux de livres peu connus«, »Bibliothèque«, »Bibliothèque espagnole« in Acht nimmt. Diese vielfältigen Titel könnten vielmehr ein Zögern oder eine gewisse Lässigkeit bei der Bezeichnung oder Erwähnung möglicher Exzerptsammlungen verraten als auf tatsächlich unterschiedliche Sammlungen und Inhalte hinweisen. Sie könnten sogar auf Montesquieus spielerische Absicht zurückgeführt werden, seinen Leser zu betrügen und sich als den Exzerpierer eines fiktiven Werkes auszugeben, dessen Autor beispielsweise ein gewisser »M. Zamega« wäre.

Aus dem Exzerptkorpus wird man darüber hinaus das herausnehmen müssen, was als Exzerpt galt, solange man den Inhalt des handschriftlichen Dokuments noch nicht inventarisiert hatte, wie jene »Pièces justificatives sur l'usure«, die im Grunde genommen ein Konvolut darstellen, in dem Montesquieu die gesamte Dokumentation gesammelt hatte, die ihm nützlich sein konnte, um Kritikern zu begegnen: Es handelt sich dabei um Kapitel, die er für eine neue Ausgabe des *Esprit des lois* verfasst hatte, Aufzeichnungen, mit denen er die Recherchen seiner Sekretäre steuerte, Listen, auf denen durchzuführende Überprüfungen oder bereits redigierte einzuführende Korrekturen vermerkt waren, mit anderen Worten alles außer Exzerpten. Daraus ergibt sich also eine begrenzte Liste. Abgesehen von den *Pensées* und dem *Spicilège* – die zwar einige Exzerptseiten enthalten,[10] allerdings eher der Gattung der Miszellaneen zuzurechnen sind – und von dem mutmaßlichen Band *Pièces diverses*[11] bleiben nur

---

und in ein unvollendetes Traité des devoirs eingefügt wurden, nicht den Status eines unvollendeten Werkes statt denjenigen der Kompilation oder der Lesenotizen bekommen?

[10] Die neue Ausgabe des *Spicilège*, die Rolando Minuti und Salvatore Rotta (Voltaire Foundation, 2002) herausgegeben haben, bringt eben zum Vorschein, dass der eigentliche Kern dieses Bandes, der sogenannte »recueil Desmolets« aus Exzerpten aus verschiedenen Periodika besteht, darunter aus den *Mémoires de Trévoux*. Bisher wurde die *Historia romana* noch nicht erwähnt, ein ›Werk‹, das seine Aufnahme in den Korpus nur einer Anekdote schuldet. Dabei handelt es sich in der Tat bloß um einen Kurs, der Montesquieu von seinem Lehrer diktiert wurde. Nur aufgrund einer schwer nachvollziehbaren Tradition darf dieser Text den »recueils de notes« zugezählt werden.

[11] Nur durch die zahlreichen Aufzeichnungen bekannt, die daraus in den Handschriften von Bordeaux (2560/8) entnommen wurden, und durch drei

noch wenige Exzerpte im eigentlichen Sinne des Wortes. Dazu gehören die Sammlung *Recueil d'airs* – die Montesquieu für den Prinzen von Wales zusammengestellt hatte, und welche also für eine persönliche Verwendung bestimmt war (eigentlich ist es die einzige Sammlung, die man zurecht als »Kompilation« bezeichnen könnte) – sowie höchstens ein Dutzend thematischer Sammlungen. Die einzigen Überreste davon, die uns bis heute überliefert worden sind, sind die bereits erwähnten *Geographica II* und höchst wahrscheinlich ein Teil des Bandes *Commerce*,[12] in dem Pierre Daniel Huets *Histoire du commerce et de la navigation des Anciens* mit durchgehender Seitennummerierung auf die letzten Seiten des *Dictionnaire universel de commerce* von Savary des Brûlons folgt. Dieser Liste könnte die *Collectio juris* hinzugefügt werden, die in Aufzeichnungen zur Rechtsprechung besteht, mit denen Montesquieu sich auf seine Tätigkeit als Parlamentarier vorbereiten wollte.[13] Handelt es sich aber dabei um einzelne Exzerpte oder eher um Arbeitsaufzeichnungen, die fortlaufend dem sogenannten *corpus juris civilis* entnommen wurden?

Eine besondere, jedoch weniger gravierende Schwierigkeit, besteht in der Tat in unserer Unfähigkeit, thematische Exzerptsammlungen von Autoren- oder Werkexzerpten zu unterscheiden. Die Liste der Autoren- oder Werkexzerpte zählt inzwischen über 80 Einträge von Alcoran bis Wansleben.[14] Doch dort, wo wir unter Berufung auf eine

---

Andeutungen in den *Pensées* (Nr. 1752, 1765, 1808); siehe auch weiter unten.

[12] Bekannt durch eine Andeutung in *Geographica II*, Bl. 22. Derzeit in Bordeaux unter der Handschrift Nr. 2526/21 bis 24 aufbewahrt; da die Seiten voneinander getrennt wurden, wurde jeder Einheit eine unterschiedliche Signatur zugewiesen. Der *Catalogue des manuscrits envoyés en Angleterre* [en 1818] weist ebenfalls auf ein »Extrait de mes extraits« hin, das vor *L'Esprit des lois* erstellt wurde, und das Montesquieu anscheinend nur undeutlich in Erinnerung behalten hatte. Zu diesem *Catalogue des manuscrits envoyés en Angleterre* vgl. Catherine Volpilhac-Auger, in Zusammenarbeit mit Claire Bustarret: *L'Atelier de Montesquieu*, S. 276–280.

[13] Die sechs Bände dieser Handschrift, die in der *Bibliothèque nationale de France* in Paris aufbewahrt sind (n.a.fr. 12837–12842), sind von Andrew Lewis und Iris Cox ediert worden: Montesquieu: Collectio juris, 2 Bde., hg. von Andrew Lewis u. Iris Fox, (Œuvres complètes de Montesquieu, Bd. 11–12), Oxford 2005.

[14] Die 75 Nummern, die wir 1998 in unserem Verzeichnis aufgelistet hatten, müssen noch durch die Nummern ergänzt werden, die wir seither entdeckt haben: *Davila* (in der Handschrift der Bibliothek von Bordeaux, Nr. 2506/7, Bl. 2r zitiert), *Nouvelles de la République des lettres* (Handschrift. von

Aufzeichnung, die das Fragment einer Handschrift enthält,[15] einen Verweis auf ein Exzerpt aus La Loubères Werk *Du royaume de Siam* gefunden hatten, stellte sich heraus, dass das Exzerpt sich tatsächlich in *Geographica II* befand. Gleiches gilt für die unzähligen Verweise auf Jean-Baptiste Du Haldes *Description de la Chine* im selben Band. So könnten die etwa 80 Einträge aus der Liste der möglichen Autoren- oder Werkexzerpte eigentlich zum größten Teil von den thematischen Sammlungen herkommen, die selbst schon stark reduziert waren, wie wir herausgefunden haben. Am Ende dieser Untersuchungen wäre es also durchaus möglich, eine Zahl von fünfzehn bis hundert handgeschriebene Exzerptbände vorzuschlagen, ohne sich dabei einem zu hohen Fehlerrisiko auszusetzen. In einer solchen Spannbreite an Unsicherheit bewegen wir uns also, woraus folgt, dass die ›handgeschriebene Bibliothek‹ Montesquieus nur schemenhaft greifbar ist.

Ziele und Methoden

Dabei steht allerdings fest, dass wir mindestens eine umfangreiche thematische vollständige Exzerptsammlung und bedeutende Fragmente gleicher Beschaffenheit zur Verfügung haben, sowie mehrere hundert Blätter, die derzeit im handschriftlichen Nachlass unter den Signaturen 2526 und 2527 in der Bibliothek von Bordeaux aufbewahrt werden[16] und Exzerpte aus einer Vielfalt von einzelnen Werken enthalten, wie etwa *Les Intérêts de l'Angleterre mal entendus* von Jean-Baptiste Dubos, *Conseil* von Pierre de Fontaines (ein im 13. Jahrhundert geschriebenes Werk), die *Historia naturalis* von Plinius dem Älteren, die *Ilias* und die *Odyssee, Télémaque* von Fénelon oder Lord Ansons *Voyage autour du monde*. Die Vielfalt der exzerpierten Themen und Werke lässt sich besser verstehen, wenn man in Betracht zieht, dass sich die Lektüren, soweit heute

---

Bordeaux, Nr. 2506/15, Bl. 4r), *Polybe* (im Essai sur les causes, S. 21 zitiert), *Wansleben* (Handschrift. von Bordeaux, Nr. 2506/8, Bl. 4r). Sicherlich gibt es noch einige Autorennamen oder Titel an den Rändern der einen oder anderen Handschrift zu entdecken, die ich noch nicht erschlossen habe.

[15] Bordeaux, Handschrift 1868, Nr. 328.

[16] Die Nr. 2532 bis 2525 stellen ›Leseaufzeichnungen‹ (oder vielmehr Unterrichtsnotizen) dar, die momentan Montesquieu nicht eindeutig zugeordnet werden können.

bekannt ist, auf die Jahre ab 1720 bis zum Tod Montesquieus 1755 verteilt haben. Die Datierung wurde durch die Identifizierung der wichtigsten Sekretäre von Montesquieu erleichtert, deren Eingreifen seit den Arbeiten von Robert Shackleton bis auf den Monat genau datiert werden können (Abb. 1).[17] Ungefähr die Hälfte der Exzerpte bezieht sich auf die Werke, die Montesquieu in seinem Schloss La Brède besaß, doch möglicherweise wurden diese auch später erworben. Jedenfalls machte die besondere Lebensweise Montesquieus, der sich abwechselnd ungefähr ein halbes Jahr in der Gegend von Bordeaux und in Paris aufhielt, dabei aber regelmäßig an seinen Werken weiterarbeitete, den Aufbau einer tragbaren Bibliothek notwendig.[18] Die Versuchung liegt nahe, ihn mit Winckelmann zu vergleichen, dessen Exzerpte Elisabeth Décultot erforscht hat. Die Modalitäten und Ziele dieser Hefte müssen jedoch über dieses Prinzip hinaus untersucht werden.

Eine der grundlegenden vorherrschenden Schwierigkeiten besteht darin, herauszufinden, ob die Sekretäre den Auftrag hatten, die Zusammenfassungen selbst zu erstellen. Dies gilt insbesondere für die Reihe von Exzerpten zum Handel, die vor 1731 verfasst wurden: Abt Bottereau-Duval, der diese Exzerpte schrieb, arbeitete eng mit Montesquieu zusammen und war kein einfacher Kopist. Die Gestaltung dieser Exzerpte, die von derjenigen der *Geographica* leicht abweicht und einen späteren Gebrauch schwierig macht, muss berücksichtigt

---

[17] So zeigt das hier abgebildete erste Blatt der *Geographica* die Schrift verschiedener Hände. Die Identifizierungsarbeiten wurden durch Georges Benrekassa, Rolando Minuti und durch mich weiterverfolgt.

[18] Montesquieu darf Bücher aus der königlichen Bibliothek in Paris ausleihen, wie die Register nachweisen (siehe insbesondere Iris Cox: Montesquieu and French Laws, Oxford 1983, Studies on Voltaire, 218). Aber auch aus der Bibliothek der Akademie von Bordeaux leiht er Bände aus (der um 1740 fertig gestellte Katalog ist in der *Bibliothèque Municipale* von Bordeaux unter der Signatur ms. 3165 aufbewahrt), sowie bei Freunden wie Barbot. Nachprüfungen sind hier unerlässlich: Als Erscheinungsdatum für die *Dissertation sur le commerce* von Girolamo Belloni (übersetzt von Morenas) geben alle Bibliografien oder Kataloge, die ich erschließen konnte, 1755 an – wodurch sich das Vorhandensein von Exzerpten (Bordeaux, Handschrift. 2526/24 ff.) im Bestand Montesquieus nicht erklären lässt, da der Philosoph Anfang Februar 1755 bereits gestorben war. Es sei denn, man bezieht sich auf die in Bordeaux erhaltene Ausgabe aus der Akademie (Signatur: S 6807 [1]). Diese stammt aus dem Jahre 1751, wie auch auf dem Exzerpt verzeichnet.

Remarques sur differentes parties d'Italie . . . . p. 1.

Ceremonies nuptiales de toutes les nations 17

voyages du nord tome huitieme . . . . p 22

les thomes 1. 2. 3. 4. 5. 6. 7 sont dans le volume Comerce

voyages autour du monde par danpierre tom 1.2.3 . . . 32

voyages autour du monde par guillaume danpierre 32

du royaume de siam par mr de laloubere - - p 49

ancienne relation des indes et de la chine par 2 mahometans, 58

Conversations avec mr oranges sur la chine 81

description de la chine par le pere duhalde 102

histoire des Tartares traduite du manuscrit Tartare -
d'abulgasi bayadut-chan avec des remarques sur le nom de l'asie 259.

voiages de françois Bernier — 287.

Lettres difiantes et curieuses par
quelques millionaires Jesuites p. . . . 303.

Million des Jesuites au levant p. 340.

Extrait du 24. recueil des lettres
difiantes 1741. ———————— p. 347.

Abb. 1   Nachlass Montesquieu. Inhaltsverzeichnis der Sammlung *Geographica*. Erste, unpaginierte Seite. Handschrift 2507. Bordeaux, Bibliothèque Municipale.

werden.[19] Doch dies scheint der einzige Sonderfall zu sein. Überall trifft man sonst auf die gleiche Methode (Abb. 2): Der Originaltext wird manchmal wortgetreu kopiert, aber eigentlich meistens umformuliert (dazu später mehr). Darauf folgt die entsprechende Seitenangabe. Das Exzerpt wird in unregelmäßigen Abständen von persönlichen Beiträgen Montesquieus begleitet, die jeweils mit Sternchen hervorgehoben sind. Damit wird eine Bemerkung, ja sogar eine Einschätzung sowohl des behandelten Themas als auch der Art und Weise, wie der Autor es bearbeitet, eingeführt und festgehalten. Die Exzerpte aus dem anonym erschienenen *Traité des finances des Romains*, der eigentlich von Chassipol verfasst wurde (Paris, Briasson, 1739) enthält besonders viele Bemerkungen dieser Art. Wir beschränken uns hier auf drei Beispiele:

> Le bien des Romains et leur principal trafic consistoit en esclaves. Pline [Bl. 12v] parle du nombre prodigieux que de certains particuliers en avoient, il dit qu'un grammairien nommé Daphnis fut vendu plus de 75 mille livres. *C'etoit bien de l'argent pour un grammairien p. 116.

Weiter oben geht es um »ce que l'autheur trouve très juste *Et moi très impertinent« (Bl. 11r). Schließlich kommt schon früh ein pauschales, unwiderrufliches Urteil:

> Ce livre est insuportable a cause de la négligence ou de l'ignorence de l'autheur qui ne distingue jamais ce qui s'est passé sous les rois sous la republique a son commencement au milieu a sa fin sous les premiers empereurs, sous ceux du Moyen Age sous le Bas-Empire, sous celluy d'Orient, il confond tout. (Bl. 5r)

Dieses von Colbert als Auftrag bestellte Werk scheint ihm in der Tat nur mit der Absicht geschrieben und publiziert worden zu sein, die übertriebene Anhäufung von Steuern historisch zu rechtfertigen. Das Exzerpieren stellt sich also hier als ein kritischer Dialog dar. Die Kombination von Lektüre und Schreiben erweist als ein aktives Herausfiltern, das das Sortieren nicht nur des Passenden

---

[19] Für diese Einzelheiten verweise ich auf die Einführung der *Intérêts de l' Angleterre mal entendus* im Band *Extraits divers* (Œuvres complètes, Bd. XVII), der noch in Vorbereitung ist. Auch aus chronologischen Gründen ist hier Vorsicht geboten.

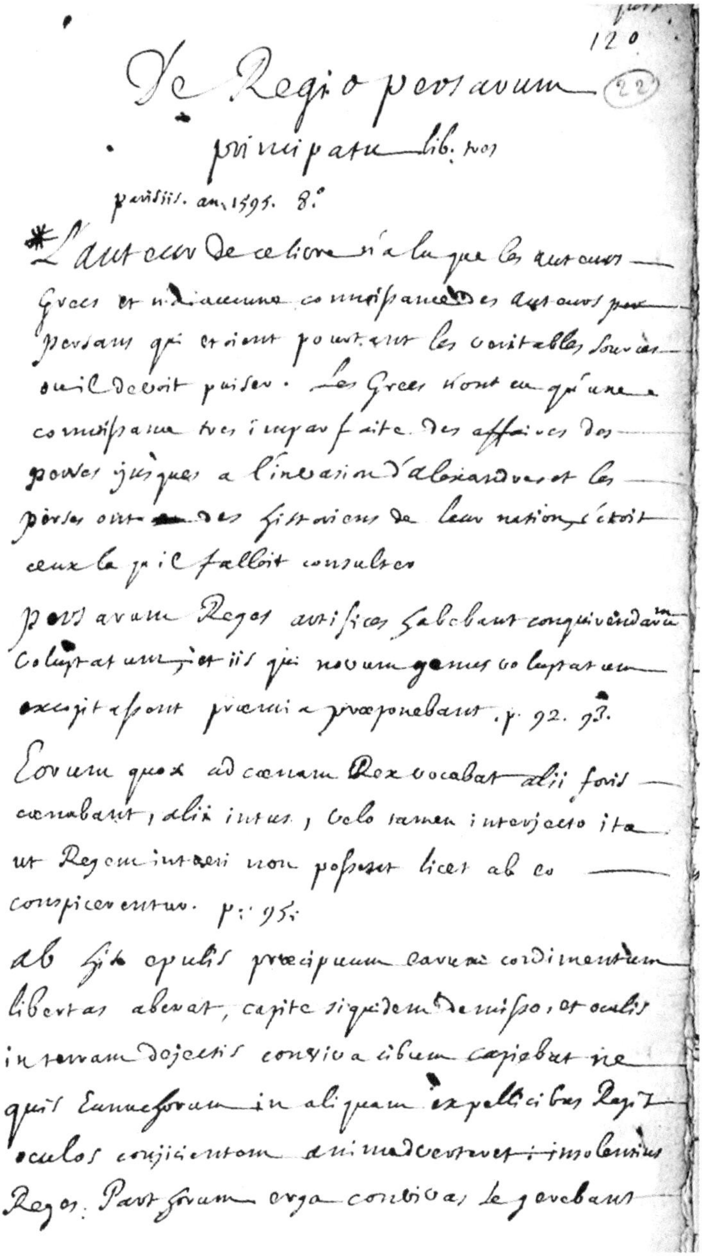
120
(22)
De Regio persarum principatu lib. tres
parisiis. an. 1595. 8°
*L'auteur de ce livre n'a lu que les auteurs Grecs et n'a aucune connoissance des auteurs persans qui etoient pourtant les veritables sources ou il devoit puiser. Les Grecs n'ont eu qu'une connoissance tres imparfaite des affaires des perses jusques a l'invasion d'alexandre et les perses ont eu des historiens de leur nation c'etoit ceux la qu'il falloit consulter
persarum Reges artifices habebant conquirendarum voluptatum, et iis qui novum genus voluptatum excogitassent praemia proponebant. p. 92. 93.
Eorum quos ad coenam Rex vocabat alii foris coenabant, alii intus, velo tamen interjecto ita ut Regem intueri non possent licet ab eo conspicerentur. p. 95.
ab his epulis praecipuum cavere condimentum libertas aberat, capite siquidem demisso, et oculis in terram dejectis convivae cibum capiebant ne quis Eunuchorum in aliquam ex pellicibus Regis oculos conjicientem animadverteret ~~imprudentius~~ Regis. Parthorum erga convivas se gerebant

Abb. 2 Nachlass Montesquieu. Exzerpt aus *De Regio Persarum principatu*, an. 1595. Handschrift 2526/7. Erste Seite. Bordeaux, Bibliothèque Municipale.

und Interessanten, sondern vor allem des Nützlichen, ja sogar des Verwendbaren ermöglicht. Montesquieus Verachtung für das exzerpierte Buch hindert ihn nicht daran, seinen Nutzen daraus zu ziehen – und sei es auch nur als Kompilation. Ihm entnimmt er zahlreiche präzise Referenzen, die er im *Esprit des lois*, insbesondere im Buch XIII, wieder verwenden wird, ohne dabei seine Meinung über deren Quelle zu ändern.

Wie wurden diese Exzerpte nun konkret zusammengestellt? Wenn man von dem schon erwähnten zweifelhaften Fall der von Bottereau-Duval verfertigten Hefte absieht, haben wir es allem Anschein nach mit zwei Methoden zu tun, die sich allerdings gegenseitig nicht ausschließen. Der *Traité des finances des Romains* liefert aufschlussreiche Hinweise darauf, insbesondere aufgrund von zwei seltsamen Wörtern, die sich in ein lateinisches Zitat eingeschlichen haben: »dita sit«. Diese Wörter ergeben keinen Sinn, es sei denn, man erkennt sie als fehlerhafte Transkription eines Ausrufes, der mündlich ausgesprochen wurde: »dit Tacite«. In der Tat muss das Zitat dem lateinischen Historiker zugewiesen werden. Übrigens scheinen die Schreibfehler bei wenig gebräuchlichen Eigennamen (insbesondere in *Geographica II*) zu bestätigen, dass Montesquieu die Abschnitte laut vorlas, die er festhalten wollte. Selbstverständlich wurden diese noch einmal geprüft, denn die schlimmsten Fehler wurden von ihm oder von anderen korrigiert. Erstaunlich ist jedoch die geringe Anzahl von Streichungen in diesen Heften, die in perfekt gleichmäßigen und lesbaren Linien verlaufen, in denen keinerlei Zögern oder Zaudern zur erkennen sind. Auf einer Seite der *Geographica II* findet sich die Andeutung einer Erklärung (Bl. 242v): Der Anfang des Kapitels »De la médecine des Chinois« enthält folgenden Vermerk: »J'ai lu ceci fort super[fi]ciellement«. Die im Exzerptheft festgehaltene Version entstammt also einer ersten rein mentalen Lesearbeit, die in der erschließenden Lektüre des exzerpierten Werks bestand, ja möglicherweise in einer ersten Transkription festgehalten wurde, welche keinen Nutzen mehr aufwies und folglich entfernt wurde. Allerdings muss man sich die Frage stellen, ob die hier beschriebene Lesemethode für Montesquieu üblich war. Das *Traité des finances des Romains* scheint er ohne vorarbeitende Lektüre exzerpiert zu haben: Je mehr er sich in dessen Lektüre vertieft und die Schwächen des Werkes wahrnimmt, desto oberflächlicher werden die Leseaufzeichnungen.[20] Dabei werden aber die Kapitelüberschriften und demzufolge die gesamte Struktur des Buches in den Exzerpten festgehalten.

Aus dieser letzten Feststellung lässt sich jedoch keine absolute Regel ableiten. Aufgrund der großen Zeitspanne, innerhalb derer diese Exzerpte entstanden sind, lässt sich eine solche Regel eigentlich gar nicht festlegen. Mit der Erstellung von Exzerpten hatte Montesquieu bereits vor seinen Reisen (1728–1731) angefangen, als er versuchte, sich über die wirtschaftliche und politische Lage Europas zu informieren (sein Interesse galt damals einer diplomatischen Karriere). Während der Jahre 1734–1738 sind die Exzerpte besonders umfangreich. Für den Ausbau von *Geographica II* ist diese Periode von großer Bedeutung. Als Montesquieu seine *Considérations sur les causes de la grandeur des Romains et de leur décadence* (1734) veröffentlichte, arbeitete er an einer Untersuchung zur Verfassung Englands, die ein Schlüsselkapitel vom *Esprit des lois* werden sollte (XI, 6). Die Planung des ganzen Werkes, das in den folgenden 14 Jahren schrittweise entstand, hatte er aber damals noch nicht vor Augen. Dass seine Exzerpte im Laufe dieser fortschreitenden Arbeit einer anderen Methode folgten oder einen neuen Zweck verfolgten, würde uns nicht überraschen, zumal sich diese Praxis mit Montesquieus zunehmender Erfahrung in der Exzerpierkunst verändern konnte. So zeigt er am Anfang von *Geographica II* – und damit vor den Exzerpten aus dem *Traité des finances des Romains* – keinerlei Willen, die originale Struktur des exzerpierten Werkes wiederzugeben oder das exzerpierte Werk bis zu seinem Ende zu verfolgen. »Je n'ay point achevé de lire ce livre«, vermerkt er einfach nach einem Exzerpt aus der Seite 218 der *Remarks on several parts of Italy von Addison* (Geographica II, S. 11). Möglicherweise hatte er die Exzerpierarbeit unterbrochen, nachdem er gefunden hatte, was er suchte. Der Grund seiner Lektüre war in diesem Fall vielleicht nur ein momentanes, partikuläres Interesse.[21]

---

[20] Nachdem die ersten beiden Kapitel in einem relativ langen Resümee zusammengefasst werden (insgesamt 6.500 Zeichen für 40 Seiten im Buch), werden die 45 Buchseiten der Kapitel 10 bis 18 in nur 4.600 Zeichen zusammengefasst.

[21] Tatsächlich entdeckt man in seinen *Pensées* einen durchgestrichenen Abschnitt: »Nᵃ que j'ai oûi parler d'un voyage d'Addison ou il a cherché a faire voir par les choses que les poëtes ont chantées et par ce qu'elles sont a present combien il seroit dangereux de les croire, mais ce qu'il attribuë a des mensonges poëtiques pourroit bien peut-etre etre attribué a des changemens

Allerdings scheint Beharrlichkeit andere Exzerptseiten zu charakterisieren: Die Exzerpte aus den vier Foliobänden der *Description de la
Chine* von Du Halde stellen einen wichtigen Teil seiner *Geographica II*
dar, und er spart nicht an der sorgfältigen Aufzählung der Monarchen,
die im Laufe der zweiundzwanzig chinesischen Dynastien aufeinander
folgten. Dabei handelt es sich sehr wohl um die systematische Lektüre
und Erschließung eines kostspieligen Werkes, das sich nicht in seiner
Bibliothek befindet.[22] Man ist also in diesem Fall verführt, zu denken,
dass er alles notiert, was später für ihn interessant sein könnte. Ihm
dient hier die Handschrift als konzentrierter Ersatz für das gedruckte
Buch, was selbstverständlich den kritischen Dialog nicht verbietet:
Montesquieu ist auf der Hut vor dem Übereifer der Jesuitenpater, die
den Reichtum und das Glück Chinas preisen, das sie zu missionieren
sich rühmen, wie zahlreiche Sternchen zeigen.[23]

Es wird jedoch deutlich, dass der Philosoph beim Exzerpieren nicht
versucht, ein treues Abbild dessen wiederzugeben, was er liest. Dies
zeigt sich besonders deutlich bei den *Mœurs des Ostiackes et comment
ils furent faits chrétiens en 1712. Par J.B. Muller capitaine suédois pri-
sonnier en Siberie* (Geographica II, Bl. 28–30). Montesquieu notiert
vor allem das, was mit der physischen Geographie in Zusammenhang
steht. Außer Acht lässt er jedoch alle historischen Ausführungen,
insbesondere über die Umstände, die den Reisebericht verursacht

---

reels« (Nr. 102, Bl. 96r°). Die Untersuchung der Handschrift hat ergeben, dass
dieser Abschnitt vor der Seite der *Geographica* entstanden ist, wo Montesquieu in Anschluss an Addison aufzählt, wie sehr sich die gesungenen Landschaften von Virgil inzwischen geändert haben (und diese Lektüre scheint
die Streichung verursacht zu haben); hätte er Addison nur gelesen, um dort
die Bestätigung dessen zu finden, wovon er »gehört« hatte, als er mit den
Veränderungen der Erdoberfläche im Laufe der Jahrhunderte beschäftigt war
(einem Arbeitsprogramm gemäß, das er 1719 an den Mercure richtete)? Addisons *Remarques sur différentes parties de l'Italie* brachten ihm andere Anregungen und Informationen, insbesondere über die Genueser Institutionen,
wovon er im *Esprit des lois* (Buch II) später Gebrauch machen sollte, wie noch
zu sehen ist.

[22] Siehe Louis Desgraves u. Catherine Volpilhac-Auger, in Zusammenarbeit mit
F. Weil: Le Catalogue de la bibliothèque de Montesquieu à La Brède, Cahiers
Montesquieu Nr. 4, Société Montesquieu, Neapel, Liguori, Oxford, Voltaire
Foundation, Paris 1999.

[23] Sie stellen den einzigen (unvollständig) veröffentlichten Teil der Exzerpte
aus Du Halde in den von Masson herausgegebenen *Œuvres complètes* (Bd. II,
S. 923–963) dar.

haben, d.h. die Konvertierung der Ostjaken; in seinen Exzerpten ist nichts über deren sittlichen Zustand (»morale«) zu lesen, wobei sie vom Autor als Menschen angesehen werden, die noch im einfachen Naturzustand leben (»vivant précisément dans l'état de simple nature«, S. 396). Dort wird man auch keinen Hinweis zur Erziehung oder zu den Zivilgesetzen finden, ja sogar zur Religion, der Muller hingegen sein gesamtes Kapitel 3 gewidmet hatte. In Montesquieus Leseaufzeichnungen sind ebenfalls keine der genauen (und anschaulichen) Angaben zu lesen, die Muller über die »unsaubere« Kleidung der Ostjaken liefert, über ihre Hochzeitsbräuche und ganz allgemein über ihre Bräuche, sieht man von den Exzerpten zur Verwendung der Schlitten und zum Hundefutter ab. Ihr politisches System, ein Patriarchat, das an Anarchie grenzt (S. 402–409), wird nicht weiter erwähnt. Was Montesquieu jedoch sehr beeindruckt zu haben scheint, ist ihr Garantiesystem, das die fehlende Schrift kompensiert,[24] sowie eine Art abergläubische Religion, die bei Muller weniger als drei der insgesamt fast fünfhundert Seiten und bei Montesquieu den wesentlichen Raum einnimmt. Dabei lässt sich diese Lektüre weniger als frei denn als ›intentional‹ bezeichnen. Hier spielt die Freiheit, die Montesquieu sich nimmt, weniger eine Rolle, als die Absicht, die hinter seiner Lektüre steckt. Diese ist weder ›objektiv‹ noch neutral. Sie gibt sich ganz im Gegenteil als diskriminierend und persönlich. Bei der Aneignung durch den Exzerpierer erfolgt eine radikale Umwandlung. Man kann ohne Übertreibung behaupten, dass Montesquieu seine ›handgeschriebene Bibliothek‹ ausschließlich für den eigenen Gebrauch gestaltet hat.

Von der Lektüre zum Schreiben

Wie vollzieht sich nun der Auswahl- und Zusammenfassungsprozess? Dieser könnte wohl der interessanteste und zugleich sonderbarste Teil von Montesquieus Vorgehensweise sein, da er doch die Kompilation und die Kompilatoren verabscheute.[25] Für ihn sind in der Tat das

---

[24] Gerade in einer Handschrift von La Brède, die verworfene Stellen aus *L'Esprit des lois* enthält, wird dieser Hinweis wieder aufgenommen (2506/7, Bl. 40r, »Des obligations de la simple parole«.

[25] Auf Kompilation griff allerdings Montesquieu, wie alle, zurück. So ist Stobäus' Florilège die wichtigste Quelle seiner Zitate im Discours sur la sincérité (1717).

Lesen und das Schreiben unentwirrbar miteinander verbunden. Und dies nicht nur aus dem Grund, dass das Exzerpt eine kondensierte Version sein muss, aus dem uninteressant erscheinende Details oder wortreiche Umschreibungen entfernt werden müssen, sondern vor allem weil Montesquieu den exzerpierten Text durch Transkription zu seinem eigenen macht. So kann sich das Exzerpt in seine eigenen Ausführungen einfügen. Allerdings kann man sich fragen, ob diese nicht stark von seinen Lesenotizen abhängig bleiben. Hier wird zunächst ein Beispiel wiederaufgenommen,[26] anhand dessen die drei Versionen von ein und demselben Text verglichen werden können:

> Du Haldes *Description de la Chine*, Bd.1, S. 380 (die Rede ist hier von Yen Ti, den dritten Kaiser der fünften Dynastie):
> Il cultiva la terre de ses mains Royales pour ennoblir en quelque sorte une profession si pénible ; il fit planter des mûriers dans son palais, & y fit nourrir des vers à soye, pour engager les Grands à suivre son éxemple, & il obligea l'impératrice & ses femmes à travailler des ouvrages à l'aiguille, pour animer les dames chinoises à se faire une semblable occupation.

> *Geographica II*, Bl. 137v:
> [II] cultiva la terre de ses mains pour rétablir l'agriculture, fit planter des mûriers dans son palais et travailler à la soye l'imperatrice et ses femmes.

> *Esprit des lois*, XIV, 8 (Fußnote c):
> Ven ty, troisième empereur de la troisième dynastie,[27] cultiva la terre de ses propres mains, et fit travailler à la soie, dans son palais, l'impératrice et ses femmes.

Die skurrile Ausdrucksweise im *Esprit des lois* ist das Ergebnis eines ›Verdichtungsprozesses‹. Bei diesem Prozess der Verdichtung wurden die Inhalte von zwei nebeneinander stehenden Sätzen vermengt. Der Kommentar von Du Halde (»pour animer les dames chinoises«) scheint schon bei der ersten Lektüre als überflüssig eingeschätzt worden zu

---

[26] Dieses Beispiel habe ich neben anderen in meinem Artikel ausgeführt: Catherine Volpilhac-Auger: Du bon usage des Geographica, in: Revue Montesquieu Nr. 3, 1999, S. 169–179.

[27] Dieser Fehler lässt sich nicht erklären, er scheint den aufeinander folgenden Transkriptionen geschuldet zu sein.

sein. Doch vor allem die Satzstruktur, welche die Satzteile »l'impératrice et ses femmes« hervorhebt, sowie das Detail des Ausdruckes (»travailler à la soye«) erscheinen im Exzerpt als bereits fest gelegt. Aus anderen Beispielen geht hervor, dass das Exzerpt in Hinsicht auf Satzrhythmus, Gleichgewicht der Sätze und Auswahl der Wörter eine direkte Vorstufe zur Redaktion eigener Werke bildet und dabei dem Text vom *Esprit des lois* näher steht als dem von Du Halde.

Man kann noch weiter gehen: Das sehr kurze Kapitel 8 aus dem Buch XIV vom *Esprit des lois* besteht aus drei Abschnitten, wobei es in der Handschrift nur zwei gab.[28] Diese Abschnitte wurden alles in allem inklusive der Fußnoten aus drei Zitaten – zwei von Du Halde und einem von La Loubère – aus der Sammlung *Geographica II* erstellt. Es lässt sich nicht bezweifeln, dass die Lektüre oder das Durchblättern dieser Sammlung Montesquieu die Möglichkeit gab, seinen eigenen Text mit Materialien zu nähren oder sogar auf die Idee dazu zu kommen. Ebenso verhält es sich im Buch XIX, wo die Kapitel 9 bis 20 (insgesamt zehn Seiten in den neuen Ausgaben) – welche die Sitten und Gebräuche der Nationen oder deren Charakter untersuchen, um herauszufinden, wie sich deren »esprit général« entwickelt – acht Hinweise auf Werke enthalten, deren Exzerpte in der Sammlung *Geographica II* erscheinen (Du Halde, Dampierre, die *Lettres édifiantes et curieuses*, das Journal von Lange in Band VIII der *Voyages du nord*). Ein neunter Hinweis ist darüber hinaus implizit einer allgemeinen Formulierung zu entnehmen.[29] Auch hier ist die Rolle der Sammlung von Exzerpten offensichtlich. Vermutlich hat Montesquieu seine Exzerpte ständig vor Augen, als er diese Seiten niederschreibt – was nicht bedeutet, dass er die exzerpierte Quelle bloß abschreibt, sondern dass er beim Lesen ahnt, wofür er sie gebrauchen könnte und dabei sein eigenes, zukünftiges Werk erschafft. Mit der Lektüre der Exzerpte arbeitet er schon am eigenen Werk.

---

[28] Sie bildeten damals das Kapitel 9 dieser Handschrift, das nicht vor 1746 entstanden sein kann (Bibliothèque Nationale de France, n.a.fr. 12834, Bl. 173). Der Zusatz des letzten Abschnittes in der Ausgabe von 1748, der den »anciens Perses« gewidmet ist, bricht die Einheit eines Kapitels, das den Titel »Bonne coutume de la Chine« führte.

[29] »Il y a plusieurs endroits de la terre où l'on se laisse croître les ongles pour marquer que l'on ne travaille point.«. Dieser Satz ist (für China) bei Du Halde (Bd. 1, S. 80) und in Geographica (Bl. 192r.) zu finden.

Erneutes Lesen, Überarbeitung

Die Archivbestände von La Brède, von denen einige Bestandteile unvollendet, sogar »in Bearbeitung« geblieben sind, sagen noch mehr über seine Arbeitsweise als Exzerpierer aus, denn dort sind die Spuren all seiner Skizzen und Entwürfe aufbewahrt. Auf Karteikarten, die er »bultins« nennt,[30] lässt Montesquieu Abschnitte aus seinen Exzerpten abschreiben. In diesen »bultins« wird zur Verortung der Abschnitte auf die Exzerptsammlungen verwiesen, jedoch nie auf das Original. Sicherlich obliegt es dann in einer späteren Phase dem Sekretär, den bibliographischen Verweis auf das Originalbuch zu suchen, der als einziger in der gedruckten Version erscheint.[31] Derselbe Abschnitt wird manchmal zweimal von unterschiedlichen Personen abgeschrieben; dabei tauchen Abweichungen auf, die auf die Nachlässigkeit des Kopisten oder auf Schwierigkeiten bei der Lektüre zurückzuführen sind. In einer Mappe findet man vor allem eine Sammlung von Karteikarten aus der Hand eines Sekretärs, die aus denselben Papierblättern entnommen sind, das gleiche Thema betreffen und auf denen verschiedene Abschnitte aus der gleichen Exzerptsammlung abgeschrieben wurden. So wurden mit dem Exzerptband *Pièces diverses* nahezu vierzig Karteikarten gefüllt, die den verschiedenen Zerstörungen (»diverses destructions«) gewidmet sind, welche aufgrund von Fanatismus oder Grausamkeit im Laufe der Menschheitsgeschichte erfolgt sind. Fragmente von Kapiteln, die zu einer früheren Zeit niedergeschrieben wurden, geben keine weiteren Informationen darüber, was Montesquieu mit diesem Material machen wollte. Es bleibt nur diese Geste: ein systematisches, nochmaliges Lesen, das die Exzerptsammlung in verwendbare Fragmente, fliegende oder aufgespießte Papierblätter oder – noch prosaischer formuliert – ›Post-its‹ zergliedert, welche vielleicht bis heute an dem Platz geblieben sind, den ihnen Montesquieu zuteil werden ließ. Genau wie im Fall der schon erwähnten Exzerpte aus Du Haldes *Description de la Chine* hätten möglicherweise diese Karteikarten Stoff für grundlegende Bestandteile von Montesquieus eigenem Werk liefern können.

---

[30] Diese enthalten auch manchmal »Sternchen« (»Astrix«).

[31] Dieses Phänomen wird untersucht in: Catherine Volpilhac-Auger, in Zusammenarbeit mit Claire Bustarret: L'Atelier de Montesquieu, S. 17–22.

Ein Punkt sollte noch hervorgehoben werden: Montesquieu hat keine Bedenken, Exzerpte zu übernehmen, die viele Jahre vorher notiert worden waren. Er benutzt sie, so wie sie sind, und scheint sich dabei über deren Herkunft keine Gedanken zu machen.[32] Nachdem er von Genueser Bekannten der Madame de Tencin bezüglich der Rolle der Bank Saint-Georges in Genua, die er im *L'Esprit des lois* (II, 3) erwähnte, angegriffen worden war, antwortete er ihr:

> Il y a environ deux mois que, sur votre lettre, j'allai chercher si je m'étois trompé, et je me suis trouvé fort consolé quand j'ai vu que M. Addison – qui étoit l'homme du monde qui sçavoit le mieux ce qu'il disoit – passant à Gênes comme moi, avoit fait cette réflexion.[33]

Er gibt an, die von ihm zitierte Seite aus Addisons *Voyage d'Italie*[34] selbst aus dem Englischen übersetzt zu haben. Dabei handelt es sich aber um das erste Exzerpt aus der Sammlung *Geographica II*, so wie er diese zwischen 1734 und 1738 (und sicherlich eher zu Beginn dieser Zeit)[35] aufschreiben ließ. In seinem Brief deutet alles darauf hin, dass er sich auf das Werk von Addison selbst bezieht, das er in La Brède – seinem damaligen Aufenthaltsort – in der Tat besaß.[36] Aber es ist offensichtlich, dass er den Band selbst nicht konsultiert hat: Es war überhaupt nicht notwendig, das Buch zu suchen, dieses durchzublättern und es neu zu übersetzen, denn die Lösung war zum Greifen nah. In Übereinstimmung mit seinen Prinzipien kann Montesquieu Madame de Tencin und den widersprechenden Genuesern sofort antworten. Dies ist ein Zeichen dafür, dass das Exzerpt,

---

[32] Wir haben nur ein Beispiel gefunden, wo *L'Esprit des lois* einen Abschnitt von Du Halde zitiert, der sich nicht auch in den *Geographica* befindet. Es kann sich aber auch um einen fehlerhaften Hinweis handeln, dessen Quelle möglicherweise entdeckt wird, wenn die gesamte Sammlung der *Geographica II* transkribiert und untersucht sein wird.

[33] Masson, Bd. III, S. 1224, Brief an Madame de Tencin, 15. April 1749.

[34] Dabei handelt es sich eigentlich um die *Remarks on several parts of Italy* (1705).

[35] Mit einer einzigen Abweichung, die in dem Gebrauch des Wortes »citadin« besteht (bestätigt durch die Lektüre der Handschrift des Briefes: Bordeaux, Bibliothèque Municipale, Signatur: ms. 1868). In *Geographica* stand dafür das Wort »citoyens«.

[36] Vgl. Louis Desgraves u. Catherine Volpilhac-Auger, in Zusammenarbeit mit F. Weil: Le Catalogue de la bibliothèque de Montesquieu, Nr. 3071.

obwohl es eigentlich weder Anspruch auf Objektivität noch auf Neutralität erhebt, in seinen Augen niemals falsch, ungenau oder tendenziös ist. Das Exzerpt ist sozusagen immer aufrichtig. Handelt es sich hierbei nicht um eine grundlegende Voraussetzung für eine solche Lese- und Schreibpraxis?

Abschließend lässt sich behaupten, dass die ›handgeschriebene Bibliothek‹ von Montesquieu sozusagen Bestandteil seines Werkes ist. Mit der Unterstützung von Sternchen (»astrix«), die den Dialog mit dem exzerpierten Text aufrechterhalten, und von Karteikarten (»bultins«), die das Exzerpt in das Werk, das gerade geschrieben wird, einfügen, liefert diese ›handgeschriebene Bibliothek‹ nicht nur einen wertvollen Schatz von Beweisen, Beispielen, Zitaten und Hinweisen. Sie stellt darüber hinaus einen beträchtlichen Teil des Wissens dar, an das sich das Werk anlehnt, an dem fünfzehn Jahre lang gearbeitet wurde. Sie ist dessen Garant und Grundlage. Darüber hinaus spiegelt sie die intellektuelle Vorgehensweise Montesquieus wider. »J'ai posé les principes, et j'ai vu les cas particuliers s'y plier comme d'eux-mêmes«, verkündet (übermütig oder ganz einfach) das Vorwort des *Esprit des lois*. Diese einzelnen Fälle (»cas particuliers«) sind aber keine aus Du Halde oder aus den *Lettres édifiantes* entnommenen »bultins«, die etwa dort eingefügt werden könnten, wo sich die Gelegenheit bietet, dort, wo man sie erwartet. Die einzelnen Fälle, die bereits durch das Sieb der Vernunft geflossen sind, gestalten die Entwicklung des Textes, kurbeln sie an, *informieren* ihn und verleihen ihm dabei jene Geschmeidigkeit, die eines seiner Hauptmerkmale darstellt. Die zwei Teile des soeben zitierten Satzes aus dem Vorwort, die durch den Ausdruck »et j'ai vu« verbunden werden, dürfen nicht ausschließlich in einem chronologischen Sinne verstanden werden. Es ist nicht so, als würden die »Prinzipien« von vornherein mit voller Ausrüstung einem Geist entspringen oder vom Himmel der Ideen fallen. Die Prinzipien bilden sich schrittweise und erzeugen eine träge aber knetbare Masse, die erst während der Lektüre durch den kritischen Dialog mit dem gelesenen Text, durch das Herausfiltern oder die Reduzierung auf das Wesentliche entsteht, wie wir gesehen haben. Im Vorwort des *Esprit des lois* wird nicht zwischen einem Moment der Sinnlosigkeit und einem Moment des rückblickenden Verstehens unterschieden, sondern zwischen der Ausarbeitung der Prinzipien und deren Verifizierung oder Bewährung: Beide Prozesse vollziehen sich aber erst über das Lesen und Schreiben von Exzerpten, die in der Ausarbeitung und Vollendung des *Esprit des lois* einen Schlusspunkt finden sollten. Diese Bewegung spiegelt ein Grundmuster von Montesquieus Denken wider, nämlich die untrennbare Verbindung von Beobachtung und Theoriebildung. Sie liegt seiner ›handgeschriebenen Bibliothek‹ zugrunde, was auch erklärt, dass diese sich so gut für seine schriftstellerische Arbeit eignete.

Diese Bibliothek ist nur noch der Schatten eines Schattens. Im Gegensatz zur von Jorge Luis Borges imaginierten Bibliothek von Babel, die dem Geist Montesquieus so fremd ist, verweist sie in ihren kreisförmigen Ruinen den Leser weder auf einen anderen Leser noch auf sich selbst, noch auf einen Autor, der in seiner eigenen Konstruktion gefangen wäre. Sie schafft vielmehr Zugang zu einem Denken, das sich im Kontakt mit den Büchern unaufhörlich wieder ankurbelt und in jeder Besonderheit der »Gesetze und Sitten« (»de lois ou de mœurs«) einen neuen Grund findet, um nicht an die »Fantasie« (»fantaisie«) der Menschen zu glauben.

Winckelmanns Lese- und Exzerpierkunst. Übernahme und Subversion einer gelehrten Praxis*

Elisabeth Décultot

Eine grundsätzliche Antinomie durchzieht Winckelmanns Werk von den Vorarbeiten zur *Geschichte der Kunst des Alterthums* (1764) bis zu den *Monumenti antichi inediti* (1767): Lesen *versus* Sehen. »Ich kam nach Rom, nur um zu sehen«, erklärt Winckelmann kurz nach seiner Ankunft in Italien im Jahre 1756. In einem auf Französisch verfassten Brief aus derselben Periode führt er diesen Gedanken weiter aus:

> Il est bien plus important pour moi d'apprendre à décider avec sûreté si un ouvrage est de la main d'un sculpteur grec ou romain que de prononcer si un ms. grec d'une homélie d'un S. Père [a été] écrit dans le siècle X^e ou XIe.[1]

---

* Der vorliegende Beitrag wurde schon in folgendem Band publiziert: Wissensräume. Bibliotheken in der Literatur, hg. von Mirko Gemmel u. Margrit Vogt, Berlin 2013, S. 137–165.

[1] Johann Joachim Winckelmann: Brief [an Christian Wilhelm Ernst Dietrich?]. 1. Juni 1756, in: Briefe, hg. von Walther Rehm unter Mitwirkung von Hans Diepolder, 4 Bde., Berlin 1952–1957, Bd. 1, S. 226; Brief an Gian Lodovico Bianconi. 7. Dezember 1755, in: ebd., Bd. 1, S. 188 (deutsche Übersetzung: »Es ist sehr viel wichtiger für mich, mit Sicherheit unterscheiden zu lernen, ob ein Werk von der Hand eines griechischen oder römischen Bildhauers ist, als zu entscheiden, ob ein griechisches Manuskript der Predigt eines Kirchenvaters im 10. oder 11. Jahrhundert geschrieben wurde.«). Zum Thema Winckelmann in Rom vgl. Hellmut Sichtermann: Winckelmann e Roma, in: Studi romani, 1969, 17, S. 47–59; Ders.: Winckelmann in Italien, in: Johann Joachim Winckelmann 1717–1768, hg. von Thomas Gaehtgens (Studien zum achtzehnten Jahrhundert 7), Hamburg 1986, S. 121–160; Ernst Osterkamp:

In Italien bereut er, die *Gedancken über die Nachahmung der Griechischen Wercke* (1755), seine Erstlingsschrift, vor seinen römischen
visuellen Erfahrungen verfasst zu haben: »Ich habe erfahren, daß
man halbsehend von Alterthümern spricht aus Büchern, ohne selbst
gesehen zu haben; ja, ich habe verschiedene Fehler eingesehen, welche
ich begangen habe.«[2] Die italienischen Kunstgegenstände scheinen
ihm eine Quelle des Wissens eröffnet zu haben, die er von nun an
gerne als sicherer und fruchtbarer denn alle Bücher preist. Bloße
Belesenheit und sinnliche Kunsterfahrung werden fortab in seinen
Schriften leitmotivisch gegeneinander ausgespielt.

An dieser Dichotomie hatte Winckelmann ein vielfaches Interesse. Zunächst einmal erlaubte sie ihm, sich gegen die Tradition der
Büchergelehrsamkeit abzugrenzen und damit eine soziologisch und
wissenschaftlich spezifische Position innerhalb der gelehrten Welt für
sich zu reklamieren. Zu den Zielscheiben seiner Kritik am Bücherwissen gehörten vorzüglich die *antiquarii*, gegen die er sein ganzes
Leben lang mit rhetorischem Schwung und nicht ohne absichtliche
Verkennung der historischen Tatsachen zu polemisieren pflegte. So
soll der französische Antiquar Bernard de Montfaucon – der eigentlich
drei Jahre in Rom zwischen 1698 und 1701 verbracht hatte – seine
gewaltige *Antiquité expliquée et représentée en figures*»entfernet von den
Schätzen der alten Kunst zusammengetragen« haben, hauptsächlich
auf der Grundlage von Stichen und Zeichnungen aus zweiter Hand,
»die ihn zu großen Vergehungen verleitet haben«.[3] Angriffe gegen

---

Winckelmann in Rom. Aspekte Adressatenbezogener Selbstdarstellung, in:
Rom – Paris – London: Erfahrung und Selbsterfahrung deutscher Schriftsteller und Künstler in den fremden Metropolen, hg. von Conrad Wiedemann.
Stuttgart 1988, S. 203–230; Martin Disselkamp: Die Stadt der Gelehrten. Studien zu Johann Joachim Winckelmanns Briefen aus Rom, Tübingen 1993.

2   Johann Joachim Winckelmann: Brief an Johann Michael Francke. 7. Dezember
1755, in: ebd., Bd. 1, S. 191. Ders.: Gedancken über die Nachahmung der
Griechischen Wercke in der Mahlerey und Bildhauer-Kunst, [Friedrichstadt]
1755 (Erstausgabe), in: Ders.: Kleine Schriften. Vorreden. Entwürfe, hg. von
Walther Rehm, unter Mitwirkung von Hellmut Sichtermann, Berlin 1968,
S. 27–59. Man findet zahlreiche weitere Zeugnisse dieser Dichotomie von Le-
sen und Sehen in Winckelmanns Briefwechsel (vgl. Brief an Konrad Friedrich
Uden. 1. Juni 1756, in: ebd., Bd. 1, S. 224; Brief an Philipp von Stosch. Anfang
Juni 1756, in: ebd., Bd. 1, S. 227).

3   Ders.: Geschichte der Kunst des Alterthums. Text: Erste Auflage Dresden 1764;
Zweite Auflage Wien 1776, hg. von Adolf H. Borbein, Thomas W. Gaehtgens,

seine unmittelbaren Zeitgenossen fallen nicht weniger scharf aus. Lessing habe es gewagt, den *Laokoon* zu kommentieren, obwohl er »Italien [...] nur im Traume [...] gesehen«. »Er komme nach Rom«, ruft Winckelmann 1766, denn es sei »fast unmöglich, etwas gründliches von der alten Kunst, und von nicht bekannten Alterthümern, außer Rom zu schreiben« – einen Schritt, den Lessing einige Jahre später tatsächlich unternahm.[4] Von biblischen Nachklängen sind solche Aufforderungen zur Autopsie nicht frei. »Komm und siehe«, befiehlt er seinen Lesern in kaum überhörbarer Abwandlung des Johannes-Evangeliums (1, 47).[5] Für Winckelmann besitzen allerdings diese polemischen Fehden auch eine entscheidende epistemologische Bedeutung. Sie erlauben ihm, sich als Begründer der Kunstgeschichte zu inszenieren, einer Wissensdisziplin, die erst mit ihm in ihrem

Johannes Irmscher u. Max Kunze, Mainz 2002, S. XV (der ersten Auflage); Ders.: Brief an Johann Michael Francke. [9.] März 1757, in: Ders.: Briefe, Bd. 1, S. 275. Dass Montfaucon drei Jahre in Rom verbracht und keine so beschränkte visuelle Kenntnis der römischen Antiken hatte, muss Winckelmann gewusst haben, denn Montfaucon weist im Vorwort der *Antiquité expliquée* aus- und nachdrücklich darauf hin (Bernard de Montfaucon: L'Antiquité expliquée et représentée en figures, 10 Bde., Paris 1719, Bd. 1, S. 1). Zu weiteren Angriffen gegen die Antiquare vgl. Johann Joachim Winckelmann: Brief an Hieronymus Dietrich Berendis. 29. Januar 1757, in: Ders.: Briefe, Bd. 1, S. 266. Ders.: Brief an Gottlob Burchard Genzmer. 20. November 1757, in: ebd., Bd. 1, S. 314. Paolo Alessandro Maffei, der Autor einer üppig bebilderten Sammlung der Statuen Roms, wird bezichtigt, berühmten antiken Bildhauern mittelmäßige, modern ergänzte Werke zugeschrieben zu haben (Johann Joachim Winckelmann: Geschichte der Kunst des Alterthums, S. XII ff. der ersten Auflage; Paolo Alessandro Maffei: Raccolta di statue antiche e moderne, Rom 1704).

4   Johann Joachim Winckelmann: Brief an F. J. Goessel. 6. August 1766, in: Ders.: Briefe, Bd. 3, S. 195; Brief an Johann Michael Francke. 10. September 1766, in: ebd., Bd. 3, S. 204; Ders.: Geschichte der Kunst des Alterthums, S. XX (der ersten Auflage). Lessing unternahm erst im Jahre 1775 eine Italienreise, die ihn über Venedig, Bologna, Florenz und Rom bis nach Neapel führen sollte. Zu Winckelmanns Vorwurf vgl. Walther Rehm: Winckelmann und Lessing (Vortrag gehalten am 9. Dezember 1940 zum 100. Winckelmannsfest der Archäologischen Gesellschaft zu Berlin. Erstveröffentlichung: Berlin 1941), in: Walther Rehm: Götterstille und Göttertrauer. Aufsätze zur deutsch-antiken Begegnung, Bern 1951, S. 183–201, hier S. 190ff.

5   Ders.: Beschreibung der vorzüglichsten Gemälde der Dreßdner Gallerie, in: Ders.: Kleine Schriften, S. 1–12, hier S. 8 (Fußnote 5); Abhandlung von der Fähigkeit der Empfindung des Schönen in der Kunst [Erstveröffentlichung: Dresden 1763], in: ebd., S. 211–233, hier S. 233.

wahrhaften Wesen verstanden werde. »Es sind einige Schriften unter dem Namen einer Geschichte der Kunst an das Licht getreten«, stellt er in der Vorrede der *Geschichte der Kunst des Alterthums* fest, »aber die Kunst hat einen geringen Antheil an denselben: denn ihre Verfasser haben sich mit derselben nicht genug bekannt gemachet, und konnten also nichts geben, als was sie aus Büchern, oder von sagen hören, hatten«.[6] Mit diesem auf italienischem Boden verfassten Werk stütze sich nun der kunsthistorische Diskurs, der bisher vornehmlich auf der Lektüre antiker Textquellen beruht habe, auf die eingehende Betrachtung der Kunstwerke selbst.

Schon ein erster Blick auf den Text der *Geschichte der Kunst des Alterthums*, deren Fußnoten mit Hinweisen auf gelehrte Bücher nicht sparsam umgehen, lässt jedoch zahlreiche Fragen zu dieser Konstruktion aufkommen. Spielt das von Winckelmann gern angeprangerte Bücherwissen in seinem Werk nicht eine viel komplexere Rolle, als der Autor ab der Ankunft in Italien es zugeben möchte? Welchen Stellenwert ist dem Buchwissen und der Lesetätigkeit in der deutschen bzw. in der italienischen Phase seines Lebens beizumessen? Um diese Fragen zu beantworten, steht uns ein beeindruckend umfangreiches Archiv zur Verfügung: Winckelmanns Exzerpthefte. Seit seiner frühen Jugend hatte sich Winckelmann angewöhnt, wichtige Passagen aus den von ihm gelesenen Büchern schriftlich festzuhalten. Diese Lesefrüchte sammelte er sein ganzes Leben lang in verschiedenen Heften, welche sich schnell zu einer stattlichen, tragbaren, handschriftlichen Bibliothek autonomisierten und ihm immer zur Verfügung standen. Das Ergebnis dieser minutiösen Exzerpiertätigkeit bildet einen Korpus von ungefähr 7.500 Seiten, der seit 1801 zum größten Teil in der Handschriftenabteilung der französischen Nationalbibliothek in Paris aufbewahrt wird, zu einem kleinen Teil aber in verschiedenen deutschen, französischen und italienischen Bibliotheken verstreut ist.[7]

---

6 Ders.: Geschichte der Kunst des Alterthums, S. X (der ersten Auflage).
7 Paris. Bibliothèque Nationale de France. Département des manuscrits: Fonds allemand, Bde. 56–76; Hamburg. Staats- und Universitätsbibliothek: Cod. Hist. Art. 1,1 (2°) und Cod. Hist. Art. 1,2 (4°); Savignano sul Rubicone, Rubiconia Accademia dei Filopatridi: Nachlass Giovanni Critofano Amaduzzi; Montpellier, Bibliothèque Universitaire de Médecine: H 356 und H 433. Zum Inventar des Pariser Nachlasses vgl. André Tibal: Inventaire des manuscrits de Winckelmann déposés à la Bibliothèque Nationale, Paris 1911. Zu Winckelmanns Exzerpierkunst und ihrer Auswirkung auf sein Werk vgl.

Unter den vielen sich aufdrängenden Forschungsfragen, die ein solches Material hervorruft, sollen hier insbesondere drei im Zentrum unserer Aufmerksamkeit stehen. In einem ersten Schritt soll die Entwicklung von Winckelmanns Lese- und Exzerpiertätigkeit aufgezeichnet, anschließend diese Aktivität im breiten Kontext der europäischen Gelehrtentradition situiert und zum Schluss deren Auswirkung auf die Redaktion seines kunsthistorischen und -theoretischen Werkes, genauer auf dessen Stil, Textstruktur und theoretischen Inhalt untersucht werden.

Die Entwicklung von Winckelmanns Exzerpiertätigkeit von der deutschen bis zur römischen Phase

Alles in der Konstitution dieser Exzerpthefte weist darauf hin, dass Winckelmann seinen Notizheften besondere Bedeutung beimaß. Seinem Freund Hieronymus Dieterich Berendis erklärt er 1754 diesbezüglich: »Meine Extraits sind auf einen gantz anderen Fuß eingerichtet, und sehr angewachsen. Ich habe sie sehr sauber geschrieben: ich halte sie nunmehro vor einen großen Schatz, und wünschte, daß Du Zeit hättest daraus zu profitiren.«[8] Diese Exzerpthefte sind mit größter Sorgfalt angelegt. Auf vielen Manuskriptseiten macht er sich die Mühe – entsprechend den zeitgenössischen typographischen Gepflogenheiten im Buchdruck –, die ersten Silben der folgenden Seite unter der letzten Linie anzugeben. Manche Stellen versieht er am Rand mit alphabetischen Verweisen, zeichnet bei Bedarf die verblichenen Buchstaben nach – sichere Anzeichen einer minutiösen Gestaltung

---

Elisabeth Décultot: Johann Joachim Winckelmann. Enquête sur la genèse de l'histoire de l'art, Paris 2000 (deutsche Übersetzung: Elisabeth Décultot: Untersuchungen zu Winckelmanns Exzerptheften. Ein Beitrag zur Genealogie der Kunstgeschichte im 18. Jahrhundert, übers. von Wolfgang von Wangenheim u. René Mathias Hofter, Ruhpolding 2004). Zur Geschichte des Winckelmann-Nachlasses in Frankreich vgl. Elisabeth Décultot: Wie gelangte Winckelmanns Nachlaß nach Frankreich? Rekonstruktion und Analyse eines Kulturtransfers besonderer Art, in: Rom – Paris – Stendal. Der Winckelmann-Nachlaß in Paris. Zur Geschichte der Handschriften Winckelmanns (Schriften der Winckelmann-Gesellschaft, Bd. XXI), Stendal 2001, S. 7–33.

[8] Johann Joachim Winckelmann: Brief an Hieronymus Dietrich Berendis. 6. Juli 1754, in: Ders.: Briefe, Bd. 1, S. 142.

und häufigen Verwendung. In der Frühphase von Winckelmanns Bildungsweg lassen sich die Exzerpte nicht immer genau datieren. Die ältesten Spuren dieser Aktivität stammen möglicherweise von seinem Aufenthalt in Halle (1738–1740). Aber Winckelmann muss sich schon als Schüler und Gymnasiast in Stendal, Berlin und Salzwedel am Anfang der 1730er Jahre mit der Exzerpiertechnik vertraut gemacht haben. Auf jeder Etappe seines Lebenswegs in Deutschland (Oster-burg, Jena, Hadmersleben und anschließend Seehausen) vergrößert sich dieser Korpus von Exzerpten. Vor allem in der Bibliothek des Reichsgrafen Heinrich von Bünau in Nöthnitz (1748–1754) erfährt er aber einen enormen Zuwachs. In seinen Briefen aus dieser Zeit weist Winckelmann nachdrücklich auf die frühen Morgenstunden (von drei bis sieben Uhr morgens) hin, die er seiner bevorzugten Aktivität, der Anreicherung seiner Exzerpthefte, widmet.[9] Freunden, die keinen Zugang zu guten Bibliotheken haben, schickt er mit Stolz aus Nöthnitz oder Dresden einige dieser Hefte und wird unruhig, wenn das kostbare Gut zu lange ausbleibt.[10] Als er 1755 nach Rom zieht, sind diese Hefte seine wichtigste Ausstattung.

Schenkt man Winckelmanns Selbstdarstellungen Glauben, so ändert sich dies alles ab Ende 1755. Seit seiner Ankunft in Italien will sich der Gelehrte nicht mehr dem Lesen und Exzerpieren, sondern der direk-ten Betrachtung von Kunstwerken widmen. In seiner Korrespondenz häufen sich seine Invektiven gegen die Exzerpierkunst und die bloße Büchergelehrtheit. »Man schreibe von nichts als man gesehen und gewiß weiß«, mahnt er in einem Brief aus Rom vom Jahre 1758. Die Autopsie wird zum Gesetz seiner *Geschichte der Kunst* erhoben: »Ich habe alles, was ich zum Beweis angeführet habe, selbst und vielmal

---

9 Ders: Brief an Konrad Friedrich Uden. 7. Dezember 1749, in: ebd., Bd. 1, S. 94.
10 Ders.: Briefe an Hieronymus Dietrich Berendis. [19. Dezember 1754, 23. Ja-nuar 1755, 10. März 1755], in: ebd., Bd. 1, S. 160, 164 u. 166. Seine Exzerpt-hefte vertraute er vor allem seinen beiden Freunden Friedrich Wilhelm Peter Lamprecht und Hieronymus Dietrich Berendis an. Dass Lamprecht ihn viel zu lange auf das Zurückschicken seiner wertvollen Hefte habe warten las-sen, wird in den hier zitierten Briefen oft mit großem Bedauern erwähnt. Johann Gottlieb Paalzow (1709–1792), ab 1739 Rektor der Lateinschule in Seehausen, hebt Winckelmanns »Geschicklichkeit im Excerpiren« hervor (Johann Gottlieb Paalzow: Kurzgefaßte Lebensgeschichte und Character des Herrn Präsidenten und Abt Winkelmanns in Rom, 1764, in: Johann Joachim Winckelmann: Briefe, Bd. 4, S. 183–189, hier S. 187).

gesehen, und betrachten können, so wohl Gemälde und Statuen, als geschnittene Steine und Münzen«.[11] In einem kleinen Text, den er 1762 für seinen in Sachsen verbliebenen Freund, den Bibliothekar Johann Michael Francke schrieb, warnt er deutsche Gelehrte davor, aus Rom »mit vollgeschriebenen Stößen, aber mit leerem Verstande« zurückzukehren.[12]

Nun entspricht die von Winckelmann stilisierte Antinomie von Lesen und Sehen, vorrömischer Büchergelehrsamkeit und römischem sinnlichem Kunsterlebnis, die von den Zeitgenossen und späteren Rezipienten gerne wiederaufgenommen wurde, nur zum Teil seiner eigentlichen Kunsterfahrung und Arbeitsmethode. Zwar brachte für ihn die Übersiedlung nach Rom einen tiefgreifenden Wechsel in der Kunstwahrnehmung mit sich. Jedoch muss gegen eine in der Forschungsliteratur verbreitete Meinung hervorgehoben werden, dass er in Italien keineswegs mit der Praxis des gelehrten Lesens und Schreibens brach.[13] In ihrem Umfang sind die in Rom verfassten Exzerpte keineswegs geringer als die in Deutschland niedergeschriebenen, wie die Analyse der Wasserzeichen und der Papierqualität seiner handschriftlichen Lesenotizen nachweist.[14] Allem Anschein nach hat

---

[11] Johann Joachim Winckelmann: Brief an Philipp von Stosch. 8. Februar 1758, in: Ders.: Briefe, Bd. 1, S. 335; Ders.: Geschichte der Kunst des Alterthums, S. XXI (der ersten Auflage).

[12] Ders.: Sendschreiben von der Reise eines Gelehrten nach Italien und insbesondere nach Rom an Herrn M. Franken, in: Ders.: Kleine Schriften, S. 190–193, hier S. 193.

[13] Vgl. Carl Justi: Über die Studien Winckelmann's in seiner vorrömischen Zeit, in: Historisches Taschenbuch, 1866, S. 129–202; Ders.: Winckelmann und seine Zeitgenossen, hg. von Walther Rehm, 3 Bde., Köln 1956, Bd. 2, S. 28 ff. (erste Auflage unter dem Titel: Winckelmann, sein Leben, seine Werke und seine Zeitgenossen, 3 Bde., Leipzig 1866–1872).

[14] Die genaue Datierung von Winckelmanns Exzerpten stellt vielfache Probleme. Äußerst selten notiert Winckelmann ein präzises Datum in seinen Heften. Dennoch ist es meistens möglich, aufgrund der Papierqualität und der Wasserzeichen die in Deutschland verfassten Exzerpte von denen des italienischen Aufenthalts zu unterscheiden. In Nöthnitz benutzte Winckelmann in der Tat ein ziemlich grobes, graues Papier mit holländischem Wasserzeichen, das sich gut erkennen lässt (Gegenmarke: I Villandry). Vgl. dazu: Marianne Bockelkamp: Was lehren uns die Wasserzeichen der Pariser Winckelmann-Handschriften, in: Philobiblon, 40, 1, März 1996, S. 40–48. Aus dem Vergleich mit Briefen, in denen er seine Lektüren erwähnt, lassen sich weitere Exzerpte datieren. Hierbei muss hervorgehoben werden, dass einige der von André

Winckelmann mit dem alten gelehrten Habitus des Exzerpierens nicht
so radikal gebrochen, wie er es selbst glauben wollte. Der antiquarischen
Literatur entnahm er in Rom eine gewaltige Ausbeute an Informationen
über antike Numismatik, Architektur, Glyptik usw., die er in seinen
Exzerptheften sorgfältig registrierte. Von Pausanias bis zu Caylus über
Athanasius Kircher, Nicolas Fabri de Peiresc, Ezechiel Spanheim oder
Jacob Spon, kein Autor fehlt in dieser schwindelerregenden römischen
Exzerptensammlung.[15] Selbst nach dem direkten, visuellen Kontakt
mit der Laokoongruppe im Cortile del Belvedere entnimmt er der
antiquarischen Literatur vielfache Notizen zum *Laokoon*, wie zum
Beispiel den *Laokoon*-Beschreibungen von Joachim von Sandrart und
Paolo Alessandro Maffei in der *Teutschen Academie* (1675–1679) und
in der *Raccolta di statue antiche et moderne* (1704).[16]

In der Exzerpier-Methode lassen sich allerdings deutliche Akzentverschiebungen zwischen der deutschen und der italienischen
Periode wahrnehmen. Im Durchschnitt tendieren die Exzerpte der
italienischen Periode dazu, nicht nur kürzer und gezielter, sondern
auch innerhalb eines Heftes thematisch einheitlicher zu werden. In
seiner ersten Zeit in Deutschland lässt Winckelmann gerne wahllos
eine Notiz auf die andere in seinen Exzerptheften folgen. Die Exzerpte
aus dieser Phase umfassen thematisch das gesamte Wissensfeld eines
Universalgelehrten: antike und neuere Literatur, Reiseberichte und
Lexikonartikel, Medizin und Naturgeschichte, usw.[17] So schreibt
Winckelmann in der ursprünglichen chronologischen Reihenfolge

Tibal im Nachlass-Inventar vorgeschlagenen Datierungen der Exzerpthefte
fehlerhaft zu sein scheinen (vgl. André Tibal: Inventaire). Einige der von ihm
als »deutsch« bezeichneten Exzerpte wurden eigentlich in Italien geschrieben, wie das Wasserzeichen und die Qualität des Papiers nachweisen.
[15] Zu den Exzerpten aus diesen Werken vgl. vor allem: Paris. Bibliothèque Nationale de France, Bde. 63 u. 67.
[16] Johann Joachim Winckelmann: Exzerpt aus: Joachim von Sandrart: Sculptu-
rae veteris admiranda, sive delinea statuarum. Norimberga 1680 (lateinische
Übersetzung von: Joachim von Sandrart: L'Academia todesca della architectura, scultura e pittura, oder Teutsche Academie, Nürnberg 1675–1679), in:
Paris. Bibliothèque Nationale de France, Bd. 67, Bl. 49v; Ders.: Exzerpt aus:
Paolo Alessandro Maffei: Raccolta di statue antiche e moderne, Rom 1704, in:
ebd., Bd. 67, Bl. 50r–50v.
[17] Der Bd. 72 des Pariser Nachlasses (Bibliothèque Nationale de France), der
Exzerpte aus der Nöthnitzer Periode enthält (1748–1754), gibt von diesem
Eklektizismus ein gutes Beispiel.

gesamte Artikel aus den *Acta eruditorum* oder lange Exzerpte aus der
Teutschen Staats-, Reichs- und Käyser-Historie von Simon Friedrich
Hahn ab.[18] Bei den späteren Heften gewinnt man den Eindruck, als
habe der reifere Winckelmann allmählich auf jene tiefe, ja fast fromme
Achtung vor dem gelesenen Text verzichtet, die ihn etwa vor der Arbeit
an den *Gedancken über die Nachahmung der Griechischen Wercke* dazu
führte, seitenlange Passagen über die verschiedensten Gegenstände
texttreu zu kopieren. So spiegelt die Entwicklung dieser privaten Ex-
zerptensammlung eine grundlegende Wandlung in Winckelmanns
Selbstwahrnehmung wider: Aus einem Leser voller Ehrfurcht vor dem
exzerpierten Text wird allmählich ein eigenständiger Autor. Ab der
Mitte der fünfziger Jahre dient das Arsenal des Gelesenen, welches in
der ersten deutschen Phase auf die bloße Reproduktion von fremden
Kenntnissen zielte, ganz offensichtlich der Produktion eines eigenen
Diskurses. Die Exzerptensammlung hat sich deutlich zur eigentlichen
Schreibfabrik autonomisiert.

Auf diese Verwandlung werfen die Einordnung und interne Organisation der Exzerpte einen aufschlussreichen Blick. In der Frühphase
seines Aufenthaltes in Deutschland exzerpiert Winckelmann ohne
ersichtliche Ordnungskriterien. Es ist, als hätte ihn ein unstillbarer
Wissenshunger dazu geführt, seine Notizen aus den verschiedensten
Büchern und wissenschaftlichen Bereichen ohne Rücksicht auf deren
thematische Kohärenz in seinen Heften zu speichern. Seine Lexika-
Exzerpte liefern ein eloquentes Zeugnis für dieses breit gefächerte,
nahezu enzyklopädische Interesse. Den *Dictionnaire historique et
critique* von Pierre Bayle liest er in deutscher Übersetzung zweifach
in seinem Gesamtumfang und dokumentiert seine intensive Lektüre
mit drei imposanten Exzerptkonvoluten, die er in verschiedenen Etap-
pen zwischen 1742 und dem Aufenthalt in Nöthnitz verfasst haben
dürfte: ein erster Exzerpt-Band von ca. 700 Seiten und zwei weitere
Hefte von insgesamt rund 40 Seiten, die in Exzerpten aus Exzerpten

---

[18] Winckelmanns Exzerpte aus den *Acta eruditorum* sind in der Staats- und
Universitätsbibliothek Hamburg aufbewahrt: Cod. Hist. Art. 1,2 (4°),
Bl. 122–139a. Dort (unter der Signatur: Cod. Hist. Art. 1,2 (4°), Bl. 99v–111r)
befinden sich auch seine Exzerpte aus Simon Friedrich Hahn: Vollständige
Einleitung zu der teutschen Staats-, Reichs- und Käyser-Historie und dem
daraus fliessenden jure publico, 4 Bde., Halle u. Leipzig 1721–1724.

bestehen (Abb. 1).[19] Vom Umfang her nehmen Winckelmanns Exzerpte aus Bayles Lexikon den größten Teil dieser handgeschriebenen Bibliothek ein.

Eine Änderung lässt sich im Verlauf der 1750er Jahre wahrnehmen, als er sich in Nöthnitz und Dresden mit dem Plan zu den *Gedancken über die Nachahmung der Griechischen Wercke* zu tragen beginnt. Winckelmann sammelt Exzerpte fortan in thematisch angelegten Heften oder Teilheften über die griechische Kunst, die römische Geschichte, die neuere Kunst usw. Diese Tendenz wird mit der Übersiedlung nach Rom noch deutlicher. Mit besonderer Vorliebe widmet er sich nun spezifisch den antiquarischen, altphilologischen und kunsthistorischen Gegenständen. Abweichende Themen – wie z.B. Exzerpte aus medizinischen oder naturgeschichtlichen Schriften, die mehrere in Deutschland angefertigte Hefte gefüllt hatten[20] – werden nun vermieden.

Die Ankunft in Italien führt zudem zu einem spürbaren Wandel in Winckelmanns Leseverhalten. So beschäftigt sich Winckelmann in Rom nicht nur damit, seine Exzerptensammlung durch neue Lesefrüchte zu

---

[19] Seiner ersten Lektüre von Bayles Lexikon, die 1742 in Hadmersleben begonnen wurde, entnahm Winckelmann eine beträchtliche Exzerptensammlung, die einen Band von 677 Seiten des Pariser Nachlasses ausmacht (Bd. 76). Auf diese Exzerpte beruft er sich in einem Brief vom 10. Juli 1748 an den Reichsgrafen Heinrich von Bünau (vgl. Johann Joachim Winckelmann: Briefe, Bd. 1, S. 80): »Baylii Dictionarium bis perlegi, et vastum inde volumen Miscellaneorum conscripsi.« Aus diesen Exzerpten machte er in den folgenden Jahren wiederum Exzerpte, die in zwei verschiedenen Heften enthalten sind: Paris. Bibliothèque Nationale de France, Bd. 72, Bl. 176r–191v und Staats- und Universitätsbibliothek Hamburg. Cod. Hist. Art. 1,2 (4°), Bl. 4r–9v. Diese Hefte wurden zwischen 1742 und 1755 geschrieben. All diese Exzerpte sind der deutschen, mit Johann Christoph Gottscheds Anmerkungen versehenen Übersetzung des Bayleschen Wörterbuches entnommen: Peter [Pierre] Bayle: Historisches und Critisches Wörterbuch, nach der neuesten Auflage von 1740 ins Deutsche übersetzt; auch mit einer Vorrede und verschiedenen Anmerkungen sonderlich bey anstößigen Stellen versehen, von Johann Christoph Gottscheden, 4 Bde., Leipzig 1741–1744.

[20] Paris. Bibliothèque Nationale de France, Bd. 64. Zu diesen medizinischen und naturwissenschaftlichen Exzerpten vgl. Elisabeth Décultot: Winckelmanns Medizinstudien. Zur Wechselwirkung von kunstgeschichtlichen und medizinischen Studien, in: Heilkunst und schöne Künste. Wechselwirkungen von Medizin, Literatur und bildender Kunst im 18. Jahrhundert, hg. von Heidi Eisenhut, Anett Lütteken u. Carsten Zelle, Göttingen 2011, S. 108–130.

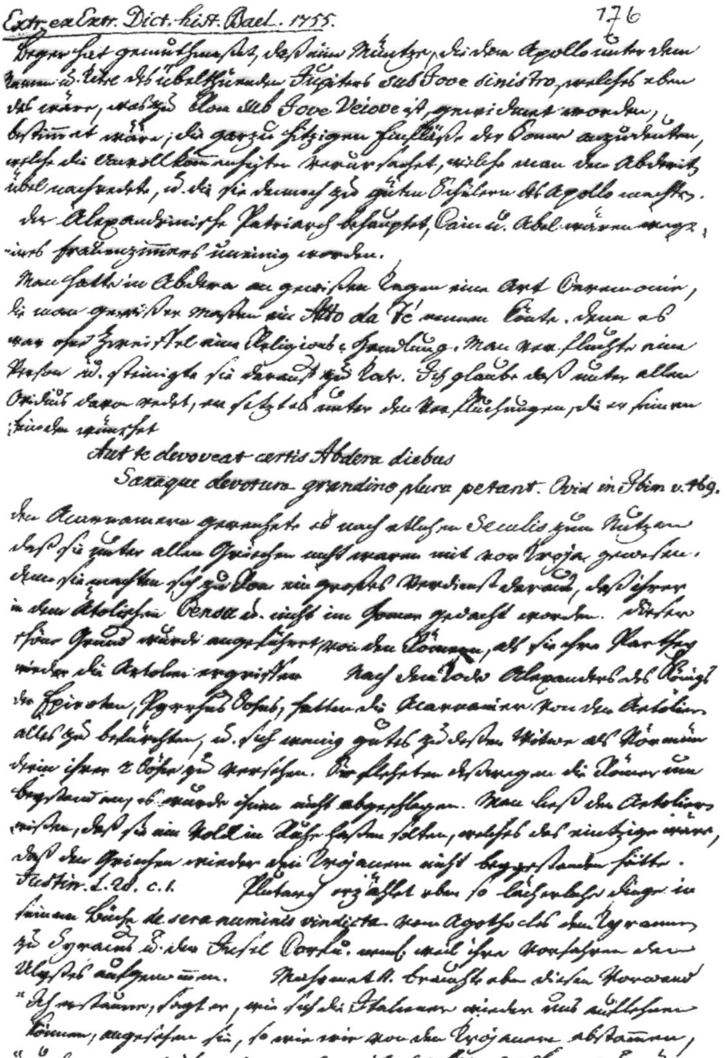
Extr. ex Extr. Dict. hist. Bael. 1755. 176

Aut te devoveat certis Abdera diebus
Saxaque devotum grandine plura petant. Ovid in Ibim v. 469.

Abb. 1 Johann Joachim Winckelmann: Exzerpt aus: Pierre Bayle: Historisches und Critisches Wörterbuch, nach der neuesten Auflage von 1740 ins Deutsche übersetzt; auch mit einer Vorrede und verschiedenen Anmerkungen sonderlich bey anstößigen Stellen versehen, von Johann Christoph Gottscheden, 4 Bde., Leipzig 1741–1744, in: Paris. Bibliothèque Nationale de France. Département des manuscrits: Fonds allemand, Bd. 72, Bl. 176r.

erweitern, sondern er fängt auch an, sie als private handgeschriebene Bibliothek intensiv auszuwerten. Kurz nach Beginn seines römischen Aufenthalts arbeitet er an einem Katalog seines Exzerptenmagazins, den er allerdings unvollendet ließ.[21] In derselben Zeit unternimmt er es, seine bisherigen Exzerpte unter bestimmten Rubriken zu klassifizieren. Unter dem Titel *Collectanea ad historiam artis* versammelt er z.B. Exzerpte aus Pausanias, Strabo, Lukian oder Plinius, die er dann in immer feineren Klassifizierungsrastern zu ordnen versucht: Architektur, olympische Spiele, Ursprünge und Verfall der Kunst usw.[22] Für die epistemologischen Grundlagen von Winckelmanns späterem Werk ist dieser ununterbrochene Rückgriff auf die alte gelehrte Methode des Lesens und Exzerpierens von großer Bedeutung. So nimmt sowohl durch die Autopsie der Kunstwerke als *auch* durch die erneute Lektüre seiner handgeschriebenen Bibliothek das Vorhaben der Kunstgeschichte Gestalt an. Auf diese frühe Lese-Etappe hat Winckelmann selbst zwar kaum hingewiesen. Spuren davon lassen sich jedoch deutlich in der Bibliographie erblicken, die er seiner *Geschichte der Kunst des Alterthums* voranstellt und welche vor allem diejenigen Werke enthält, die er in seinem Exzerptenmagazin gespeichert hat.[23]

Trotz dieser verschiedenen Wandlungen in der Gestaltung und Bestimmung der Exzerpthefte vereint eine bemerkenswerte Konstante die deutsche und italienische Phase: Nie fügt Winckelmann den sorgfältig abgeschriebenen Exzerpten persönliche Anmerkungen oder Kommentare in seinen Heften hinzu und sehr selten erlaubt er sich, die fremde Textvorlage etwa in Form von Kürzungen leicht umzuformulieren. Dabei nimmt Winckelmann eine Sonderstellung in der zeitgenössischen Praxis der Exzerpierkunst ein. Schon einige Jahrzehnte zuvor versah Montesquieu gerne seine eigenen Exzerpte mit persönlichen Kommentaren. Später scheuten Wilhelm Heinse oder Jean Paul nicht, die bei fremden Autoren gepflückten Sätze ihren eigenen Texten einzuverleiben.[24] Winckelmann hingegen hält

---

[21] Paris. Bibliothèque Nationale de France, Bd. 73, Bl. 46r–68v (»Catalogus«).

[22] Ebd., Bd. 57, Bl. 198r–233r (dort Rubriken wie »De Architectura«, »Ludi Olympici« usw., Bl. 204v–205r). Vgl. auch ebd., Bd. 59, Bl. 252r–273r; Bd. 69, Bl. 43r–126r.

[23] Johann Joachim Winckelmann: Geschichte der Kunst des Alterthums, S. XLI–XLVIII (der ersten Auflage).

[24] Vgl. dazu die Artikel von Catherine Volpilhac-Auger, Sylvie Le Moël und Christian Helmreich im vorliegenden Band; Wilhelm Heinse: Die

sich strikt an den Originaltext. Dieser sowohl in der deutschen als auch in der italienischen Phase seines Lebens spürbare Respekt vor dem Original äußert sich übrigens auch in der Präzision, mit der die bibliographischen Quellen seiner Exzerpte dokumentiert werden: Autorname, Titel, Bandangabe, Auflage, Seitenzahlen werden oft genau angegeben.

Vom Sinn des Exzerpierens – Übernahme und Subversion einer gelehrten Praxis

Bei Winckelmann hat das Exzerpieren sicherlich einen ersten Grund in der sozialen Herkunft. In der ersten Hälfte des 18. Jahrhunderts sind Bücher kostbare Gegenstände. In seiner Sammlung von Exzerpten fand der einfache Schustersohn, der es mit Mühe zum Hauslehrer und Bibliothekar gebracht hatte, das Surrogat jener prachtvollen Büchersammlungen, die er selbst nie besitzen konnte. Doch jenseits solcher soziologischen Determinierungen wirkt beim Exzerpieren etwas Tieferes mit, etwas, was mit der innerlichsten Beziehung zum Gelesenen, mit der persönlichen Inbesitznahme des Buches zu tun hat. Für Winckelmann wie für jeden, der sich der Exzerpierkunst gerne widmet, heißt ein Buch besitzen keineswegs, bloßer Erwerber eines gedruckten Bandes zu sein, sondern dessen wichtigste Passagen mit eigener Hand zu kopieren und diesen Kerngehalt in eigenen, höchst persönlichen Heften zu speichern. Erst durch den körperlichen, oft mühsamen Gestus des Abschreibens vollzieht sich für den Anhänger der Exzerpierkunst die Aneignung des Gelesenen. Gedruckte Bücher besaß Winckelmann in Deutschland nur recht wenige. Aber anscheinend reichte ihm diese bloß äußere Form des Besitztums nicht, denn aus Werken, die er in Druckform besaß, machte er auch Exzerpte.[25]

Aufzeichnungen. Frankfurter Nachlass, hg. von Markus Bernauer, Adolf H. Borbein, Thomas W. Gaehtgens u.a., 2 Bde., München u. Wien 2003.

[25] In seiner bescheidenen Büchersammlung besaß Winckelmann z.B. die *Anthologia Græca* (vgl. Johann Joachim Winckelmann: Briefe an Konrad Friedrich Uden. 24. Mai 1751 und 3. März 1752, in: Ders.: Briefe, Bd. 1, S. 105 u. S. 110). Aus diesem Buch machte er ausführliche Exzerpte: vgl. Paris. Bibliothèque Nationale de France, Bd. 60, Bl. 168r–245r.

Eines von Winckelmanns Exzerptheften zeigt, wie wichtig ihm der Moment der bloß manuellen Kopieraktivität war. In einem Heft, das zwischen dem Stendaler und dem Seehausener Aufenthalt entstanden sein dürfte, stehen ganze Auszüge aus Gedichten des Anakreon in säuberlicher Schönschrift.[26] Winckelmann schreibt hier, als gälte es, wie bei mittelalterlichen Kopiearbeiten die Textvorlage einwandfrei und schön abzuschreiben. Seiner leidenschaftlichen Begeisterung für die griechische Sprache, die in Deutschland früh erwacht, ist die Faszination für die bloß plastischen Formen griechischer Schriftzeichen nicht fremd. Gerne bekundete Winckelmann seinen Widerwillen gegen den »verhungerte[n] und schäbigte[n] Conturn« der zeitgenössischen griechischen Editionen, wo »kein Licht und Schatten mehr« zu finden war und gedachte mit Wehmut der vollkommenen Gestaltung der griechischen Lettern durch Typographen des 16. Jahrhunderts, die wie Robert Etienne ihren Buchstaben eine wahrhaft künstlerische Form zu geben verstanden.[27] Schönschreiben gehörte übrigens zu den wichtigsten Qualifikationen eines Bibliothekars. Bereits 1753 lobt Kardinal Passionei die Eleganz von Winckelmanns griechischer Handschrift.[28] Um solcher Fähigkeiten willen haben Heinrich von Bünau, Kardinal Archinto und Kardinal Albani seine Dienste gesucht. Auf einem Blatt, das wohl aus der frühen deutschen Zeit stammt, springt dem Betrachter ins Auge, mit welcher Lust Winckelmann sein Schriftbild pflegte. Mit einem wilden Federzug verwandelte er eine simple Majuskel in eine ausladende Arabeske mit Schwüngen, Verdickungen und Haarlinien (Abb. 2).

Allerdings ist Winckelmanns Exzerpierpraxis nicht nur auf persönliche Vorlieben zurückzuführen, sondern entspricht einer alten, streng kodifizierten gelehrten Tradition. Die Exzerpierkunst, die schon in der Antike gepflegt wurde und in der Renaissance ein wichtiger Bestandteil des Lehrprogramms der Humanisten bildete, gab noch bis

---

[26] Hamburg. Staats- und Universitätsbibliothek: Cod. Hist. Art. 1,2 (4°), Bl. 140r–155r.

[27] Johann Joachim Winckelmann: Briefe an Caspar Füssli. 27. Juli 1758, in: Ders.: Briefe, Bd. 1, S. 400.

[28] Ders.: Brief an Hieronymus Dietrich Berendis. 6. Januar 1753, in: ebd., Bd. 1, S. 122: »Man hat mir die Stelle eines Bibliothecarii bey dem Card. Passionei angetragen. Er hat meine Griechische Hand gesehen, die man vor einiger Zeit, ich wußte nicht wozu verlanget. Sie hat ihm gefallen, und er hat an den Hrn Nuntium geschrieben. Meine ReiseGelder soll ich hier erhalten.«

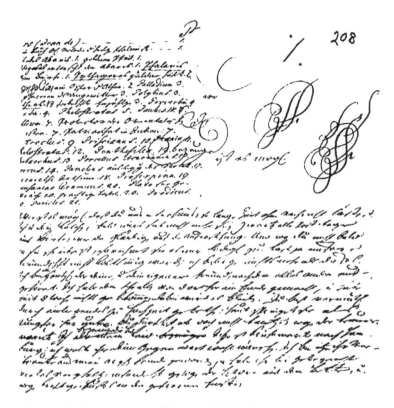

Abb. 2 Hamburg. Staats- und Universitätsbibliothek: Cod. Hist. Art. 1,2 (4°),
Bl. 208r.

ins 18. Jahrhundert hinein Anlass zu Anleitungen und pädagogischen
Publikationen. 1686 publizierte John Locke eine *Nouvelle méthode de
dresser des recueils* und zwei Jahre später veröffentlichte Daniel Georg
Morhof seinen in den folgenden Jahrzehnten noch oft wieder aufge-
legten *Polyhistor*, der zahlreiche Kapitel zu diesem Thema enthält.[29]
Zu diesen Modellen unterhält Winckelmann eine zweideutige Bezie-

---

[29] J. L. [= John Locke]: Méthode nouvelle de dresser des recueils communiquée
par l'auteur, in: Bibliothèque universelle et historique de l'année 1686, Bd. 2,
Amsterdam 1687, S. 315–340 (englische Version: John Locke: A New Method
of Making Common-Place-Books, London 1706); Daniel Georg Morhof:
Polyhistor litterarius, philosophicus et practicus, cum accessionibus virorum
clarissimorum Joannis Frickii et Joannis Molleri, 4. Auflage, mit einer Vorrede von Johann Albrecht Fabricius, 2 Bde., Lübeck 1747 (Reprint: Aalen 1970;
erste Auflage: Lübeck 1688).

hung, die sich durch eine sonderbare Mischung von Aneignung und Subvertierung der Tradition kennzeichnet. In vieler Hinsicht bricht er mit der humanistischen Exzerpiermethode. Im Gegensatz zu den strengen Klassifizierungsmustern des 16. Jahrhunderts, welche sehr häufig einer vorgegebenen Topik gehorchen, greift er zu viel lockereren Klassifizierungskategorien, die dem unregelmäßigen Rhythmus persönlichen Lesens folgen und individuellen Interessen entwachsen sind – eine 'Neuerung', die eigentlich schon mehrere Jahrzehnte alt ist. Schon am Ende des 16. Jahrhunderts kamen diese lockeren Klassifizierungsmuster mit der wachsenden Mode der *adversaria* in Schwung und im Laufe des 17. Jahrhunderts konnten sie sich immer entschiedener durchsetzen.[30] Von Morhof wurden sie nachdrücklich empfohlen.[31] Hervorzuheben bleibt allerdings, dass Winckelmann – wie schon erwähnt – im Unterschied von den Vertretern der *adversaria*-Tradition fremden und eigenen Text nie vermischte und sich immer auf eine treue Abschrift des Originals beschränkte.

Wenn Winckelmann damit seine relative Modernität und Originalität *innerhalb* der Geschichte der Exzerpierkunst behauptet, so erweist er sich durch die Anwendung dieser Lesemethode selbst allerdings als Anhänger althergebrachter, im frühen 18. Jahrhundert eigentlich vielerorts schon als überholt betrachteter Methoden. Seit dem Ende des 17. Jahrhunderts wird in der Tat die Legitimität des Exzerpierens immer wieder in Frage gestellt. Auf dieser Praxis lasten jene Verdachte, welche man pauschaler gegen alle traditionellen Formen der Gelehrsamkeit hegt. Die Exzerpiertätigkeit wird als servile Reproduktion

---

[30] Vgl. Jean-Marc Chatelain: Les recueils d'adversaria aux XVIe et XVIIe siècles: des pratiques de la lecture savante au style de l'érudition, in: Le livre et l'historien. Études offertes en l'honneur du Professeur Henri-Jean Martin, hg. von Frédéric Barbier u.a. Genf 1997, S. 169–186; zur Geschichte der gelehrten Aufzeichnungen und Exzerpte vgl. Ann M. Blair: Too Much to Know. Managing Scholarly Information before the Modern Age, Yale 2010, vor allem S. 62–116 u. 173–229.

[31] Daniel Georg Morhof: Polyhistor 1747, S. 559, 562ff. Vgl. Ann Moss: Printed Commonplace-Books and the Structuring of Renaissance Thought, Oxford 1996; Helmut Zedelmaier: Bibliotheca universalis und bibliotheca selecta. Das Problem der Ordnung des gelehrten Wissens in der frühen Neuzeit, Köln, Weimar u. Wien 1992; Ders.: De ratione excerpendi: Daniel Georg Morhof und das Exzerpieren, in: Mapping the World of Learning: The Polyhistor of Daniel Georg Morhof, hg. von Françoise Waquet, Wiesbaden 2000, S. 75–92.

fremder Diskurse verschrien. In Frankreich, wo die Kluft zwischen
Eloquenz und Gelehrsamkeit sich früh kundtut, häufen sich die Angriffe auf die »pédanterie« der »compilateurs« nach dem Ausdruck
von Jean-Louis Guez de Balzac.[32] Aber auch in Deutschland wird die
»Exzerpiersucht« laut beanstandet. 1725 sieht der progressive Pädagoge Friedrich Andreas Hallbauer in ihr ein Emblem althergebrachter
Wissenschaftsformen, die den Weg zum Selbstdenken versperren.[33]

Vom Lesen zum Schreiben

Die Praxis des Exzerpierens, so schulmäßig und bedeutungslos sie
zu sein scheint, hat einen nachhaltigen Einfluss auf Winckelmanns
Schreibweise ausgeübt. Seine erste Veröffentlichung, die *Gedancken
über die Nachahmung der Griechischen Wercke* trägt hiervon deutliche
Spuren. Noch heute überrascht einen diese Schrift durch ihre offen-
sichtliche Heterogenität. Schon typographisch zerfällt jede Textseite
in eine Unzahl kleinerer Abschnitte, die manchmal nur lose aneinan-
ander gereiht werden. Zwar verstand Winckelmann seine Schrift als
eine kohärente Abhandlung. Der im Titel angegebenen Gattung der
»Gedanken« oder »Pensées« gemäß knüpft er aber nicht selten an das
Modell aphoristisch gefärbter Fragmente. Diesen Eindruck verstärken
noch die zahlreichen, oft lateinischen Zitate, die das gesamte Textge-
füge sprachlich und sogar begrifflich unterbrechen.

Diese besondere Textgestalt hat mit Winckelmanns Methode des Lesens und Exzerpierens viel zu tun. Vor der Niederschrift der *Gedancken
über die Nachahmung* im ersten Halbjahr 1755 hatte er in Nöthnitz und
Dresden eine umfangreiche Sammlung von Exzerpten zur Kunst der
Antike und der Neuzeit angelegt.[34] Diesen Fundus von Lesefrüchten,
die Texten von Plinius dem Älteren, Bellori, Du Bos und vielen anderen
entnommen sind, wertete er zur Gestaltung seiner ersten Publikation
gründlich aus. Diese Auswertung nahm verschiedene Formen an, die

---

[32] Ann Moss: Printed Commonplace-Books, S. 259. Vgl. dazu meine Einleitung
zu dem vorliegenden Band, S. 40ff.

[33] Friedrich Andreas Hallbauer: Anweisung zur verbesserten Teutschen Oratorie, nebst einer Vorrede von den Mängeln der Schul-Oratorie, Jena 1725
(Reprint: Kronberg im Taunus 1974), S. 289ff.

[34] Paris. Bibliothèque Nationale de France, Bd. 61, 62 u. 72.

von der entfernten Variation einzelner Gedanken oder Bilder bis zur quasi unveränderten Reproduktion der Vorlage etwa durch Übersetzung hinüberreichten. So lieferte ihm eine in den Maximen von Christine von Schweden vorgefundene Metapher den Stoff zu einem poetischen Vergleich. »La mer est à l'image des grandes ames: quelque agitées qu'elles paroissent, leur fond est toujours tranquille«, schreibt Christine – eine Passage, das Winckelmann in französischer Fassung exzerpiert[35] und in seinem deutschen Aufsatz folgendermaßen abwandelt: »So wie die Tiefe des Meers allezeit ruhig bleibt, die Oberfläche mag noch so wüten, eben so zeiget der Ausdruck in den Figuren der Griechen bey allen Leidenschaften eine grosse und gesetzte Seele.«[36] Das sicherlich aufschlussreichste Beispiel für dieses Schreibverfahren liefert einer der ersten Abschnitte dieser Schrift:

> Der einzige Weg für uns, groß, ja wenn es möglich ist, unnach-
> ahmlich zu werden, ist die Nachahmung der Alten, und was
> jemand vom Homer gesagt, daß derjenige ihn bewundern lernet,
> der ihn wohl verstehen gelernet, gilt auch von den Kunst-Wercken
> der Alten, sonderlich der Griechen. Man muß mit ihnen, wie
> mit seinem Freund, bekannt geworden seyn, um den Laocoon
> eben so unnachahmlich als den Homer zu finden.[37]

Der erste Satz dieses Abschnitts (»Der einzige Weg für uns, groß, ja wenn es möglich ist, unnachahmlich zu werden, ist die Nachahmung der Alten«) ist die quasi buchstäbliche Übersetzung einer Sentenz von La Bruyère, die Winckelmann in einem Exzerptheft festgehalten hatte (Abb. 3): »On ne saurait en écrivant rencontrer le parfait et s'il se peut surpasser les Anciens que par leur imitation.«[38] Den Kern des zweiten Satzes (»Was jemand vom Homer gesagt, daß derjenige ihn bewundern lernet, der ihn wohl verstehen gelernet, gilt auch von den Kunst-Wercken

---

[35] Exzerpt aus: Christine de Suède: Ouvrage de loisir ou Maximes et sentences (mögliche Ausgabe: Mémoires concernant Christine, Reine de Suède, hg. von Johann Arckenholtz, 2 Bde., Leipzig 1751, hier Bd. 2), in: ebd., Bd. 72, Bl. 142r (deutsche Übersetzung: »Das Meer ist ein Spiegel der großen Seelen: so aufgewühlt sie auch erscheinen, ihr Grund bleibt doch stets ruhig«).

[36] Johann Joachim Winckelmann: Gedancken über die Nachahmung, S. 43.

[37] Ebd., S. 29f.

[38] Exzerpt aus: Jean de La Bruyère: Les Caractères de Théophraste (Erstausgabe Paris 1688; zahlreiche Neuauflagen), in: Paris, Bibliothèque Nationale de France, Bd. 70, Bl. 20r.

der Alten, sonderlich der Griechen«) lieferte die treue Übertragung eines
Exzerpts aus Alexander Popes *Essai sur la critique*, das Winckelmann
aufmerksam in französischer Übersetzung gelesen und abgeschrieben
hatte (Abb. 4): »Quand on sait bien l'entendre [= Homère], on sait bien
l'admirer / Lui-même avec lui il faut le comparer.«[39]
Die anschließende Empfehlung (»Man muß mit ihnen, wie mit
seinem Freund, bekannt geworden seyn, um den Laocoon eben so
unnachahmlich als den Homer zu finden«) ist eine Variation über
ein Motiv, dem Winckelmann unter anderem bei der berühmten
Homer-Übersetzerin Madame Dacier begegnet war:

> J'ai lu Homère plusieurs fois, car j'ai pour lui la même passion
> qu'avait le philosophe Arcésilas qui soir et matin ne manquait
> jamais de lire quelque endroit de ce poète, et qui disait toujours
> en prenant son livre »qu'il allait à ses amours«.[40]

Um diesen Abschnitt zu redigieren, hat Winckelmann Exzerpte aus
seinem Magazin Stück für Stück zusammengeflickt – ein Schreibpro-
zess, der den Leseeindruck eigenartiger Disparität erklärt. Auch im
überarbeiteten Zustand weist der Text in seiner sprunghaften Form
noch Spuren von der ursprünglichen Collage-Arbeit auf.

Mehr noch: Die gesamte Struktur der *Gedanken über die Nachahmung*
ist dieser Ökonomie des Lesens und Exzerpierens verschuldet. Im Jahr
1756 brachte Winckelmann eine zweite Auflage seiner Schrift heraus,
vermehrt um drei weitere Essays, unter denen uns hier zwei besonders
interessieren: zunächst einmal das *Sendschreiben über die Gedanken von
der Nachahmung*, eine von einem fingierten anonymen Kontrahenten
verfasste Replik auf die altertumsfreundlichen Argumente der ersten
Schrift (Autor ist aber kein anderer als Winckelmann selbst); daraufhin
die *Erläuterung der Gedanken*, eine diesmal im Namen Winckelmanns

---

[39] Exzerpt aus: Alexander Pope: Essay sur la critique (mögliche Ausgabe: Essai
sur la critique, imité de l'anglois de Mr. Pope [übers. von John Robethon],
Amsterdam 1717), in: ebd., Bd. 70, Bl. 19r.

[40] Exzerpt aus Anne Daciers Einleitung zu der *Ilias*-Übersetzung (mögliche
Ausgabe: L'Iliade d'Homère, traduite en françois, avec des remarques, par
Madame Dacier, 3 Bde., Paris 1711), in: ebd., Bd. 72, Bl. 83r (deutsche Übersetzung: »Ich habe Homer mehrfach gelesen, denn ich hege für ihn die gleiche Leidenschaft wie der Philosoph Arkesilas, der es nie unterließ, morgens
und abends eine Stelle dieses Dichters zu lesen, und der, indem er sein Buch
ergriff, stets sagte, er gehe nun zu seiner Liebsten.«)

20

croit souvent mériter des louanges qu'on a ne reçoit
; & comment ne croirait-on pas mériter celles qu'on
reçoit

Caractères de Bruyère

On ne saurait en écrivant rencontrer le parfait,
& s'il se peut surpasser les Anciens, que par
leur imitation.

Il n'y a point d'ouvrage si accompli qui ne fondît
tout entier au milieu de la Critique, si son
auteur voulait en croire tous les censeurs qui
ôtent chacun l'endroit qui leur plaît le moins.
Corneille nous assujettit à ses caracteres & à
ses idées; Racine se conforme aux nôtres.

La gloire ou le merite de certains hommes
est de bien écrire; & de quelques autres, c'est
de n'écrire point.

Il y a des esprits, si je l'ose dire, inférieurs
& subalternes, qui ne semblent faits, que pour
être le recueil, le registre, ou le magasin de
toutes les productions des autres.
Une science vaine, aride, dénuée d'agrément
& d'utilité qui ne tombe point dans la conversation, qui est hors de commerce, sem-
blable à une monnaie, qui n'a point de cours,
on est tout à la fois étonné de leur lecture,
& ennuyé de leur entretien.

La modestie est au merite ce que les ombres
sont aux figures dans un tableau: elle lui
donne la force & du relief.
Il est heureux d'avoir de la naissance, il
ne l'est pas moins, d'être tel, qu'on ne s'informe
plus si vous en avez.

Abb. 3   Johann Joachim Winckelmann: Exzerpt aus: Jean de La Bruyère: Les Caractères de Théophraste (Erstausgabe: Paris 1688; zahlreiche Neuauflagen), in: Paris. Bibliothèque Nationale de France. Département des manuscrits: Fonds allemand, Bd. 70, Bl. 20r.

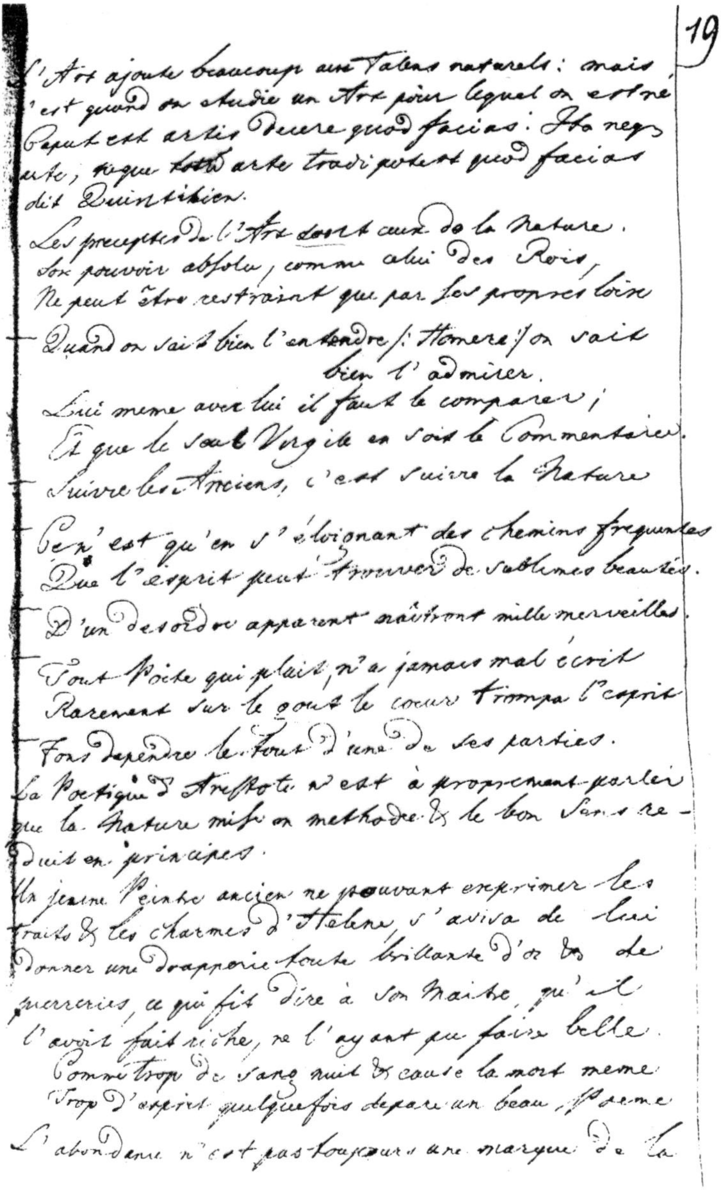

19

[Handschriftliches Exzerpt – französischer Text aus Alexander Popes »Essay on Criticism« in der Übersetzung von John Robethon]

Abb. 4 Johann Joachim Winckelmann: Exzerpt aus: Alexander Pope: Essay sur la critique (mögliche Ausgabe : Essai sur la critique, imité de l'anglois de Mr. Pope [übers. von John Robethon], Amsterdam 1717), in: Paris. Bibliothèque Nationale de France. Département des manuscrits: Fonds allemand, Bd. 70, Bl. 19r.

selbst geführte Erwiderung auf die vorangehende Verteidigung der Modernen.[41] Durch einen fingierten Streit verfolgte Winckelmann wahrscheinlich die Absicht, das durch die erste Auflage schon erregte Interesse des Publikums noch mehr anzustacheln. Allerdings steht auch diese kontradiktorische Textstruktur in direktem Zusammenhang mit seiner Lese- und Exzerpiertätigkeit. Nachdem er nach der ersten Auflage der *Gedancken* sein argumentatives Reservoir zugunsten der *Anciens* zum größten Teil erschöpft hatte, überblieben ihm zahlreiche Exzerpte zugunsten der *Modernes*. Die Versuchung war groß, das imposante Zitatarsenal nun zu verwerten. Der zweite Text, das *Sendschreiben über die Gedanken,* besteht beinah ausschließlich aus Positionen der *Modernes* aus seinen Exzerptheften: die positive Darstellung Berninis durch Baldinucci, diejenige von Rubens durch Roger de Piles oder der Holländer und Franzosen durch d'Argenville.[42] Der dritte Text, die *Erläuterung der Gedanken,* gehorcht demselben Mechanismus.

Die enge Verbindung zwischen Lesen, Exzerpieren und Schreiben führt zugleich zu einer Besonderheit des Winckelmannschen Werkes: seiner grundlegenden, notwendigen Unvollendung. Winckelmann erklärte seine Texte nie für beendet. Sie an einen Verleger abzuschicken bedeutete keineswegs für ihn, ihre finale Version erreicht zu haben. Während er 1755 die erste Auflage der *Gedancken über die Nachahmung* in den Druck gab, saß er bereits über einer zweiten, erweiterten Fassung. Kaum hatte er das erste Manuskript der *Geschichte der Kunst*

---

[41] Johann Joachim Winckelmann: Sendschreiben über die Gedanken von der Nachahmung der griechischen Werke in der Malerey und Bildhauerkunst, in: Ders.: Kleine Schriften, S. 60–89; Ders.: Erläuterung der Gedanken von der Nachahmung der griechischen Werke in der Malerey und Bildhauerkunst; und Beantwortung des Sendschreibens über diese Gedanken, in: ebd., S. 97–144. Zwischen dem *Sendschreiben* und der *Erläuterung* schob Winckelmann eine *Nachricht von einer Mumie in dem Königlichen Cabinet der Alterthümer in Dreßden* ein (ebd., S. 90–96), die vor allem Fragen der ägyptischen Schrift und Sprache betrifft.

[42] Exzerpt aus: Antoine Joseph Dézallier d'Argenville: Abrégé de la vie des plus fameux peintres, Paris 1745–1752, in: Paris. Bibliothèque Nationale de France, Bd. 61, Bl. 29r.ff. Zitiert in: Johann Joachim Winckelmann: Sendschreiben über die Gedanken, S. 77; Exzerpt aus: Filippo Baldinucci: Vita del Cavaliere Gio[vanni] Lorenzo Bernino, Florenz 1682, in: Paris. Bibliothèque Nationale de France, Bd. 61, Bl. 25v; Exzerpt aus: Roger de Piles: Dissertation sur les ouvrages des plus fameux peintres, Paris 1681, in: Paris. Bibliothèque Nationale de France, Bd. 61, Bl. 9v, 11r.

des Alterthums an seinen Verleger Georg Conrad Walther nach Dresden
abgeschickt, da begann er schon auf eigene Faust neue Elemente hinzuzufügen. Als diese Fassung Ende 1763 erschien, hatte er vor sich
bereits eine stark ergänzte, verbesserte Fassung, für deren Publikation
er sich mit großer Energie einsetzte.[43] Walther freilich weigerte sich,
eine Neuauflage zu veranstalten, bevor die 1.200 Exemplare der ersten
verkauft wurden.[44] Doch Winckelmann ließ sich nicht entmutigen
und schmiedete die kühnsten Pläne – darunter eine neue Fassung,
die direkt in französischer Sprache erscheinen sollte –, um die zweite
Auflage zustande kommen zu lassen.[45] Allerdings zerschlugen sich all
diese Projekte und ihm blieb als einziger Ausweg übrig, seine *addenda*
in einem separaten Band herauszubringen, den *Anmerkungen über die
Geschichte der Kunst des Alterthums*, die im Herbst 1767 bei Walther
erschienen.[46] Winckelmanns Publikationen haftet somit ein gewisser

---

[43] Neben vielen *addenda* ging es Winckelmann um die Korrektur einiger schwerer Fehler in der Erstauflage. Er hatte u.a. Fresken kommentiert, die er bei
der Niederschrift seines Werkes noch für antik hielt, sich aber kurz nach der
Publikation als moderne Imitationen erwiesen. Vgl. Johann Joachim Winckelmann: Brief an Gian Lodovico Bianconi. 24. Juli. 1761, in: Ders.: Briefe, Bd. 2,
S. 164.

[44] Der Verlag hatte nach sechzig Jahren noch immer Exemplare am Lager. Vgl.
Heinrich Alexander Stoll: Winckelmann. Seine Verleger und seine Drucker,
Berlin 1960, S. 23 (unter Berufung auf Carl Justi, der seine Quelle nicht nennt).

[45] Nach vielen fruchtlosen Bemühungen bei Georg Conrad Walther dachte
Winckelmann zunächst an eine Ausgabe der zweiten Fassung der *Geschichte der Kunst* direkt in englischer Sprache, nachdem er gehört hatte, dass der
in London lebende Maler Heinrich Füssli sie soeben übersetzte. Auch dieses Projekt schlug fehl, und so beschloss Winckelmann, auf eigene Kosten
eine französische Ausgabe herauszubringen. Dazu beherrschte er die Sprache
allerdings nicht genug; so versuchte er, einen Übersetzer unter den französischsprachigen Gelehrten in Berlin zu finden. François-Vincent Toussaint,
der sich 1764 in Berlin niedergelassen hatte und dort Mitglied der Akademie geworden war, übernahm diese Arbeit, die allerdings unvollendet blieb.
Vgl. dazu Stefano Ferrari: Il piacere di tradurre. François-Vincent Toussaint e
la versione incompiuta dell'Histoire de l'art chez les anciens di Winckelmann,
Rovereto 2011. Ein anderes deutsches Manuskript tauchte später in Wien auf
und wurde Grundlage von: Johann Joachim Winckelmann: Geschichte der
Kunst des Alterthums, Wien 1776. Dieses Manuskript ist leider verloren, so
dass wir nicht feststellen können, wie verlässlich diese zweite Ausgabe ist;
aber von ihr aus hat sich der Text in Europa verbreitet.

[46] Johann Joachim Winckelmann: Anmerkungen über die Geschichte der Kunst
des Alterthums (Erstausgabe: Dresden 1767), hg. von Adolf H. Borbein u.
Max Kunze, Mainz 2008.

kontingenter und instabiler Charakter an, der direkt von seiner Exzerpiertätigkeit herrührt. Das Schreiben, wie er es auffasst, entsteht aus der Konfrontation zwischen den empirischen Untersuchungen zu den Kunstgegenständen selbst und der permanenten Aktualisierung, Überarbeitung und Auswertung der gespeicherten Exzerpte, die Stoff zu einem endlosen Kreationsprozess liefern. Winckelmann war so tief durchdrungen von dieser Exzerpier- und Schreibpraxis, dass er sie sogar auf seine eigenen Werke anwandte. In seiner *Geschichte der Kunst* variiert er beispielsweise Beschreibungen des *Laokoon* und des *Torso vom Belvedere*, die er seinen früheren Schriften entnimmt.[47] Die zahlreichen internen Echos, die sein Werk durchziehen, können auch als das Merkmal eines Autors gelesen werden, der sich selbst exzerpierte.[48]

Das Exzerpieren zwischen Kopie und Erfindung

Groß ist natürlich die Versuchung, jene zahlreichen Entlehnungen und Variationen als Produkte bloßen Kopierens, ja als Plagiatansätze zu betrachten – und dies um so mehr, als sie einem Autor zuzurechnen sind, der stets darauf bedacht war, seine Originalität herauszustellen. Eine solche Einschätzung würde allerdings Winckelmanns komplexem Verständnis des Schreibens und seiner Position innerhalb

---

[47] Ders.: Beschreibung des Torso im Belvedere zu Rom, in: Bibliothek der schönen Wissenschaften und der freyen Künste, Bd. 5,1. 1759, S. 23–41. Die Beschreibung des *Torso* wurde im *Versuch einer Allegorie, besonders für die Kunst* (Dresden 1766, S. 155–158) wiederaufgenommen und variiert. Die erste *Laokoon*-Beschreibung erschien 1755 in den *Gedancken* (Johann Joachim Winckelmann: Gedancken über die Nachahmung, S. 43). Sie wurde unter einigen Abwandlungen, Ergänzungen und Streichungen in der *Geschichte der Kunst* wiederaufgenommen (Ders.: Geschichte der Kunst des Alterthums, S. 347–350 der ersten Auflage).

[48] So heißt es am Ende der *Geschichte der Kunst des Alterthums* von 1764: »Man stelle sich allezeit vor, viel zu finden, damit man viel suche, um etwas zu erblicken.« (Johann Joachim Winckelmann: Geschichte der Kunst des Alterthums, S. 431 der ersten Auflage). Dieser Satz variiert eine Formulierung aus einem Essay vom Jahr 1759: »Nähere dich den Werken des Alterthums, in Hoffnung viel zu finden, so wirst du viel suchen.« (Ders.: Erinnerung über die Betrachtung der Werke der Kunst [Erstausgabe: Bibliothek der schönen Wissenschaften und der freyen Künste 1759], in: Ders.: Kleine Schriften, S. 149–156, hier S. 150f.).

der Geschichte literarischer und gelehrter Praktiken nicht gerecht werden. Winckelmanns Umgang mit der Exzerpierkunst macht ihn zum späten Vertreter einer Tradition, in der die Entlehnung von Zitaten und Motiven aus fremden Texten nicht als Diebstahl, sondern im Gegenteil als Zeugnis der Bewunderung angesehen wurde. »Ich wünsche mir jemanden, der mich zu zerpflücken weiß«, kündigte Montaigne – einer der französischen Autoren, die er am liebsten exzerpierte – in seinem Kapitel über die Bücher an.[49] Dass ein Werk ausführlich exzerpiert wird, gilt in dieser Tradition als ein sicheres Zeichen seiner Qualität und der ihm bekundeten Bewunderung. Dieser Lese- und Schreibkultur liegt ein spezifischer Autorschaftsbegriff zugrunde, in dem die Grenze zwischen Eigenem und Fremdem nicht immer deutlich erkennbar ist, wie Montaigne es betont:

Ich blättere die Bücher durch, studiere sie aber nicht aus. Was mir davon bleibt, erkenne ich nicht mehr als fremdes Eigentum. Es ist nur das, wovon mein Verstand profitiert hat, die Reden und Vorstellungen, die er sich eingeprägt hat. Der Autor, der Ort, die Worte und all die anderen Umstände vergesse ich sofort. [...] Wer erfahren möchte, woher die hier angehäuften Verse und Beispiele stammen, würde mich in Schwierigkeiten bringen.[50]

Ein solcher Begriff des Lesens und Schreibens schließt originale Schöpfungen und Erfindungen nicht aus, versteht sie aber stets als mit Entlehnung und Nachahmung eng verbunden.

Trotz seines Anspruchs auf Modernität bleibt Winckelmanns Verständnis der literarischen und gelehrten Arbeit dieser Tradition verpflichtet. Nachahmung und Erfindung sind ihm beim Schreiben keine entgegengesetzten Pole, sondern vielmehr komplementäre

---

[49] Michel de Montaigne: Essais, Bd. 2, S. 105: »J'aimerais quelqu'un qui me sache déplumer«. Zu Winckelmanns Montaigne-Exzerpten vgl. Elisabeth Décultot: Johann Joachim Winckelmann. Enquête sur la genèse de l'histoire de l'art, S. 49–55 (deutsche Übersetzung: Elisabeth Décultot: Untersuchungen zu Winckelmanns Exzerptheften, S. 28–30).

[50] Michel de Montaigne: Essais, Bd. 2, S. 441: »Je feuillète les livres, je ne les étudie pas: ce qui m'en demeure, c'est chose que je ne reconnais plus être d'autrui; c'est cela seulement de quoi mon jugement a fait son profit, les discours et les imaginations de quoi il est imbu; l'auteur, le lieu, les mots et autres circonstances, je les oublie incontinent. [...] Qui voudrait savoir d'où sont les vers et exemples que j'ai ici entassés, me mettrait en peine de le lui dire.«

Begriffe. Dafür zeugt die Entstehungsgeschichte der schon erwähnten
Formel aus den *Gedancken über die Nachahmung*: »Der eintzige Weg
für uns, groß, ja, wenn es möglich ist, unnachahmlich zu werden, ist
die Nachahmung der Alten.«[51] Anscheinend begnügt sich Winckelmann damit, die Sentenz des französischen Moralisten La Bruyère
fast wortgetreu ins Deutsche zu übersetzen, um sie dem Text der
Gedancken ohne Erwähnung ihrer ursprünglichen Herkunft einzuverleiben: »On ne sauroit en écrivant rencontrer le parfait et s'il se
peut surpasser les Anciens que par leur imitation.«[52] Bei der Übertragung von La Bruyères Satz ins Deutsche führt aber Winckelmann
eine auf den ersten Blick kaum merkliche Akzentverschiebung ein,
die jedoch für die Entwicklung seiner eigenen Nachahmungstheorie
von großer Bedeutung ist. In La Bruyères französischer Formulierung
war der Sinn der Sentenz eindeutig vernehmbar: Nur durch Nachahmung der Alten könne man zur Vollkommenheit gelangen. Die
logische Schwierigkeit, die die These der möglichen Überwindung
eines als vollkommen, also als unüberwindbar gegebenen Vorbilds
in sich birgt, blieb in der französischen Sentenz auf einen diskreten
Einschub beschränkt: »et s'il se peut surpasser les Anciens«[53]. Diese
logische Stringenz wird in Winckelmanns Übertragung brüchig. In
der deutschen Formulierung aus den *Gedancken* kommt der von La
Bruyère nur schnell angedeutete Widerspruch von Vollkommenheit
und Nachahmung viel schärfer zum Ausdruck. Im Kern seines Satzes
lässt Winckelmann zwei Wörter aufeinanderprallen – »unnachahmlich«
und »Nachahmung« –, fast eine Oxymoron-Konstruktion, die sofort
Zweifel über die Stichhaltigkeit der Aussage aufkommen lässt. Wie
kann man durch Nachahmung unnachahmlich werden? Ist es möglich,
ein als vollkommen gegebenes Original zu übertreffen? Und das noch
durch treue Nachahmung eben dieses Originals? All diese Fragen, die
in La Bruyères Sinnspruch noch latent geblieben waren, schimmern
in Winckelmanns Übertragung durch. Der allerersten Formulierung
des Nachahmungsprinzips in den *Gedancken* haftet somit von vornherein eine Brüchigkeit an, die die grundlegende Infragestellung dieses

---

[51] Johann Joachim Winckelmann: Gedancken über die Nachahmung, S. 29.
[52] Zum Exzerpt aus: Jean de La Bruyère: Les Caractères vgl. Anm. 38. Wörtliche
Übersetzung: »Die Vollkommenheit erreichen und die Alten, wenn möglich,
übertreffen, kann man in der Dichtkunst nur durch deren Nachahmung«.
[53] Wörtliche Übersetzung: »Und wenn möglich die Alten übertreffen«.

Prinzips in den späteren Schriften des Autors voraus nimmt.[54] Für die Winckelmannsche Dialektik von Nachahmung und Originalität ist die La Bruyère-Übertragung besonders aufschlussreich: Gerade dort, wo Winckelmann seiner Quelle am treusten zu bleiben scheint, entfernt er sich im Grunde am bedeutsamsten von ihr.

Dabei zeichnet sich eine faszinierende Parallele zwischen der Schreibpraxis des Exzerptors Winckelmann und der Entwicklung seiner Kunsttheorie ab. Seine Reflexion über die Nachahmung in der bildenden Kunst, die die vielfachen Verbindungen und Widersprüche von Nachahmung und Originalität in der Kunst erforscht, scheint mit der seit seiner frühen Jugend praktizierten Exzerpiertätigkeit verbunden zu sein. Vielleicht kann man sogar die Hypothese aufstellen, dass jene geradezu aus dieser entwachsen ist. Erst weil Winckelmann jahrelang als Exzerptor die mehrfachen Wege und Widersprüche des Kopierens gewissermaßen am eigenen Leib erlebt hat, erst weil er sich der schriftlichen Exzerpiertätigkeit mit aller Strenge unterzogen hat, kann er auch eine Theorie der Nachahmung in der *bildenden Kunst* entwerfen, die gerade die Paradoxie des Nachahmens so feinfühlig ans Licht bringt. In der Kunstübung sowie in der Schreibtätigkeit entsteht Originalität *aus* Nachahmung. Bei Winckelmann dürfte das Exzerpieren mithin nicht nur die schriftstellerische Tätigkeit in ihren technischen Aspekten beeinflusst, sondern – grundlegender noch – die kunsttheoretische Untersuchung in ihren Fragestellungen selbst bestimmt haben.

---

[54] Nach den *Gedancken über die Nachahmung* wird in der Tat die Formulierung des Nachahmungsprinzips immer schwankender und zweideutiger. Schon in einem Essay aus dem Jahre 1759, *Erinnerung über die Betrachtung der Werke der Kunst*, versuchte Winckelmann den positiven Begriff der »Nachahmung« von dem negativen Begriff der »Nachmachung« zu unterscheiden. Nachmachung sei einfache Epigonalität, während Nachahmung Kreativität erfordere. Der Verdacht, der gegen den Begriff der Nachmachung formuliert wurde, wurde aber bald gegen den Begriff der Nachahmung selbst gerichtet. Mit der *Geschichte der Kunst des Alterthums* (1764) kam diese allmähliche Infragestellung des Nachahmungsprinzips zu einem etwas abrupten Ende. In der dort dargebotenen Periodisierung der griechischen Kunst gehört die Nachahmung eindeutig zu der letzten Periode der Kunst, d.h. zur Epoche ihres Untergangs. Zur allmählichen Infragestellung des Nachahmungsprinzips vor dem Hintergrund von Winckelmanns Exzerpiertätigkeit vgl. Elisabeth Décultot: Johann Joachim Winckelmann. Enquête sur la genèse de l'histoire de l'art, S. 95–117 (deutsche Übersetzung: Elisabeth Décultot: Untersuchungen zu Winckelmanns Exzerptheften, S. 61–74).

»Der Mann, der erst in seine Excerpta steigen muß oder in seine Bibliothek, ist gewiß ein Artefakt.« Lichtenberg, das Exzerpieren und das Problem der Originalität

Hans-Georg von Arburg

Georg Christoph Lichtenberg, der Göttinger Aufklärer und Experi-mentalphysiker, ist vielleicht einer der bekanntesten Besitzer einer ›bibliothèque manuscrite‹ der deutschen Literatur überhaupt. In rund zwei Dutzend Notizbüchern und Materialheften (die Tagebücher abgerechnet) – den heute so genannten *Sudelbüchern*[1] – sammelte er seine Bemerkungen, Ideen und Gedankenexperimente. Unter den über achttausend publizierten Kurztexten findet sich nicht nur eine große Anzahl origineller »Pfennigs-Wahrheiten« (F_I 1219), die das »Sonntagskind in Einfällen« (D_I 177) Lichtenberg seinem eigenen

---

[1] Lichtenbergs Werke werden wie folgt zitiert: Georg Christoph Lichtenberg: Schriften und Briefe, hg. von Wolfgang Promies, 6 Bde., München 1967–1992 [=SB] mit Band- (römische Ziffer) und Seitenangabe (arabische Ziffer), ein-zelne Notizen unter Angabe der Heftnummer (Majuskel), des Bandes der modernen Ausgabe (Index) und der vom Herausgeber vergebenen Notiz-nummer (arabische Ziffer): z. B. L_I 69 = Notiz Nr. 69 in Heft L in SB I). Von »Sudelbüchern« spricht Lichtenberg im Zusammenhang mit seinen Notiz-heften in D_I 668, E_I 46 u. 150, RA_{II} 93 und, prominent, auf dem Titelblatt des Heftes F (SB I, 457). Alternative Bezeichnungen sind u. a. »Hausbuch« (Tage-buch 17. 12. 1793, vgl. SK_{II} 596), »Hudelbuch« (E_I 389), »Klitterbuch« (E_I 46), »Schmierbuch« (F_I 1219) und »Wastebook« (E_I 46). Zur materiellen Situation des Nachlasses vgl. die Herausgeberkommentare in SB K I/II (passim) und Ulrich Joost: »Schmierbuchmethode bestens zu empfehlen« – Sudelbücher?, in: Georg Christoph Lichtenberg 1742–1799. Wagnis der Aufklärung [Kata-log], München 1992, S. 19–48.

Genie verdankte. Einen kaum geringeren Anteil machen Lesefrüchte aus den Werken fremder Autoren aus, die Lichtenberg in seiner »Exzerpten-Buch Sparbüchse« (J$_I$ 471) zusammengetragen hat. Man darf ihn deshalb mit Recht unter die Meister-Exzerptoren der deutschen Spätaufklärung zählen.[2] Eine solche Bezeichnung wäre den Zeitgenossen Lichtenbergs allerdings reichlich absurd vorgekommen. Sie kannten und schätzten ihn als Verfasser von naturwissenschaftlichen Aufsätzen und satirischen Kampfschriften, als Bearbeiter eines verbreiteten physikalischen Lehrbuches, als Herausgeber des *Göttinger Taschen Calenders* oder als Kommentator der Werke des englischen Malers und Kupferstechers William Hogarth. Dieses Bild von Lichtenberg als Autor änderte sich auch nach der Publikation ausgewählter Notizen aus dem Nachlass in der ersten Gesamtausgabe von 1800–1806 nicht grundsätzlich. Erst mit Albert Leitzmanns Auswahledition der Notizhefte unter dem Titel *Aphorismen* zu Beginn des 20. Jahrhunderts begann sich – zusammen mit der Etablierung der Gattung in der zeitgenössischen Literaturwissenschaft – Lichtenberg als Aphoristiker in den Köpfen einzunisten.[3]

Aber auch Lichtenberg selbst hätte sich über die Qualifizierung als Aphoristiker oder Exzerptor wohl nicht wenig gewundert und vermutlich auch etwas geärgert.[4] Denn zum einen ist in seinen Notizbüchern Privates und (Halb-)Öffentliches bunt durcheinandergewürfelt, und

---

[2] Gert Ueding hat als erster auf Lichtenbergs Verpflichtung gegenüber der rhetorischen Tradition des Exzerpts aufmerksam gemacht, vgl. Gert Ueding: Beredsamkeit aus der Erfahrung – Georg Christoph Lichtenbergs Sudelbücher, in: Photorin 9, 1985, S. 1–18. Uedings Anregung wurde von Stefan Goldmann (Ders.: Lesen, Schreiben und das topische Denken bei Georg Christoph Lichtenberg, in: Lesen und Schreiben im 17. und 18. Jahrhundert, hg. von Paul Goetsch, Tübingen 1994, S. 79–90) sowie von Heike Mayer (Dies.: Lichtenbergs Rhetorik. Beitrag zu einer Geschichte rhetorischer Kollektaneen im 18. Jahrhundert, München 1999) aufgenommen und systematisch weiter verfolgt. Vor allem Mayers Arbeit verdanke ich wesentliche Anregungen.

[3] Georg Christoph Lichtenberg: Aphorismen. Nach den Handschriften hg. von Albert Leitzmann, 5 Hefte, Berlin 1902–1908. Vgl. Friedemann Spicker: Vom »Sudelbuch« zum »Aphorismus« – Lichtenberg und die Geschichte des Gattungsbegriffes (Teil II), in: Lichtenberg-Jahrbuch 1998, S. 115–135, hier S. 122ff. Von »Aphorismen« im Sinne des späteren Gattungsbegriffs sprach mit Bezug auf Lichtenbergs Gedankenbücher als erste Rahel Varnhagen bereits 1825 (vgl. Friedemann Spicker: Der Aphorismus. Begriff und Gattung von der Mitte des 18. Jahrhunderts bis 1912, Berlin u. New York 1997, S. 67).

[4] Vgl. Harald Fricke: Aphorismus, Stuttgart 1984, S. 70 u. 76.

er hätte sich deshalb der Veröffentlichung seiner »Hausbücher«, die er
wie ein Geheimarchiv hütete,[5] wahrscheinlich vehement widersetzt.[6]
Zum anderen aber hätte ihn wohl die schiere Tatsache, dass man ihn
mit der Tätigkeit des Exzerpierens identifiziert hätte, in Rage gebracht.
Dies jedenfalls lässt eine Bemerkung aus dem *Sudelbuch L* vermuten,
aus welcher mein Titelzitat stammt. Sie lautet im Zusammenhang:

> Der Mann, der nicht aus dem Stegreif zu räsonieren weiß über
> Materien seines Fachs, der erst in seine Excerpta steigen muß
> oder in seine Bibliothek, ist gewiß ein Artefakt. Man hat heut
> zu Tage eine Kunst berühmt zu werden, die war den Alten un-
> bekannt, die wurdens durch Genie. Pasten sind unsere meisten
> berühmten Gelehrten, keine Edelsteine. Allein sehr weit wird es
> auch mit ihrem Ruhm nicht gehen. Ihre Werke werden vergessen,
> wie die Poesie des Cicero, die sogar [seine] der Ewigkeit entgegen
> gehende Prose nicht einmal zu erhalten im Stand war. (L$_I$ 69)

In meinem Beitrag möchte ich nicht mehr versuchen, als diese eine
Aufzeichnung etwas umständlicher zu kommentieren. Der Exzerptor
Lichtenberg scheint in der zitierten Notiz mit dem Exzerpierwesen hart
ins Gericht zu gehen. Ein Widerspruch, wenn man die Formulierung
aufs Konto der theoretischen Überzeugungen des Individuums Lichtenberg bucht, gegen die seine eigene Praxis zeugt. Liest man sie indessen
vor der Folie ihrer historischen Voraussetzungen, dann offenbart gerade ihre scheinbare Inkonsequenz eine symptomatische Konsequenz.
Mit dem allgemeinen gesellschaftlichen Ausdifferenzierungsprozess
wechselt im 18. Jahrhundert auch die Literatur ihren Status. Aus einer
in der Gesellschaftspyramide stabil verorteten Kultur, der Gelehrsamkeit, beginnt sich ein Sozialsystem mit eigenen Funktionen und
Subfunktionen herauszubilden. Im Zentrum dieses Systems stehen
u. a. die Konzepte der Individualität und Originalität.[7] Die Praxis des
Exzerpierens wird in der Spätaufklärung deshalb zum theoretischen

---

[5] Vgl. Brief an Gottfried Hieronymus Amelung vom 24. März 1786, SB IV, 661.
[6] Vgl. z.B. F$_I$ 811, D$_I$ 366 oder J$_I$ 26.
[7] Die Ausdifferenzierungsthese nach Niklas Luhmann: Gesellschaftsstruktur
und Semantik. Studien zur Wissenssoziologie der modernen Gesellschaft,
Bd. 1, Frankfurt am Main 1980, bes. S. 9–71. Zur Herausbildung des Sozial-
systems Literatur vgl. Siegfried J. Schmidt: Die Selbstorganisation des Sozial-
systems Literatur im 18. Jahrhundert, Frankfurt am Main 1989, zur Rolle des
Originalitätskonzepts ebd., S. 84–100 u. 285–313.

Problem, weil sie an der Umschaltstelle dieser beiden Paradigmata steht, die das Kriterium der Urheberschaft für literarische Texte ganz unterschiedlich definieren. Plakativ ausgedrückt verschiebt sich der Focus dabei vom Konzept der Autorität zu jenem der Autorschaft. Ein früher Indikator dieses Paradigmenwechsels ist die Geniebewegung. Und gerade mit dem Geniekult in der Nachfolge von Klopstock hatte Lichtenberg seine liebe Mühe. Wenn ich im Folgenden nach dem Problem der Originalität in Lichtenbergs Exzerptheften frage, so ist diese Frage in doppelter Hinsicht legitim. Erstens sind Exzerpierkritik und Genieschelte bei Lichtenberg zwei Seiten ein und derselben Medaille. Und zweitens entspringt diese Koinzidenz nicht nur der Idiosynkrasie eines einzelnen Autors, sondern ist in nicht geringerem Maße ein Indiz eines gesellschafts- und wissenschaftsgeschichtlichen Prozesses.

Meine Überlegungen gliedern sich – dem Titel gemäß – in zwei Abschnitte. Den etwas ausführlicheren Anfang machen Lichtenbergs theoretische Annotationen zur Technik des Exzerpierens vor dem Hintergrund der rhetorischen Tradition und ihrer Aktualisierung in den zeitgenössischen Exzerpieranleitungen. Hieran schließt die spezielle Frage nach der Originalitätsproblematik, indem Lichtenbergs Kritik am Geniekult des Sturm und Drang nach ihren rhetorischen und erkenntnistheoretischen Motiven befragt werden soll. Zum Schluss führe ich beide Aspekte des Problems zusammen, um von hier aus noch einmal auf den zu kommentierenden *Sudelbuch*-Eintrag L_I 69 zurückzublicken.

Eine letzte Vorbemerkung: Mein Beitrag behandelt das Tagungsthema der ›bibliothèque manuscrite‹ bei einem Autor der deutschen Aufklärung unter dem Aspekt seiner theoretischen Reflexion und Problematisierung durch diesen Autor. Die berechtigte Frage nach der effektiven Exzerpierpraxis Lichtenbergs bleibt dabei weitgehend unberührt. Die quantitative wie qualitative Analyse der Lichtenbergschen Exzerpthefte, ihrer autographen Situation und ihrer aufschlussreichen Druckgeschichte, vor allem aber die detaillierte Untersuchung ihrer Nutzbarmachung für die publizierten Werke Lichtenbergs sind nach wie vor ein Forschungsdesiderat.[8]

---

[8] Vgl. Rainer Baasner: Georg Christoph Lichtenberg, Darmstadt 1992, S. 74f.

I

Techniken, fremde Schriften zum eigenen Nutzen auszugsweise abzuschreiben, gehören in den westlichen Schriftkulturen von der griechischen Antike an bis ins 19. Jahrhundert hinein zum eisernen Bestand der Bildungstradition.[9] Ihre theoretischen und praktischen Basisterrains waren und blieben seit ihren reflexiven Anfängen bei Aristoteles die Rhetorik und, mit dieser eng im Bunde, die Logik (Dialektik).[10] Die Anleitungsliteratur zum Anlegen von Exzerptheften und Kollektaneen zeichnete sich seit je durch ihre vage Begrifflichkeit aus – ein Zeichen dafür, dass ihr Ziel eher die intellektuelle Praxis als deren theoretische Regulierung gewesen ist. Die wichtigsten Elemente der westlichen Exzerpiertradition, die historisch erstaunlich konstant bleiben, sind:

1. die Sammlung von Texten und Textzitaten, die sich in neuen Text-zusammenhängen als Redestoff, Beispiel oder Argument verwenden lassen (*inventio*-Funktion);

2. die Sammlung stilistisch musterhafter Texte oder Textelemente zum Zwecke der Nachahmung (imitatio-Funktion)

3. die Sammlung merkwürdiger Daten, Fakten, Anekdoten und Kuriositäten im Hinblick auf eine spätere Verarbeitung (*memoria*-Funktion) und

4. die Sammlung von Realien, die die Kenntnisse des sammelnden Lesers unterhaltsam bereichern sollen (*docere/delectare*-Funktion).[11]

In der Antike dienten die gesammelten *loci* oder *topoi*[12] vor allem als heuristisches Mittel zur Auffindung von Argumenten. Häufig wurden sie nach bestimmten Fragekatalogen geordnet – seit dem Mittelalter

---

[9] Obwohl zu vielen Teilaspekten der sammelnden Lektüre Studien existieren, gibt es bis heute keine umfassende Monographie zum Thema. Ich folge dem Überblick bei Heike Mayer: Lichtenbergs Rhetorik, S. 23–103. Vgl. auch Dies.: Art. ›Kollektaneen‹, in: Historisches Wörterbuch der Rhetorik IV (1998), S. 1125–1130.

[10] Vgl. besonders Aristoteles: Topik I, 14 u. Rhetorik III, 17.

[11] Nach Heike Mayer: Lichtenbergs Rhetorik, S. 30.

[12] Zum Folgenden Helmut Zedelmaier: Bibliotheca universalis und Bibliotheca selecta. Das Problem der Ordnung des gelehrten Wissens in der frühen Neuzeit, Köln, Weimar u. Wien 1992, S. 68ff.; zur Begrifflichkeit Martin Beetz: Rhetorische Logik. Prämissen der deutschen Lyrik im Übergang vom 17. zum 18. Jahrhundert, Tübingen 1980, S. 122ff.

nach der beliebten Hexameterformel *quis, quid, ubi, quibus auxiliis, cur, quomodo, quando* – und in handschriftlichen und gedruckten Sammlungen als inhaltlich fixierte Redewendungen oder Themen archiviert. Aufgrund dieser archivalischen Praxis entwickelte die Exzerpierpraxis – entgegen anderslautenden theoretischen Ansprüchen – bereits im Humanismus einen ausgeprägten Inhaltismus. In der humanistischen und später v. a. in der barocken Topik traten an die Stelle der *topoi* im Sinne von Schlüssen aus wahrscheinlichen Prämissen die *topoi* als nackte Prämissen der Gesamtargumentation (*sedes argumenti*).[13] Diese Entwicklung schlug sich in unzähligen Sentenzensammlungen nach dem Muster der *Adagien* (Erstausgabe 1500) des Erasmus von Rotterdam nieder, die das Exzerpieren mehr und mehr zu einer Sache von Spezialisten für Gnomologien und Toposkatalogen machten.[14] Die alten heuristischen *loci* geronnen zu *loci communes*, deren Anhäufung allein durch die *copia rerum aut verborum* beeindruckte. Seitenstück zu dieser Materialisierung waren im 16. Jahrhundert verschärfte Anstrengungen, die Exzerpierpraxis methodisch zu regulieren.[15] Nachdem die quantitativ aufgeschwemmten wie qualitativ normierten Exzerpiermethoden der Schulrhetorik im Späthumanismus und vor allem im Barock das Handwerk des Gelehrten mehr und mehr dominiert hatten, wurden im ausgehenden 17. Jahrhundert Stimmen laut, die an dieser selbstzweckhaften Gelehrsamkeit Kritik übten. Ein früher Wortführer dieser Kritik war der Schulrhetoriker Christian Weise, der das Anlagen handschriftlicher Privattopiken aus der Sackgasse der reinen Büchergelehrsamkeit herausführen und in den praktischen Dienst des ›Politicus‹ stellen wollte.[16] Weises Kritik wurde wenig später von so prominenten Autoren wie Christian Thomasius oder Johann Christoph Gottsched im Namen von ›Klugheit‹ und

---

[13] Vgl. Wilhelm Schmidt-Biggemann: Topica universalis. Eine Modellgeschichte humanistischer und barocker Wissenschaft, Hamburg 1983, S. 6.

[14] Ebd., S. 17ff. Zur Diskrepanz zwischen Theorie und Praxis allgemein Conrad Wiedemann: Topik als Vorschule der Interpretation. Überlegungen zur Funktion von Topos-Katalogen, in: Topik. Beiträge zur interdisziplinären Diskussion, hg. von Dieter Breuer u. Helmut Schanze, München 1981, S. 233–255, besonders S. 239ff.; bei Erasmus speziell Heike Mayer: Lichtenbergs Rhetorik, S. 40ff.

[15] Heike Mayer: Lichtenbergs Rhetorik, S. 45ff.

[16] Ebd., S. 49ff. Zur ›Methodus Weisiana‹ vgl. auch Wilfried Barner: Barockrhetorik. Untersuchungen zu ihren geschichtlichen Grundlagen, Tübingen 1970, S. 167ff.

›Vernünftigkeit‹ aufgenommen und gipfelte in Friedrich Andreas Hallbauers Verdammung der schulrhetorischen *loci topici* als »falsche Quellen der Erfindung« und in der Schlussfolgerung: »die beste Methode ist keine Methode«.[17]

Nun gehörte die Toposkritik seit der Antike selbst zu den *topoi* der rhetorischen Kritik an einer toten Buchstabengelehrsamkeit und blieb bis in den Polyhistorismus der Frühaufklärung hinein ein ›running gag‹ der Gelehrten(selbst-)kritik.[18] Die Kritik der Frühaufklärung am gelehrten Exzerpieren legte diese denn auch nicht einfach *ad acta*. Vielmehr versuchte sie diese Tradition durch eine gezielte Neuakzentuierung zu reformulieren und damit zu reformieren, um sie so den modernen Ansprüchen anzupassen. Voraussetzung dieser Reform war die tendenzielle Umwertung der rhetorischen bzw. noetischen Vermögen (*virtutes*): auf Kosten der *memoria* wurden das *iudicium* und das *ingenium* aufgewertet.[19] Holzschnittartig lassen sich die Innovationen in den aufklärerischen Exzerpieranleitungen auf vier Schwerpunkte reduzieren:

1. Schwerpunkt ist der Primat der Realien (*res*) vor ihrer Versprachlichung (*verba*). Die Sachhaltigkeit wurde zum wichtigsten Traktandum der Exzerpieranleitungen der Aufklärung, mochte sie sich nun direkt auf Bestände der Natur beziehen oder mittelbar auf literarisch überlieferte Sachgehalte.[20]

---

[17] Friedrich Andreas Hallbauer: Anweisung zur Verbesserten Teutschen Oratorie, Nebst einer Vorrede von Den Mängeln Der Schul-Oratorie (1725), Kronberg/Ts. 1974, besonders S. 270–295, S. 770 (dazu Heike Mayer: Lichtenbergs Rhetorik, S. 67ff.).

[18] Vgl. neben Gunter E. Grimm: Letternkultur. Wissenschaftskritik und antigelehrtes Dichten in Deutschland von der Renaissance bis zum Sturm und Drang, Tübingen 1998; auch Conrad Wiedemann: Polyhistors Glück und Ende. Von Daniel Georg Morhof zum jungen Lessing, in: Festschrift Gottfried Weber, hg. von Heinz Otto Burger u. Klaus von See, Bad Homburg 1967, S. 215–235, hier S. 225ff. sowie Wilhelm Kühlmann: Gelehrtenrepublik und Fürstenstaat. Entwicklung und Kritik des deutschen Späthumanismus in der Literatur des Barockzeitalters, Tübingen 1982, S. 288ff.

[19] Martin Beetz: Rhetorische Logik, S. 149ff., vgl. auch Gunter E. Grimm: Literatur und Gelehrtentum in Deutschland. Untersuchungen zum Wandel ihres Verhältnisses vom Humanismus bis zur Frühaufklärung, Tübingen 1983, S. 333ff. u. 446ff.

[20] Martin Beetz: Rhetorische Logik, S. 146f. u. Helmut Zedelmaier: Bibliotheca universalis, S. 75 u. 85ff.

2. Schwerpunkt ist die Umstellung von der Reproduktion von Wissen auf die Produktion alternativer Wissens- und Vorstellungswelten. Während die Kollektaneen und Florilegien des Humanismus und des Barock eine bestehende Weltordnung abbildeten und ihrerseits wiederum Stoff für neue enzyklopädische Sammelwerke lieferten,[21] waren die Exzerpthefte des 18. Jahrhunderts auf die Hervorbringung neuer, andersartiger Textformen angelegt.

3. Schwerpunkt ist die Subjektivierung dieser Produktionsorientierung. Neben die Bildung eigener, ›originaler‹ Texte als Zweck des Exzerpierens tritt bereits Jahrzehnte vor der neuhumanistischen Bildungsreform um 1800 mehr und mehr auch die Ich-Bildung des (Auf-)Schreibenden.[22]

4. Schwerpunkt ist die heuristische Funktion des Exzerpierens mit ihrer speziellen Zurichtung auf eine fortschrittsorientierte Erkenntnis. Das Auf- und Ausschreiben von tradiertem Wissen wird zum auslösenden Moment für die Revision und kritische Analyse dieses Wissens.

Entscheidende Anregungen für die Reform des humanistischen Exzerpier- und Kollektaneenwesens in der deutschen Aufklärung kamen aus England. Und auch für das Exzerpierverständnis des anglophilen Lichtenberg[23] wurden drei Traditionslinien, die auf englische Autoren zurückgingen, bestimmend. Der Begründer der ersten dieser Traditionslinien ist Francis Bacon, dessen *Novum Organum* (1620)

---

[21] Was Zedelmaier für den Gelehrten der Frühen Neuzeit festhält, bleibt bis ins frühe 18. Jahrhundert hinein gültig: »Der frühneuzeitliche Gelehrte ist primär Leser und erst in zweiter Hinsicht Verfasser von Texten« (Helmut Zedelmaier: Bibliotheca universalis, S. 227). Vgl. auch Conrad Wiedemann: Polyhistors Glück, S. 218f., Gunter E. Grimm: Literatur und Gelehrtentum, S. 295ff. sowie Michael Cahn: Hamster. Wissenschafts- und mediengeschichtliche Grundlagen der sammelnden Lektüre, in: Lesen und Schreiben im 17. und 18. Jahrhundert, hg. von Paul Goetsch, Tübingen 1994, S. 63–77, hier S. 72f.

[22] Vgl. Heike Mayer: Lichtenbergs Rhetorik, S. 97.

[23] Michael Maurer: Aufklärung und Anglophilie in Deutschland, Göttingen u. Zürich 1987, S. 253–291. Lichtenbergs Englandreisen sind umfassend dokumentiert in Georg Christoph Lichtenberg: Lichtenberg in England. Dokumente einer Begegnung, hg. von Hans Ludwig Gumbert, Wiesbaden 1977. Die dort gemachten Erfahrungen haben in vielfacher Weise in die *Sudelbücher* Eingang gefunden (vgl. vor allem Franz H. Mautner: Lichtenberg. Geschichte seines Geistes, Berlin 1968, S. 137ff.).

für die Entwicklung des Aphorismus als Denkform des Empirismus richtungweisend wurde und das Lichtenberg einmal als »heuristisches Hebzeug« (J$_I$ 1242) bezeichnete.[24] Nachdem die sogenannte *Commonplace*-Methode in England schon früh in den Einflussbereich der zukunftsträchtigen *new sciences* geraten war,[25] verfasste auch Bacon am Ende seines Lebens unter dem Titel *Sylva Sylvarum* (1626) ein (unpubliziert gebliebenes) *commonplace-book*, in welchem er eigene Naturbeobachtungen und literarisch tradierte Realien unvermittelt nebeneinander stellte.[26] Die zweite Traditionslinie geht auf John Locke zurück. Lockes 1686 erstmals auf Französisch veröffentlichte *New Method of Making Common-Place-Books*[27] wurde in Deutschland bis ins späte 18. Jahrhundert fleißig benutzt. Sie war insbesondere für den produktionsorientierten Praxisbezug interessant, weil sie die Ordnung der Exzerpte individualisierte und rationalisierte und deren Weiterverwertung durch eine beschleunigte Zugriffsmöglichkeit plausibilisierte. Die Lesefrüchte sollten unter lateinischen Titeln (»heads«) alphabetisch geordnet und durch ein einfaches alpha-numerisches Verweissystem, das problemlos erweitert werden konnte, miteinander vernetzt werden. Am Ausgangspunkt der dritten Traditionslinie schließlich steht Shaftesbury.[28] Anstelle wohlgeordneter Kollektaneen

---

[24] Vgl. dazu Gerhard Neumann: Ideenparadiese. Aphoristik bei Lichtenberg, Novalis, Friedrich Schlegel und Goethe, München 1976, S. 69ff.

[25] Ann Blair: Humanist Method in Natural Philosophy. The Commonplace Book, in: Journal of the History of Ideas 53, 1992, S. 541–551. Zur englischen Tradition der *commonplace-books* vgl. allgemein Joan Marie Lechner: Renaissance Concepts of the Commonplaces (1962), Westport 1974.

[26] Graham Rees: An Unpublished Manuscript by Francis Bacon: Sylva Sylvarum Drafts and Other Working Notes, in: Annals of Science 38, 1981, S. 377–412. Zur Bedeutung Bacons für die fortschrittsorientierte Versachlichung der Exzerpierpraxis vgl. Helmut Zedelmaier: Bibliotheca universalis, S. 303ff.

[27] Die aus dem lateinischen Manuskript übersetzte französische Erstfassung erschien unter dem Titel *Méthode nouvelle de dresser des recueils* in der *Bibliothèque universelle & historique* (2, Juillet 1686, S. 315–340). Englische Ausgaben (mit leicht variierenden Titeln) erschienen ab 1706. Vgl. Jean S. Yolton: John Locke. A Descriptive Bibliography. Bristol 1998, S. 318ff. (Nr. 266ff.). Mir lag die Ausgabe im zweiten Band der *Works* vor, vgl. John Locke: A New Method of a Common-Place-Book, in: Ders.: The Works, 9 Bde., London 1794, II, S. 441–459.

[28] Vgl. Anthony Ashley Cooper Third Earl of Shaftesbury: Miscellaneous Reflections on the preceding Treatises, and other Critical Subjects, in: Ders.: Characteristics of Men, Manners, Opinions, Times [London] 1737, Bd. III,

propagierte Shaftesbury launenhaft-originelle Miszellaneen (»miscellanies«), mit deren Hilfe und »provided with Common-place-Book
Learning« er nicht weniger als eine »Revolution in Letters« in Aussicht
stellte. Ziel dieser »miscellanies« war es, »to confound [the] Simplicity
and Conformity of Design« in einem »Patch-work« aus »Cuttings
and Shreds of Learning, with various Fragments, and Points of Wit«.
Shaftesburys Ideal war damit nicht die Reproduktion eines gelehrten
Lektürepensums und nicht die Einheit eines organischen Kunstwerks,
sondern »the complex Form and Texture of the Work«.

Diese Innovationen und ihre Gewährsleute hatten in vielfacher Weise
Eingang in deutschsprachige Exzerpieranleitungen gefunden.[29] Zwei
solcher Anleitungen entstanden im persönlichen Umfeld Lichtenbergs.[30]
1786 veröffentlichte der Naturgeschichtler und Englandkenner Johann
Friedrich Blumenbach, ein enger Freund Lichtenbergs, eine Abhandlung *Ueber die vorzüglichsten Methoden Collectaneen und Excerpte zu
sammeln*.[31] 1789 folgten die *Anweisungen für Jünglinge zum Arbeiten
besonders zum Lesen, Excerpiren und Schreiben* des Göttinger Popular-
philosophen und Klubgenossen Lichtenbergs Christoph Meiners. Im
übrigen war Lichtenberg seit seiner Darmstädter Gymnasialzeit mit
der rhetorischen Übung des Exzerpierens vertraut.[32]

Weil der Büchermensch Lichtenberg[33] das gelehrte Handwerk der
sammelnden Lektüre selbst eifrig und sehr bewusst betrieb, stehen seine
diesbezüglichen theoretischen Reflexionen in den *Sudelbüchern* im
Rahmen eines vitalen kritischen Interesses für den Gelehrtenstand und
seine Praktiken. Es mag diese existenzielle Affinität gewesen sein, die
ihn zu vernichtenden Urteilen über das Lesen und Schreiben anspornte,
welches im Bannkreis der Bücherwelt gefangen blieb.[34] Weil »das viele

---

S. 1–344, hier S. 1–8 (Chapter I: Of the Nature, Rise, and Establishment of
Miscellanys). Die folgenden Zitate ebd., S. 4f.

[29] Vgl. Heike Mayer: Lichtenbergs Rhetorik, S. 80ff. Weitere einschlägige Titel
verzeichnet Helmut Zedelmaier: Bibliotheca universalis.

[30] Die folgenden Angaben nach Heike Mayer: Lichtenbergs Rhetorik, S. 85–98.

[31] In: Medicinische Bibliothek, Bd. 2, 3. St., Göttingen 1785, S. 547–559.

[32] Heike Mayer: Lichtenbergs Rhetorik, S. 85ff.

[33] Zu Lichtenbergs Bibliomanie vgl. Gerhard Neumann: Ideenparadiese,
S. 194–219. Neumann schätzt die Buch-Belege in den *Sudelbüchern* auf zwischen fünf- und sechshundert (ebd., S. 195).

[34] Vgl. ausführlicher Stefan Goldmann: Lesen, Schreiben sowie Heike Mayer:
Lichtenbergs Rhetorik, S. 109ff.

Lesen [...] dem Denken schädlich« (F_I 439) sei und schließlich in eine »gelehrte Barbarei« (F_I 1085) münde, ist Lichtenbergs worst-case-Szenario eine Gelehrtenrepublik, in der »Bücher« nur noch »aus Büchern geschrieben« werden, statt eigene »Empfindungen und Beobachtungen« des Autors mitzuteilen. Eines seiner beliebtesten Feindbilder war der Kompilator.[35] Grund dafür, weshalb Deutschland zu einem saft- und kraftlosen »Exzerpier-Comptoir« (J_I 1094) zu verkommen drohte und sich »hoffnungsvolle junge Leute [...] weiß, gelb, schwindsüchtig, und frigid und impotent« exzerpierten (E_I 455), war in seinen Augen einerseits das zu frühe (B_I 264), andererseits das zu häufige und sklavische Lesen (G_{II} 210). In diesem und ähnlichen Urteilen manifestiert sich nicht nur die Kritik des Englandfanatikers Lichtenberg an seinen Landsleuten, die er im Kontrast zu den natürlichen Originalköpfen von der grünen Insel zu Meistern im Nachahmen erklärte.[36] Es artikuliert sich darin auch ein eigenes Problem und damit eine kaum verhehlte Selbstkritik. »Er exzerpierte beständig, und alles, was er las, ging aus einem Buche *neben dem Kopf vorbei* in ein anderes« (G_{II} 181), notierte sich Lichtenberg einmal in der für ihn typischen, sowohl auf einen anderen wie auf sich selbst beziehbaren Sprechweise in der dritten Person Singular.[37] Und dass sich bei ihm durch das »Sammeln und beständige Lesen [...] alles an das Gedächtnis und nicht an ein System« hängte, dass ihm dieses Gedächtnis aber ausgerechnet dann, wenn er es am dringendsten bräuchte, beim »Disputieren« nämlich, die »besten Argumente« nicht lieferte (H_{II} 168), war ihm eine Qual.[38]

Gleichwohl gestand Lichtenberg dem Exzerpieren eine gewisse Existenzberechtigung zu: als unverzichtbarer Lückenbüßer des Denkens nämlich.

Merke ich bei meinem Denken Lücken, die ich nicht ausfüllen, und Schwierigkeiten, die ich nicht überwinden kann, so muß ich nachschlagen und lesen. Entweder dieses ist das Mittel, ein brauchbarer Mann zu werden, oder es gibt gar keines. (G_{II} 208)

---

[35] So z.B. in E_I 235 u. 370, F_I 140, J_I 3 u. 1155 sowie K_{II} 299. In J_I 648 beschimpft Lichtenberg Johann Georg Zimmermann, einen seiner größten Gegner in der Physiognomik- und Geniedebatte, als Kompilator.

[36] Vgl. z.B. D_I 367, E_I 69 u. 264, F_I 958, G_{II} 202 u. 205 oder J_I 1195.

[37] Typisch hierfür ist die berühmte autobiographische *Sudelbuch*-Notiz »*Charakter einer mir bekannten Person*« (B_I 81).

[38] Vgl. ähnlich GH_{II} 63.

Mehr noch: Lichtenberg erkannte in den Exzerptsammlungen die unsichtbare aber notwendige Voraussetzung von Meisterwerken. »O, wenn man die Bücher und die Kollektaneen sähe, aus denen oft die unsterblichen Werke erwachsen sind« (G_{II} 209), notierte er sich im unmittelbaren Anschluss an die vorausgehende Aufzeichnung. Ein beschwörender Wunsch, den er für Newtons »Schreibbücher« wiederholte (J_I 26) und in Sternes »Kollektaneen« erfüllt sah (L_I 186).

So kehren auch die vier Haupttraktanden der aufklärerischen Exzerpierreform in Lichtenbergs *Sudelbüchern* nicht zufällig in immer neuen Variationen wieder. Der geforderte Realbezug wurde von Lichtenberg nachgerade zu einer Lebensmaxime erhoben: »Man muß zuweilen wieder die Wörter untersuchen, denn die Welt kann wegrücken, und die Wörter bleiben. Also immer Sachen und keine Wörter«. (G_{II} 68)

Aus Angst, die Welt könnte ihm unter der Hand abhanden kommen, nahm sich der Büchermensch und Wortakrobat Lichtenberg in der vielleicht ausführlichsten Selbstreflexion über seine »Schmierbuch-Methode« (F_I 1219) nicht das Aufschreibesystem irgendeines großen Gelehrten zum Vorbild, sondern die Buchhaltung der Kaufleute:

> Die Kaufleute haben ihr Waste book (Sudelbuch, Klitterbuch glaube ich im Deutschen), darin tragen sie von Tag zu Tag alles ein was sie verkaufen und kaufen, alles durch einander ohne Ordnung, aus diesem wird es in das Journal getragen, wo alles mehr systematisch steht, und endlich kommt es in den Leidger at double entrance nach der italiänischen Art buchzuhalten. In diesem wird mit jedem Mann besonders abgerechnet und zwar erst als Debitor und dann als Creditor gegenüber. Dieses verdient von den Gelehrten nachgeahmt zu werden. Erst ein Buch worin ich alles einschreibe, so wie ich es sehe oder wie es mir meine Gedanen eingeben, alsdann kann dieses wieder in ein anderes getragen werden, wo die Materien mehr abgesondert und geordnet sind, und der Leidger könnte dann die Verbindung und die daraus fließende Erläuterung der Sache in einem ordentlichen Ausdruck enthalten.[39]

---

[39] E_I 46. Eine ganz ähnliche »gelehrte Buchhalterey« schlägt auch Zedler im Art. ›Excerpiren‹ in seinem *Großen vollständigem Universal Lexicon Aller Wissenschafften und Künste* (Bd. 8, Halle u. Leipzig 1743, Sp. 2321) vor. Vgl. dazu ausführlicher den Beitrag von Klaus Weimar in diesem Band.

Trotz dieser methodischen Anleihe bei der Warenwirtschaft war Lichtenberg kein naiver ›Realist‹. Zwar wurde er nicht müde daran zu erinnern, dass sich »die Richtigkeit unseres Urteils« nicht auf die »Kenntnis der Meinungen anderer«, sondern auf »Erfahrung oder Erkenntnis von Factis« gründet (D_I 15 u. 19). Aber er wusste, dass diese »Facta« unweigerlich Sprachcharakter annehmen, sobald sie vom Verstand bearbeitet und schriftlich festgehalten werden – sobald man sie mit anderen Worten als Erfahrung thesauriert. Wie Bacon rechnete Lichtenberg deshalb, wenn er von »Facta« spricht, mit selbst gemachten und angelesenen Erfahrungen in gleicher Weise und stellte beide ununterschieden den gemachten »Meinungen« und Vorurteilen (bei Bacon: *idola*) gegenüber.[40] Selbst dort, wo es um den unmittelbaren Kontakt mit der Natur geht, blieb für ihn diese Natur ein Buch, das Modell für den Naturbezug das Lesen:[41] »Anstatt einen Helden immer in *seinem* Homer lesen zu lassen, wollte ich ihn lieber in das Buch sehen lassen, aus dem Homer selbst lernte«, heißt es in einer Kritik am homerseligen *Werther* (G_{II} 5). Dass die Selbstverpflichtung auf die ›Sachen‹ Lichtenbergs Lust an den ›Wörtern‹ keineswegs zu zügeln vermochte, beweisen auch die zahllosen witzigen Wortspielereien und kuriosen -listen – etwa von Schimpfwörtern und Redensarten (D_I 667 u. 668) – in den *Sudelbüchern*.

Auch der Produktionsbezug, der an zweiter Stelle genannte Schwerpunkt der Exzerpierreform des 18. Jahrhunderts, lag Lichtenberg am Herzen. Am Anfang von *Sudelbuch J* notierte er sich als Inhaltsangabe:

Vermischte Einfälle,
verdaut und unverdaute, Begebenheiten, die mich besonders angehn.
auch hier und da Exzerpte, und Bemerkungen, die an
einem andern Ort gnauer eingetragen
oder sonst von mir genützt sind. (J_I 1)

---

[40] Heinz Gockel: Individualisiertes Sprechen. Lichtenbergs Bemerkungen im Zusammenhang von Erkenntnistheorie und Sprachkritik, Berlin u. New York 1973, S. 70ff.; Gert Ueding: Beredsamkeit, S. 10f.; Linde Katritzky: Lichtenbergs Gedankensystem: Denkanweisung für Jedermann, New York u.a. 1995, S. 63ff. betont die Rolle von Johnsons *Dictionary of the English Language* (1755 u. 1760) für Lichtenbergs Bacon-Kenntnis.
[41] Ähnlich auch F_I 734. Zu Lichtenbergs *liber naturae*-Vorstellung: Hans Blumenberg: Die Lesbarkeit der Welt, Frankfurt am Main 1983, S. 199–213.

Die Exzerpte durften keinesfalls ein Endstadium markieren. Sie mussten, wie gesehen, das Zeug zu »unsterblichen Werken« (G_{II} 209) haben. Die Betonung liegt nicht auf dem Sammeln an sich, sondern auf seinem Nutzen an einem »anderen Ort«. Durch »aktives« statt »passives« Lesen (E_I 266) und durch konzentriertes Verdauen[42] sollte der in den eigenen Exzerptheften angehäufte »Schatz« in »künftigen Ausarbeitungen« aufgehen (G_{II} 207). Diesen Transformationsprozess vom Exzerptheft zum eigenständigen Werk versuchte Lichtenberg in Eintragungen wie jener zur Wastebook-Methode der Kaufleute theoretisch zu operationalisieren. Dem Zweck dieses »*methodische[n] Fortschreiten[s] in der Ausarbeitung von unten auf*« (J_{II} 1422) diente nicht zuletzt auch die entfernt an Lockes *New Method* erinnernde alphanumerische Indizierung der *Sudelbücher*.[43] Und auch der von Lichtenberg in seinen *Sudelbüchern* kultivierte Konjunktiv zielte auf die Verwirklichung dessen, was in ihm als möglich erwogen wird.[44] In den (nicht seltenen) Fällen aber, wo eine solche Verwirklichung zu offensichtlich unwahrscheinlich ist, wird klar, dass die »künftigen Ausarbeitungen« von Lichtenbergs Exzerpten ihrerseits wiederum nur Möglichkeitsstatus haben konnten – sprich: fiktive oder poetische Welten sein mussten. Die in den *Sudelbüchern* keimhaft angelegten Romanprojekte belegen das auf eindrückliche Weise.[45]

In der an dritter Stelle genannten Forderung nach einer Subjektivierung des produktiven Umgangs mit Exzerpten lag, wie noch detaillierter zu zeigen sein wird, für Lichtenberg das eigentliche Problem begründet. Konform mit den Exzerpieranleitungen der Aufklärung war er zwar davon überzeugt, dass Originalität nicht voraussetzungslos entstehen konnte, sondern nur dadurch zu erreichen war, dass einer zuerst »Facta kennen« lernte und »diesen Factis« dann »eine Stelle in [seinem] Meinungen-System« anwies (D_I 19). Dennoch erklärte er

[42] Vgl. dazu Heike Mayer: Lichtenbergs Rhetorik, S. 122 u. 127.
[43] Die Bezeichnung der *Sudelbücher* mit Majuskeln stammt von Lichtenberg, die Nummerierung der einzelnen Einträge in den neueren Ausgaben dagegen von den Herausgebern. Lichtenberg selbst brauchte ein internes Verweissystem mit *Sudelbuch*-Bezeichnung und Seitenangabe.
[44] Vgl. dazu Albrecht Schöne: Aufklärung aus dem Geist der Experimentalphysik. Lichtenbergsche Konjunktive, München 1983.
[45] SB III, 583–618, die dazugehörigen Notizen aus den *Sudelbüchern* sind nachgewiesen in SB K III, 283 ff. Vgl. dazu insgesamt Gerhard Sauder: Lichtenbergs ungeschriebene Romane, in: Photorin 1, 1979, S. 3–14.

ausgerechnet den, der »nicht aus dem Stegreif zu räsonieren weiß« und »erst in seine Excerpta steigen muß oder in seine Bibliothek«, zum »Artefakt« (L$_I$ 69). Die Suche nach dem »stärkestindividualisierenden Ausdruck«, den Lichtenberg in den Exzerptheften anzustreben empfahl (G$_{II}$ 207), mündete deshalb mit größerer Gewissheit in die »Naturgeschichte« des exzerpierenden Geistes (J$_I$ 26; vgl. D$_I$ 366 u. F$_I$ 811) als in geniale Werke. Während Originalität als Ausdrucksqualität des Subjekts in dessen »Familien-Archiv« (J$_I$ 26) in jedem Fall erstrebenswert war, bekam sie als Werkqualität schnell einmal einen zweifelhaften Status. Diese gerade für Lichtenbergs eigenes Werk wichtige Differenzierung wird durch die Einsicht des Autors bestätigt und ergänzt, dass der originelle »Wert« von Exzerpten, die in »Meisterwerke« integriert wurden, nicht allein das Verdienst des Verfassers und seiner Erfindungskraft sein konnte. Vielmehr war er ein Effekt des Kontextes, in den die Exzerpte jeweils zu stehen kamen, und wurde vom »Zufall« nicht weniger als vom Genie des Autors regiert (L$_I$ 186). Wie Shaftesbury in seinen *Miscellanious Reflections* entschied sich Lichtenberg deshalb bewusst für eine literarische Produktion, die den »Cuttings and Shreds of Learning«, dem Fragment und dem Unfertigen, welches erst im Zusammenspiel mit anderen Sinneinheiten seine Sinnfülle entfaltete, vor dem geschlossenen Werk den Vorzug gab.[46] Dass Lichtenbergs Exzerpte im Zustand von *Sudelbüchern* – »wastebooks« – geblieben sind und den systematischen Weg ins »Journal« und von dort in den »Leidger« nicht gefunden haben, ist von hier aus gesehen nur konsequent.[47]

Von hier verläuft eine direkte Linie zur vierten Reformbestrebung, der heuristischen Funktionalisierung des Exzerpierens. Als

---

[46] Dies wäre gegen die lange Zeit herrschende Forschungsmeinung einzuwenden, die die Vereinzelung und das Fragmentarische von Lichtenbergs literarischem Schaffen als Unvermögen zu einem geschlossenen Werk interpretierte (so z.B. Peter Rippmann: Werk und Fragment. Georg Christoph Lichtenberg als Schriftsteller, Bern 1953). Vgl. dazu Joseph Peter Stern: Lichtenberg. A Doctrine of Scattered Occasions. Reconstructed from his Aphorisms and Reflections, Bloomington 1959 sowie Hans-Georg von Arburg: Kunst-Wissenschaft um 1800. Studien zu Georg Christoph Lichtenbergs Hogarth-Kommentaren, Göttingen 1998, S. 371ff.

[47] Vgl. die ähnliche Einschätzung bei Monika Ammermann: Gemeines Leben. Gewandelter Naturbegriff und literarische Spätaufklärung: Lichtenberg, Wezel, Garve, Bonn 1978, S. 175.

»heuristisches Hebzeug« vermochte ein Exzerptheft Lichtenberg zufolge nur dann zu fungieren, wenn seine Organisation desorganisiert war. So mochte Lichtenberg im Zusammenhang mit seinen *Sudelbüchern* zwar von einem »Schatz« (G_{II} 207) sprechen, nicht aber von einer Schatzkammer, wie man sie aus der humanistischen und barocken Exzerpiermetaphorik kennt.[48] Er vermied die Architekturmetaphern der Fund-Örter (*loci*) oder des Gedächtnis-Theaters, mit denen die Theoretiker der Frühen Neuzeit die Topik als eine simultane Vergegenwärtigung von Wissenswertem in ihre Memoriapraxis eingegliedert hatten. Seine Modellvorstellung für das Exzerpieren war die Jagd, die auf den »planlosen Streifzügen der Phantasie« (J_{II} 1550) in einer unausgesetzten Bewegung zu immer neuem Wissensmöglichem vordringt.[49] »For ever reading, never to be read« (F_I 1165) – diese programmatische Notiz Lichtenbergs aus der Zeit des Physiognomikstreits mit Lavater hätte auch als Motto über seiner »Schmierbuch-Methode« stehen können.[50] Das bevorzugte Material für Exzerpthefte war das Nebensächliche und Kleine, und zwar nicht um ihrer puren Nebensächlichkeit und Kleinheit willen, sondern weil sie in demokratischer Weise jedem »denkenden Kopf«[51] unvermutete Zugänge zu den wirklich großen Fragen eröffneten.[52] Ihr systematischer Ort war das Chaos:

> So wie Linné im Tierreiche könnte man im Reiche der Ideen
> auch eine Klasse machen die man Chaos nennte. Dahin gehören
> nicht sowohl die großen Gedanken von allgemeiner Schwere,

[48] Vgl. Helmut Zedelmaier: Bibliotheca universalis, S. 75 ff. u. 226; Martin Beetz: Rhetorische Logik, S. 149 ff.

[49] Zur Jagdmetaphorik im Zusammenhang mit Lichtenbergs Physiognomikkritik vgl. Barbara Stafford: Body Criticism. Imaging the Unseen in Enlightenment Art and Medicine, Cambridge 1991, S. 120 ff.

[50] Der englische Satz ist in Promies' Kommentar nicht als Zitat nachgewiesen (SB K 1/2, 4478). Es ist aber nicht auszuschließen, dass wiederum ein Exzerpt das Motto zu Lichtenbergs Exzerpierpraxis abgegeben haben könnte.

[51] E_I 370. In dieser Notiz stellt Lichtenberg den »denkenden Kopf« oder »Starkdenker« den »schwachen Köpfen« und – bezeichnenderweise – auch den »große[n] Kompilatoren« gegenüber.

[52] Ernst Bloch spricht von einem »Denken nebenbei, das nicht ohne ist« (Ernst Bloch: Lichtenbergsches herauf, herab, in: Ders.: Literarische Aufsätze. Werkausgabe, Bd. 9, Frankfurt am Main 1985, S. 201–208, hier S. 201). Die erkenntniskritische Begründung von Lichtenbergs Interesse am Detail betont Heinz Gockel: Individualisiertes Sprechen, S. 134 ff. u 140.

Fixstern-Staub mit sonnenbepuderten Räumen des unermeßlichen Ganzen, sondern die kleinen Infusions-Ideechen, die sich mit ihren Schwänzchen an alles anhängen, und oft im Samen der Größten leben, und deren jeder Mensch wenn er still sitzt [eine] Million durch seinen Kopf fahren sieht. (J 850)

In diesem Ideengewimmel fungierte der Witz als heuristischer Prozessor. Denn wenn in irgendeinem Seelenvermögen der »Finder für alle Dinge« verborgen liegen mochte, den Lichtenberg zu »erfinden« hoffte, dann allein im Witz (F$_{II}$ 1620 u. 1621). Sekundiert durch sein Gegenstück, den Scharfsinn oder Verstand, führte er das in den *Sudelbüchern* akkumulierte Wissen auf die kapriziösen und oft zufälligen Pfade der »Erfindung« von etwas Neuem (F$_I$ 1195) im Sinne einer kritischen ›Erkenntnis‹, wie sie Lichtenberg vorschwebte.[53] Chaos und Witz als Erkenntnisvoraussetzung und Erkenntnisprinzip sollten jene »neuen Blicke durch alte Löcher« ermöglichen, die sich der »Selbstdenker« Lichtenberg (D$_I$ 433) abverlangte und durch welche gerade auch das in seinen Notizheften zusammengelesene »längst Geglaubte« immer wieder »für unausgemacht« gehalten werden konnte (K$_{II}$ 49).[54]

An dieser Stelle ist vielleicht doch ein kurzer Blick auf Lichtenbergs Exzerpierpraxis angebracht. Sie geht – mindestens oberflächlich betrachtet – mit seinen theoretischen Äußerungen durchaus konform. Quantitativ gesehen enthalten Lichtenbergs *Sudelbücher* nur wenige Exzerpte im engeren Sinn. Das gilt etwas weniger für Notizhefte, die ausdrücklich zur Aufnahme von Lektürenotaten bestimmt sind, wie

---

[53] D$_I$ 469 u. F$_I$ 700. Zur Komplementarität und Kooperation von Witz und Scharfsinn bei Lichtenberg vgl. Heinz Gockel: Individualisiertes Sprechen, S. 78 ff., zur Gleichsetzung von »Erfinden« und »Erkennen« ebd., S. 84. Das launisch-spielerische Element dieser Heuristik betont Gerhard Neumann: Ideenparadiese, S. 141 ff.

[54] Auch in D$_I$ 433 setzt sich der gelehrte »Selbstdenker« Lichtenberg in einem fingierten Wortwechsel mit der kompilatorischen älteren Gelehrsamkeit auseinander: »Kennen Sie die fast courant gewordene Distinktion zwischen solider und superfizieller Gelehrsamkeit noch nicht? Uns eigenen Sie die superfizielle und sich die solide zu? [...] ist dieses, so ist unsere Gelehrsamkeit nicht bloß durch plus und minus von der Ihrigen unterschieden, sondern wir können unsere Gelehrsamkeit aufs äußerste treiben und sie wird doch nicht solid, hundert superfizielle Folianten sind noch nicht so viel wert als ein solides Insekt von einem Büchelchen, das an einer Uhrkette bümmelt.«

etwa das sogenannte *Füllhornbuch* oder die Materialhefte. Aber selbst
dort werden Textzitate selten nachgewiesen, oder es werden an ihrer
Stelle überhaupt nur rudimentäre Titelangaben von Werken notiert,
für die sich Lichtenberg interessiert. Viel häufiger sind – meist nicht
als solche gekennzeichnete – Fremdzitate, die Lichtenberg syntaktisch
wie argumentativ so in seine Notizen integriert, dass das Fremde vom
Eigenen kaum zu unterscheiden ist.[55] Lichtenberg bleibt damit seiner
theoretischen Maxime treu, »sich alles, was man weiß, so [zu] eigen zu
machen, daß es ganz zu [...] seinem Wesen zu gehören scheint«, weil
das »immer besser« sei »als *Kollektaneen von factis dem Gedächtnis
anvertraut*« (J$_{II}$ 1738). Den größten Anteil der *Sudelbuch*-Notizen
aber machen eigene Einfälle, Entwürfe und Gedankenexperimente
Lichtenbergs aus. Zwar gehört die Sammlung von Selbstgedachtem
und -beobachtetem neben fremden Lesefrüchten von jeher zum
Standardkatalog rhetorischer Exzerpierlehren.[56] Die quantitative
Umgewichtung der Anteile und ihre Amalgamierung jedoch, die
Lichtenberg in seinen *Sudelbüchern* vornimmt, ist außergewöhn-
lich. Aus der Sicht des historischen Wandels der Exzerpierpraxis im
18. Jahrhundert macht sich darin vor allem die Miszellaneen-Tradition
Shaftesburys bemerkbar. Der Shaftesbury-Bezug liefert nicht nur eine
gattungsgeschichtliche Erklärung für den ästhetischen Überschuss
der *Sudelbücher* über ihren rein erkenntnistheoretischen Nutzen.[57] Er
rückt sie ideengeschichtlich auch in die Nähe der Genieästhetik – so
sehr diese Nähe ihrem Autor widerstrebt haben musste.[58]

---

[55] Die beachtliche Zahl von Fremdzitaten, die Leitzmann und Promies in ihren
Ausgaben nachweisen, ist abhängig von der Findigkeit und dem individuellen Kenntnisstand der Herausgeber. Sie dürfte immer noch einen bloß geringen Prozentsatz der effektiven Referenzen ausmachen.

[56] Vgl. Heike Mayer: Art. ›Kollektaneen‹, S. 1126 u. Heike Mayer: Lichtenbergs
Rhetorik, S. 23 ff.

[57] Erkenntniskritik und Ästhetik spielen sich bei Lichtenberg zwar öfter in die
Hände, aber durchaus nicht immer so, dass »das in einem ästhetischen Hand-
lungsideal dominierende spielerische Element [...] nur um seiner Funktion
willen, [...] denkerschließend zu wirken« übernommen würde, wie Heinz
Gockel: Individualisiertes Sprechen, S. 91 behauptet.

[58] Die einzige *Sudelbuch*-Notiz, die Shaftesbury explizit erwähnt (B$_I$ 277), ist
kritisch – wenngleich die Bezugsgröße der Kritik – ein nicht weiter definier-
tes »Er« – nicht ganz eindeutig ist. Zu Shaftesbury als Ahnherr der deutschsprachigen Geniebewegung vgl. Günther Peters (Ders.: Der zerrissene Engel.
Genieästhetik und literarische Selbstdarstellung im achtzehnten Jahrhundert,

II

Damit komme ich zu meinem zweiten Punkt, zur Originalitätsproblematik. Dass Lichtenberg die empfindsamen Dichterseelen und die selbsternannten Originalgenies seiner Zeit sowie ihre Apostel in den Reihen der Literaturkritik gehasst hat wie die Pest, ist bekannt.[59] In mehreren zum Teil ausführlichen Notizen entwarf er unter dem Titel *Parakletor* (griech. Fürsprecher, Beistand) eine gegen die Genie-Clique gerichtete Satire, in welcher er »Trostgründe für die Unglücklichen die keine Original-Genies sind« (D_I 526) sammeln wollte.[60] Die Frage ist nur, aus welchen bestimmten Gründen Lichtenberg so allergisch auf die neue Literaturmode reagiert hat und mit welchen ästhetischen Modellvorstellungen diese Idiosynkrasie verbunden war und gegebenenfalls auch in Konflikt geraten konnte?

Zunächst ist festzuhalten, dass Originalität und Genie für Lichtenberg keineswegs schlechthin negative Qualitäten darstellten. In einer frühen *Sudelbuch*-Notiz wird als ein »Hauptkennzeichen des Genies« angeführt, »nur individua [zu] sehen« (B_I 22) – eine Tugend, der Lichtenberg zeitlebens nachstrebte.[61] Und in einem Titelentwurf zum erwähnten *Parakletor* stellt er den »Beweis« in Aussicht, »daß man zugleich ein Originalkopf und ein ehrlicher Mann sein könne« (D_I 532). Vor allem die Alten werden immer wieder als Beispiele für solche ehrlichen und damit nachahmenswerten Genies angeführt. Dies deshalb, weil sich einer zeittypischen Gleichung zufolge mit

Stuttgart 1982, S. 1 ff.) sowie Jochen Schmidt (Ders.: Die Geschichte des Genie-Gedankens in der deutschen Literatur, Philosophie und Politik 1750–1945, 2 Bde., Darmstadt 1988, Bd. I, S. 258 ff.).

[59] Die ›Empfindsamen‹ und die ›Genies‹ wurden von den Zeitgenossen v.a. unter dem Titel »Enthusiasmus« miteinander identifiziert (Gerhard Sauder: Empfindsamkeit. Bd. 1: Voraussetzungen und Elemente, Stuttgart 1974, S. 137 ff.). Zur Gleichsetzung von Empfindsamkeit und Geniebewegung im *Göttingischen Magazin der Wissenschaften und Litteratur* und bei ihrem Mitherausgeber Lichtenberg vgl. Wolfgang Doktor: Die Kritik der Empfindsamkeit, Frankfurt am Main 1975, S. 162. Neben dem Berliner Verleger und Publizisten Friedrich Nicolai und dem Göttinger Altphilologen Christian Gottlob Heyne wurde Lichtenberg von den Vertretern der Genie-Bewegung als Hauptgegner betrachtet (Günther Peters: Der zerrissene Engel, S. 191 ff.).

[60] Vgl. dazu auch D_I 532 u. 603 sowie die Entwürfe in SB III, 522–532, besonders SB K III, 241 ff.

[61] Vgl. Heinz Gockel: Individualisiertes Sprechen, besonders S. 19 ff.

ihrer Genialität Einfachheit und Natürlichkeit paarten.[62] Der Komplex dieser positiven Eigenschaften ließ sich leicht unter dem semantisch doppeldeutigen Terminus des Originalen bzw. der Originalität zusammenfassen.[63] Unter diesem Titel gesellten sich zu den Alten in der Gegenwart die Engländer. In ihrer natürlichen Genialität verband sich für Lichtenberg ein ästhetisches Vermögen mit einer anthropologischen – genauer: einer konstitutionellen – Anlage noch prototypischer als bei den Griechen und Römern.[64] Lichtenbergs große Vorbilder aus der englischen Kunst, Shakespeare, Hogarth und der Schauspieler David Garrick, verkörperten die Einheit von künstlerischem Naturtalent und natürlicher Persönlichkeit – eine Einheit, die Lichtenberg immer wieder unter die Begriffe des Charakters bzw. des Charakteristischen fasste.[65] Als genial in einem positiven Sinn galten ihm aber nicht nur diese großen englischen Künstler, eine natürliche Genialität legten die Engländer überhaupt an den Tag: »In England findet man mehr Original-Charaktere in Gesellschaften und unter dem gemeinen Volk als man aus ihren Schriften kennt« (E$_I$ 37), notierte er sich während seines zweiten Englandaufenthaltes in sein Exzerptheft. Den Grund dieses »Originalismus« (F$_I$ 366) der Engländer sah Lichtenberg in ihrer Disposition zum »Whim« – jener launisch-spleenigen Geisteshaltung, die er sich selbst zum Wahlspruch erhob (B$_I$ 343) und die er in einem Anflug von hypertropher Begeisterung selbst den auf der Insel lebenden Vierbeinern zuschrieb (E$_I$ 132). »Wir fahren nicht mit Bouquets und weißen Coquarden nach dem Galgen, schneiden uns nicht aus Neugierde in die Finger um unser Blut zu sehen, braten nicht Rippenstücke von unsern Weibern oder Geliebten [...]. Und wir wollen original sein?« (E$_I$ 121), fragte der Kritiker der deutschen Originalgenies rhetorisch. Zu dieser lebensweltlichen Affinität von »Whim« und Originalität gab es ein erkenntniskritisches Pendant:

---

[62] Vgl. z.B. B$_I$ 20, 22, 25 u. 365, D$_I$ 264; E$_I$ 197, 257, 261; L$_I$ 275; G$_{II}$ 117.

[63] So vor allem in B$_I$ 22 u. D$_I$ 610.

[64] Voraussetzung für diese Präferenz war eine anthropologische Wende im Zeichen des ›gemeinen Lebens‹, die für Lichtenberg wie für andere Autoren der Spätaufklärung ausschlaggebend wurde (vgl. Monika Ammermann: Gemeines Leben). Zur unten berührten Kategorie der *Laune* ebd., S. 152 ff. u. 175 f.

[65] Ein Schlüsseltext diesbezüglich sind Lichtenbergs Briefe aus England (SB III, 326–367). Zum Charakter-Begriff in diesem Zusammenhang vgl. Hans-Georg von Arburg: Kunst-Wissenschaft, S. 195 ff.

die Verwandtschaft zwischen dem Genie und dem Witz.[66] Denn das
Genie machte eben jene »Sprünge« (J$_{II}$ 1889), durch die auch der Witz
völlig Disparates zu neuen Einsichten zusammenschießen ließ. Auch
in diesem Verständnis als Erkenntnisorgan (nicht allerdings als ein
solches der intuitiven Produktivität!)[67] wurde das Genie von Lichtenberg hochgeschätzt. An der Schnittstelle aller drei Bereiche – des
ästhetischen, konstitutionellen und erkenntniskritischen – mochte
sich Lichtenberg durchaus selbst als »originellen Kopf« (E$_I$ 414) und
Verfasser »witziger Schriften« (RA$_{II}$ 31) sehen.

Dieses persönliche Interesse am Genie-Komplex erklärt zum Teil
das *Acharnement*, mit dem Lichtenberg in den 1770er Jahren gegen
die grassierende Genie-Mode zu Felde zog. Darüber hinaus lebte der
Göttinger Experimentalphysiker in einer Stadt, in der die deutsche
Geniebewegung mit dem *Hainbund* um Ludwig Heinrich Christoph
Hölty und Johann Heinrich Voss eine ihrer Bastionen errichtet hatte.[68]
Nachdem der geplante *Parakletor* im Entwurfsstadium steckengeblie-
ben war, machte Lichtenberg seine Kritik an dieser literarischen Mode
v. a. im Rahmen des Streites um Johann Caspar Lavaters Physiognomik
publik, in welchen mitunter dieselben Akteure verwickelt waren. Und
obwohl er mit seinem verwachsenen Körper auch hier existenziell
herausgefordert war und deshalb mit seinen Gegnern nicht gerade
zimperlich umging, erschöpfte sich seine Kritik keineswegs im bloßen
Affekt. Sie war vielmehr konzise in erster Linie Stil- und in zweiter Linie
Erkenntniskritik.[69] Der ›geniale‹ Physiognomiker Lavater und zumal
dessen publizistischer Promotor, der Hannoversche Leibarzt Johann
Georg Zimmermann, ärgerten Lichtenberg durch die am Genieidol
Klopstock angelehnte »transzendente Ventriloquenz« (F$_I$ 665 u. 802,
SB III, 257) und die »Art von leerem Geschwätz, dem man durch Neuig-
keit des Ausdrucks, unerwartete Metaphern das Ansehen von Fülle
gibt« (E$_I$ 195).[70] Lichtenberg hat den »Wonneton« dieser »Seher«, der

---

[66] Vgl. Heinz Gockel: Individualisiertes Sprechen, S. 84ff., einschränkend Wolfgang
Schmidt-Hidding: Europäische Schlüsselwörter, Bd.1: Humor und Witz, München 1963, S. 169ff. Speziell zum englischen Kontext (S. Johnson) ebd., S. 131ff.

[67] Heinz Gockel: Individualisiertes Sprechen, S. 89.

[68] Vgl. B$_I$ 22. Zum Geniekult des *Göttinger Hains* vgl. Günther Peters: Der zerrissene Engel, S. 180ff.

[69] Vgl. zum Folgenden Heinz Gockel: Individualisiertes Sprechen, S. 85ff. u. 128ff.

[70] Vgl. ähnlich F$_I$ 204 u. 293. Zur Rhetorik der Geniebewegung ausführlich
Günther Peters: Der zerrissene Engel, S. 121–188.

»Dithyramben« daher »plundert und stolpert«, »mit konvulsivischem
Bemühen das Unaussprechliche auszusprechen« (F$_I$ 802), in seinen
Sudelbüchern in immer neuen Variationen parodiert.[71] Abgesehen
von der ganz unverkennbaren Lust an der satirischen Stilparodie
war Lichtenbergs Geniekritik vor allem erkenntniskritisch motiviert.
Ihr Kern ist die Unangemessenheit von Sachverhalten (*res*) und ihrer sprachlichen bzw. begrifflichen Vermittlung (*verba*). Rhetorisch
gesprochen bedeutete diese Unangemessenheit einen Verstoß gegen
das Prinzip des *aptum/decorum*. Erkenntnistheoretisch gesprochen
war hier eine angestrengt subjektive Sprechweise nicht gedeckt durch
die – in Lichtenbergs Augen so entscheidenden – eigenen Beobachtungen und Erfahrungen des Sprechenden oder Schreibenden, die
die Literatur dem Erkenntnisvermögen der Leser zu vermitteln hatte.
Mehr noch: Der scheinbar extrem individualisierte Stil der »Original-
Skribenten« (D$_I$ 520) entlarvte sich im Kontext der Geniemode als
»Esprit du Corps« (D$_I$ 367; L$_I$ 275), als ein bloßer Jargon. Den Genies
und ihren Bewunderern drohte, genau wie den gelehrten Pedanten,
denen sie spinnefeind waren, die Welt abhanden zu kommen, während
allein die Wörter stehen blieben (G$_{II}$ 68).

An diesem Punkt berührt sich Lichtenbergs Geniekritik mit seiner
Gelehrtenkritik. Die gemeinsame Bezugsgröße ist das problematische
Verhältnis von Natur und Kunst. Lichtenberg waren die deutschen
»Original-Genies«, die »fluch[ten] und schimpf[ten] wie Shakespeare,
lei[erten] wie Sterne, seng[ten] und brenn[ten] wie Swift, oder po-
saun[ten] wie Pindar«, deshalb zuwider, weil sie »Dichter aus Dichtern
und nicht Dichter aus der Natur« waren (D$_I$ 610). Das Paradebeispiel
eines solchen Dichters aus zweiter Hand war für Lichtenberg der
junge Goethe, der angemaßte Shakespeare aus »Böotien«, der »durch
Prunkschnitzer sogar die Sprache originell mach[en]« wollte. Die
Argumentation, mit welcher Lichtenberg den Verfasser des *Werther*
schon einmal im Zusammenhang mit Homer verurteilt hatte, wiederholt sich hier. Wie Homer galt auch Shakespeare den Literaturtheo-
retikern des 18. Jahrhunderts als Inbegriff reiner Natur(poesie) und

---

[71] Vgl. z.B. die Proben im »Böotischen Dialekt« in E$_I$ 157, 245 u. 314 oder die
köstlichen zwei Briefe von Mägden über Literatur aus dem *Parakletor*-Umfeld
(SB III, 530ff.). Die Böotier galten im alten Athen als bäurisch und plump.
Böotien war u.a. die Heimat Pindars, eines der großen Idole der deutschen
Geniebewegung.

war deshalb auch eines der unbestrittenen Vorbilder der Sturm und Drang-Generation.[72] Und wie im Falle der Homer-Adepten, die in ihrem Homer lasen statt in das Buch der Natur zu blicken, »aus dem Homer selbst lernte«, lautet auch hier der Vorwurf an die Adresse Goethes, er imitiere die Werke des Naturgenies Shakespeare, statt sich an dessen Quelle, an die Natur selbst, zu halten. Indessen liegen auch hier die Dinge komplizierter als es auf den ersten Blick scheinen mag. Denn Lichtenberg war überzeugt davon, dass sich die Natürlichkeit der antiken Autoren und Shakespeares nicht *tel quel* in die Gegenwart herüberretten ließ. Ihm war bewusst, dass das, was in der Kunst der Moderne als Natur erscheinen mochte, lediglich ein Effekt dieser Kunst war. »Natürlich zu schreiben«, so räsonierte er in einem frühen *Sudelbuch*-Eintrag, »erfordert unstreitig die meiste Kunst, jetzo da wir meistens künstliche Menschen sind; wir müssen, so zu reden, das Costume des natürlichen Menschen erst studieren, wenn wir natürlich schreiben wollen« (B₁ 270).[73] Wie Kant in seiner berühmten Formel aus der *Kritik der Urteilskraft* (1790, § 46) hielt zwar offensichtlich auch Lichtenberg das Genie für jene »angeborne Gemütsanlage«, »durch welche die Natur der Kunst die Regel gibt«.[74] Aber es war ihm ebenso klar wie jenem, dass das Resultat der Kunst dieses Genies niemals die Natur selbst sein konnte, sondern eine von der Natur regulierte Kunst bleiben musste.[75] Das Argument des Sekundären, Abgeleiteten hätte deshalb streng genommen nicht als Einspruch gegen die Produkte der

---

[72] Vgl. dazu Jochen Schmidt: Die Geschichte des Genie-Gedankens, S. 150 ff. und die Dokumentation bei HansJürgen Blinn: Shakespeare-Rezeption. Die Diskussion um Shakespeare in Deutschland, Bd. 1: Ausgewählte Texte von 1741 bis 1788, Berlin 1982. Auch für die ›genialen‹ Physiognomiker aus der Schweiz spielte Shakespeare als Naturgenie eine zentrale Rolle (vgl. Martin Bircher u. Heinrich Straumann: Shakespeare und die deutsche Schweiz bis zum Beginn des 19. Jahrhunderts. Eine Bibliographie raisonnée, Bern u. München 1971, S. 46 ff.: J. J. Bodmer, S. 89 ff.: J. H. Füssli, S. 128 ff.: J. C. Lavater, S. 198 ff.: J. G. Zimmermann).

[73] Der Ausdruck »Costume des natürlichen Menschen« kehrt in B₁ 321 wieder. Zu Lichtenbergs Konzept des ›natürlichen Menschen‹ vgl. auch Gerhard Neumann: Ideenparadiese, S. 109 ff.

[74] Immanuel Kant: Werke in sechs Bänden, hg. von Wilhelm Weischedel. Darmstadt 1983, Bd. V, S. 405 f.

[75] Lichtenberg sieht sich in dieser Einsicht nicht zufällig durch seine späte Kant-Lektüre bestätigt, wie J₁ 1168 zeigt.

Genies herhalten dürfen.[76] Trotzdem benutzte Lichtenberg dieses Argument immer wieder, und zwar nicht nur deshalb, weil er den naiven Anspruch dieser Produkte, reine Natur zu sein, Lügen strafen wollte. Auch er selbst vermochte das Verlangen, die Natur möge sich in der Kunst der Moderne eben doch immer wieder als solche ereignen, nie gänzlich zu unterdrücken: »Die Alten sind wohl über uns«, wandte er gegen sein eigenes besseres Wissen ein,

> weil sie nicht immer nachahmten, [...] mehr Sachen als Wörter lernten, [...] die Natur mehr sahen. Wer heute sich vor dergleichen hütet, ich weiß nicht warum er den Alten nicht beikommen, warum und wie die Natur sich erschöpft haben sollte. (D, 264)[77]

III

Stellt man die eben skizzierte Originalitätsproblematik in den Zusammenhang von Lichtenbergs Reflexionen übers Exzerpieren, so lässt sich zusammenfassend Folgendes festhalten:

Lichtenberg als Exzerptor ging es – wie der Exzerpierreform der Aufklärung überhaupt – weder um die Abschaffung der enzyklopädischen Exzerpiertradition der älteren Rhetorik noch um deren Bewahrung um der Tradition willen. Sein Anliegen war vielmehr die Revitalisierung dieser Tradition um der Innovation willen. Ziel und Motor des Exzerpierens war kein geschlossenes Wissenssystem mehr, sondern entweder ein Erkenntnisprozess oder ein ästhetischer Prozess. Das von der *memoria* thesaurierte Wissen sollte im Zeichen von *ingenium* und *iudicium* einer permanenten analytischen Kritik unterzogen, oder aber die memorierten Fakten sollten im Zeichen des Konjunktivs in fiktive Möglichkeitswelten überführt werden. Kernstück

---

[76] Vgl. dazu am Beispiel von Lichtenbergs Hogarth-Kommentaren Gerhart von Graevenitz: »Schreib-Ende« und »Wisch-Ende«. Lichtenbergs zeichentheoretischer Kommentar zu Hogarths Weg der Buhlerin, in: Zur Ästhetik der Moderne. Festschrift Richard Brinkmann, Tübingen 1992, S. 1–32.

[77] Dies wäre Autoren wie Thomas Althaus entgegenzuhalten, die Lichtenberg zu radikal auf die Seite einer modernen, nach-kantischen Ästhetik (und Semiotik) ziehen (vgl. Ders.: Das Uneigentliche ist das Eigentliche. Metaphorische Darstellung in der Prosa bei Lessing und Lichtenberg. Münster 1991, S. 228ff. u. 250ff.).

dieses Programms war die Forderung nach Individualisierung[78] 1) der Sachen, die erkannt sein wollten, 2) der Gedanken, die diese Sachen vorstellten, und 3) der Wörter, die die Vorstellungen dieser Sachen vermittelten. Weil nun streng genommen nur Gedanken und Wörter, nicht aber die Sachen selbst erkenntnisfähig waren, konnte es in diesem Individualisierungsprozess eigentlich immer nur um das Subjekt des Exzerpierenden gehen. Die *differentia specifica* von Lichtenbergs Exzerpierverständnis zur Exzerpttradition der antiken und humanistischen Rhetorik ist die individuelle Autorschaft in diesem Sinne – und gerade diese individuelle Autorschaft blieb für Lichtenberg ein ungelöstes Problem. Denn entweder drückte sich darin das Autorsubjekt in seiner ganzen Komplexität und Nacktheit aus, was, vor das große Publikum gebracht, inkommensurabel bleiben oder indezent wirken musste. Dass Lichtenberg seine *Sudelbücher* nicht publizierte, liefert hierfür das beste Beispiel. Oder aber das Autorsubjekt und seine Rhetorik offenbarten sich als bloße Schemata, die dem Anspruch, Subjektivität auszudrücken, nicht gerecht zu werden vermochten. Modellfall für dieses Extrem waren die deutschen ›Genies‹, die originale Autorschaft direkt aus den Büchern ihrer großen Idole exzerpieren zu können glaubten. Die große Kunst bestand für Lichtenberg deshalb darin, Autorschaft als einen rhetorischen Effekt plausibel zu machen, so dass sie als eine quasi-natürliche Größe erschien.

Einen entsprechenden Versuch unternahm Lichtenberg in seinen Hogarth-Kommentaren, im Schutze einer Gattung mithin, die aufgrund ihrer Merkmale des Abgeleiteten und Unauthentischen den Gedanken an einen unmittelbaren Naturausdruck gar nicht erst aufkommen ließ und gerade deshalb die Chancen für einen rhetorischen Natur-Effekt erhöhte. Das »Studieren der Künste« hielt Lichtenberg deshalb keineswegs für »lächerlich«, weil auch »unsre Gespräche und unsre Schriften« nichts anderes »als Beschreibungen von Bildchen auf unserer Retina oder falschen Bildchen in unserem Kopf« seien.[79]

Womit ich schließlich wieder bei meinem Eingangszitat angelangt wäre. Auch dort hieß es ja vom Mann, »der erst in seine Excerpta steigen muß oder in seine Bibliothek«, um »über Materien seines Fachs« zu »räsonieren«, er sei »gewiß ein Artefakt«. Natürlich ist

---

[78] Vgl. mit ähnlicher Gewichtung Heike Mayer: Lichtenbergs Rhetorik, S. 246 ff.
[79] Vgl. dazu Hans-Georg von Arburg: Kunst-Wissenschaft, S. 341 ff.

das eine Kritik am geistlosen Exzerpieren und Kompilieren. Die gelehrten Genies der Gegenwart sind ja eben nur »Pasten«, also nur Abdrücke der »Edelsteine« des wahren »Genies« der Alten. Dennoch entwickelt der Schluss der Aufzeichnung aus dem scheinbar so eindeutigen Künstlichkeitsvorwurf gegenüber dem Exzerpieren eine mindestens potenzielle Ambivalenz. Der Hauptgrund für die Prognose nämlich, dass es auch mit dem »Ruhm« der Alten »nicht sehr weit gehen« werde, darf in Lichtenbergs Einsicht vermutet werden, dass auch die ›natürliche‹ Originalität der Alten lediglich ein Kunsteffekt war. Lichtenberg wusste, dass sich mit dem permanenten Wandel der ästhetischen Wertvorstellungen auch die Voraussetzungen dessen, was in der Kunst als ›Natur‹ gilt, veränderten. Zwar hypostasierte er neben dem »künstlichen Menschen« in uns auch einen »natürlichen Menschen«, den es immer gegeben habe und immer geben werde (B_I 138).[80] Dies allein erklärt, weshalb Ciceros »Prose« der »Ewigkeit entgegen« gehen kann. Aber der »artifizielle Mensch [...]« hat sich in uns solche Freiheiten über den natürlichen herausgenommen« (B_I 321), dass »natürlich schreiben« in der Regel das natürliche »Costume« dieses künstlichen Menschen studieren bedeutet (B_I 270). Kommt dieses Kostüm aus der Mode – und das gilt für das ›natürliche‹ wie für kein zweites –, dann verliert selbst große Literatur wie Ciceros Poesie schlagartig an Evidenz. Die Artifizialität des Exzerptors ist damit sein Verhängnis und seine Chance zugleich. Vermeidet er das geistlose Ausschreiben und macht sich das Gelesene so zu »eigen«, dass es »ganz zu seinem Wesen zu gehören scheint«, dann vermag er dadurch zwar nicht direkt zur Natur vorzustoßen. Aber er kann sich immerhin ihre Zeichen anziehen: »Hast du selbst gedacht«, so tröstete sich Lichtenberg einmal, »so wird deine Erfindung einer schon erfundenen Sache gewiß allemal das Zeichen des Eigentümlichen an sich tragen« (D_I 255). Damit aber musste er es genug sein lassen.

---

[80] Zu Lichtenbergs doppelter Anthropologie – der Mensch ist eine ›Konflikt-existenz‹ zwischen Engel und Affe – vor allem Gerhard Neumann: Ideenparadiese, S. 86ff. u. 197f.

Johann Gottfried Herders Exzerpte

Hans Dietrich Irmscher

Herders Verfahren des Exzerpierens kann nur angemessen beschrieben und in seiner Funktion verstanden werden, wenn sein Verhältnis zum gedruckten Wort schlechthin näher ins Auge gefasst wird.

Das Medium von Herders Denken war von früher Jugend an die Literatur. Ein stilles, schüchternes und »eingezogenes«, den Welten seiner Phantasie hingegebenes, nicht selten melancholischen Gedanken zugeneigtes Kind,[1] erschloss er sich die Welt vor allem durch das Medium der Literatur. Diese begegnete ihm zuerst in Gestalt des evangelisch-pietistischen Gesangbuches, dessen Texte ihn bis an sein Lebensende begleitet haben, sodann in dem vom Vater hochgeschätzten Erbauungsbuch Johann Arndts *Vier Bücher vom wahren Christentum* (1610).

Den Zugang zur profanen deutschen Literatur und zu den Werken der Weltliteratur eröffnete ihm die Bibliothek des Mohrunger Diakons Sebastian Friedrich Trescho. Die Eltern hatten den Heranwachsenden dem Diakon als Famulus ins Haus gegeben.[2] Hier hatte er die Aufgabe, die Texte des auch literarisch tätigen Diakons für den Druck einzurichten. In der umfangreichen Bibliothek Treschos fand der junge Herder nicht nur Werke der zeitgenössischen europäischen Literatur, sondern auch die großen Werke der Weltliteratur. Wie brennend der Hunger des Heranwachsenden nach Literatur gewesen sein muss, zeigt ein Vorfall, von dem Trescho selbst berichtet hat. Aus Sorge,

---

[1] Sebastian Friedrich Trescho über Herder in: Johann Gottfried von Herders Lebensbild, hg. von Emil Gottfried von Herder, Erlangen 1846–1847, Bd. 2, S. 42f. u. 54. [= Herders Lebensbild]

[2] Herders Lebensbild, Bd. 1, S. 30ff.

Herder könnte vergessen haben, sein Nachtlicht zu löschen, sei er eines Abends noch einmal in die Schlafkammer seines Schutzbefohlenen gegangen und fand hier diesen,

> bis aufs Hemde entkleidet auf dem Deckbett in tiefem Schlaf –
> um ihn herum eine Menge alter und neuer Bücher, zum Theil
> aufgeschlagen, auf dem Fußboden liegen – und in der Mitte
> derselben das brennende Licht [...]. Ich durchsah die Bücher;
> es waren meistens, so weit ich mich erinnere, griechische und
> lateinische Klassiker und eine Menge deutscher Gedichte. Ich
> löschte das Licht aus und ging zu Bett.[3]

In Königsberg, wo Herder im August 1762 eintraf und sich sogleich an der Universität als Student der Theologie, Philosophie und der Schönen Wissenschaften einschrieb, öffnete sich ihm eine noch viel weitere Bücherwelt, nicht nur in den Bibliotheken der Stadt, der Universität und des *Collegium Fridericianum,* an dem er sehr bald als Hilfslehrer angestellt wurde, sondern auch in der Buchhandlung von Johann Jacob Kanter, in der er die neuesten Erscheinungen auf dem Buchmarkt durchblättern und entleihen konnte. Hinzu kam die Freundschaft mit Johann Georg Hamann, in dessen Bibliothek er vor allem theologische Literatur, *Orientalia* (in weitester Bedeutung) und die klassischen Werke der Römer und Griechen finden konnte. Die livländische Baronin von Budberg, bei der Hamann nur sechs Monate als Hauslehrer angestellt war, hat ihn in ihrem Entlassungsschreiben bezeichnet »als eine Seuhle mit vielen Büchern umbhangen welches noch gahr nicht einen Geschickten HoffMeister ausmacht.«[4] Sie hat damit zugleich auf ein Problem hingewiesen, das Hamann und Herder auf je verschiedene Weise zu lösen versucht haben, das Problem nämlich, wie Literatur mit der konkreten Lebenswelt vermittelt werden kann. Für Herder jedoch waren die Literaturkenntnisse und die Bibliothek seines Freundes[5] eine Fundgrube von Wissen und Erkenntnis, die ihn noch in seiner Weimarer Zeit bewogen hat, aus

---

[3] Ebd., Bd. 1, S. 44.
[4] Johann Georg Hamann: Briefwechsel, Bd. 1, hg. von Walther Ziesemer u. Arthur Henkel, Wiesbaden 1955, S. 52.
[5] Vgl. Biga Bibliothecarum, in: J. G. Hamann: Sämtliche Werke, hg. von Josef Nadler, Bd. 5 (Tagebuch eines Lesers), Wien 1953.

seinen eigenen knappen Mitteln dem Freund eine Summe anzubieten, um ihn vom Verkauf seiner Bibliothek abzuhalten.[6]

In Herders Rigaer Zeit (1764–1769) war es vor allem sein lebenslanger Verleger Johann Friedrich Hartknoch, der ihm nicht nur die Bestände seiner Buchhandlung öffnete, sondern ihn auch noch in Weimar mit erwünschten Neuerscheinungen versorgte, ohne auf pünktlicher Abrechnung zu bestehen.

Nichts kann Herders Verhältnis zur Literatur eindringlicher charakterisieren als die Tatsache, dass er nach seinem Aufbruch in Richtung Westeuropa, den er als Befreiung aus der Enge seiner bisherigen Lebensverhältnisse verstanden hat,[7] nun, vor der Reise in die Metropole der Aufklärung, nach Paris, über drei Monate (vom 16. Juli bis zum 4. November) in Nantes verharrt, nicht etwa nur, um seine französischen Sprachkenntnisse zu verbessern, sondern vor allem um die dortigen Bibliotheken zu nutzen:

> Von Voltaire bis Fréron, und von Fontenelle bis zu Montesquieu, und von D'Alembert bis zu Rousseau, unter Encyclopädisten und Journalisten (unter denen ich das *Journal étranger* sehr genutzt [...]) unter Theaterstücken und Kunstwerken, und Politischen Schriften und alles was Geist der Zeit, habe ich mich herumgeworfen und umhergewälzt.[8]

In den nun folgenden Jahren hat Herder eine Handbibliothek ansammeln können, von deren Umfang und Zusammensetzung nach seinem Tod der Versteigerungskatalog einen ungefähren Eindruck vermittelt.[9] Aber auch diese große Bibliothek konnte die Bedürfnisse eines Polyhistors, wie Herder einer war, nicht befriedigen. So lieh er sich die Neuerscheinungen nach seiner Gewohnheit von einer ihm

---

[6] Vgl. Josef Nadler: J. G. Hamann. 1730–1788, Salzburg 1949, S. 257 ff.

[7] Vgl. Johann Gottfried Herder: Journal meiner Reise im Jahr 1769, in: Ders.: Sämtliche Werke, hg. von Bernhard Suphan, Berlin 1877–1913, Bd. 4, S. 348 ff. [=SWS].

[8] An Johann Friedrich Hartknoch, Ende Oktober 1769, in: J. G. Herder: Briefe. Gesamtausgabe, Bd. 1, Weimar 1977, S. 170.

[9] Bibliotheca Herderiana, Vimariae 1804; vgl. Heinz Stolpe: Die Handbibliothek Johann Gottfried Herders – Instrumentarium eines Aufklärers, in: Weimarer Beiträge (1966), Bd. XII, S. 1011–1039; Ders.: Johann Gottfried Herders Handbibliothek und ihr weiteres Schicksal, in: Goethe Jahrbuch 1966, S. 206–235.

bekannten Buchhandlung aus und gab sie nach Lektüre und Exzerpt wieder zurück. Nach seinem Tod schreibt die Witwe an den Sohn Emil Ernst Gottfried, um ihn zur Sparsamkeit anzuhalten:

> Ich muß Dir doch auch sagen, wie es der Vater mit den neuen Büchern bei Hoffmanns in Weimar gehalten hat. Er las die Vorzügl. neuen Bücher alle, aber er kaufte sie nicht, weil sie zu teuer sind. Er machte mit Hoffmanns [Buchhandlung Siegmund Heinrich Hoffmann im Cranach-Haus am Weimarer Markt] einen Accord, daß sie ihm die ungebundenen Bücher lieheten und gab sie ungebunden wieder zurück.[10]

Schon früh, während und kurz nach der Reise nach Frankreich erkennt Herder die Kehrseite seiner Vorliebe für das Medium der Literatur. In seinem *Journal meiner Reise im Jahr 1769*, einer Abrechnung mit seinem bisherigen und einem Entwurf seines künftigen Lebens, bezeichnet er sich als »wortgelehrt« statt »sachenvoll« und charakterisiert sich in Wendungen, die an Fausts Monolog erinnern, als »Tintenfaß voll gelehrter Schriftstellerei«, als »ein Repositorium voll Papiere und Bücher [...], das nur in die Studierstube gehört«.[11] Er erkennt auch, was ihm fehlt und was er nun, am Anfang seines Aufbruchs in die weite Welt, sich erwerben muss: »Fakta und Realitäten«.[12] Den eigentlichen Grund für sein vermitteltes Verhältnis zur Wirklichkeit findet er im Wesen der Sprache, das er gerade in diesen Jahren philosophisch zu ergründen versucht:

> o warum ist man durch die Sprache, zu abstrakten Schattenbildern, wie zu Körpern, wie zu existirenden Realitäten verwöhnt! – Wenn werde ich so weit seyn, um alles, was ich gelernt, in mir zu zerstören, und nur selbst zu erfinden, was ich denke und lerne und glaube.[13]

Diese Selbstkritik Herders ist zugleich als Zeitkritik zu verstehen, als Kritik an der Vergewaltigung des Konkreten durch Abstraktion in Kunst, Philosophie, Politik und Lebenswelt. In der Schrift *Auch*

---

[10] Zitiert nach Heinz Stolpe: Johann Gottfried Herders Handbibliothek und ihr weiteres Schicksal, S. 210f.

[11] SWS 4, S. 347.

[12] SWS 4, S. 350.

[13] SWS 4, S. 349.

eine Philosophie der Geschichte zur Bildung der Menschheit (1774)
hat er diese Kritik wiederholt und zugespitzt zu der Frage nach der
Bestimmung der Gegenwart im Ganzen der Geschichte. Im *Journal
meiner Reise* stellt er dieser Diagnose seiner selbst und seiner Gegenwart den Entwurf einer an den Realien orientierten Pädagogik und
eines neuen Schulsystems entgegen.[14]

Doch diese Kritik an seiner bisherigen, literarisch bestimmten Einstellung zur Wirklichkeit, aber auch sein Entschluss, sich in Zukunft
auf die Realität einzulassen, im persönlichen Lebensvollzug und in
der Erkenntnis der Natur, mündet – jedenfalls im *Journal meiner
Reise* – doch wieder in verschiedene Pläne zu Büchern. Allenfalls
auf dem Gebiet der Pädagogik hat Herder schon in Nantes und dann
vor allem in Bückeburg und Weimar den erhofften Durchbruch zur
Realität konkret geschafft.

Herders literarische Existenz
im Spiegel seines handschriftlichen Nachlasses

Herder hat einen handschriftlichen Nachlass hinterlassen, der zu
den umfangreichsten aus der Zeit der deutschen Klassik gehört. Sein
Hauptteil wurde um 1870 aus dem Besitz der Erben Herders erworben
und der Königlichen Preußischen Staatsbibliothek zur Aufbewahrung
übergeben (sog. Berliner Nachlass). Andere Teile der hinterlassenen
Handschriften Herders befinden sich im Goethe- und Schiller-Archiv
in Weimar und in der Stadt- bzw. Ministerialbibliothek in Schaffhausen.[15] Um den Nachlass vor möglichen Kriegseinwirkungen zu
bewahren, wurde er in den vierziger Jahren in das Benediktinerkloster
Beuron an der Donau verbracht. Erst Ende der fünfziger Jahre wurde
er in der Tübinger Universitätsbibliothek der Forschung wieder zugänglich gemacht. Heute liegt er in der Handschriftenabteilung der
Berliner Staatsbibliothek. Aufschluss über Gehalt und Anordnung

---

[14] Vgl. Rainer Wisbert: Kommentar, in: Johann Gottfried Herder: Werke,
   Bd. 9/2 (Journal meiner Reise, Pädagogische Schriften), hg. von Rainer Wis-
   bert, Frankfurt am Main 1997, S. 837ff., S. 875ff.
[15] Hans Dietrich Irmscher: Der handschriftliche Nachlaß Herders und seine
   Neuordnung, in: Herder-Studien, hg. von Walter Wiora u. Hans Dietrich
   Irmscher, Würzburg 1960, S. 1ff.

der Handschriften gibt das Inventarverzeichnis *Der handschriftliche Nachlass Johann Gottfried Herders*.[16]

Neben den Druckmanuskripten, vor allem der Hauptwerke Herders, finden sich im Nachlass auch zahlreiche Entwürfe und Vorfassungen dieser Werke. Beinahe unübersehbar sind die Manuskripte zu den Volksliedern und Übersetzungen von poetischen Werken der Weltliteratur, aber auch Abschriften von Gedichten zeitgenössischer Dichter. Vom Umfang her besonders eindrucksvoll und nur teilweise in der kritischen Ausgabe Bernhard Suphans verwendet (Bd. 5, 6, 8, 14, 32 u.a.) sind die *Excerpta*. Umfangreiche Auszüge aus Schriften von Hume, Leibniz, Lowth, Poiret u.a. finden sich in Lagen loser Blätter (Kapsel XVII), die meisten in den ca. 24 Studienbüchern, die sich nach Format und Bezeichnung unterscheiden. Sie sind gekennzeichnet etwa durch ihre Farbe (*Blaues Studienbuch*, XX 188) oder durch Buchstaben, die von Caroline Herder oder früheren Benutzern des Nachlasses (Johann Georg und Johannes von Müller u. a.) stammen. Nur wenige Studienbücher hat Herder selbst durch sachbezogene Titel bezeichnet: *Sammlungen von Beobachtungen und Aussichten: aus verschiedenen Schriften* (XXIII 118); *Beiträge zur Kenntniß der Litteratur* (XXVIII 12); *Vallum Humanitatis* (XXVI 6). Gelegentlich hat er auch versucht, die zu erwartenden Auszüge nach einer bestimmten Systematik zu ordnen, etwa in dem Studienbuch *Ossa disciplinarum quarundam Anatomica, Logica quaedam, Membra physices disjecta* (XXVIII 2). Dieser Ordnungsversuch unterliegt jedoch sehr schnell der Fülle zudrängender Gedanken.

Man kann davon ausgehen, dass die meisten dieser Studienbücher schon in Königsberg und Riga angelegt worden sind und Herder bis Weimar begleitet haben. Er hat sie immer wieder vorgenommen und zu verschiedenen Zeiten mit Auszügen und den zugehörigen Bemerkungen gefüllt. Wenn der Platz nicht mehr reichte, hat Herder auch die noch freien Ränder der Seiten, oft ohne Bezug zu den älteren Eintragungen, mit neuen Aufzeichnungen gefüllt. Nahezu bei allen Eintragungen, seien es eigene Gedanken oder Exzerpte, verwendet

---

[16] Der handschriftliche Nachlass Johann Gottfried Herders. Katalog, bearbeitet von Hans Dietrich Irmscher u. Emil Adler. Wiesbaden 1979, S. 1 ff. [= Herder-Nachlass]

Herder eine Art Kurzschrift, die er vermutlich aus der mittelalterlichen Schriftkürzungspraxis für seine Zwecke entwickelt hat.[17]

Art und Funktion der Exzerpte

Ein großer Teil der im Nachlass vorhandenen Exzerpte sind kommentarlose Auszüge aus Büchern, die Herder sich nicht selbst anschaffen konnte oder wollte. Sie sind also als Ersatz für Lücken in seiner Handbibliothek der Weltliteratur zu betrachten, auf die er immer wieder – in einer das für ihn Wesentliche enthaltenden Auswahl – zurückgreifen konnte. Sicher war ein Auszug für ihn auch ein Mittel zur Vergegenwärtigung jeweiligen Gedankengangs der jeweiligen Schrift. Beispiele sind etwa die umfangreichen Auszüge aus Schriften des französischen Mystikers Poiret, aus dem Buch *De sacra poesi Hebraeorum* von Robert Lowth, aus den kleineren Schriften Winckelmanns und aus der Erlanger Ausgabe der Schriften Martin Luthers.

Zahlreiche Auszüge sind charakterisiert durch Versuche zu einer produktiven Aneignung des Textes. So versieht Herder etwa Auszüge aus den ästhetischen Schriften von Moses Mendelssohn mit kritischen Anmerkungen, in denen der Keim späterer Schriften (*Fragment einer Abhandlung über die Ode*) zu erkennen ist. Entsprechendes gilt von den räsonierenden Exzerpten aus den Schriften Winckelmanns und jener Philosophen, die zur Herausbildung von Herders eigener früher Philosophie beigetragen haben: von David Hume, Gottfried Wilhelm Leibniz, Johann Georg Sulzer und Alexander Gottlieb Baumgarten. Stellvertretend sei erwähnt der etwa 1764 entstandene Auszug aus Humes *Philosophischen Versuchen über die menschliche Erkenntnis*.[18] Hier wechseln protokollartige Notizen mit kritisch fragenden Anmerkungen, die sich immer wieder zu eigenen Entwürfen verdichten, etwa wenn Herder unter der Überschrift »Plan« eine Abhandlung einer »negativen Weltweisheit« skizziert, ein Begriff, unter dem man sich mit guten Gründen eine »kritische Philosophie« denken kann, die

---

[17] Adriano Cappelli: Lexicon Abbreviaturarum. Wörterbuch lateinischer und italienischer Abkürzungen, Leipzig 1901.
[18] Herder-Nachlass, Kapsel XXV 54. Vgl. David Hume: Vermischte Schriften aus dem Englischen übersetzt, mit Anmerkungen versehen von J. G. Sulzer, in vier Teilen, Hamburg u. Leipzig 1754–1756.

Herder um 1768 als Sprachkritik entwarf und Kant wenig später als Erkenntniskritik zu entwickeln begann. Reizvoll war es offenbar für Herder, dass er, diese Übersetzung Humes exzerpierend, gleichzeitig auf die Anmerkungen des Übersetzers Sulzer eingehen und so seiner entdeckenden Phantasie freien Lauf lassen konnte, die Johannes von Müller einmal als seine Gabe beschrieben hat, »alles neu und anders zu zeigen«.[19]

Oft reichte Herder schon die Rezension eines Buches, um bei ihm den schöpferischen Prozess in Gang zu setzen. Dies kann das folgende Beispiel zeigen. Nach einigen Aufzeichnungen aus einer Rezension des Buches von Robert Lowth *De sacra poesi Hebraeorum* (1753) im ersten Band der *Bibliothek der schönen Wissenschaften und der freyen Künste* (1757) notiert Herder (etwa 1766):

2. Lowth beschloßen
Plan zu einem Buch de sacra poesi etc.

1. Woher ausgehen: nicht aus Religion sondern aus dem Gesang alter Stücke
   ganz verändert
2. beweisen: daß es Poesien sind: (Lowth dies nicht) und Haupteintheilung ... dieser Stücke
3. erklären aus ihrem Lande etc. etc.
4. ihren abstechenden Charakter von andern Morgenländern von andern Nationen
5. die verschiednen Zeitalter ihrer Poesie
6. Unterschied zwischen Original in ihnen und Nachahmungs-Styl

Wer Herder kennt, entdeckt in diesen Aufzeichnungen nicht nur den Plan zu der Weimarer Schrift *Vom Geist der ebräischen Poesie* (1782), sondern auch die Grundzüge seiner geschichtlichen Weltsicht (Individualität, geschichtlicher Zusammenhang, Entwicklungsgeschichte). Im *Studienheft T*, in dem sich diese Aufzeichnungen finden, folgt auf diesen Auszug eine ausführliche Disposition zu einem Werk über die »ebräische Poesie«.

---

[19] An seinen Bruder Johann Georg Müller, 25. Januar 1804, in: Johannes von Müller, Briefwechsel mit Johann Gottfried Herder und Caroline von Herder, hg. von Karl E. Hoffmann, Schaffhausen 1952, S. 271.

Ein anderes Schema des Exzerpierens befolgt Herder in seiner Beschäftigung mit Alexander Gottlieb Baumgartens Schriften zur Begründung einer philosophischen Ästhetik. Sowohl sein Exzerpt aus der Magisterarbeit dieses Autors (*Meditationes philosophicae de nonnullis ad poema pertinentibus*, Halle 1735) als auch das aus der *Aesthetica* (1758–1759), legt er nach dem Muster seiner Nachschriften der Vorlesungen an, die er bei Kant zwischen 1762 und 1764 gehört hat:[20] Er faltet die Seite in der Mitte und trägt auf der rechten Hälfte den Autortext (in Auswahl) ein. Die linke Spalte der Seite bleibt seinen eigenen kritischen und weiterführenden Bemerkungen vorbehalten. Sie enden in der Auseinandersetzung mit der Magisterarbeit mit der Skizze einer Abhandlung, in der Herder den anthropologischen mit dem historischen Aspekt zu verbinden versucht: *Bestimmung der Poesie aus der menschlichen Natur – Ähnlichkeit und Unähnlichkeit aller Poesie.* Der umfangreichere kritische Auszug aus Baumgartens *Aesthetica* endet in dem *Plan zu einer Ästhetik*,[21] den Herder dann 1769 im vierten *Kritischen Wäldchen* ausgeführt hat.

Etwa zur gleichen Zeit, als Herder Lowth las, beschäftigte er sich intensiv mit Winckelmann, vor allem mit der *Geschichte der Kunst des Altertums*. In dem erwähnten *Studienheft T* findet sich die Notiz: »Über Winkelmanns Geschichte. Plan nach seiner Vorrede zu einer Geschichte der Poesie.« In *Studienheft V* hat Herder eine auf 49 Seiten verteilte Disposition eingetragen, der er den Titel gegeben hat: *Zur Geschichte der lyrischen Poesie*, offenbar eine Art Sammelbecken für das noch zu ermittelnde Material. Nach diesen Vorarbeiten schrieb er 1766 das Fragment *Versuch einer Geschichte der lyrischen Dichtkunst*.

Das Prinzip dieser exzerpierenden Behandlung eines Werkes lässt sich wie folgt beschreiben: Herder experimentiert gleichsam mit dem Grundgedanken eines Werkes und fragt nach seiner Anwendung auf andere Sachgebiete. So erklärt sich wohl auch sein Interesse am Anfang einer Schrift. Nicht selten hat man den Eindruck, er habe von einem Buch nicht viel mehr als die Einleitung, das erste Kapitel gelesen, da seine produktive Phantasie das mögliche Ganze im Vorhinein schon

[20] Immanuel Kant: Aus den Vorlesungen der Jahre 1762 bis 1764. Auf Grund der Nachschriften Johann Gottfried Herders, hg. von Hans Dietrich Irmscher, Köln 1964 (=Kant-Studien, Ergänzungsheft 88).

[21] Johann Gottfried Herder: Werke, Bd. 1 (Frühe Schriften, 1764–1772), hg. von Ulrich Gaier, Frankfurt an Main 1985 S. 668ff.

entworfen hatte. Im *Journal meiner Reise* hat er diese dem Augenblick vorauseilende Phantasie als das Grundübel seiner Natur bezeichnet, und dabei nicht erkannt, dass sie auch das Organ seines entdeckenden Erkenntnisverfahrens war. Herder sucht bei jedem Werk, das er liest und exzerpiert, nach der »Methode«[22] des Autors, nach seiner mehr oder weniger ausdrücklich exponierten Fragestellung, unter der jener sein Sachgebiet bearbeitet hat. Aber diese Frage nach der »Methode« eines Autors, wie sich schon im ersten Kapitel seines Werkes zeigt, betrifft letzten Endes die nach ihrer Übertragbarkeit auf andere Gebiete des Wissens. Herder ist nach alter philosophischer Lehre der Überzeugung, die Goethe in den *Maximen und Reflexionen* so formuliert hat: »Jedes Existierende ist ein Analogon alles Existierenden«.[23]

Hermeneutische Reflexionen

Herders Praxis des Exzerpierens ist ein Spiegelbild seines Lesens, seines verstehenden Lesens. Dessen Eigenart hat er an verschiedenen Stellen seiner frühen Schriften beschrieben.

Verstehendes Lesen bedeutete für Herder: über das Gelesene hinausgehen. In der Abhandlung *Über Thomas Abbts Schriften* bekennt er gleich in der Vorrede, »daß ich mich von dem kühnen weissagenden Blicke nicht entwöhnen kann: von dem, was ein Schriftsteller sagt, darauf zu schließen, was er könnte sagen!«[24] Etwas später in dieser Vorrede bestimmt er die Absicht seiner Schrift über Abbt mit den folgenden Worten:

> Wie? wenn ich einen einzigen Leser auf den Pfad risse, den Abbt ging: ihm die Abwege zeigte, auf denen jener sich verirrte: ihm die Fußsteige anwiese, wo er die Schriften seines Vorgängers überholen könnte. Wenn ich einem andern die zerstückten Entwürfe darlegte, damit er sie ergänze,[25]

---

[22] SWS 2, S. 263.
[23] Johann Wolfgang Goethe: Maximen und Reflexionen. Nach den Handschriften des Goethe- und Schiller-Archivs, hg. von Max Hecker, Weimar 1907, S. 554.
[24] SWS 2, S. 358.
[25] SWS 3, S. 256.

seine Schriften »als eine lebendige Werkstätte aufzuschließen, daß
Andere in ihm arbeiten.«[26] Das Ergebnis eines solchen Lesens sei dann
keine Nachäfferei,[27] sondern »Nacheiferung«,[28] oder – wie Herder in
paradoxer Zuspitzung auch sagt – »kopierendes Original«[29], nicht
imitatio, sondern *aemulatio*.[30] Aus diesen Gedanken erklärt sich auch,
warum Herder sich vor allem für das Fragmentarische interessiert.
Sollten Schriftsteller, so schreibt er,

> uns auch nur Embryonen von Begriffen, und unausgebildete,
> halb entworfne Gedanken liefern; daran liegt mir nicht, was
> Baco ausgedacht hat; sondern wie er dachte. Ein Bild von der
> Art ist nicht tot: es bekommt Leben: es redet in meine Seele.[31]

Nicht das Vollendete fesselt Herders Aufmerksamkeit, sondern die
Verheißung einer Zukunft, der Morgen mehr als der Mittag, das erste
Werk eines Autors mehr als seine Werke der Reife:

> Das erste unbefangne Werk eines Autors ist daher meistens
> das Beste: seine Blüte ist im Aufbruch, seine Seele noch Mor-
> genröthe [...]. Wir lieben immer mehr das Halbe als das Gan-
> ze, den versprechenden Morgen als den Mittag in höchster
> Sonnenhöhe.[32]

Mit nahezu den gleichen Worten hat Herder auch seine Hochschätzung
für Winckelmanns Erstlingsschrift *Gedanken über die Nachahmung
der griechischen Werke in der Malerei und Bildhauerkunst* begründet.[33]
Diese Vorliebe für den Anfang zeigt sich beim Exzerpieren auch in
seiner gelegentlich zu beobachtenden Neigung, sich mit dem Anfang
einer Schrift zu begnügen. In seinem *Journal meiner Reise im Jahr
1769* hat er diese seine Vorliebe für den perspektivenreichen Anfang
heftig beklagt und auf seine Neigung zur Entfernung zurückgeführt.[34]
Es kann aber nicht übersehen werden, dass gerade diese angebliche

---

[26] SWS 32, S. 177; vgl. SWS 4, S. 233.
[27] SWS 2, S. 256.
[28] SWS 2, S. 255.
[29] SWS 2, S. 162; 1, S. 408.
[30] SWS 8, S. 209.
[31] SWS 2, S. 263; vgl. SWS 2, S. 262; SWS 4, S. 233f.
[32] SWS 8, S. 209.
[33] SWS 8, S. 450f.
[34] SWS 4, S. 438f.

Untugend auf das Engste mit der Produktivität seines Umgangs mit Texten, mit der Überlieferung überhaupt zusammenhängt. Schon in der Lektüre des Anfangs einer Schrift suchte er nach ihrer organisierenden Kraft und erprobte in vorauslaufender Phantasie am Leitfaden der Analogie, wie jene auf andere Sachverhalte übertragen und so ihre Fruchtbarkeit erweisen könnte. Auch Herders Verfahren des Exzerpierens erscheint so als Spiegelbild seines Verständnisses von Geschichtlichkeit.

Exzerpte und Centostil:
Funktionen des gelehrten Zitierens bei Hamann

Sven Aage Jørgensen

Anhand der ersten Illustrationen (Abb. 1–4), die vier typische Seiten aus der Erstausgabe der Schrift *Æsthetica in nuce* wiedergeben, lässt sich der Umfang des Zitierens in den Schriften Hamanns abschätzen. Ein Blick genügt um zu erkennen, dass der Autor in exorbitantem Ausmaß mit gelehrten Zitaten sowohl im Text als auch in den Fußnoten arbeitet. Aus einer näheren Betrachtung der Seite geht außerdem klar hervor, dass der Autor die Zitate und die Hinweise in den Fußnoten nicht lediglich als Angabe von Fund- oder Parallelstellen anführt, sondern dass sie wie die zahlreichen Zitate im Text so sehr in diesen integriert sind, dass sie zur Montage, zum Centostil im Sinne von einem aus Zitaten zusammengeflickten Text gehören. Das hier vorgelegte Beispiel von dem Verhältnis zwischen Text und Anmerkungen ist typisch. Nach einer Zählung umfasst die *Æsthetica in nuce* in der historisch-kritischen Ausgabe 503 Zeilen, wozu 360 Zeilen Anmerkungen kommen – rund 40 Prozent der Schrift sind also Anmerkungen.[1] Liest man weitere Schriften des »Magus in Norden«

---

[1] Josef Nadler (Hg.): Johann Georg Hamann. Sämtliche Werke. Historisch-kritische Ausgabe, Bd. I–VI, Wien 1949–1957 (im Folgenden zitiert als: N Band, Seite). Die Briefe werden zitiert nach: Walther Ziesemer u. Arthur Henkel (Hg.): Johann Georg Hamann. Briefwechsel, Wiesbaden 1953–1979, Bd. I–VII (im Folgenden als: ZH Band, Seite). Bernd Bräutigam: Reflexion des Schönen – schöne Reflexion. Überlegungen zur Prosa ästhetischer Theorie – Hamann, Nietzsche, Adorno, Bonn 1975, S. 87: »Das äußere Bild, das der Philologe seiner Schrift gibt, ist das einer gelehrten wissenschaftlichen Abhandlung [...]. Ein riesiger Anmerkungsapparat, der in Nadlers Ausgabe 360 gegenüber 530 Zeilen des fortlaufenden Textes beträgt, also gut 40% des

der Kreatur durch die Kreatur; die Bücher des Bundes enthalten Exempel geheimer Artickel, die GOtt durch Menschen dem Menschen hat offenbaren wollen. Die Einheit des Urhebers spiegelt sich bis in den Dialecte seiner Werke; — in allen Ein Ton von unermäslicher Höhe und Tiefe! Ein Beweiß der herrlichsten Majestät und leersten Entäußerung! Ein Wunder von solcher unendlichen Ruhe, die GOtt dem Nichts gleich macht, daß man sein Daseyn aus Gewissen leugnen oder ein Vieh [*] seyn muß; aber zugleich von solcher unendlichen Kraft, die Alles in Allen erfüllt, daß man sich vor seiner innigsten Zuthätigkeit nicht zu retten weiß!

Wenn es auf den Geschmack der Andacht, die im philosophischen Geist und poetischer Wahrheit besteht, und auf die Staatsklugheit [**] der Versification ankommt;

[*] Pf. LXXXIII, 21. 22.

[**] La seule *politique* dans un Poeme doit être de faire de *bons vers,* sagt der Herr von Voltaire

kommt; kann man wohl einen glaubwürdigern Zeugen als den unsterblichen Voltaire anführen, welcher beynahe die Religion für den Eckstein der epischen Dichtkunst erklärt, und nichts mehr beklagt, als daß seine Religion [*] das Widerspiel der Mythologie sey? —

Bacon stellt sich die Mythologie als einen geflügelten Knaben des Aeolus vor, der die Sonne im Rücken, Wolken zum Fußschemel hat, und für die lange Weile

M 5   auf

taire in seinem Glaubensbekenntnis über die Epopee.

[*] Was der Herr von Voltaire unter Religion verstehen mag, *Grammatici* certant & adhuc sub Iudice lis est; hierum hat sich auch der Philolog so wenig als seine Leser zu bekümmern. Man mag die Freyheiten der gallikanischen Kirche, oder die Schwefelblumen des geläuterten Naturalismus dafür ansehen: so werden beyde Erklärungen der Einheit des Verstandes keinen Eintrag thun.

auf einer griechischen Flöte pfeift. — [*] Voltaire aber, der Hohepriester im Tempel des Geschmacks schlüßt so bündig als Kaiphas, [**] und denkt fruchtbarer als Herodes — [*.*] Wenn unsere Theologie

[*] Fabulae mythologicae videntur esse instar *tenuis* cuiusdam *aurae,* quae ex *traditionibus nationum magis antiquarum* in Graecorum *fistulas* inciderunt. De Augm. Scient. Lib. II. Cap. XIII.

[**] Qu'un homme ait du *jugement* ou *non,* il profite egalement de vos ouvrages: il ne lui faut que de la *MEMOIRE,* sagt ein Schriftsteller, in dessen Munde Weißagung ist, dem Herrn von Voltaire ins Gesicht — — Και ται ουκ αν προσοιγε επιλησμονα ειναι ραψωδον ανδρα. Sokrates in Platons Jon.

[*.*] Photius (in den Amphilochiis Quaest. CXX, welche Joh. Chr. Wolf seinem Füllhorn philologischer und kritischer Grillen angesetzt hat) sucht in den Worten Herodes zu den Weisen aus

logie nämlich nicht so viel werth ist als die Mythologie: so ist es uns schlechterdings unmöglich, die Poesie der Heyden zu erreichen — geschweige zu übertreffen; wie es unserer Pflicht und Eitelkeit am gemäßesten wäre. Taugt aber unsere Dichtkunst nicht: so

aus Morgenland: „damit ich auch komme, „und ihn anbete „ eine Prophezeyung, vergleicht sie mit Kaiphas Außspruch Joh. IX, 49-52. und macht die Anmerkung: Ιδοις δ᾽ αν παραπλησιως τουτοις και ετερα τινα κακουργω μεν γνωμη και σεμνη μιαιφονω προενηνεγμενα, περας δε προφητικον ειληφοτα. Photius denkt sich im Herodes einen *Ianus bifrons,* der nach seinem Geschlechte die Heiden, nach seiner Würde die Juden vorstellte. — Sehr viele hämische und unnütze Einfälle, (womit sich Herren und Diener brüsten) würden ein ganz ander Licht für uns gewinnen, wenn wir uns bisweilen erinnern möchten: ob sie von sich selbst reden oder weißagend verstanden werden müssen? — —

Abb. 1–4 Johann Georg Hamann: Æsthetica in nuce, in: Ders.: Kreuzzüge des Philologen, Königsberg 1762, S. 159–220, hier S. 184–187.

wird überdeutlich, dass die Voraussetzung seiner »Autorschaft«, wie er gerne schreibt, eine gut bestückte Bibliothek ist – oder eben das Exzerpieren.

Auf die möglichen Rezeptionsmodi, wie ein solcher Text überhaupt gelesen werden kann und laut Autor gelesen werden sollte, ist später zurückzukommen. Zur Frage Exzerpt und/oder Bibliothek folgen hier einige bio- und bibliographische Auskünfte: Johann Georg Hamann lebte von 1730 bis 1788, er war der Sohn eines Baders in Königsberg und Neffe des älteren Literaten Johann Georg Hamann (1697–1733), Autor eines *Poetischen Lexicons, Oder Nützlicher und brauchbarer Vorrath von allerhand poetischen Redensarten, Beywörtern und Beschreibungen, Nebst einer kurzen Erklärung der mythologischen Namen, aus den besten und neuesten Deutschen Dichtern zusammen getragen* – eine Neuauflage erschien noch im Jahre 1765. Dieser Onkel war außerdem Herausgeber von Hofmannswaldau und Brockes gewesen sowie Verfasser von Fortsetzungen der barocken Romane *Die Asiatische Banise* und *Der europäischen Höfe Liebes und Helden-Geschichte*. Unserem Johann Georg stand der Typ des barocken *Literatus* zeitlich und verwandtschaftlich nicht so fern, obwohl er die Verwandtschaft am Anfang seiner Schriftstellerlaufbahn zwar erwähnte, aber gleichzeitig fast als eine Familienfabel behandelte.[2]

Hamann studierte an der Universität seiner Heimatstadt Königsberg Theologie, ließ sich aber laut seinem *Lebenslauf* von seiner Neigung

---

gesamten Textbestandes umfaßt, kommt dem wissenschaftlichen appetitus des Zeitalters entgegen.« Bräutigam unterschätzt die in der Parodie versteckte wissenschaftliche Kritik an den Positionen vor allem Michaelis', wenn er meint feststellen zu können: »Die geübte Zitierkunst weist jedoch deutlich auf den wissenschaftlichen Scheincharakter der Schrift. Hamann fingiert Wissenschaft, nicht um seinem Verfahren einen wissenschaftlichen Charakter zu oktroyieren, den es von sich aus nicht besitzt, sondern um die wissenschaftliche Form selbst zu ironisieren.«

[2] »Mein Vater war noch kein Jahr alt, da mein Großvater starb. Meine Großmutter (eine einzige Tochter des Johann Muscovius, von dessen merkwürdigen Leben man einige Umstände im Gelehrten-Lexicon findet) verblieb in ihrem Witwenstand mit zween Söhnen, davon der älteste in der Schriftstellerzunft nicht ganz unbekannt und zu Hamburg gestorben ist. Weil dieses Familienmährchen nach einem conte de ma mere l'oye aussieht; so wird gegenwärtige Anmerkung die letzte seyn, womit der Philolog zugleich von der Nachsicht, Grosmuth, Geduld und Standhaftigkeit seiner Leser Abschied nimmt.« (N II, 228).

»zu Alterthümern, Critic – Hierauf zu den sogenannten schönen und zierlichen Wissenschaften, Poesie, Romanen, Philologie, den französischen Schriftstellern und ihrer Gabe zu dichten« (N II, 21), von den »ernsthaften Wissenschaften« ablenken und ging ohne Abschluss seiner Studien als Hofmeister nach Livland. Aus seiner ersten Stelle flog er mit folgender Begründung seiner adligen Brotgeberin: »ich sehe Ihnen auch nicht anders als eine Seuhle mit vielen Büchern umbhangen welches noch gahr nicht einen Geschickten HoffMeister aus macht.« (ZH I, 52) Hamann trat später in eine Rigaer Handelsfirma ein und schrieb anläßlich der Anstellung an den Chef des Hauses:

> Kaum daß ich mich zu den Wissenschaften bekannt, und ungeachtet meiner Neigung zu denselben, für die ich so viel Schwachheiten als ein Stutzer für das Geschlecht begangen, hat es mir öfters leyd gethan, nicht ein Kaufmann geworden zu seyn. (ZH I, 210)

Nach einer Bekehrung und einem darauffolgenden Bruch mit dem von der französischen Aufklärung geprägten Freund und Juniorchef der Firma privatisierte Hamann in Königsberg, musste aber, als sein Vermögen aufgebraucht war, Geld verdienen. Durch die Vermittlung Kants bekam er einen Posten als Übersetzer und später Packhofverwalter der französischsprachigen preußischen Zoll- und Akziseverwaltung. Einen höheren Posten konnte er, ohne durch ein Examen qualifiziert zu sein, nicht beanspruchen. Um einen bescheidenen bewarb er sich als verunglückter Gelehrter, als »Invalide des Apolls«[3] – nicht als einer der Invaliden des Siebenjährigen Krieges, die mit kleinen Posten im Staatsdienst versorgt wurden. Das Gehalt war gering, er lebte finanziell sehr bedrückt – mit einem verblödeten Bruder und vier Kindern, die ihm seine »Hausmutter« in einer »Gewissensehe« geschenkt hatte.

Die oben erwähnten »Schwachheiten für die Wissenschaften« sind gleichwohl in seiner Bibliothek zu erkennen, die nach begründeten Schätzungen etwa 2.200 Bände umfasste.[4] Den gedruckten Versteigerungskatalog vom Jahre 1776, der die Bücher aus seiner und eines Freundes, Johann Gotthelf Lindners, Bibliothek umfasst,

---

[3] Gesuch vom 29.07.1763, ZH II, 226.
[4] Nora Immendörfer: Hamann und seine Bücherei, Phil. Diss. Königsberg 1932, Königsberg u. Berlin 1938.

bringt Nadler.[5] Die Notizbücher, die Josef Nadler in seiner Ausgabe unter dem Titel *Annales Studiorum* ediert hat, dokumentieren zusammen mit den Briefen die Interessen des polyhistorisch lesenden Königsberger Studenten, der erst baltischer Hofmeister geworden war – aber bald schon einen anderen Beruf ergriff. Anders als *Der junge Gelehrte* Lessings suchte er Anschluss an die moderne Welt der Spätaufklärung und wurde von der Rigaer Handelsfirma *Berens* nach England geschickt. Dieser Werdegang findet seinen umfangreichen Niederschlag in den Notizbüchern Hamanns. Nicht weniger deutlich ist, dass er zu den theologischen, philosophischen und philologischen Studien zurückfand, aber in seinem späteren Beruf als Beamter der *Administration générale des Accises et Péages* auch die Wirtschafts- und Kulturpolitik Friedrichs des Großen aufmerksam verfolgte, ja als des Königs Zöllner, wie er sich biblisch stilisierte, verfolgen musste. Was wir in den Notizbüchern lesen, sind also nicht nur die Exzerpte eines Gelehrten – und schon gar nicht die eines weltfremden. Hamann war ein scharfblickender, wiewohl gleichzeitig ein scheinbar naiver, weil religiös und moralisch argumentierender Beobachter. Er war in vielerlei Hinsicht eine Figur des Übergangs, was die sehr heterogenen Notizbücher, die polyhistorische und moderne Züge aufweisen, hinlänglich bezeugen.

Die Notizbücher sind, so argumentiert Nadler, in Livland vor der Reise nach England angelegt worden und wurden während seines dortigen Aufenthaltes von seinem Bruder sporadisch fortgeführt. Es existieren außerdem Einzelblätter aus der Periode zwischen 1757 und 1772 und schließlich Studienhefte und tagebuchartige Eintragungen aus den Jahren von 1772 bis 1784.[6] Die Aufzeichnungen begleiten also fast das gesamte, oben skizzierte Leben, obwohl vieles – besonders aus der Londoner Zeit – verloren gegangen sein mag. Der Nachlass, der in der Königsberger Universitätsbibliothek gesammelt worden war, wurde von Josef Nadler fotokopiert und so vor der Zerstörung gerettet; diese Fotokopien befinden sich heute in der Universitätsbibliothek Münster.

Nadler hat in seiner Ausgabe längere wichtige, aber nicht gedruckte Übersetzungen und Entwürfe aus den Notizbüchern herausgenommen,

---

[5] Vgl. N IV, 13–121, vgl. dazu auch den Apparat.
[6] Vgl. N V, 378.

um sie in einem besonderen Band zu publizieren. Dagegen ist nichts
einzuwenden, nur treten Art und Inhalt dieser Aufzeichnungen
dadurch weniger plastisch hervor. Vergleicht man Band IV mit der
Publizistik und den unveröffentlichten Übersetzungen und Band V
mit dem Rest der Notizbücher sowie mit dem erwähnten Versteigerungskatalog, sind sowohl Zahl und Art der ihm Zeit seines Lebens
zugänglichen Bücher so wie einige Entwicklungslinien jedoch noch
deutlich erkennbar. An die Seite polyhistorischer Eintragungen des
Hofmeisters, anfangs oft nur Titel mit kurzer Charakteristik oder
knapper Inhaltsangabe treten schon im Baltikum voll ausgearbeitete
Übersetzungen oder sehr ausführliche Inhaltsangaben von Werken,
die für Hamanns Neuorientierung wichtig wurden.

Dies gilt nicht so sehr für die Übersetzung der *Betrachtungen von
der Philosophie überhaupt,* das heißt vom Abschnitt über Philosophie
in René de Rapins (1621–1686) *Réflexions sur l'Éloquence, la Poétique,
l'Histoire et la Philosophie* (1686), der ihm offenbar einen allgemeinen
Überblick verschaffte. Die Übersetzungen von Shaftesburys *Letter
concerning Enthusiasm* (1708) und *Sensus Communis. An Essay on the
Freedom of Wit and Humour* (1709) belegen dagegen eine gründlichere
Beschäftigung mit der weltmännischen Aufklärung der *philosphes,*
während die Übersetzung von Alberto Radicatis (1698–1737) *La
Religion muhammedane comparée à la païenne de l'Indostan par Ali-
Ben-Omar, Moslem. Épître à Cinkniu, bramin de Visapour, traduite
de l'arabe* (London 1737) sein Interesse für den Deismus zeigt, denn
Radicati war Anhänger von Tindal und Collins. Ganz klar trat die
moderne, aber auch merkantile Wende zutage in der Übersetzung von
*Remarques sur les Avantages et les Désavantages de la France et de la
Grande Bretagne, par rapport au Commerce et aux autres sources de la
Puissance des États,*[7] in den Vorarbeiten dazu[8] und in der *Beylage* zu
dieser Übersetzung, in der er programmatisch schrieb, der Gelehrte sei
»aus den spanischen Schlössern der intellectualischen Welt und aus den
Schatten der Büchersäle« herausgetreten und nunmehr »ein Vertrauter
des Bauren, des Handwerkers, des Kaufmanns« (N IV, 232). Weitere
Arbeiten wirtschaftlicher, historischer und rechtswissenschaftlicher Art

---

[7] 2. Auflage Leyden 1754.
[8] N V, 165–183. Die verwickelte Frage der Autorschaft erscheint in diesem Zusammenhang als irrelevant.

folgten,[9] sie sind inhaltlich in biographischer Hinsicht wichtig, belegen den Eifer, mit welchem er sich für die Arbeit im Handelshaus *Berens* zu qualifizieren suchte, tragen aber zum Verständnis der Eigenart des späteren Schriftstellers Hamann recht wenig bei.

Das tun eher die erwähnten bunt gemischten Eintragungen, die in einigen Fällen offenbar nur Notizen aus Messkatalogen sind, in anderen Fällen ausführliche Auszüge oder Inhaltsangaben enthalten, die mit kritischer Stellungnahme oder Polemik verbunden sind. Hier kann man, besonders wenn man auch die Briefe heranzieht, viele Quellen seiner Schriften ausmachen. So liest man aus dem Jahre 1776 Angaben zum Inhalt einer Böhme- und einer Pordage-Ausgabe und zu Schriften von Jane Leade und Madame Bourignon.[10] Der Inhalt der Studienhefte ist allerdings sehr bunt; sie enthalten neben Theologischem, Philosophischem und Literarischem Anekdoten und Lesefrüchte, die das bei dem späteren Hamann bemerkbare Interesse für das Kuriose, das Erotische und bisweilen Blasphemische belegen. Er hat beispielsweise einen von Nadler bloß vermerkten und nicht abgedruckten Bericht von einem Werwolf (N V, 244) abgeschrieben, während die Ausgabe das *Preservatif contre les maladies des betes à cornes* (N V, 297) abdruckt. Ob er tatsächlich je Rathelfs *Acrido-theologie oder historische und theologische Betrachtung über die Heuschrecken* (N V, 294) sich nur notiert oder sie auch benutzt hat, ließ sich bisher nicht feststellen. Auf warnende Verse über die altersbedingte Impotenz, angeblich dem Gebetbuch einer Frau entnommen,[11] folgen dann gelehrte Notizen:

Exempel einer machiavelistischen Vermählung. Macrob: XI.

Jo. Rhagius dignus est, cuius memoria perpetuo vigeat, quia unus ex iis est, qui profligata barbarie meliores litteras in Germania restituerant. M. Daniel Fidler commentarium de eo scripsit. Lips. 1703.

---

[9] Vgl. N V, 184–185, 189–193, 212–240.
[10] N V, 324f.
[11] »Gutgemeinte Reime, die eine Frau vorn in ihr Gebetbuch geschrieben: David und Salomon / das waren Gottes Männer. / Sie hatten die Weiber lieb / Und zichteten viel Kinder. / Da sie aber kamen ins Alter, / Da machten sie Psalter, / Als sie nicht mehr künnten / Hielten sie es für Sünden. / Drum ist mein getreuer Rath: / Es liebe ein jeder, weil ers im Vermögen hat./ Denn es ihm hernach wohl vergeht, / Wenn ihm der Handel nicht mehr ansteht.« (N V, 252).

Jo. Reishii de rei litterariae statu per Europam praesente Partes
4. Luneburgi 1673. 74. Dignae sunt haec schedae, quae denuo
redudantur e manibus omnium qui historiae litterarae poscunt
pretum terantur.

Freymüthige Gedanken aus der Historie, der Critic und Lit-
teratur. Cöln 1732.8. Reimann lobt diese Nachahmung des
Marville sehr; von der der Eisenachische Cammerrath Schreiber
Verfasser seyn soll.

Es folgt witzige, oft frivole literarische Kleinkunst in französischer
Sprache, in welcher etwa der Bauer den Geistlichen seines Dorfes
bittet: »Soyesz toujours notre pere/Mais ne soyez jammais Pere de nos
enfans.« (N V, 258). Anekdotisches, Bonmots, Kuriosa[12] werden von
dem im damaligen Verständnis ›komischen‹ Schriftsteller Hamann
später vielfach in seinen Werken benutzt.

Diese Exzerpte als solche, sozusagen als Gattung, haben die Forschung mit einigen wichtigen Ausnahmen – vor allen Volker Hoffmann
– wenig beschäftigt.[13] Gerade die Angaben zu Hamanns Lektüre sind
von der Forschung zumeist nicht genutzt worden. Das ist verständ-
lich, denn die Angaben setzen oft eine gute Bibliothek voraus. Ein
Abdruck aller Exzerpte wäre, versichert der Herausgeber, zu aufwendig und kostspielig, was seine Richtigkeit haben mag. Und wie
viel Akribie darf man von dem Herausgeber bei der Kommentierung
solcher Texte billigerweise erwarten? Die oben erwähnten Beispiele
sind nicht kommentiert. Die Benutzung der Ausgabe stellt den Leser
also vor Probleme, die manchmal leichter, manchmal unmöglich zu
lösen sind. Hat man eine Ausgabe von Lessings *Vermischten Schriften*
(Breslau 1771), wird man mithilfe der Seitenangaben Nadlers erraten

---

[12] Eine typische, soweit ich sehe nicht verwendete Eintragung: »Die Gräfin de
la Suze, deren Elegien berühmt sind, wurd catholisch, weil ihr Mann ein Hu-
genot war, endlich schied sie sich von ihm, wie die Königin Christine sagte,
um ihn weder in dieser noch in jener Welt zu sehen.« (NV, 272).

[13] Johann Conta: Hamann als Philologe, Phil. Diss. (Handschr.), Graz 1889;
Bernhard Gajek: Sprache beim jungen Hamann, München 1959, aut. Nach-
druck Bern 1967. (u.a. über Jacob Friedrich Reimmann); Volker Hoffmann:
Johann Georg Hamanns Philologie. Hamanns Philologie zwischen enzyklo-
pädischer Mikrologie und Hermeneutik, Stuttgart 1972; Roman Prochaska:
Hamann und Horaz. Die Funktion des Zitates in der Wortkunst des Magus,
Phil. Diss. (masch.), Graz 1966.

können, was Hamann exzerpiert haben mag. Martin Chladenius, dessen hermeneutisch wichtiger Begriff ›Sehpunkt‹ in Hamanns *Æsthetica in nuce* erwähnt wird, tritt in den Notizbüchern mehrmals auf (N V, 266 u. 371), aber die acht Quartseiten Abschrift, durch Anfang und Ende der zitierten Auszüge angegeben, bleiben dem Forscher unzugänglich, wenn seine Bibliothek nicht *Wöchentliche biblische Untersuchungen; welche in dem Jahre 1754, an das Licht gestellet sind von Johann Martin Chladenius*, Erlangen (1708) beinhaltet. Vollends unmöglich ist es, sich über Hamanns Geschmack in *poésies fugitives* zu unterrichten, wenn Nadler die Provenienz nicht hat feststellen können und bloß eine Reihe von Titeln bringt wie *L'Amant discret, Le Diogène moderne, Vers lyriques, Madrigal, Tristes pleurs* (N V, 270). Man mag dies für wenig erheblich halten, aber in Hamanns Denken spielt die Geschlechtlichkeit eine große Rolle.

Die Notizbücher enthalten auch auf ›seriöseren‹ Gebieten Interessantes: In den wenigen überlieferten Blättern aus der Londoner Zeit, über die man fast nichts weiß, befindet sich ein vom Herausgeber nicht identifiziertes englisches Exzerpt, entweder von Berkeley oder aus seiner Schule sowie ein Titel *Admonitions from the Dead in Epistles to the living, addressed by certain Spirits of both sexes to their Friend or Ennemies on Earth etc.* London 1754 – mit einem auf deutsch geschriebenen Verzeichnis der Kapitel, eventuell von Elizabeth Singer-Rowe? (N V, 281f.) Hier hätte der Leser gern Näheres erfahren, aber die Exzerpte sind jedenfalls Beweise dafür, dass sich Hamann sowohl mit der idealistischen Erkenntnistheorie als auch, wie Klopstock und Wieland, mit der empfindsamen Religiosität englischer Provenienz beschäftigt hat.

Die vielen nicht abgedruckten Exzerpte bedeuten, dass für eine Untersuchung mancher Probleme ein Studium der Druckvorlagen der Notizheftte in Münster wünschenswert, ja zwingend notwendig ist. Hoffmann gibt andererseits zu bedenken, dass

die Briefe den Zugang zu Hamanns Philologie am unmittelbarsten eröffnen [...], während die Studienbücher durch die Sprödigkeit der Stoffdarbietung und die Druckschriften durch ihre Stilisierung sehr viel mehr Schwierigkeiten bieten.[14]

---

[14] Volker Hoffmann: Johann Georg Hamanns Philologie, S. 56.

Das ist in vieler Hinsicht zutreffend, und den Zugang zum Verständnis der hochartifiziellen Schreibkunst des Philologen Hamann hat die Forschung denn auch in einem oft kommentierten Brief gefunden.[15] In diesem Brief behandelt Hamann Gedanken des Augustinus über den Stil der *Heiligen Schrift* und schließt für seine eigene Autorschaft auf die Notwendigkeit eines polyvalenten Textes[16] und der indirekten Mitteilung. Da die Sprache der Wahrheit von seinen »Zeitverwandten als Verfälschern« nicht mehr geredet werde, müsse er den »genium seiner Muttersprache [...] verleugnen, und nichts als seine Bekanntschaft mit den Alten, seine Urtheil und sein Glück ihre Formeln anzubringen und zusammenzuleimen den Kennern zeigen.«[17] Das typologische *Zitat* im weitesten Sinne – der *Bibel*, der antiken und modernen Literatur, ja der ganzen Geschichte entnommen – beruht auf der hier in aller Kürze formulierten Überzeugung, dass die Wahrheit historisch und einmal als Mensch in die Welt gekommen sei, dass alles auf verborgene Weise darauf hinweise und vom Autor als indirekte Mitteilung aktualisiert werden könne, weil alles, auch sehr Profanes, als ein Text Gottes gelesen werden dürfe. Eine solche Auffasung lädt natürlich zum – manchmal wahllos anmutenden – Exzerpieren und Zitieren in großem Ausmaße ein. Deshalb sind die Exzerpte auch in den Notizbüchern sehr aufschlussreich.

Lassen sie mich eine Lesefrucht aus einem Text eines etwas weltlicheren Autors als Augustinus kurz kommentieren. In Pitavals *Kunst den Verstand in Scherz zu zieren* (N V, 267f.) hat Hamann folgendes gefunden, das er exzerpiert hat:

Das Alterthum wirft dem Aristoteles vor, das seine bewundernswürdigen Werke so viel als eine mosaische Arbeit gewesen sind, Theile daran aber verschiedenen eintzelnen Personen zugehört

---

[15] ZH I, 333–338, vgl. u.a. Elfriede Büchsel: Untersuchungen zur Struktur von Hamanns Schriften auf dem Hintergrunde der Bibel, Phil. Diss. (masch.), Göttingen 1953, S. 179–184; Sven Aage Jørgensen: Zu Hamanns Stil, in: Germanisch-romanische Monatsschrift N.F. 16 (1966), S. 374–387 und Volker Hoffmann: Johann Georg Hamanns Philologie, S. 154–161.

[16] Augustinus »bittet von Gott um eine solche Beredsamkeit, daß der Ungläubige nicht seine Schreibart verwerfen könne, weil sie ihm zu schwer zu verstehen wäre, der Gläubige hingegen, wenn seine Denkungsart noch so verschieden wäre, doch einen Zusammenhang und eine gewisse Übereinstimmung derselben mit den Worten des Schriftstellers erriethe.« (ZH I, 334).

[17] ZH I, S. 337f.

haben. Merkur ist nicht ohne Ursache der Gott der Diebe und Gelehrten; er ist ein gemeinschaftlicher Vater von beiden.[18]

Dem »Schulfuchs«, der alles stiehlt, und dem »Gelehrten von einen faulen Genie« hält Pitaval entgegen: »Ich fordere von einem witzigen Kopf, dass er, wenn er einen schönen Gedanken borgt, ihn brav mit Wucher wiederzahle, und dass er von dem seinigen noch einmal soviel zulegt, als er bekommen hat.«[19] Mit dem »zusammenleimen« aus dem Brief und dem »wuchern« dieses Exzerpts könnte man das Verhältnis zwischen Zitaten – einschließlich Fußnoten – und eigenem Text bei Hamann beschreiben – vor dem vorher erwähnten typologischen Hintergrund. Das lässt sich mit einigen kurzen Beispielen aus seinen Texten als ›öffentlicher‹ Autor belegen.

Zur Arbeit des »Schulfuchses« – aber auch zur Rezension des modernen Kritikers – verhält sich Hamann ironisch und polemisch; seine Schriften tragen zwar vielfach das Gepräge gelehrter Abhandlungen, parodieren jedoch von Anfang an ihre Formen, vor allem die typischen Paratexte: Vorrede mit *captatio benevolentiae* usw. In der Erstlingsschrift, den *Sokratischen Denkwürdigkeiten* (N II, 57f.), tritt der Verfasser des Werkes – auch mithilfe gelehrter Mottos – doppeldeutig als »Liebhaber der langen Weile« auf und stilisiert sich als einen in sokratischer Nachfolge stehenden gelehrten Müßiggänger, der des emsigen und eitlen Bücherschreibens überdrüssig ist und dem die Zahl der Leser völlig gleichgültig ist. Die Vorrede stellt eine »Publikumsbeschimpfung« dar, kein Werben um die Gunst der geneigten Leser: Das Publikum ist ein Niemand, ein Götze wie Baal, blind und taub; hinter diesem Kollektivum verstecken sich die Baalpriester, die Kritiker, die vorgeben, in seinem Namen zu sprechen, wenn sie

---

[18] François Gayot de Pitaval: L'Art d'orner l'esprit en l'amusant, 2 Bde., Paris 1728–1732, hier Bd. 2, Teil 3, S. 80: »L'antiquité reprocha à Aristote que ses admirables Ouvrages étoient autant de Mosaïques, dont l'assemblage & l'artifice étoient à lui, & les différentes pièces rapportées, à divers Particuliers. Ce n'est pas sans raison que Mercure qui est le Dieu des Voleurs, est aussi le Dieu des Gens de Lettres, il est leur père commun.«

[19] Ebd., Bd. 1, Teil 2, S. 266–267: »J'exige d'un homme d'esprit, lorsqu'il emprunte quelque belle pensée, qu'il paye comptant avec usure, qu'il y mette du sien le double de ce qu'il a reçû. Je veux qu'il fasse comme le diamant qui ne reçoit pas un rayon de lumière qu'il n'embellisse, ni qu'il ne multiplie.«

Schriften verzehren, die ihnen gern als die in der alttestamentlichen Apokryphe *Bel zu Babel* schmecken sollten.

Die Sammlung von Aufsätzen und kleinen Arbeiten, die er unter dem Pseudonym des »Philologen« herausgibt, ist mit einem Register versehen, das eine Mischung von Polemik, Provokation und Selbstpersiflage bietet.[20] Der Göttinger Alttestamentler Michaelis ist der »Erzengel über die Reliquien der Sprache Kanaans«, der den »exegetischen Materialismum« praktiziert, über den sich der Philologe Hamann ärgert; dieser »affectirt eine kauderwelsche Schreibart, und redt gleichwohl von klaßischer Vollkommenheit«. Eine weitere Erörterung des Registers, worin das *genus sublime* des Textes oft parodierend in das *genus humile*, die Wissenschafts- in die Alltagssprache transponiert wird, erübrigt sich. Die Schriften sind in Form und Inhalt nicht einheitlich, wollen es nicht sein; der Ton kann vom Polemischen ins Prophetisch-Apokalyptische umschlagen; auch die Anmerkungen bilden ein Gemisch von konventionellen Angaben von Fundstellen, Polemik und sehr verschlüsselten Anspielungen.[21]

Abschließend soll eine Spielart der *interpretatio christiana* einer antiken Gestalt, einer sozusagen global typologisierenden Anmerkung kurz erläutert werden, die für den Schriftsteller charakteristisch ist, der die Antike seine Schwester und seine Braut nannte, wobei daran erinnert sei, dass die typologische Auslegung der *Bibel* zwar problematisiert, aber auch von einem Michaelis praktiziert wurde. Sehr auffallend ist das, wie die Illustrationen zeigen (Abb. 5–8), überaus lange Ovidzitat in *Æsthetica in nuce*.[22] Muss die Verwandlung des Narziss, wie sie die *Metamorphosen* berichten, exzerpiert und zitiert werden? Natürlich nicht! Die Leser, die Hamann im Auge hat, kannten die Gestalt und den Text, besaßen sicher fast alle das Buch. Warum also überhaupt zitieren? Die Antwort muss im Zusammenspiel von Text, Zitat und Hervorhebungen gefunden werden. Liest man die Originalausgaben der Schriften Hamanns, fällt einem die bunte Typographie auf: Fettdruck, Sperrung und Majuskeln in jeder Menge – so viel, dass die historisch-kritische Ausgabe auf die Wiedergabe verzichtete, obwohl

---

[20] Vgl. N II, 239–240.
[21] Vgl. Volker Hoffmann: Johann Georg Hamanns Philologie, S. 60–65 zum »Verhältnis von gelehrter Notiz und Werk«.
[22] Vgl. N II, 209–210.

schöner Geister) liebt sein Bild mehr als sein Leben. [*]

Das

[*] *Ovid. Metamorph. Lib. III.*
— bibit visae correptus imagine formae.
Spem sine corpore amat, *corpus putat esse,*
    quod *umbra* est.
Adstupet ipse sibi, *vultuque immotus eodem*
Haeret vt *e Pario formatum marmore signum.*
Spectat humi positus geminum, sua lumina, sidus,
Et dignos *Baccho,* dignos & *Apolline* crines,
Impubesque genas & eburnea colla, decusque
Oris, & in niueo mistum candore ruborem;
Cunctaque miratur, quibus est mirabilis ipse.

— — opaca fusus in herba
Spectat inexpleto *mendacem* lumine *formam,*
Perque oculos perit ipse suos; paulumque
    leuatus
Ad circumstantes tendens sua brachia siluas:
„Ecquis io! siluae, crudelius, inquit, amauit?
„(Scitis enim & multis *latebra opportuna*
    fuistis) — — —

„Et

Das Heil kommt von den Juden —
Noch hatte ich sie nicht gesehen; ich erwartete
aber in ihren philosophischen Schriften

N 5   ge=

„Et placet & video; sed *quod video placetque*
„*Non tamen inuenio.* Tantus tenet error
    amantem!
„Quoque magis doleam, nec nos mare separat
    ingens
„Nec via, nec montes, nec clausis moenia portis,
„*Exigua prohibemur aqua* — — —
„Posse putes tangi. *MINIMVM* est quod
    amantibus obstat.
„Quisquis es, huc exi! — — —
„*Spem* mihi nescio quam *vultu promittis* —
„ — — lacrymas quoque saepe notaui
„Me lacrymante tuas, *nutu* quoque *signa* re-
    mittis.
„In te ego sum. Sensi, nec me mea fallit
    imago —
„Quod cupio, meum est: inopem me copia fecit.
„O vtinam nostro secedere corpore possem!
„Votum in amantem nouum — — —

DIXIT

gesonderte Begriffe — — zu eurer Beschä=
mung — Christen! — Doch ihr fühlt
den Stachel des guten Namens, davon
ihr genennt seyd, [*] eben so wenig als die
Ehre, die sich GOTT aus dem Eckelnamen
des Menschensohns machte — — —

Na=

DIXIT & ad faciem rediit *male sanus* eandem,
Et lacrymis turbauit aquas, obscuraque moto
Reddita forma lacu est. Quam quum vidisset abire
— — clamauit: „Liceat quod tangere non est
„Aspicere & misero praebere alimenta fu-
    rori„
Ille caput viridi fessum submisit in herba;
Lumina nox clausit *domini mirantia formam.*
Tum quoque se, postquam est inferna sede re-
    ceptus,
In Stygia spectabat aqua — — —
Planxerunt Dryades; plangentibus assonat Echo,
Iamque rogum quassasque faces fecerumque
    parabant,
Nusquam corpus erat. Croceum pro corpore
    florem
Inueniunt, foliis medium cingentibus albis.
[*] Jakob. II, 7.

Natur und Schrift also sind die Ma=
terialien des schönen, schaffenden, nach=
ahmenden Geistes — — Bacon ver=
gleicht die Materie der Penelope; — ihre
freche Buhler sind die Weltweisen und
Schriftgelehrten. Die Geschichte des
Bettlers, der am Hofe zu Ithaka erschien,
wißt ihr; denn hat sie nicht Homer in
griechische und Pope in englische Verse
übersetzt?

Wodurch sollen wir aber die ausgestor=
bene Sprache der Natur von den Todten
wieder auferwecken? — — Durch Wall=
fahrten nach dem glücklichen Arabien,
durch Kreuzzüge nach den Morgenländern,
und durch die Wiederherstellung ihrer Ma=
gie, die wir durch alte Weiberlist, weil
sie die beste ist, zu unserer Beute machen
müssen. — Schlagt die Augen nieder, fal=
le Bäuche! und lest, was Bacon [*] von

der

[*] MAGIA in eo potissimum versabatur, vt ar-
chitecturas & fabricas rerum naturalium & ciui-
lium

Abb. 5–8 Johann Georg Hamann: Æsthetica in nuce, in: Ders.: Kreuzzüge des Philologen, Königsberg 1762, S. 159–220, hier S. 200–203.

dem Herausgeber die darin enthaltenen Verweise natürlich nicht verborgen waren.

Die Gestalt des Narziss ist in der Tradition auch vor Freud bereits negativ konnotiert, in der Emblematik Sinnbild von »Philautie«, »caecus amor sui« – hier ist sie trotz des ironischen »Zwiebelgewächses« durch den Bezug auf den *Brief des Jakobus* (1,23) deutlich positiv gedeutet, was die Forschung in arge Schwierigkeiten gebracht hat. Im Text folgt eine weitere, aber deutliche und traditionelle *interpretatio christiana* einer anderen antiken Gestalt: Odysseus kam als der »Bettler am Hofe zu Ithaka« in Knechtsgestalt »in sein Eigentum, und die Seinen nahmen ihn nicht auf« (Johannes 1,11). Über Narziss heißt es in Hamanns Text, dass er sein Bild mehr als sein Leben liebt. Christus ist aus Liebe am Kreuz für den Menschen gestorben, den Gott nach seinem Bilde geschaffen hat. Wäre auch hier eine christologische Deutung möglich?

Es gibt tatsächlich einen von Luise Vinge erfassten positiven Deutungsstrang,[23] in welchem der heute und vielleicht auch Hamann unbekannte Pierre de Marbeuf (1596–1645) sogar von »Grand Dieu Narcisse parfait« spricht. Diese katholische Interpretation der Gestalt war, scheint es, in Deutschland wenig bekannt, der Kölner Jesuit Jakob Masen schreibt jedoch in seinem *Lexikon der Symbole* und deren okkulter Bedeutung (1650) nach einer längeren Darstellung der Negativsymbolik kurz: »Est vero etiam quaedam imago Dei amore hominum capti atque incarnati.« – und dazu die Anmerkung: »Deus amore hominis homo factus.«[24] Diese Notiz bestätigte den Verdacht, dass Narziss präfigural auf Christus bezogen werden soll.[25]

Hamann hat sich in *Æsthetica in nuce* mehrmals zur alten Vorstellung einer panorientalischen, auf Christus hindeutenden Uroffenbarung bekannt, von der ein schwacher Widerhall in der griechisch-römischen Mythologie und Literatur noch zu finden sei. Hamann sieht inhaltlich

---

[23] Vgl. Luise Vinge: The Narcissus Theme in the Western European Literature up to the Early 19th Century, Lund 1967, besonders S. 227.

[24] Jakob Masen, S.J.: Speculum imaginum veritatis occultae exhibens symbola, emblemata, hieroglyphica, aenigmata etc., Köln 1650. Mir war in Göttingen die erweiterte Neuausgabe von 1654 zugänglich (in ihr Kap. 23).

[25] Eine gründliche Diskussion auch der theologischen Aspekte bringt der Aufsatz von Sven Aage Jørgensen und Joachim Ringleben: Der »Eckelname« des Narziß. Interpretation einer rätselhaften Stelle in Hamanns *Æsthetica in nuce*, in: Jahrbuch des Freien Deutschen Hochstifts, 1997, S. 28–63.

überall einen solchen Hypotext, der »kreuzziehende Philologe« will es aber hier konkret am Text aufzeigen, am Wortlaut des langen Zitats, indem er die Ovidstelle quasi als Palimpsest behandelt und durch die typographischen Hervorhebungen die fast verwischten Spuren einer unter dem Text liegenden Urschrift sichtbar macht. In aller Kürze lässt sich dieses Verfahren zeigen: Durch Majuskeln werden die Vokabeln MINIMUM und DIXIT hervorgehoben – der heidnisch-römische Dichter konnte nur das Wenigste über die rätselhafte Verheißung sagen, die von der Uroffenbarung her durchschimmert. Aber genau mit den ersten im Ovidtext hervorgehobenen Worten »umbra« und »corpus« druckt die Bibel, die Vulgata diese verwischte Verheißung aus, denn was vor der Inkarnation liegt, deutet auf diese hin: »quae sunt umbra futurorum, corpus autem Christus« oder: »Das alles ist nur ein Schatten des Zukünftigen, leibhaftig ist es in Christus –« (Kolos. 2,13). Folgt man den typographischen Hinweisen Hamanns, wird schnell klar, wie er den Text figural und heilsgeschichtlich zu lesen sucht: Der liebende Gott starrt gebannt auf sein Spiegelbild und findet darin zwar die ursprüngliche göttliche Vollkommenheit (*dignos Baccho*) seines Bildes, die aber – als Folge des Sündenfalls – trügerisch ist (*mendacem*). Er lauert immer wieder dem untreuen Menschen auf (*latebra opportuna*),[26] aber findet sein wahres Ebenbild nicht (*non tamen invenio*), obwohl das Gesicht immer wieder ermunternde Zeichen gibt (*signa remittis*). Die wahnsinnige Liebe (*male sanus*) treibt den göttlichen Liebhaber zuletzt in den Tod – die stygischen Gewässer präfigurieren die Höllenfahrt Christi. Der Körper ist nirgends zu finden (*nusquam corpus erat*), dafür blüht im Garten die weiße Narzisse, die in der Antike zwar eine Blume des Todes und der Unterwelt ist, in der *interpretatio christiana* jedoch Symbol des Sieges über den Tod und der Selbstliebe wurde.[27]

---

[26] Hamann deutet in mehreren Briefen die »Bulerkünste« Jupiters figural als Zeichen der liebenden Herunterlassung Gottes, vgl. z. B. ZH I, 350f.

[27] Manfred Lurker (Hg.): Das Wörterbuch der Symbolik, Stuttgart 1991, S. 517.

Shaftesburys Handschriften.
Typologie und Theorie

Laurent Jaffro

Die Schriften des dritten Grafen von Shaftesbury (1671–1713) stellen nur einen geringen Teil des umfangreichen Familiennachlasses dar, den der siebte Graf und Philanthrop dem *Public Record Office* von London 1871 vermacht hatte.[1] Diese Bestände betreffen hauptsächlich die ersten vier Grafen. Die *Shaftesbury Papers* sind über Forschungsarbeiten zu John Locke bekannt geworden, der beim ersten und politisch einflussreichen Grafen als Sekretär und Arzt beschäftigt war. Bestimmte Fehler in der aktuellen Klassifizierung lassen sich durch den eher familiären Charakter des Nachlasses erklären. Beispielsweise wurden einige Schriften des Philosophen in Mappen einsortiert, die eigentlich für seinen Sohn, den vierten Grafen, der ein Förderer Händels war, vorgesehen waren.

NB: Das Sigel »PRO« weist auf die Signatur des Shaftesbury-Nachlasses im *Public Record Office* hin.

[1] John R. Milton (London, King's College) wies mich darauf hin, dass Dokumente – vor allem Briefe –, die den dritten Grafen betreffen, sich in den *Malmesbury Papers* befinden, die im *Hampshire Record Office* aufbewahrt werden. Dieser Teil des Nachlasses wurde erst 1994 katalogisiert und bisher kaum erforscht. Das Geschlecht der Malmesbury stammt von den Harris ab. James Harris hatte Elizabeth, eine der Schwestern Shaftesburys, geheiratet; James Harris Sohn, der ein Neffe von Shaftesbury war, war Philosoph und insbesondere als Autor von *Hermes* und *Philosophical Arrangements* bekannt. Er wird auch manchmal als ein Wegbereiter der Linguistik bezeichnet. Er interessierte sich für das Werk seines Onkels und trug insbesondere dazu bei, dass dessen philologischer Aspekt bekannt wurde. Vgl. Clive T. Probyn: The Sociable Humanist: Life and Works of James Harris, Oxford 1991.

Es muss hervorgehoben werden, dass die Handschriften der Shaftesburys erst seit dem Ende des 19. Jahrhunderts allmählich ihren
Charakter als vertrauliche Familiendokumente verloren haben. Die
Spitze des Eisbergs kam jedoch schon im 18. Jahrhundert zum Vorschein. In der ersten Hälfte dieses Jahrhunderts wertete in der Tat
Thomas Birch als erster diese Dokumente aus. Seine Informationen
über den Nachlass verdankte er Shaftesburys Neffen James Harris.[2]
Wiederum übermittelte Harris dem Philologen John Upton die Leseaufzeichnungen Shaftesburys über Epiktet, welche dieser für seine
Ausgabe des Arrianus auswertete.[3] Diese Leseaufzeichnungen stammen nicht originär aus dem von Shaftesbury veröffentlichten Werk,
sondern waren Randnotizen zu seinem persönlichen Exemplar der
Ausgabe von Hieronymus Wolf. In der Handschrift der *Aufzeichnungen zu Epiktet* wurden sie breiter ausgeführt.[4] Ohne die Verbindung
zwischen Harris und Upton wären die Lektionen Shaftesburys in den
modernen Ausgaben nicht erwähnt worden.[5]

Vor der Schenkung des siebten Grafen war das gesamte handschriftliche Werk Shaftesburys jedoch nicht wirklich bekannt. Thomas
Fowler hat sie als erster mit seinem Buch *Shaftesbury and Hutcheson*

---

[2] Vgl. Thomas Birch: General Dictionary, Bd. IX (1739), S. 179–186. Thomas
Birch schöpft aus dem *Life Sketch*, das vom vierten Grafen verfasst wurde
(PRO 30/24/21/225–226), aus der Korrespondenz und aus den handschrift-
lichen Anweisungen für die zweite Ausgabe von *Characteristics*. Vgl. Clive T.
Probyn: The Sociable Humanist, S. 61–63, 80 u. 339.

[3] Epicteti quae supersunt dissertationes ab Arriano collectae nec non Enchi-
ridion et fragmenta Graece et Latine [...] cum integris Jacobi Schegkii et
Hieronymi Wolfii selectisque aliorum doctorum annotationibus, 2 Bde.,
London 1739–1741.

[4] PRO 30/24/27/16. »Book of notes not set down in the margin of my little
Colon-edition«, 1705–1708. Es handelt sich dabei um eine handschriftliche
Abfolge von Leseaufzeichnungen, die zunächst an den Rändern der Ausga-
be des Arrianus von H. Wolf (Epictetus et Cebes cum Simplicio et Arriano,
Köln 1595) entnommen wurden. Harris hat wahrscheinlich das Exemplar
mit den Leseaufzeichnungen zu der Ausgabe von Wolf seinem Freund Upton
verliehen. Hinsichtlich ihrer Beziehungen vgl. Clive T. Probyn: The Sociable
Humanist, S. 70–75.

[5] Vgl. beispielsweise die Ausgabe der *Entretiens* von Joseph Souilhé (Erstveröffentlichung 1943), welche die Lektionen Shaftesburys zitiert und dabei
erwähnt, dass die Hinweise darauf dem Werk Uptons entnommen sind. Allerdings werden keine näheren Informationen über die genaue Quelle gegeben (Entretiens d'Épictète, Bd. I, Paris 1975, S. LXXXI).

(London 1882) erforscht, noch vor den beiden stark fehlerhaften Ausgaben, die Benjamin Rand 1900 und 1914 herausgab.[6] Danach musste
man auf die editorische Arbeit von Frederick Henry Heinemann[7] und
vor allem von Horst Meyer warten.[8] Seit den 1990er Jahren werden
die Handschriften für philosophische und historische Arbeiten umfangreich ausgewertet, während die wissenschaftliche Ausgabe von
Shaftesburys Werken, die seit 1981 in Deutschland herausgegeben
wird,[9] dem veröffentlichten Werk (d.h. den Essays in *Characteristics
of Men, Manners, Opinions, Times*, 3 Bde., London 1711) lange Zeit
Priorität gegeben hat.[10] Erst 2001 wurde mit den *Second Characters*

---

[6] The Life, Unpublished Letters, and Philosophical Regimen of Anthony, Earl
of Shaftesbury, hg. von Benjamin Rand, London 1900 – Ausgabe der *Askêmata* (PRO 30/24/27/10), des *Life Sketch* durch den vierten Grafen und eines
wichtigen Teils der Korrespondenz; Second Characters, or the Language of
Forms, by the Right Honourable Anthony, Earl of Shaftesbury, hg. von Benjamin Rand, Cambridge 1914 – Ausgabe von PRO 30/24/27/15. Ebenso muss
die Arbeit von Walter M. Hatch erwähnt werden, die dieser 1870 mit dem
ersten Band (welcher der letzte sein sollte) einer Ausgabe der *Characteristics*
unternommen hatte – der zweite Nachtrag über den Enthusiasmus stützt sich
auf unveröffentlichte Werke.

[7] Frederick Henry Heinemann: The philosopher of enthusiasm. With material
hitherto unpublished, in: Revue Internationale de Philosophie, 6 (1952),
S. 294–322.

[8] Horst Meyer: Limae Labor. Untersuchungen zur Textgenese und Druckgeschichte von Shaftesburys The Moralists, Frankfurt 1978 – greift insbesondere auf PRO 30/24/26/4 zurück.

[9] Standard Edition: Shaftesbury, Complete Works. Selected Letters and Posthu-
mous Writings, in: English with German Translation, hg. von Wolfram Benda, Gerd Hemmerich, Wolfgang Lottes, Ulrich Schöldbauer, Erwin Wolff u.a.,
Stuttgart 1981ff.

[10] Die *Standard Edition* gibt nicht die Reihenfolge der *Characteristics* von 1711
wieder, sondern übernimmt eine thematische Aufteilung in zwei Abteilungen: Einerseits eine ästhetische Abteilung, andererseits eine moralisch-phi-
losophische und politische Abteilung. Es schließt sich eine dritte Abteilung
für den Briefwechsel, eine vierte Abteilung für den Kommentar und schließlich eine fünfte für die Dokumente und Register an. Diese Aufteilung wurde
kritisiert, denn sie steht den Grundsätzen von Shaftesburys Philosophie und
seinen ursprünglichen editorischen Konzepten entgegen. Hinzu kommt, dass
sie die Veröffentlichung der Fußnoten auf den Band 1, 4 (1993) verschiebt.
Was die zeitgenössischen Ausgaben der *Characteristics* anbelangt, weise ich
auf die Ausgabe von Lawrence E. Klein, Cambridge 1999, und auf die Ausgabe von Philip Ayres, 2 Bde., Oxford 1999 hin. Die Ausgabe Kleins stützt
sich auf die zweite Ausgabe von 1714, modernisiert die Rechtschreibung und
übersetzt die lateinischen und griechischen Zitate; die Ausgabe von Ayres

eine bedeutende Handschrift aus dem Nachlass in diesem Rahmen veröffentlicht.[11]

Ein Großteil des handschriftlichen Nachlasses des Philosophen besteht aus Briefen.[12] Shaftesbury bewahrte die Skizzen seiner eigenen Briefe auf und beauftragte oft einen Sekretär damit, Kopien davon anzufertigen. Zu den bemerkenswertesten Empfängern dieses Briefwechsels gehörte beispielsweise John Locke, der vom ersten Grafen den Auftrag erhielt, für die Erziehung des zukünftigen dritten Grafen zu sorgen. Zu den Briefempfängern zählten außerdem Benjamin Furly, Quäker und Händler in Rotterdam, der sich für intellektuellen Austausch eifrig einsetzte, Jean Le Clerc, Pierre Coste, die Whig-Politiker John Somers und Robert Molesworth[13] und schließlich sein Schützling Michael Ainsworth.[14] Die Grenze zwischen Briefwechsel und eigentlichem

---

stützt sich auf das in der British Library erhaltene Exemplar der ersten Ausgabe von 1711, das von Shaftesbury für die Vorbereitung der zweiten Ausgabe von 1714 mit Notizen versehen und korrigiert wurde. Im Folgenden geben wir die Gliederung der *Characteristics* mit dem (gegebenenfalls) in Klammern gesetzten Datum der getrennten Erstveröffentlichung und schließlich der Angabe der entsprechenden Bände in der *Standard Edition* in eckigen Klammern wieder: Bd. I: A Letter Concerning Enthusiasm (1708) [SE, I, 1, (1981)]; Sensus Communis, or an Essay on the Freedom of Wit and Humour (1709) [SE, I, 3 (1992)]; Soliloquy, or Advice to an Author (1710) [SE, I, I (1981)]. Bd. II: An Inquiry Concerning Virtue, or Merit (vollständige Überarbeitung der Ausgabe von 1699) [SE, II, 2 (1984)]; The Moralists: a Philosophical Rhapsody (1709) [SE, II, 1 (1987)]. Bd. III: Miscellaneous Reflections on the Preceding Treatises, and other Critical Subjects [SE, I, 2 (1989)].

[11] Standard Edition, I, 5 (2001).

[12] Die ersten Teilausgaben des Briefwechsels im 18. und 19. Jahrhundert scheinen nicht aufgrund des Nachlasses von Shaftesbury zusammengestellt worden zu sein, sondern aufgrund des Nachlasses der jeweiligen Empfänger. Dies gilt beispielsweise für *Original Letters of John Locke, Algernon Sidney and Lord Shaftesbury [...]*, London 1830. Der Herausgeber, Thomas Forster, hatte die Briefe von der Familie ihres Hauptempfängers Benjamin Furly erhalten.

[13] Sollte mit den *Letters from the Right Honourable the Late Earl of Shaftesbury, to Robert Molesworth [...]*, hg. von John Toland, London 1721 in Verbindung gebracht werden.

[14] Die Korrespondenz mit Ainsworth (PRO 30/24/20/143) muss im Zusammenhang mit der posthumen Veröffentlichung von *Several Letters written by a Noble Lord to a Young Man at the Univesity* (London 1716) betrachtet werden, die 2006 in der *Standard Edition* (II, 4, S. 344–431) erschienen ist. Der Briefwechsel mit den intellektuellen Hugenotten-Kreisen wurde von Rex A. Barrel veröffentlicht: Shaftesbury and le refuge français correspondence, Lewiston 1989.

Werk verläuft dabei teilweise sehr unscharf. Beispielsweise widmet sich ein Teil des mit Pierre Coste geführten Briefwechsels Horaz und findet seinen Widerhall in den *Characteristics*.[15] Ebenso wurde der Großteil der von Shaftesbury veröffentlichten Essays zunächst den Briefen als Beilagen beigefügt, wenn diese nicht selbst ursprünglich Briefe waren. Dabei muss allerdings hervorgehoben werden, dass ein bedeutender Teil der Korrespondenz den häuslichen Angelegenheiten gewidmet ist.[16]

Im Folgenden werde ich versuchen, einen Teil des Nachlasses vorzustellen und zu ordnen, dabei allerdings (dies relativ willkürlich) den Briefwechsel beiseite lassen. Hauptsächlich werde ich mich auf die Handschriften konzentrieren, d.h. auf Aufzeichnungen und Sammlungen von Exzerpten, auf Register und Verzeichnisse, auf Vorarbeiten zu vollendeten oder nicht vollendeten, veröffentlichten oder nicht veröffentlichten Werken, und schließlich auf die Handschriften (wie beispielsweise die *Askêmata*), die keine Skizze eines

---

[15] George Turnbull (1698–1748), großer Liebhaber von Shaftesburys Werk und Gründer der schottischen Universitätsphilosophie, hat Auszüge aus den *Characteristics* veröffentlicht: A Character of Augustus, Maecenas and Horace; with some Reflections on the Works of Horace, by the Earl of Shaftesbury, in: Three Dissertations: One on the Characters of Augustus, Horace and Agrippa [...] by the Abbé de Vertot, London 1740. Darauf verweist Isabel Rivers: Reason, Grace, and Sentiment. A Study of the Language of Religion and Ethics in England, 1660–1780. Bd. 2: Shaftesbury to Hume, Cambridge 2000, S. 180. Die Ausgabe der Texte Shaftesburys über Horaz durch Turnbull enthält ausschließlich Texte aus dem veröffentlichten Werk. Der Nachlass enthält aber andere Schriften über Horaz, die noch viel bedeutender sind, insbesondere die lateinische Handschrift *Pathologia sive Explicatio Affectum Humanorum* (PRO 30/24/26/7). Hier zeigt sich, dass die besten Shaftesbury-Experten im ersten Kreis der Anhänger, der sich zunächst in Dublin um Robert Molesworth gegründet hatte, nichts über die Existenz der unveröffentlichten Werke wussten. James Harris bleibt dabei eine Ausnahme: Gegen 1737 hatte er Auszüge aus dem Nachlass Shaftesbury, insbesondere den Briefwechsel mit Pierre Coste bezüglich Horaz, ins Reine geschrieben. Diese 130 Seiten umfassende Kopie ist in der Universität Monash unter »MS by 3d Lord Shaftesbury. Letters on Horace & upon other Philosophical Subjects« erhalten. Vgl. Clive T. Probyn: The Sociable Humanist, S. 356.

[16] Lawrence E. Klein (Cambridge, Emmanuel College) arbeitet derzeit an der Erfassung und Klassifizierung der Korrespondenz. Die für den Briefwechsel vorgesehenen Bände der *Standard Edition* (III, 1–5) sind heute noch in Vorbereitung.

gedruckten Werkes, sondern selbst schon ein Werk darstellten.[17] Dabei werde ich zunächst auf eine zusammenfassende und partielle Typologie von Shaftesburys handschriftlichen, für den Druck nicht bestimmten Texten vorschlagen. Anschließend werde ich die Elemente kurz beschreiben, mit denen sein Umgang mit der Produktion von handschriftlichen Texten interpretiert werden kann. Diese theoretischen und technischen Elemente stützen sich auf die Aussagen und Kommentare Shaftesburys selber.[18]

Beschreibung der Typologie

Die unterschiedlichen Arten von Handschriften und handschriftlicher Praxis Shaftesburys entsprechen den unterschiedlichen Aspekten seiner philosophischen Tätigkeit. Zu dieser gehört selbstverständlich die Vorbereitung von Veröffentlichungen (vgl. hier unten »Projekte und Entwürfe«), wobei dies nicht der wichtigste Aspekt ist. Die

---

[17] Der Nachlass enthält auch die Kataloge der Bibliotheken Shaftesburys in Chelsea und Saint-Giles (PRO 30/24/22/10-12); Manuskripte anderer Autoren, beispielsweise die *Sermons* des Platonikers Benjamin Whichcote aus Cambridge (PRO 30/24/24/16-17), die – zumindest was einen der beiden Bände betrifft – von dem Quäker Thomas Firmin teilweise stenografisch mitgeschrieben wurden (daraus ist Shaftesburys erste editorische Arbeit entstanden *Select Sermons of Dr. Whichcot* [sic!], London 1698; Standard Edition, II, 4 [2006]); sowie *Reflections upon the Roman Commonwealth* (PRO 30/ 24/47/4), den ersten Teil vom *Essay upon Roman Government* des Republikaners Walter Moyle, der gegen Ende der 1690er Jahre verfasst und erst 1726 veröffentlicht wurde; sowie das *Jugement* von Leibniz über die *Characteristics*, auf Französisch und Englisch (PRO 30/24/26/8-9); ebenso einige Druckschriften. Es muss ebenso auf den Versuch einer französischen Teilübersetzung des *Inquiry Concerning Virtue* (1699) durch Pierre Des Maizeaux im Auftrag von Shaftesbury hingewiesen werden: De la vertu et créance d'une divinité (PRO 30/24/21/227; sowie eine Liste mit Korrekturen in PRO 30/24/30/98). Vgl. Standard Edition, II, 3 (1998).

[18] Meine Untersuchung wird vor allem in einer Beschreibung bestehen. Zur Darstellung der Philosophie Shaftesburys vgl. Isabel Rivers: Reason, Grace and Sentiment, Bd. 2; Lawrence E. Klein: Shaftesbury and the Culture of Politeness: Moral Discourse and Cultural Politics in Early 18th-Century England, Cambridge 1994; und Angelica Baum: Selbstgefühl und reflektierte Neigung. Ethik und Ästhetik bei Shaftesbury, Stuttgart 2001. Verwiesen sei außerdem auf Laurent Jaffro: Ethique de la communication et art d'écrire. Shaftesbury et les Lumières anglaises, Paris 1998.

umfangreichsten Entwürfe, die in dem Nachlass erhalten sind, betreffen Werke, die nicht veröffentlicht wurden (*Socraticks* und *Second Characters*). Das Vorbereitungsmaterial für die in den *Characteristics* veröffentlichten Essays wurde nicht aufbewahrt – bis auf die Ausnahme von *The Moralists. A Philosophical Rhapsody*, einem Essay, dessen Entstehung ein Sonderfall ist (vgl. hier unten »Nicht veröffentlichte Druckwerke«). Daraus ließe sich schließen, dass Shaftesbury das Gerüst gerne verschwinden ließ, sobald ein Bauwerk vollendet war. Wenn die Vorbereitung von Veröffentlichungen nur eine zweitrangige Stelle in Shaftesburys handschriftlicher Produktion darstellt, so liegt dies daran, dass er einer klassisch-humanistischen Konzeption treu blieb, welche das Schreiben mit dem Lesen eng verband (vgl. hier unten »Leseaufzeichnungen und *loci communes*«) und vor allem mit einer Askese oder einer »écriture de soi« kombinierte, um einen Begriff von Foucault wiederaufzunehmen[19] (vgl. hier unten »Das handgeschriebene Werk«).

Projekte und Entwürfe

Der Nachlass zeugt von einer intensiven philologischen Aktivität, die man nur zum Teil im veröffentlichten Werk wiederfindet. In den *Characteristics* sind die philologischen Hinweise auf die Fußnoten beschränkt, vermutlich weil Shaftesbury der Ansicht war, dass er sich an die elegante Welt richtete und die Gelehrten in der Lage waren, über den scheinbar oberflächlichen Gesprächston hinaus das konzeptionelle Gerüst eines Diskurses zu begreifen, welches den antiken Autoren und insbesondere dem Stoizismus der Kaiserzeit entnommen wurde.[20] Die philologischen Forschungen haben sowohl einen vorbereitenden Charakter (sie sollen die antike Doktrin untermauern, die durch das veröffentlichte Werk dem Gebrauch der modernen

---

[19] Der Ausdruck »écriture de soi« ist ambivalent, denn er macht eine Verwechslung zwischen ethischen Übungen, die auf dem Schreiben beruhen, und Autobiographie oder Tagebuch möglich. Vgl. die Ausführungen von Pierre Hadot: La Philosophie comme manière de vivre, Paris 2001, S. 151–152.

[20] Die Philologie ist insbesondere in den Aufzeichnungen über *Sensus Communis* (Characteristics, Bd. 3) und im ersten Kapitel der 4. *Miscellany* (Characteristics, Bd. 3) präsent.

Leserschaft angepasst wird) als auch einen asketischen Charakter (sie sollen zur Transformation des angehenden Philosophen beitragen). Hierin liegt die Bedeutung der Aufzeichnungen über Epiktet (vgl. unten »Lesenotizen und *loci communes*«).

Shaftesbury ging jedoch mit *Design of a Socratick History* (PRO 30/24/27/14) noch viel weiter, indem er die Veröffentlichung eines Werkes zur Popularisierung der Philologie anstrebte. Dieses 164 Seiten umfassende Manuskript wurde 2008 ediert.[21] Das Projekt wurde 1703 begonnen und vermutlich 1707 aufgegeben, als Shaftesbury an seiner zweiten bedeutenden Veröffentlichung, dem *Letter Concerning Enthusiasm* (1708), arbeitete, die dem langen Schweigen nach der auf Initiative von John Toland und gegen seinen Willen vorgenommenen Publikation der *Inquiry Concerning Virtue* (1699) folgte. Zweck des geplanten Werks war es, die historische Figur des Sokrates zu rekonstruieren und sie dabei von dessen mythischer Figur abzugrenzen. Ein erster Teil sollte das Porträt eines Sokrates ohne Legende zeichnen, der zweite Teil rekonstruierte dessen ›Fabel‹. Jeder Teil sollte von Übersetzungen ausgewählter antiker Texte begleitet werden, die jedoch nicht ausgeführt wurden. Die vorbereitende Handschrift streift die wichtigsten Punkte der Interpretation, die das Werk verteidigen sollte, und führt insbesondere methodische Betrachtungen aus. Es handelt sich um einen systematischen Vergleich der im Wesentlichen von Platon und Xenophon stammenden Zeugnisse. Ziel war es dabei, der eleganten Welt die sokratische Auffassung der Philosophie nahezubringen, indem – weit vom Modell der akademischen Gelehrsamkeit entfernt – ein direkter Rückgriff auf sichere, fehlerfreie Texte mit dem zeitgenössischen Geschmack kombiniert wurde. Unter den Philologiehistorikern, welche die vor Hegel und Schleiermacher entstandene Sokrates-Geschichtsschreibung üblicherweise wenig schätzen, blieb diese Arbeit weitgehend unbekannt.

Im Nachlass ist ein anderes bedeutendes Projekt zu finden. Die *Second Characters, or the Language of Forms* (1712) sollten eine Weiterführung der *Characteristics* werden, genauer gesagt, eine Anwendung der Lehre aus den *Characteristics* auf die schönen Künste vorlegen. Wie auch im *Design of a Socratick History* wurde in dieser Schrift versucht,

---

[21] Standard Edition, II, 5 (2008). Vgl. auch Laurent Jaffro: Le Socrate de Shaftesbury. Comment raconter l'histoire de Socrate aux Modernes, in: La fortuna di Socrate in occidente, hg. von E. Lojacono, Lecce 2003.

die Philosophie zu retten, indem die unattraktive Gelehrsamkeit und ihre unverdaulichen Formen so weit wie möglich vermieden werden sollten. Allerdings gehört der Hauptgegenstand dieser Arbeit jedoch nicht zum eigentlichen Bereich der Philosophie, sondern eher zu demjenigen der zeichnenden Künste, die in Shaftesburys Auffassung die Malerei der großen italienischen Meister einbezog. So passte dieses Projekt sehr gut zur Situation Shaftesburys, der sich aufgrund seiner Lungenerkrankung damals in Neapel aufhielt. Dort stellte er sich im Umfeld von Künstlern und Intellektuellen auf seinen Tod ein.[22] Die *Second Characters* bilden kein handschriftliches Werk im eigentlichen Sinne, sondern eher ein Konvolut aus unterschiedlichen Stücken. Sie wurden genau wie die *Characteristics* als eine Sammlung von Essays konzipiert. Den wichtigsten Abschnitt stellt die unvollendete Handschrift von *Plasticks, or the Original Progress and Power of Designatory Art* (PRO 30/24/27/15) dar (Shaftesbury greift bisweilen auf einen Schreiber zurück, insbesondere um die lateinischen Zitate zu kopieren). Dieses Stück enthält auch Anweisungen für die Zusammenstellung des gesamten Werkes der *Second Characters*. Die übrigen Teile der *Second Characters* befinden sich im *Virtuoso copy-book* (PRO 30/24/26/1), das zwei handschriftliche Texte enthält: *A Letter Concerning the Art or Science of Design* und *A Notion of the Historical Draft or Tablature of the Judgment of Hercules, according to Prodicus* (ursprünglich auf Französisch verfasst, PRO 30/24/24/18).[23] Dieses Textkonvolut ist bei den Ästhetikhistorikern seit der partiellen und fehlerhaften Ausgabe von Benjamin Rand bekannt.[24] Allerdings tauchte ein Teil dieses Projektes schon 1715 im dritten Band der zweiten Ausgabe der *Characteristics* auf, und zwar im *Judgment of Hercules* und im *Letter Concerning Design*.

---

[22] Standard Edition, I, 5 (2001). Vgl. Benedetto Croce: Shaftesbury in Italia, in: Uomini e cose della vecchia Italia, Bari 1927, Bd. 1, S. 273–309; früher erschienen, Sheila O'Connell: Lord Shaftesbury in Naples. 1711–1713, in: Volume of the Walpole Society, 54 (1988), S. 149–219.

[23] Hinzu kommt auch *An Appendix Concerning the Emblem of Cebes*. Im Nachlass findet man eine englische Übersetzung der *Tabula Cebetis*, die traditioneller Weise der Ausgabe des Arrianus beigelegt wurde: PRO 30/24/27/27, The Picture of Cebes, Disciple of Socrates.

[24] Vgl. Anm. 6.

Nicht veröffentlichte Druckwerke

Das private Druckwerk stellt gewissermaßen das Gegenstück zur Handschrift dar, die durch mehrere Abschriften in einem breiten Leserkreis in Umlauf gebracht wird – einer Gattung, die Shaftesbury im Gegensatz zu seinem Freund, dem Pantheisten John Toland, kaum interessierte.[25] Insbesondere auf dem Kontinent griff die geheime philosophische Literatur häufig auf handschriftliche Abschriften zurück, um die Verbreitung ihrer Texte zu sichern – eine Verbreitung, die übrigens derjenigen der Bücher keinesfalls nachstand. Zum Unterschied von diesem Modell brachte das private Druckwerk dem Autor den Vorteil einer vertraulichen Realisierung. Dies war für das Werk *The Sociable Enthusiast* (1703–1704) der Fall.[26] Allerdings muss hervorgehoben werden, dass der Status dieser Schrift noch komplexer ist, denn ein Exemplar davon wurde nachträglich als erster Druckfahnensatz für das Werk *Moralists* (1709) genutzt. Dieses editorische Verfahren hat Horst Meyer untersucht.[27]

The Sociable Enthusiast hatte Shaftesbury 1705 an Lord Somers – einen *whig leader* – geschickt, mit dem er eine Korrespondenz pflegte. In dem Begleitbrief, den er der Sendung beilegte, bezeichnete Shaftesbury diese Schrift als ein »sonderbares Buch ohne Datum, Vorrede und Widmung« und als »philosophisches Märchen«, eine Anspielung

---

[25] Zu dieser Gattung gehört möglicherweise die Handschrift *The Adept Ladys or the Angelick Sect* (PRO 30/24/46A/81, Standard Edition, I, 1 [1981]). In dieser skatologisch-possierlichen Fabel verspottet Shaftesbury die Frauen des Quäkertums. Vgl. Alfred Owen Aldridge: Shaftesbury's Rosicrucian Ladies, in: Anglia, 103 (1985), S. 297–319.

[26] Dieses Exemplar wurde korrigiert und für die Vorbereitung der Veröffentlichung der *Moralists* erweitert (1709), PRO 30/24/26/4. Handschriftliche Beilagen, PRO 30/24/26/6. Clive T. Probyn vermerkt (The Sociable Humanist, S. 5): »1769 the fourth Earl of Shaftesbury gave Harris the third earl's own annotated copy of The Sociable Enthusiast«. James Harris hat von einer einfachen Leihgabe profitiert, denn das Dokument befindet sich noch im Nachlass.

[27] Vgl. Horst Meyer: Limae Labor. Die Schriften *The Sociable Enthusiast* (PRO 30/24/26/5, unbeschriebenes Exemplar) und *The Moralists* wurden in der zweiten Abteilung der *Standard Edition*, II, 1 (1987) ediert. Die handschriftlichen Beilagen und die Korrekturen zu *The Sociable Enthusiast* als Vorbereitung zu *The Moralists* wurden in der ersten Abteilung der *Standard Edition*, I, 3 (1992) ediert.

auf *A Tale of a Tub*, das Swift Somers gewidmet hatte.[28] Als drei Jahre
später die »philosophische Rhapsodie« der *Moralists* veröffentlicht
wurde, schrieb Shaftesbury wiederum an Somers und stellte ihm das
neue Buch als öffentliche Version des privaten Druckwerkes vor. Eine
öffentliche Widmung war immer noch nicht erwünscht, die Gründe
dafür waren jedoch diesmal genau entgegengesetzt: Die Veröffentlichung habe die polemische Tragweite der ersten Version entkräftet,
deren Vernichtung Shaftesbury bei Somers erbete.[29]

Lesenotizen und *loci communes*

In diese Rubrik ist das noch nicht edierte Werk der *Aufzeichnungen
zu Epiktet* einzuordnen.[30] Da diese Aufzeichnungen aus einer Lektüre
entstanden sind, folgt ihre Gliederung den Einteilungen der gelesenen
Werke Epitekts, nämlich der *Unterredungen* und des *Handbuchs*.
Diese Aufzeichnungen enthalten nicht nur Vorschläge für die philologische Gestaltung von Epiktets Texten, sondern auch Ansätze zu
einer Untersuchung seines Stils, d.h. der Art und Weise, wie Epiktet

---

[28] Brief Shaftesburys an John Somers, 20. Oktober 1705: »Enclosed is an odd
book without date, preface or dedication. It might have been dedicated to you
perhaps if it had been to be published. But the author has more kindness for
you and himself than to call either name in question for meddling to such
subjects. You have had A Tale of a Tub dedicated to you before now: but A
Tale of Philosophy would be a coarser present to come publicly upon you.«
PRO 30124122/4 Bl. 8. Die Rechtschreibung wurde modernisiert.

[29] Brief von Shaftesbury an John Somers, 10. Dezember 1708 (die Schrift *The
Moralists* wurde der Sendung beigelegt): »Once again your enthusiastic friend
salutes your, in his old way, and with an old present. Your Lordship has here
a piece now published to the world which formerly was private to yourself.
Had it been worthy of your Lordship's name, how glad would your friend
have been of presenting it to you publicly! [...] A piece that treats of religion
an has no mischief will infallibly be found dull. Such a one is this I enclose to
your Lordship [...]. The fear is that the men of wit will rather think the author
retained on the priests side, and will despise him as much for an enthusiast in
this piece as the priests have reviled him for an atheist in another [Anspielung
auf *A Letter Concerning Enthusiasm*]«. Und weiter hinten: »I beg only of your
Lordship that you would destroy that other imperfect copy.« PRO 30/24/22/4,
Bl. 50. Die Rechtschreibung wurde modernisiert.

[30] PRO 30/24/27/16. Vgl. Anm. 4. Die Edition ist für den Band II, 8 der *Standard Edition* geplant.

sich an sein Publikum wandte (»his way, humour, and manner of address«). Um den Sinn dieses oder jenes Kapitels oder Begriffs aus den *Unterredungen* zu verstehen, ist es in Shaftesburys Augen sinnvoll, herauszufinden, an wen sich Epiktet richtete, welches besondere Publikum diesen oder jenen spezifischen Ansprachestil rechtfertigte. Shaftesburys Aufmerksamkeit gilt ganz besonders den Umständen, unter denen Epiktet lehrte, und geht sogar so weit, die Aufteilung der *Unterredungen* in Kapitel durch die Vielfalt des Publikums und der Besucher seiner Schule (junge, reiche, alte, mächtige Menschen, Personen, die sich vom Epikureismus verführen ließen oder von der Philosophie noch weit entfernt waren) zu erklären. Epiktets Werk wird damit einer rhetorischen Lektüre unterzogen, die auf einer vollständig säkularisierten Interpretation des Stoizismus beruht.[31] Damit steht Shaftesbury einer philologischen Tradition nahe, die zuvor von Thomas Gataker oder Isaac und Méric Casaubon vertreten wurde.

In die Gattung der Leseaufzeichnungen und Exzerpte gehören auch ein Register der griechischen und lateinischen Begriffe[32] und vor allem ein *commonplace-book*, das insbesondere französische Exzerpte aus La Bruyère und La Rochefoucauld enthält, wovon die meisten durchgestrichen sind.[33] Dort findet man auch Bemerkungen über die Übersetzung des griechischen Glossars der Stoiker. Das Ende des Heftes ist nicht von Shaftesburys Hand und besteht aus lateinischen Exzerpten aus dem *De Pictura Veterum* von Franciscus Junius und der *Historia Naturalis* von Plinius dem Älteren. Diese letzten Seiten

---

[31] Für eine sehr kurze Darstellung der *Aufzeichnungen zu Epiktet* sei verwiesen auf Laurent Jaffro: Les Exercices de Shaftesbury: un stoïcisme crépusculaire, in: Le Retour des philosophies à l'âge classique, hg. von P.-F. Moreau, 2 Bde., Paris 1999–2001, Bd. 1, S. 340–354. Ich habe auch den Plan, den Shaftesbury für den *Enkheiridion* vorschlägt, in meiner Einführung zum *Manuel d'Épictète* (übers. von E. Caltin, Paris 1997) angegeben und verwendet.

[32] PRO 30/24/25/21.

[33] PRO 30/24/27/13. Die Streichungen erklären sich durch die ambivalente Haltung Shaftesburys gegenüber den französischen Moralisten. Einerseits übernimmt und bewundert er deren Beschreibung des verdorbenen Hoflebens; andererseits wirft er ihnen aber vor, den Menschen mit dem Höfling verwechselt und eine Anthropologie entwickelt zu haben, welche im Hinblick auf die Bedeutung, die sie der Eigenliebe (»amour-propre«) als vorherrschende Leidenschaft einräumt, der von Hobbes in nichts nachsteht.

wurden 1712 in Neapel verwendet.[34] Dieses *commonplace-book* war nicht für ein bestimmtes Projekt vorgesehen, sondern wurde über einen langen Zeitraum hinweg zu verschiedenen Zwecken benutzt: Die Exzerpte aus den französischen Moralisten sind mit bestimmten Abschnitten der *Characteristics* thematisch verbunden;[35] die Bemerkungen über die Übersetzung aus dem Griechischen beziehen sich auf die philologischen Projekte Shaftesburys und auf seine Arbeit an den *Askêmata*; die Exzerpte von 1712 stehen in engem Bezug zu den Skizzen für *Plasticks*.

Das handschriftliche Werk

Als ›handschriftliches Werk‹ bezeichne ich eine Handschrift, die in ihrem aktuellen Zustand einen Text enthält, der in den Augen seines Autors für sich steht. Dies gilt vor allem für die beiden rein handschriftlich, nach dem Modell der *Selbstbetrachtungen* von Marcus Aurelius verfassten Hefte der *Askêmata* (1698–1712), die Shaftesbury in Rotterdam, in seinem Landsitz von Saint-Giles in Dorsetshire und ausnahmsweise auch während seiner Aufenthalte in Chelsea schrieb.[36] Durch diese langwierige und höchst geheime Arbeit – auf die Tatsache, dass die *Askêmata* nicht veröffentlicht werden können und sollen, wird immer wieder hingewiesen – gedachte Shaftesbury sich selbst zu verwandeln, seine Leidenschaften und Beziehungen zu klären, seinen Charakter so zu stärken, dass er imstande wurde, dem Stoizismus unter den Umständen des gesellschaftlichen oder politischen Lebens treu zu bleiben, und sich *in fine* darauf vorzubereiten, seine Rolle als Autor eines öffentlichen Werkes ohne Verderbnis zu übernehmen.[37] Es handelt sich um eine vorbildliche Illustration der

---

[34] Ich habe bereits darauf hingewiesen, dass der kranke Shaftesbury einen Sekretär zur Verfügung hatte.

[35] La Rochefoucauld wird im Essay *Sensus Communis* kritisiert.

[36] Standard Edition, II, 6 (2011). PRO 30/24/27/1U. Zur früheren Teilausgabe von Benjamin Rand vgl. Anm. 6. Eine französische, auf der Grundlage der Handschriften vorgenommene Übersetzung liegt ebenfalls vor: Exercices, hg. von Laurent Jaffro, Paris 1993. Vgl. auch Friedrich A. Uehlein: Kosmos und Subjektivität. Lord Shaftesburys Philosophical Regimen. Freiburg 1976.

[37] Es ist bemerkenswert, dass die Aufzeichnungen der *Askêmata* nach 1707 weniger werden, als Shaftesbury beginnt, die Essays intensiver zu publizieren,

›geistigen Übungen‹ der griechischen Philosophen, wie sie Pierre
Hadot beschrieben hat.[38]

Jedes Heft besteht aus ungefähr 200 durchnummerierten Seiten,
meistens in sehr sorgfältiger Handschrift. Das erste Heft enthält am
Anfang ein Verzeichnis der hauptsächlich englischen Titel der einzelnen Ausführungen (wie beispielsweise »natural affection«, »life«,
»Deity«, »self«, »passions« usw.). Das Verzeichnis besteht aus einer
Tabelle mit drei Spalten: Spalte 1: Holland 1698–1699, Spalte 2: England
1699–1700, Spalte 3: Holland 1703–1704. Die dritte Spalte wurde im
Nachhinein hinzugefügt und bezieht sich auf das zweite Heft, dessen Abfassung 1703 begonnen und bis 1707 sorgfältig weitergeführt
wurde.[39] Das zweite Heft enthält am Ende ein Verzeichnis der Titel
der einzelnen Ausführungen, die zum Teil in Englisch, vorwiegend
aber in Griechisch verfasst sind. Bei diesen Titeln handelt es sich um
Fachbegriffe des römischen Stoizismus der Kaiserzeit, insbesondere
zur Ethik, Moralpsychologie und Logik. Ebenso wurden zusammenfassende ›Gesetze‹ – eigentlich die ›guten Dogmen‹ und ›Lehrsätze‹
Epiktets – an das Ende des zweiten Heftes und im Nachhinein an
den Anfang des ersten Heftes gestellt. Der Stil des ersten Heftes hat
zunächst demonstrativen Charakter. Danach übernimmt Shaftesbury
bewusst einen dialogischen Stil und redet sich selbst an, indem er oft
das Elisabethanische Theater nachahmt. Der Text enthält eine reiche
Auswahl an Zitaten von Marcus Aurelius, Arrianus, Platon, Xenophon,
Vergil und Horaz. Ein breit angelegtes System von Verweisen wurde
an den Rändern hinzugefügt, was auf eine ständige Überarbeitung
und Lektüre hinweist. Schließlich erscheinen im zweiten Heft mnemotechnische Zeichen, die zum Teil die Form eines kleinen Bildes
haben (Äskulapstab, Schwerter, Schießscharten). Diese Zeichen sollen
die Risiken der politischen, gesellschaftlichen, familiären oder mit
dem aristokratischen Stand verbundenen Verpflichtungen darstellen.

Das materielle Kompositionsprinzip ist bemerkenswert: Im Zuge der
Abfassung wählte Shaftesbury ein Thema aus, dem er eine bestimmte
Anzahl von Seiten widmete. Darauf folgte ein neues Thema – ein neuer
locus –, das er auf einer unmittelbar anschließenden leeren Seite oder

---

die in *Characteristics* von 1711 wieder aufgenommen werden sollten.

[38] Pierre Hadot: Exercices spirituels et philosophie antique, Paris 1981.

[39] Nur einige ergänzende Aufzeichnungen stammen aus dem Aufenthalt in Neapel 1712 und wurden insbesondere am Ende des ersten Heftes hinzugefügt.

Doppelseite anfangen ließ, usw. Als er ein bereits behandeltes Thema
wieder aufnahm, nutzte er den gegebenenfalls freien Platz am Ende
der ersten Abhandlung und ging dann zur nächsten leeren Doppelseite über. Das Ergebnis ist eine vielschichtige Struktur. Das erste
Heft beginnt mit der Aufstellung einiger Themen und nimmt diese
wieder auf. Somit ergibt sich die Struktur: ABCDEFGHCHIHIJKH
usw. In der Folge werden neue *loci* eingeführt, wobei es immer mehr
Rückgriffe gibt. Nicht selten kommt es vor, dass über die beiden Hefte
ein Thema ein Dutzend Mal wieder bearbeitet wird.[40]
     Mit den *Askêmata* stehen zwei Dokumente in Zusammenhang. Zum
einen handelt es sich dabei um die *Excerpta*.[41] Diese Exzerptsammlung
enthält einige Zitate von Marcus Aurelius, Platon, Arrianus, Simplicius,
und einige Ausführungen auf Englisch, die in den *Askêmata* wieder
auftauchen. Und zum anderen handelt es sich um die Zusammenfassung der *Askêmata*.[42] Diese besteht aus gefalteten Blättern in einem
Lederetui, welche die ›Gesetze‹ oder ›Vorschriften‹ enthalten, die der
Autor gegenüber sich selbst und den anderen beachten musste und die
in den *Askêmata* formuliert wurden. Dieses Dokument ist insbesondere
aus folgenden Gründen interessant: zunächst weil es ein *Enkheiridion*
darstellt, womit Shaftesbury die Grundlagen der philosophischen
Askese vor Augen haben konnte; zweitens, weil es eine Einschätzung
darüber ermöglicht, was in den Augen Shaftesburys den Kern der
Einstellung ausmachte, die er gegenüber der Moderne einnehmen
sollte, insbesondere zum Thema der Religion;[43] und schließlich,
weil es einen Schlüssel zu den geheimnisvollen mnemotechnischen
Zeichen liefert, die in den *Askêmata* rätselhaft und verstreut bleiben,
indem diese Zeichen hier um eine offene Hand herum gruppiert
wurden, welche der »goldenen Hand« der rhetorischen Abhandlung

---

[40] Die meisten hier beschriebenen Merkmale – Verzeichnis, Lektüremarkierun-
gen, mnemotechnische Zeichen, mehrschichtige Strukturen – wurden in der
Ausgabe von Benjamin Rand ignoriert. Die Zitate und die zusammenfassen-
den Gesetze wurden dort vereinfacht oder verzerrt dargestellt.

[41] PRO 30/24/27/12.

[42] PRO 30/24/27/11.

[43] PRO 30/24/27/11 Bl. 8: »W^t, then, disturbs? Modern Supersti^n? – Be thankfull
if not Indian. – X^{t}ian Priests? – not Druids. Thanks for so harmless & ingeniou-
se a Supersti^n, so near Platonisme.« Vgl. Exercices, S. 157 (PRO 30/24/27/10),
S. 121.

Ad Herennium entspricht.[44] Damit grenzt sich das außergewöhnliche Werk der *Askêmata* deutlich von den anderen, hier bereits dargestellten Werken. Die *Askêmata* stellen kein »Projekt« dar und lassen sich nicht auf eine einfache Exzerptsammlung reduzieren.

Theoretische und technische Aspekte

Die vorhergehenden Ausführungen geben nur eine oberflächliche Übersicht über den Nachlass, aber sie reichen aus, um im weiteren Verlauf die Aspekte von Shaftesburys handschriftlichem Schaffen zu erörtern, die sowohl in den *Characteristics* als auch in den unveröffentlichten Werken zutage treten. Dabei liegt es uns daran, diese handschriftliche Schaffen *so zu begreifen, wie er es selber verstand*. Wir werden uns zunächst mit der Art und Weise auseinandersetzen, wie Shaftesbury seine Texte verfasste, insbesondere wenn er eine Veröffentlichung in Aussicht hatte. Diesen ersten Schritt könnte man als das ›Konzept‹ des Werkes bezeichnen, welches mit dem gleichzusetzen wäre, was Shaftesbury in seinen Handschriften häufig »die Idee des Werkes« nennt. Dieses Konzept ist poetischer Natur (es betrifft die Gattung oder den Stil des Werkes) und zugleich rhetorischer Beschaffenheit (es bezieht sich auf die Art und Weise, wie sich das Werk an die Öffentlichkeit wenden soll). Im Folgenden soll nur das poetische und rhetorische Konzept analysiert werden, das in einigen handschriftlichen Werken zum Vorschein kommt. Eine Untersuchung der *Characteristics* würde Ausführungen erfordern, welche den Umfang des vorliegenden Artikels sprengen.[45] Danach

---

[44] Die Zeichnung von Shaftesbury wird in vergrößertem Format auf der Umschlagseite meiner Übersetzung der *Exercices* reproduziert. Das Zurückgreifen auf ein mnemotechnisches System und seine Quellen bei Bacon werden analysiert in Laurent Jaffro: Ethique de la communication et art d'écrire. Shaftesbury et les Lumières anglaises, S. 144–160. In den *Second Characters* wird auf die Gedächtniskunst Ciceros verwiesen: »Notes Marks of Sounds Syllables Words Speech, and of Sentiments Senses Meanings, by that Medium, viz of Sounds and Speech. Thus Cyphers, short hand, Cicero's Invention, etc.« PRO 30/24/27/15, Bl. 37.

[45] Vgl. Laurent Jaffro: Shaftesbury et les deux écritures des la philosophie, in: Cahiers philosophiques, 89 (2001), S. 49–56; sowie eine ausführlichere Darstellung in: Ders.: Éthique de la communication et l'art d'écrire. Shaftesbury et les lumières anglaises, Kap. 5–6.

werde ich die Kunst des *commonplace-book*,[46] oder genauer gesagt, einen Teil dieser Kunst, die Technik der Verzeichnisse, untersuchen. John Locke hatte eine Theorie der Exzerptsammlungen ausgeführt, die Shaftesbury angewendet hat. Schließlich werde ich kurz auf die Philosophie des privaten oder asketischen Schreibens eingehen, d.h. auf die Art und Weise, wie die *Characteristics* theoretische Grundlagen für die Arbeit aufstellen, die insgeheim in den *Askêmata* ausgeführt wurden.

Das Konzept

Das Konzept oder die »Idee des Werkes« stellt zunächst nur einen besonderen Zugang zu einem nach dem Prinzip des *commonplace-book* redigierten Heft dar. Seine wesentliche Funktion ist es, die Art der Kommunikation zu bestimmen, welche der Autor übernehmen soll. So kann man in dem der Konzeption der gesamten *Second Characters* (Neapel 1712) gewidmeten Teil der Handschrift von *Plasticks* unter dem Eintrag »Title & Idea« lesen:

> Remember still: This the idea of the Work viz quasi the Vehicle of other Problems, i.e. the Præcepts, Demonstration etc of real Ethicks. But this hid: not to be said except darkly oder pleasantly with Railery upon Saltt, or some such indirect way as in Miscellany [...].[47]

Die Idee des Werkes gibt Hinweise auf die indirekte Art und Weise, mit der sich der Autor an den Leser wenden muss. Die Wahl des Stils kann im Werk selbst thematisiert werden, aber das Konzept selbst darf dort nicht dargelegt werden. Daher ist sein passender Ort die Handschrift. Es gehört zum Gerüst, das für die Vollendung des Werkes zerstört werden muss. Die *Second Characters* waren für die elegante Welt bestimmt, die sich einbildet, die Kunst zu lieben, aber die Moral verschmäht. Die Idee des Werkes ist es, die Grundlage

---

[46] Zu einer Untersuchung dieser Kunst bei einem Neostoiker vgl. Ann Moss: The Politica of Justus Lipsius and the Commonplace Book, in: Journal of the History of Ideas, 59, 3 (1998), S. 421–436.

[47] PRO 30/24/27/15, Bl. 8. Ich transkribiere, sofern nicht anders angegeben, die Handschriften wortwörtlich.

des philosophischen, technischen, dogmatischen Inhalts nicht zur
Schau zu stellen, und den lockeren Ton der Konversation aus den
Miscellaneous Reflections von 1711 nachzuahmen, der viel gehaltvolleren Speisen als Aperitif dienen konnte.[48]

Dieses Konzept umfasst zugleich all das, was man als die Philosophie
des Verzeichnisses und des Apparats des Werkes bezeichnen könnte.
Es legt beispielsweise fest, in welchem Sinne die Fußnoten verfasst
werden sollen. Von dieser Art von Empfehlungen gibt die Rubrik »Title
& Idea« der *Second Characters* ein kennzeichnendes Beispiel, das das
Verfassen der Fußnoten und die Frage der Selbstdarstellung betrifft:

> Observe in the Notes under the Text to speak always (without
> once failing) in the stile of We, Us & our for I, Me and mine, also
> the Author & and the Author's, keeping the I & Me for the Text.[49]

Weshalb darf das *ich* im Haupttext verwendet werden? Weil der Haupttext zur Gattung des Briefwechsels gehört: »Use of the Ego banish'd
in all but the Epistolary kind.«[50] Die westentlichen Komponenten
der *Second Characters*, wie etwa *Plasticks* und der *Letter Concerning
Design*, sind Briefe. Diese Begründung kann insofern als poetisch
bezeichnet werden, als sie sich auf den Begriff der Gattung beruft.

Die Perspektive ist zugleich eine rhetorische, da es darum geht, die
Ansprache dem Publikum anzupassen.

> A Rule, viz Nothing in the Text but what shall be of easy smooth
> & polite reading; without seeming Difficulty, or hard Studdy:
> so as that the better & gentiler Rank of Painters & Artists, the
> Ladys, Beaux, courtly Gentlemen, & more refin'd sort of Country
> & Town-Wits, & notable Talkers, may comprehend, or be persuaded that they comprehend what is there written in the Text:
> All besides (viz the Greek, Latin, Italian & French; Terms of Art,
> Criticisms, & more learn'd Remarks or Clearings on History,

---

[48] Vgl. ebd.: »Continuance of Manner & Stile of Miscellanys Anticipation Raillery etc.« Shaftesbury verweist auf PRO 30/24/27/15, Bl. 44: Die »Anticipation«
durch »Raillery« besteht darin: »excite the nauseating Palat by Piquancy &
feed the fashionable spleen«.

[49] PRO 30/24/27/15, Bl. 32.

[50] PRO 30/24/27/15 Bl. 50.

Nature, Philosophy & the deep places of Characteristics) to be reserv'd for Notes [...].[51]

Die Idee des Werkes bestimmt ebenfalls die Qualität der Leser, die vielfältig sein kann. Dass die Kunst des Schreibens verschiedene Formen annehmen kann, liegt zunächst an dem Bewusstsein, dass die Kunst des Lesens eine vielfältige ist.[52]

To preserve such a Mixture of Stile, Matter, etc in the first five or six Chapters or Divisions of the Work as may invite & engage the several Readers; that there may be subject & pleasure for the Wit & Man of Ingenuity (with, & without Letters) separately from the Virtuoso & mere Lover of the Art, & so for this latter vice-versa. And in the Progress of the Work every Chapter to be so writ as on the Whole (hard parts being short & their hardness conceald or carry'd off with an Air etc) to make it a pleasant Reading [...].[53]

Ähnliche Ansichten findet man in der Handschrift von *Design of Socratick History*, vorwiegend unter dem Eintrag »Cautions«. Da es um die Ausarbeitung einer Sammlung von Übersetzungen geht, die eingeleitet und kommentiert werden, sind die Überlegungen zur Gattung relativ begrenzt. Dafür steht die Frage nach der Rhetorik an erster Stelle. Wie soll man Sokrates bekannt machen, wenn man nicht für Philosophen schreibt? Wie kann man die Philosophie popularisieren, ohne sich dabei dem Risiko auszusetzen, missverstanden oder zensiert zu werden? Shaftesbury erfindet für sich eine Regel, um das zu überprüfen, was er schreibt:

Examine and judg of every Paragraph with respect to 3 sorts. (1) the superstitiouse of the finer sort. (2) the morallists of a looser kind and avers to Platonism etc. and (3) the Polite people not Schollars or Learnd but Lovers of Notion and Language.[54]

---

[51] PRO 30/24/27/15 Bl. 32.
[52] Zum Begriff der *Kunst des Schreibens* vgl. Leo Strauss – Art d'écrire, politique, philosophie, hg. von L. Jaffro, B. Frydman, E. Cattin und A. Petit, Paris 2001.
[53] PRO 30/24/27/15 Bl. 104.
[54] PRO 30/24/27/14, Bl. 53.

Man sollte also die möglichen Reaktionen der Öffentlichkeit, insbesondere was die hier beschriebene dritte Kategorie von Lesern anbelangt, vorwegnehmen, die, wie man im Zeitalter des Fernsehens sagt, die wichtigste ›Zielgruppe‹ des Werkes darstellt. Doch sollte man nicht deswegen die Feindschaft der ersten Kategorie auf sich lenken, die nicht aus der Gesamtheit der Christen besteht, sondern nur aus den liberalen Christen, die dem gröbsten Aberglauben nicht nachgeben. Ebenso sollten die Reaktionen der modernen Philosophen berücksichtigt werden – mit den Moralisten sind Hobbes und Locke gemeint. Sie verteidigen die Idee, dass die moralischen Eigenschaften auf Gott oder auf die Konventionen zurückzuführen sind, und stehen demzufolge dem »Platonismus« ablehnend gegenüber, der hier für die realistische, in der Antike stark präsente Konzeption steht, wonach die moralischen Eigenschaften auf die Natur zurückzuführen sind. Letztendlich ist das Konzept ein klarer Ausdruck dessen, was Leo Strauss die ›Kunst des Schreibens‹ nennt.[55] Schließlich kann noch darauf hingewiesen werden, dass dieser Rubrik die Anweisungen Shaftesburys hinzugefügt werden können, die er 1712 hinsichtlich der Überarbeitung und der Illustration der zweiten Ausgabe der *Characteristics* gibt. Diese Anweisungen stellen sehr wohl eine »Idee« dar, wie die Kommunikation der *Characteristics* verbessert werden könnte.[56]

Die Kunst der Verzeichnisse

Das Inhaltsverzeichnis der *Second Characters*, und insbesondere des dort enthaltenen Unterteils *Plasticks*, das unter der Rubrik »Title & Idea«[57] dargelegt wird, legt zwar die Gliederung des geplanten Werkes fest, jedoch nicht diejenige der vorbereitenden Handschrift und

---

[55] Vgl. Anm. 52.
[56] Man findet diese Anweisungen insbesondere im *Virtuoso copy-book* (PRO 30/24/26/1). Dieser Aspekt wurde ausführlich erforscht, vgl. dazu Felix Paknadel: Shaftesburys Illustrations of Characteristics, in: Journal of the Warburg an Courtauld Institutes, 37 (1974), S. 290–312; Anna Wessely: The Knowledge of an Early Eighteenth-Century Connoisseur: Shaftesbury and the Fine Arts, in: Acta Historia Artium Hung., 41 (1999–2000), S. 279–309; Andrea Gatti: »Il gentile Platone d'Europa«. Quattro saggi su Lord Shaftesbury, Udine 2000, Kap. 3.
[57] PRO 30/2427/15, S. 103.

auch nicht deren Schreibmethode. Diese folgt einer anderen Regel, die derjenigen der *Askêmata* nahe steht. Man trifft dort in der Tat wieder auf das gleiche Prinzip der Verteilung und Wiederholung der *loci*: »title and idea of the work«, »characters«, »instinct, natural ideas«, »taste, relish, eye«, »discouragements«, »encouragements«, »ancient masters and works«, »praises«, »the five parts in painting«, »citations«, »maxims of the art«, »of the machine«, »of the scene« usw. Die vorbereitende Handschrift enthält zwei Verzeichnisse, welche nach den Anweisungen Lockes in der Schrift *A New Method of a Common-Place-Book* aufgestellt sind.[58]

Das letzte Verzeichnis besteht aus einer Doppelseite, die in vier Spalten und fünf Zeilen aufgeteilt ist, so dass 20 Rubriken für jeweils 20 Buchstaben des Alphabets mit Ausnahme der Buchstaben K, Y, W und von J und U eingerichtet werden können.[59] In jeder Rubrik erscheinen die fünf Vokale zur alphabetischen Sortierung der Einträge, so dass die *items* nach dem ersten Vokal, der auf den Anfangsbuchstaben des Wortes folgt, untereinander aufgelistet werden. Diese Praxis entspricht genau den Empfehlungen von Locke.[60] Auch hier sind K, Y, W ausgenommen. Der Ausschluss von J und U war bei Locke impliziert, denn die erste Ausarbeitung der *Method* erschien auf Latein: Shaftesbury ist wie Locke der Ansicht, dass diese Buchstaben wie I und V behandelt werden müssen. Das Gleiche gilt für den Buchstaben Q: Damit die schöne Regelmäßigkeit des Verzeichnisses nicht beeinträchtigt wird, wird er in die Rubrik Z, auf der Höhe des nachfolgenden Vokals U

---

[58] Dieses erfolgreiche Werk wurde zunächst auf Latein verfasst, dann von Jean Le Clerc ins Französische übersetzt. Es erschien unter dem Titel *Méthode nouvelle de dresser des recueils*, in: Bibliothèque universelle et historique, 2 (1686), S. 315–340. Danach wurde es schließlich von verschiedenen Autoren ins Englische rückübersetzt und verbessert.

[59] PRO 30/24/27/15 Bl. 110.

[60] »I take a paper book of what size I please. I divide the two first pages that face one another by parallel lines into five and twenty equal parts, every fifth line black, the other red. I then cut them perpendicularly by other lines that I draw from the top to the bottom of the page, as you may see in the table prefixed. I put about the middle of each five spaces one of the twenty letters I design to make use of, and, a little forward in each space, the five vowels, one below another, in their natural order. This is the index to the whole volume, how big soever it may be« (John Locke: A New Method of a Common-Place-Book, in: The Works of John Locke in nine volumes, 12. Aufl., Bd. II, London 1824, S. 441–459, hier S. 446).

aufgenommen.[61] Insbesondere im Lateinischen gibt es zahlreiche Wörter, die mit QU beginnen. Für Shaftesbury sprach nichts dagegen, beim Englischen wie ursprünglich beim Lateinischen vorzugehen. Man sollte nicht außer Acht lassen, dass die Anwendung der Methode Lockes zwar peinlich genau ist, jedoch partiell bleibt, insofern als die Kunst des *commonplace-book* sich in Lockes Verständnis nicht auf den Aufbau eines Verzeichnisses beschränkte, sondern die gesamte Gestaltung der Exzerptsammlung betraf. Was diesen Punkt anbelangt, gab sich Shaftesbury damit zufrieden, die Schichtentechnik der *Askêmata* fortzusetzen.

Die Philosophie der privaten Schreibens

Der 1710 veröffentlichte Essay *Soliloquy, or Advice to an Author*, der in den ersten Band der *Characteristics* von 1711 wieder aufgenommen wurde, wurde bis vor kurzem als eine Abhandlung zur Ästhetik und Literaturkritik gelesen, während Shaftesbury dort aber zugleich die Theorie des Schreibens beschreibt, wie er sie in seinen *Askêmata* praktizierte, und darauf eingeht, was er als »innere Rhetorik« bezeichnete. Der Leser des *Soliloquy* wird mit einem außergewöhnlichen hermeneutischen Problem konfrontiert. Hauptanliegen dieser Schrift ist es in der Tat, zu erklären, was ein Autor in einem Werk macht, das er selbst dem strengsten Geheimnis geweiht hatte und das erst zu Beginn des 20. Jahrhunderts bekannt wurde. Daran sei erinnert, dass Shaftesbury sich mit dem Begriff »soliloquy« auf das vorbereitende Selbstgespräch nach dem Modell des inneren Diskurses der Stoiker bezieht.[62] Dieses Selbstgespräch muss insofern geheim bleiben, als es die Kommunikation vorbereitet; eine Mitteilung dieses Selbstgesprächs an die Öffentlichkeit würde zu einer gefährlichen Umkehrung der Ordnung führen. Daher stellt Shaftesbury das Selbstgespräch dem Modell der Ich-Literatur entgegen, d.h. den Autoren, die »auf der

---

[61] »I omit three letters of the alphabet as of no use to me, viz. KYW, which are supplied by C I U, that are equivalent to them. I put the letter Q, that is always followed with an u, in the fifth space of Z. By throwing Q last in my index, I preserve the regularity of my index, and diminish not in the least its extent; for it seldom happens that there is any head begins with Z u.« (ebd.).

[62] Vgl. meine Einführung zu den *Exercices*.

Bühne der Welt jene Übungen zur Schau [stellen], die sie im stillen hätten absolvieren sollen« (»[to] exhibit on the Stage of the World that Practice, which they shou'd have kept to themselves«).[63]

Allerdings findet man Auszüge aus den *Askêmata* im dritten Teil des *Soliloquy*, deren Herkunft Shaftesbury nicht verrät. Er stellt sie als eine Kostprobe seiner »Selbstübungen« dar, wie er sie der Öffentlichkeit empfiehlt. Und diese Strategie der Geheimhaltung scheint recht gelungen zu sein, denn keiner hatte den Umfang dieser privaten Schriften vor ihrer Veröffentlichung 1900 durch Rand erahnt. Allerdings muss Shaftesbury auf einen wichtigen Einwand antworten: Wenn die Selbstgespräche geheim sind, weshalb hat er sie dann veröffentlicht? Es wäre zu erwarten, dass er antwortet, er würde sie nicht veröffentlichen, da sie nicht zu veröffentlichen sind. Doch dies ist nicht der Fall. Er gibt eine erstaunliche Antwort, die direkt auf seine eigenen Texte hinweist: »What I write is not worth being made a Mystery«.[64] Shaftesbury betont, dass er sich für eine Veröffentlichung seiner Handschriften nicht interessiert, dass er nicht danach strebt, diese aber auch nicht verbietet. Er habe einen Sekretär (*Amanuensis*), der von seinen Handschriften so viele Kopien anfertigen könne, wie er wolle, und diese sogar verkaufen dürfe: »Tis a Traffick I have no share in; tho I accidentally furnish the Subject-matter«.[65] Dieser Abschnitt ist in den *Characteristics* einzigartig. Er stellt ein Augenzwinkern der öffentlichen Werke an die privaten Handschriften dar.[66] Allerdings kann man die Behauptung »What I write is not worth being made a Mystery« auch als eine Antiphrase verstehen. Es muss in der Tat hervorgehoben werden, dass das Manuskript der *Askêmata* nur von Shaftesburys Hand ist, und dass es in den Shaftesbury Papers keine Kopie davon durch irgend einen Sekretär gibt. Der *Amanuensis* wurde für handschriftliche Kopien von Texten aller Art in Anspruch genom-

---

[63] Characteristics, London 1711, Bd. 1, Teil I, Abt. I, S. 163 (Standard Edition, I, 1, [1981], S. 52); Characteristics, hg. von Lawrence E. Klein, S. 74.

[64] Characteristics 1711, Bd. 1, Teil I, Abt. I, S. 305 (Standard Edition, I, 1, [1981], S. 230); Characteristics, hg. von Lawrence E. Klein, S. 136.

[65] Ebd.

[66] Es findet sich noch eine andere Anspielung auf die *Askêmata* in der langen Fußnote der *Miscellaneous Reflections*, III, 2, hg. von Lawrence E. Klein, S. 415–417. Eine Ausführung aus den *Exercices* (S. 345–349) über die Schönheitsskala wurde neu geschrieben und als fiktives Beispiel für das Selbstgespräch eines »self-discoursing author« dargestellt.

men – nur für die *Askêmata* nicht. Die *Askêmata* wurden vollständig geheim gehalten.

Aus dieser Verteidigung und Befürwortung der Geheimhaltung ergibt sich eine scharfe Kritik an dem modernen Umgang mit *commonplace-books*. Shaftesbury suggeriert, dass die Ich-Literatur – so wie sie von Montaigne oder Burton vertreten wurde – die Praxis der Exzerptsammlungen verdorben habe. Tatsächlich dreht sie die Ordnung um: Die Exzerptsammlung gehört nicht mehr zur rein privaten Sphäre der Vorbereitungsarbeiten des Autors, sondern macht genau das aus, was er in der Welt veröffentlicht. Die Autoren von Memoiren und Essays sind nie »sich selbst« und erlegen der Öffentlichkeit ihre »Kruditäten« (»Cruditys«) auf, d.h. Materialien, für die sie keine Zeit zum Verdauen hatten:

> The World is ever of the Party. They have their Author-Character in view, and are always considering how this or that Thought wou'd serve to compleat some Set of Contemplations, or furnish out the Common-Place-Book, from whence these treasur'd Riches are to flow in Plenty on the necessitous World.[67]

Damit kommt Shaftesbury zur Praxis der Stoiker zurück, die die *commonplace-books* mit privaten *Hypomnêmata* gleichgesetzt hatten,[68] im Gegensatz zu der modernen Ich-Literatur, die diesen Exzerptsammlungen den Status eines Werkes zuweist, das als solches veröffentlicht werden kann. Die Ich-Literatur stellt der Öffentlichkeit nicht nur das Ich zur Schau, sondern auch dessen Lektüren, Fort- und Rückschritte, in einem Wort, dessen Diätik. Im Gegensatz dazu bilden die *Askêmata* also weder ein Tagebuch noch eine Reihe von Essays und dies liegt nicht nur daran, dass das Ich dort nicht über sich selbst erzählt, sondern vor allem daran, dass seine Diätik nicht offenbart wird. Gegen die moderne Mode der Memoiren und der

---

[67] Characteristics 1711, Bd. 1, Teil I, Abt. I, S. 164 (Standard Edition, I, 1, [1981], S. 54); Characteristics, hg. von Lawrence E. Klein, S. 75.

[68] Vgl. Michel Foucault: L'Herméneutique du sujet, Paris 2001, »Résumé du cours«, S. 48: »Il y a eu à cette époque [du stoïcisme impérial] toute une culture de ce qu'on pourrait appeler l'écriture personnelle: prendre des notes sur les lectures, les conversations, les réflexions qu'on entend ou qu'on se fait à soi-même; tenir des sortes de carnets sur les sujets importants (ce que les Grecs appellent les hupomnêmata) et qui doivent être relus de temps en temps pour réactualiser ce qu'ils contiennent.«

Essays kommt somit Shaftesburys »handschriftliches Werk« zum Modell des *Ad se ipsum* von Marcus Aurelius zurück.[69]

Schlussbetrachtung

Das Lesen und das Schreiben werden als zwei ineinander verschränkte Aktivitäten verstanden. In diesem Punkt unterscheidet sich Shaftesbury keineswegs von den Autoren des Späthumanismus. Ihm ist aber die Idee eigen, dass diese Lese- und Schreibpraxis nur als eine Vorbereitung ethischer Beschaffenheit fungieren darf. Daher kann aus den *commonplace-books* keine Publikation werden. Es gibt keine Kongruenz zwischen dem Autor, der sich selbst im privaten Werk formt (»self-government«), und dem Autor, der sich als solcher in veröffentlichten Essays darstellt. Ganz im Gegenteil: Das veröffentlichte Werk, das an die Welt gerichtet ist, darf den Fortschritt nicht zur Schau stellen, der in einer getrennten Sphäre vollbracht wurde.

Diese Beziehung zwischen diesen zwei Sphären habe ich als eine funktionelle interpretiert: die eine bereitet die andere vor. Man kann sie jedoch auch aus einer kulturgeschichtlichen Perspektive heraus als Symptom für die Krise des Humanismus betrachten. Die Lektüre des *Design of a Socratick History* ist lehrreich. Dort kommt Shaftesburys Überzeugung deutlich zum Vorschein, dass man sich den neuen Neigungen des modernen Publikums anpassen und eine Popularisierung der Philosophie versuchen müsse, indem etwa dem modernen Geschmack für den Roman geschmeichelt werde. Allerdings ist die Unvollendung der *Socraticks* bezeichnend. Sie deutet darauf hin, dass die Ethik der Alten nicht mehr direkt vermittelt werden kann, ja dass sie sogar unverständlich geworden ist. Hier kommt die Diskrepanz zwischen der Lesekunst des modernen Publikums und derjenigen eines Autors wie Shaftesbury zum Vorschein, dem eine andere Ausbildung zuteil wurde. Shaftesbury wusste, dass die ich-bezogenen Übungen, vor allem diejenigen der Stoiker, im Verschwinden begriffen waren. Er hegte keinerlei Hoffnung, dass seine Praxis des privaten Schreibens im Zeitalter der Moderne Nachfolger haben könnte. Selbst in dem

---

[69] Die Kritik an den *commonplace-books* wird auch in den *Askêmata* geführt. Vgl. Exercices, S. 235 (PRO 30/24/27/10, 2. Heft, S. 189).

veröffentlichten Essay *Soliloquy*, der diese Praxis explizit verteidigt, gibt es zahlreiche Bemerkungen über die Lächerlichkeit der Selbstbeherrschung und deren künstliche Theatralik.[70] Die Vorstellung, dass die Praxis des Selbstgesprächs und ganz allgemein der antiken Lese- und Schreibkunst lächerlich erscheinen könnte, ist ein Indiz dafür, dass sie für diese Epoche nicht geeignet ist. Andere Bemerkungen, wie beispielsweise die scharfe Kritik an der Gattung der Memoiren oder am autobiographischen Schreiben, legen nahe, dass die Moderne die Antike lächerlich findet, und zwar nicht, weil sie sich etwa nicht mehr für die Kultur des Ich interessiert, sondern weil sie sich im Gegenteil zu viel und inadäquat dafür interessiert. Sie verwechselt diese Kultur mit einer Plauderei über sich selbst.

Außerdem betrachtet Shaftesbury Handschriften nur sehr marginal als ein Mittel zur Verbreitung von Texten. Daher hält er sich von der sogenannten philosophischen klandestinen Literatur (»littérature clandestine«) fern, die er jedoch gut kennt: Sein Freund und Schützling John Toland, Autor des *Pantheisticon* und des *Nazarenus*, war ein großer Anhänger und Verbreiter dieser Literaturform. Shaftesburys Bibliothek enthält Spuren davon, wie beispielsweise den Essay von Moyle.[71] Da aber Shaftesbury die ich-bezogenen Übungen mit der Praxis des handschriftlichen Schreibens bis zur Verwechslung assoziierte, lässt sich ohne Schwierigkeit verstehen, dass er dem handschriftlichen Schreiben keine Kommunikations- oder Relaisfunktion zuweist. In den *Askêmata* folgt Shaftesbury den Anweisungen des Epiktet: »Halte diese Gedanken Tag und Nacht griffbereit. Schreibe sie, lies sie«.[72] Das handschriftliche Schreiben soll der Kunst des Gedächtnisses und der Übung an sich selbst dienen, ist aber keineswegs ein Instrument der philosophischen Propaganda.

Unter diesem doppelten Gesichtspunkt – einerseits der Kritik an der modernen Konzeption der *commonplace-books* sowie an der Ich-Literatur im allgemeinen, andererseits der Distanz gegenüber der handschriftlichen Verbreitung freier Ideen – ist offensichtlich, dass Shaftesbury die Kultur der Moderne mit einer gewissen aristokratischen Abneigung betrachtete, und sich bemühte, die antike Konzeption der

---

[70] Shaftesbury wurde genau diesbezüglich von Berkeley im fünften Dialog des *Alciphron* angegriffen.

[71] Vgl. Anm. 17.

[72] Arrianus: Unterredungen Epiktets, III, 24, 103.

Lesekunst und des handschriftlichen Schreibens soweit wie möglich aufrecht zu erhalten. Vor diesem Hintergrund kann man sagen, dass sein heute noch verkanntes handschriftliches Werk die Rezeption erfuhr, die sich Shaftesbury erwünscht hatte – die aber nicht genau dem entspricht, was dieses Werk verdiente.

Die Geburt des Romans aus dem Geist der Gelehrsamkeit. Anmerkungen zu Jean Pauls Exzerptheften*

Christian Helmreich

Wie Laurence Sterne, den er bekanntlich sehr bewunderte, liebte es Jean Paul (1763–1825), Gelehrte und die von ihnen verfassten Texte zu parodieren. Unter den zahlreichen Gelehrten, die in Jean Pauls Texten erscheinen, sei beispielhaft die Hauptfigur des 1795 veröffentlichten *Leben des Quintus Fixlein* erwähnt. Der bescheidene Lehrer Fixlein widmet den größten Teil seiner Freizeit dem Fortschritt der Wissenschaften:

> Er arbeitete – ich will die unerheblichen Werke auslassen – an einer Sammlung der Druckfehler in deutschen Schriften; er verglich die Errata untereinander, zeigte, welche am meisten vorkämen, bemerkte, daß daraus wichtige Resultate zu ziehen wären, und riet dem Leser, sie zu ziehen.[1]

---

* Dieser Artikel stützt sich z. T. auf Christian Helmreich: Jean Paul & le métier littéraire. Théorie et pratique du roman à la fin du XVIIIe siècle allemand, Tusson 1999. Die Zitate aus den Werken Jean Pauls stammen aus Jean Paul: Sämtliche Werke, hg. von Norbert Miller, München 1959–1985, 10 Bde. in zwei Abteilungen (Abkürzung SW, unter Angabe der Abteilung in römischen, des Bandes innerhalb der Abteilung in arabischen Zahlen). Für den Briefwechsel Jean Pauls sowie für die Texte aus seinen Arbeitsheften und Gedankensammlungen stütze ich mich auf die große Ausgabe Berends: Jean Paul: Sämtliche Werke. Historisch-kritische Ausgabe, hg. von Eduard Berend u.a., Weimar u. Berlin 1927ff. (Abkürzung HKA, unter Angabe der Abteilung in römischen, des Bandes innerhalb der Abteilung in arabischen Zahlen).
[1] SW I, Bd. 4, S. 81.

Dieser Text zeigt, dass Jean Paul es nie unterließ, auch die lächerlichen oder skurrilen Aspekte der Gelehrtentätigkeit zu protokollieren. Meistens zeichnet sich der Blick, den der Autor auf die Sitten und Unsitten der Gelehrten richtet, durch eine gewisse Sympathie aus. In der Tat ähnelt Jean Paul ja gewissermaßen selbst den mitunter bizarren Gelehrten, die seine Werke bevölkern. Er dürfte zu den ›gelehrtesten‹ Romanautoren der deutschen Literatur um 1800 zählen; die konstante Mischung der erzählenden und der gelehrten Schreibart ist nicht von ungefähr eines der Hauptmerkmale seiner Werke. Viele der Leser Jean Pauls waren ja gerade von seiner bizarren, verschiedene Textsorten und Tonarten durchspielenden Schreibweise bezaubert, während diese Melange bei anderen nur zu Irritationen führte. Ich möchte, bevor ich zum Kern meiner Ausführungen komme, kurz zwei Beispiele der Jean Paulschen Schreibart anführen. Bereits auf der ersten Seite seines Hauptwerks, des zwischen 1800 und 1803 in vier Bänden publizierten *Titans*, beschreibt Jean Paul den Protagonisten seines Romans, den jungen Grafen von Cäsara. Nach der Beschreibung der »jugendlich warmen Gestalt« Cäsaras und seiner »trotzigen Entschlossenheit«, bemerkt der Erzähler: »er schien noch ein Brennspiegel im Mondlicht, oder ein dunkler Edelstein von zu vieler Farbe zu sein, den die Welt, wie andere Juwelen, erst durch Hohlschleifen lichtet und bessert«.[2]

Die Technik des Hohlschleifens, die hier als Metapher dient, verdeutlicht zugleich den tieferen Sinn eines Romans, der den Bildungsprozess seines Protagonisten erzählen soll. Der Vergleich mit einem Edelstein ist jedoch noch aus einer anderen Perspektive interessant, ist das von Jean Paul erworbene Wissen über das Juwelierhandwerk doch ein Resultat seiner ausgiebigen Lektüren, die es ihm ermöglichen, seine Romane mit Details aus allen Lebensbereichen, aus allen Künsten und Wissenschaften anzureichern. Der Rückgriff auf fachspezifisches Wissen wird noch deutlicher, wenn der gelehrte Diskurs entweder durch die Verwendung von Fußnoten hervorgehoben (in einem Roman erscheint eine Fußnote auf den ersten Blick wie ein exotischer Fremdkörper) oder durch die übertriebene Anhäufung von wissenschaftlichen Allegata deutlich betont wird. Hierzu ein Beispiel

---

[2] SW I, Bd. 3, S. 14.

aus dem *Siebenkäs*. In einem knappen Exkurs beschreibt Jean Paul,
wie wenig Achtung Frauen für ihre Geschlechtsgenossinnen haben:

> Genau genommen, ist jede auf ihr ganzes Geschlecht eifer-
> süchtig, weil demselben zwar nicht ihr Mann, aber doch die
> übrigen Männer nachlaufen und so ihr untreu werden. Daher
> tut jede gegen diese Vice-Königinnen der Erde den Schwur,
> den Hannibal gegen die Römer, die Könige der Erde, ableistete
> und ebensogut hielt. Jede hat daher die Kraft, die *Fordyce* allen
> tierischen Körpern beilegt, die andern kalt zu machen; und in
> der Tat muß jede ein Geschlecht verfolgen, das aus lauter Ne-
> benbuhlerinnen besteht. Daher nennen sich viele, z. B. ganze
> Nonnen-Klöster, die Herrnhuterinnen, Schwestern oder auch
> verschwisterte Seelen, um etwa, weil gerade Geschwister sich am
> meisten verunreinigen, durch diesen Ausdruck das Verhältnis
> ihrer Gesinnung zum Teil zu bezeichnen. Daher bestehen die
> partis carrées de Madame Bouillon aus drei Männern, und nur
> aus einer Frau. Das hat vielleicht den hl. Athanasius, Basilius,
> Skotus und andere Kirchenlehrer gezwungen, anzunehmen, daß
> die Weiber – bloß die Maria ausgenommen – am Jüngsten Tage
> als Männer auferstehen, damit im Himmel kein Zank und Neid
> entstehe. Nur eine einzige Königin wird von vielen 1000 ihres
> Geschlechts geliebt, genährt, gesucht – die Bienenkönigin von
> den Arbeitbienen, die nach allen neuern Augen Weibchen sind.[3]

Diese Anhäufung gelehrten Wissens ist sehr charakteristisch für den
Schreibstil Jean Pauls. Im Zitat wird zuerst das Motiv der Feindschaft
(der Schwur Hannibals gegen die Römer) thematisiert, bevor eine
Reihe ziemlich ungleich und sehr tendenziös interpretierter Beispiele
für das schwierige Zusammenleben von Frauen untereinander gegeben wird. Dieses Vorgehen macht zweifellos einen der reizvollen
Aspekte von Jean Pauls Schreibstil aus. Ständig werden die Leser
durch ein gelehrtes Notat der engen deutschen Provinz entrissen,
die den Rahmen der Erzählung bildet, und mit Figuren und Szenen
aus der sogenannten ›großen‹ Welt konfrontiert: Hannibal, Cato, das
aus Jerusalem vertriebene jüdische Volk, die Indianer Nordamerikas,
die Bewohner des Waadtlands usw.

---

[3] SW I, Bd. 2, S. 472.

Die Zeitgenossen Jean Pauls haben die Analogie sofort bemerkt, die zwischen der Organisation und Struktur seiner Werke und derjenigen von Exzerptheften besteht. Schon Hegel hat in seinen *Vorlesungen über die Ästhetik* auf den Produktionsprozess der Jean Paulschen Werke hingewiesen:

> Jean Paul hat deshalb auch, um immer neues Material zu haben, in alle Bücher der verschiedensten Art, botanische, juristische, Reisebeschreibungen, philosophische, hineingesehen, was ihn frappierte, sogleich notiert, augenblickliche Einfalle dazuge-schrieben und, wenn es nun darauf ankam, selber ans Erfinden zu gehen, äußerlich das Heterogenste – brasilianische Pflanzen und das alte Reichskammergericht – zueinandergebracht.[4]

Lange Zeit wurde dieser von Hegel gerügte Aspekt der Schriften Jean Pauls in der Jean-Paul-Forschung allerdings kaum beachtet, als habe man ganz im Sinne Hegels das aus den Exzerptheften Gewonnene als künstlerisch wertloses Sammelsurium angesehen.[5] Das gelehrte Wissen innerhalb des literarischen Werks Jean Pauls galt als ein gleichsam fremder Bestandteil seiner Texte, der nicht nur sperrig wirkte, sondern streng genommen in der ›schönen Literatur‹ nichts zu suchen hatte. Die Literaturwissenschaft fühlte sich nicht zuständig, zumal das in den Büchern Jean Pauls versammelte Wissen anders als bei vielen Autoren realistischer oder didaktischer Werke nicht zu Dokumentationszwecken zusammengetragen worden war.[6] Es

---

[4] Georg Wilhelm Friedrich Hegel: Ästhetik, hg. von Friedrich Bassenge, Berlin 1955, S. 303.

[5] Seit den 1970er Jahren befasst sich die Forschung ausführlich mit der philosophischen und wissenschaftlichen Kultur Jean Pauls. Die wichtigsten Arbeiten für dieses lange vernachlässigte Feld verdanken wir Wolfgang Proß: Jean Pauls geschichtliche Stellung, Tübingen 1975; Wilhelm Schmidt-Biggemann: Maschine und Teufel. Jean Pauls Jugendsatiren nach ihrer Modellgeschichte, Freiburg u. München 1975; Engelhard Weigl: Aufklärung und Skeptizismus. Untersuchungen zu Jean Pauls Frühwerk, Hildesheim 1980; Götz Müller: Jean Pauls Ästhetik und Naturphilosophie, Tübingen 1983 sowie Hans Esselborn: Das Universum der Bilder. Die Naturwissenschaft in den Schriften Jean Pauls, Tübingen 1989.

[6] Man denke beispielsweise an das akribische Studium Flauberts zur Wirkungsweise verschiedener Gifte, das es ihm ermöglichte, die letzten Stunden Emma Bovarys überaus genau nachzuzeichnen oder seine Studien über Karthago, die in *Salammbô* einfließen sollten. Im Bereich der didaktischen Literatur

genügt jedoch ein Blick in Jean Pauls Nachlass in der Berliner Staatsbibliothek, um den Umfang der gelehrten Lektüre unseres Autors zu
ermessen. Tatsächlich ist eine ansehnliche Zahl von 110 Heften, die
ausschließlich den Exzerpten vorbehalten sind, erhalten geblieben,
und es ist davon auszugehen, dass der gesamte Korpus ca. 12.000
handgeschriebene Seiten ausmacht.[7] Das erste dieser Hefte wurde
1778 begonnen, als Johann Paul Friedrich Richter gerade fünfzehn
Jahre alt war. Die letzten Aufzeichnungen stammen aus dem Jahr
1824, ein Jahr vor seinem Tod; ganz offensichtlich blieb der Autor
sein gesamtes Leben lang der Exzerpierkunst treu. Im Folgenden
soll dieser handgeschriebene Bestand im Nachlass Jean Pauls näher
beschrieben und eventuelle Auswirkungen auf die von ihm veröffentlichten Texte diskutiert werden.

Portrait des Autors als Leser

Schriftsteller sind meistens auch gute Leser. Trotzdem verblüffen
sowohl das quantitative Ausmaß als auch die Bandbreite der von
Jean Paul gelesenen Bücher. Während die ersten Exzerpthefte des
Pastorensohns Johann Paul Friedrich Richter einen Heranwachsenden
zeigen, der gewillt ist, sich vor allem auf das Studium der Theologie
vorzubereiten, zu dem er, sowohl aus familiären als auch aus wirt-
schaftlichen Gründen (das Theologiestudium war im Gegensatz zu
anderen kostenlos) bestimmt schien, stellt man sehr schnell eine
Erweiterung der Perspektive fest, einen fast enzyklopädischen Willen,
die Gesamtheit der geistigen und wissenschaftlichen Fachrichtungen
seiner Zeit abzudecken. Die Exzerpthefte Jean Pauls zeugen von seiner

---

sei verwiesen auf die populärwissenschaftlichen Partien der Romane Jules
Vernes. Anders als bei diesen Autoren geht es Jean Paul in seinen Werken
nicht darum, dokumentarisch genaue Beschreibungen der Gegenstände oder
der Phänomene abzuliefern, von denen seine Erzähltexte berichten.

[7]   Einen sehr wertvollen Überblick über den Korpus der Exzerpte Jean Pauls hat
Götz Müller erstellt: Jean Pauls Exzerpte, Würzburg 1988. Zum Nachlass Jean
Pauls vgl. Eduard Berend: Prolegomena zur historisch-kritischen Gesamtaus-
gabe von Jean Pauls Werken, Berlin 1927 (Abhandlungen der Preußischen
Akademie der Wissenschaften 1927) sowie Helmut Pfotenhauer u.a.: Zum
Stand der Jean Paul-Edition, in: Jahrbuch der Jean-Paul-Gesellschaft 34, 1999,
S. 9–33.

unermüdlichen Aktivität als Leser und seiner fast schon manischen Vorliebe für Bücher. Das Buch erscheint im wahrsten Sinne des Wortes als Lebens-Mittel, und die Aneignung von Texten ähnelt der Nahrungsaufnahme.[8] In einem Brief an den Gelehrten Karl August Böttiger, einem Freund von Wieland und Besitzer einer besonders gut sortierten Bibliothek, beschreibt sich Jean Paul im Jahre 1800 als einen »Bücher-Vampyr«.[9] Dieser übermäßige Lesehunger Jean Pauls ist biographisch erklärbar: In der Provinz und zugleich in einer der entlegensten Gegenden Deutschlands aufgewachsen, weit ab von den großen geistigen Zentren seiner Zeit, betrachtete er das Buch als bevorzugten Gesprächspartner. Für ihn ist das Buch die einzige Möglichkeit, mit den wissenschaftlichen, philosophischen und literarischen Strömungen seiner Zeit überhaupt in Kontakt zu kommen. Am Ende seines Lebens wird Jean Paul gerade diesen Aspekt seiner Herkunft betonen. Nach der Beschreibung des intellektuell relativ anspruchslosen Unterrichts, den ihm sein Vater zukommen ließ, hält er in seiner *Selberlebensbeschreibung* fest:

> Desto lechzender war mein Durst nach Büchern in dieser geistigen Saharawüste. Ein jedes Buch war mir ein frisches grünes Quellenplätzchen, besonders der orbis pictus und die Gespräche im Reiche der Toten; nur war die Bibliothek meines Vaters, wie manche öffentliche, selten offen, ausgenommen wenn er nicht darin und daheim war. Wenigstens lag ich doch oft auf dem platten Dache eines hölzernen Gitterbettes (ähnlich einem vergrößerten Tierkäfig) und kroch wie der große Jurist Baldus auf Büchern, um eines für mich zu haben. Man erwäge nur, in einem volkleeren Dorfe, in einem einsamen Pfarrhause mußten für eine so hörbegierige Seele Bücher sprechende Menschen, die reichsten ausländischen Gäste, Mäzene, durchreisende Fürsten und erste Amerikaner oder Neuweltlinge für einen Europäer sein.[10]

Der junge Johann Paul Friedrich Richter kommt insbesondere durch die Lektüre von Periodika mit dem Geistesleben seiner Zeit in Kontakt.

---

[8] Vgl. hierzu die ausgezeichnete Studie von Günther Soffke: Jean Pauls Verhältnis zum Buch, Bonn 1969, hier vor allem S. 6.

[9] HKA III, Bd. 3, S. 379.

[10] SW I, Bd. 6, S. 1057.

Diese Periodika sind eine besonders wertvolle Lektüre, nicht nur
wegen der Vielfalt der behandelten Themen innerhalb eines Bandes,
sondern vor allem wegen der darin enthaltenen Rezensionen. Periodika stellen sozusagen Bücher zweiten Grades dar, Druckerzeugnisse,
die selbst angefüllt sind mit Büchern. Mit ihrer Hilfe kann sich Jean
Paul weiterbilden und Einblicke in die intellektuellen Strömungen
gewinnen, die Europa bewegen. Zwar sind in ihnen auch Auszüge aus
Romanen enthalten, doch der zukünftige Romanautor widmet seine
Tätigkeit als Kopist vorrangig im weiteren Sinn philosophischen und
wissenschaftlichen Texten. Dies erklärt vielleicht, weshalb in seinen
Exzerptheften die für seine literarische und intellektuelle Ausbildung
wichtigsten Werke relativ sparsam nur vertreten sind: Rabelais, Cer-
vantes, Sterne, Swift, Hippel verschwinden fast vollständig hinter der
Fachlektüre und hochspezifischen Texten, die alle wissenschaftlichen
Fachbereiche abdecken.

Dieses Muster, das Jean Paul sich als junger Autor aneignete, wird
er während seines gesamten Autorendaseins fortführen. Abgesehen
von den Jahren 1796 bis 1801, in denen er zuerst in Leipzig, dann
in Weimar und schließlich in Berlin lebte, verbrachte Jean Paul die
wesentliche Zeit seines Lebens in kleinen, literarisch unbedeutenden
Provinzstädten. Er kompensiert diese relative Einsamkeit durch seinen
ausgeprägten Umgang mit Büchern. Bücher bilden eine viel interes-
santere und geistreichere Gesellschaft als die menschliche, beteuert
der Autor des *Titan* zuweilen.[11] Dies ist auch die Meinung Vults, einer
der Schriftstellerfiguren aus Jean Pauls Romanen, der seinem ebenfalls
schreibenden Bruder erklärt:

> Freund, wir Bücher-Menschen – so täglich, so stündlich in
> Konversation mit den größten belebtesten Männern aus der
> gedruckten Vorwelt, und zwar wieder über die größten Welt-
> begebenheiten – wir stellen uns freilich den Hunds-Ennui der

---

[11] »Ohne Bibliothek wäre doch das Erdenleben fast zu matt und dumm; und die
geistreichste Gesellschaft bleibt nicht die, die der Schneider kleidet, sondern
die der Buchbinder« (SW II, Bd. 3, S. 784). Vgl. ebenso Jean Paul: Ideen-
Gewimmel. Texte und Aufzeichnungen aus dem unveröffentlichten Nachlaß,
hg. von Thomas Wirtz u. Kurt Wölfel, Frankfurt am Main 1996, S. 50, Nr. 182
u. S. 51, Nr. 189.

Großen nicht vor, die weiter nichts haben, als was sie hören und essen bei Tafel.[12]

Das Leben in der Zurückgezogenheit der Provinz scheint Jean Paul nicht zu stören. Ist aber die Versorgung mit Büchern in Gefahr, so hört man sogleich seine Klagen, so geschehen etwa 1801 in Meiningen, wo er verdrossen notiert: »Hier hat man freilich wenig andere Bücher als die man selber schreibt.«[13] Der Wunsch, am gesamten Wissen der Zeit zu partizipieren, begleitet Jean Paul sein ganzes Leben und kennzeichnet seine Lektüre: »Alle Arten Bücher zu lesen, ökonomische, medizinische p. wie ich, heisset mit allen Arten Menschen umgehen und die verschiednen Facetten der Menschheit vorkehren«.[14]

Von 1797 an führt Jean Paul ein bibliographisches Heft mit dem Titel *Libri legendi*, in dem er die Titel der Bücher einträgt, die er zu lesen wünscht. Seine Korrespondenz spiegelt die Anstrengungen wieder, die er unternehmen muss, um an die Bücher seiner Wahl zu kommen. Das Panorama ist enorm. Jean Paul liest Reiseberichte, Abhandlungen über Geographie, Geschichte, Recht, Medizin, Naturwissenschaften, Physik, Chemie, Philosophie, Schriften zur Theologie, Neuerscheinungen gleichermaßen wie ältere Bücher. Unter den französischsprachigen Titeln, die in seinen Exzerptheften erwähnt werden, finden wir sowohl die *Essais* von Montaigne als auch den *Code Napoléon*, das *Wörterbuch der Naturwunder* Sigaud de la Fonds (*Dictionnaire des merveilles de la nature*, erste Auflage 1781) oder die Arbeit Louis Pierre Edouard Bignons, der 1821 die »Ansprüche der absoluten Monarchien gegenüber der konstitutionellen Monarchie Neapels« untersucht (*Du Congrès de Troppau ou Examen des prétentions des monarchies absolues à l'égard de la monarchie constitutionnelle de Naples*) untersucht. »Niemand lies[t] mehr ernste Bücher als ich«,[15] schreibt Jean Paul in seinem autobiographischen *Vita*-Heft.

---

[12] SW I, Bd. 2, S. 795.
[13] HKA III, Bd. 4, S. 106.
[14] HKA III, Bd. 5, S. 102, Nr. 355. Vgl. ebenso folgende Bemerkung aus einem Brief, den Jean Paul im Juli 1790 an einen Freund geschickt hatte: »Hätt' ich Zeit und Kopf genug: so lernt' ich alle Wissenschaften und Sprachen, weil iede eine neue Seite der menschlichen Natur und einen neuen Genus verspricht« (HKA III, Bd. 1, S. 297).
[15] HKA II, Bd. 6, S. 685.

Wenn Jean Paul, wie in diesem letzten Zitat, das Verb ›lesen‹ verwendet, meint er damit oft etwas anderes, als das, was wir darunter
verstehen. Denn es geht ihm nicht nur darum, diese Werke zu konsul-
tieren, durchzublättern und ihren Inhalt zu durchdringen, sondern ihn
interessiert prägnante Details, er notiert sich bestimmte Informationen,
die ihn beim Lesen beeindruckt haben. Zweck der Exzerpthefte ist es
nun, genau diese besonders wertvollen Textelemente festzuhalten. In
einem kurzen Text über die Kunst des Exzerpierens erklärt Jean Paul,
wie sinnlos das Lesen ohne diese Aufzeichnungen ist. »Die Bücher-
flut verläuft, lässet nur einige Schalen nach, überspült wieder euer
Gedächtnis, und nach dieser Ebbe und Flut steht in euerer Seele nicht
eine einzige gewässerte Pflanze, sondern eine nasse Sandwüste.«[16] Mit
anderen Worten: Es empfiehlt sich, die Spuren der gelesenen Werke
festzuhalten und damit die eigene Lektüre zu archivieren. Hinzu
kommen »ökonomische« Gründe. Denn im 18. Jahrhundert ist das
Buch, vergleicht man die Situation mit der heutigen Situation, eine
relativ teure Mangelware. In den Jahren 1770 und 1780 ist der junge
Jean Paul nicht in der Lage, sich die Bücher zu kaufen, die seinen
Lesehunger befriedigen könnten. So ist die Geschichte der Lektüre
Jean Pauls vor allem eine Geschichte der von ihm entliehenen Bücher
und seiner Lektüreaufzeichnungen. Selbst als der Autor des *Titan* am
Ende seines Lebens über die Mittel verfügt, die es ihm ermöglichen
würden, viele der Bücher zu kaufen, die ihn interessieren, wird er nicht
zum Büchersammler in eigentlichen Sinn des Wortes. Es ist nicht der
Besitz des materiellen Buches, welches ihn interessiert, sondern die
Aneignung seines Inhalts. So bleibt seine eigene Bibliothek zeitlebens
recht bescheiden.[17] Für Jean Paul sind die aus seiner Feder stammenden
Exzerpte viel bedeutsamer als die Bücher selbst. Im Übrigen gewinnt
man den Eindruck, dass es die Entstehung seiner Exzerpthefte be-
günstigt, dass die Bücher, die er gerade liest, nicht sein Eigentum sind,
dass er sie also ausleihen (und nach einer gewissen Zeit auch wieder
zurückgeben) muss. Was zu Beginn eine Notwendigkeit darstellte,
wird schnell zu einer Arbeitsmethode, um das Gelesene zu verwalten
und zu archivieren. Darüber hinaus geht es Jean Paul darum, die in
die Lektüre von Büchern investierte Zeit so effizient wie möglich zu

---

[16] Jean Paul: Die Taschenbibliothek 1795, in: SW II, Bd. 3, S. 772.
[17] Vgl. Günther Soffke: Jean Pauls Verhältnis zum Buch.

nutzen. Als Autor eines riesigen Exzerpt-Magazins offenbart sich unser Autor als zugleich sparsamer und eifriger Textsammler.

Wenn wir uns nun *en détail* der Jean Paulschen Exzerptsammlung zuwenden, so fällt zuerst die deutliche Differenz auf zwischen den etwa zwanzig Exzerptheften, die er in seiner Jugend bis zum Jahre 1782 anlegt, und den späteren Heften. Bis zum Alter von etwa neunzehn Jahren passt sich Johann Paul Friedrich Richter der traditionellen Exzerpttechnik an, die ihm von seinen Lehrern beigebracht wurde. In der Regel schreibt er lange Textpassagen ab (mindestens einige Zeilen, nicht selten sogar mehrere Seiten), die weder modifiziert noch adaptiert oder kommentiert werden, wenn man von einigen Zeichen an den Rändern der Hefte oder von den Überschriften absieht, mit denen der junge Richter seine Exzerpte versieht. Diese Überschriften sind in den meisten Fällen aber streng beschreibend. Sie geben das jeweilige Thema im kopierten Abschnitt an. »Von der Endlichkeit der Höllenstrafen«, »Was Empfindung genennet wird«, »Von der Schänd-lichkeit des Einwikkelns der Kinder«[18] Einige Überschriften enthalten Ausrufezeichen, die vermutlich bedeuten, dass der Lektor und Kopist Jean Paul sich für das Thema besonders interessierte.[19]

Es existiert nur eine kleine Anzahl von Kommentaren, die in diese frühen Exzerpthefte eingetragen wurden, Notate, die zeigen, wie der junge Autor sich mit den Ideen aus dem von ihm kopierten Text ausei-nandersetzt.[20] In der Regel grenzt Jean Paul seine eigene Textproduktion jedoch klar von der anderer Autoren ab. Der eigentliche *Dialog* mit den gelesenen Texten findet demnach außerhalb der Exzerpthefte statt. Jean Paul trägt seine eigenen Gedanken in andere Hefte ein, die beispiels-weise mit Überschriften wie *Übungen im Denken* oder auch *Tagebuch meiner Arbeiten* versehen sind; die Auseinandersetzung mit fremdem Gedankengut findet sich in seinen riesigen Gedanken-Sammlungen, die einen zum Teil aphoristischen Charakter besitzen.

---

[18] Götz Müller: Jean Pauls Exzerpte, S. 21, 24, 75 u.a.

[19] Vgl. ebd. S. 24, 33 u.a.

[20] Dies zeigt z.B. die etwas längere Beschreibung, die Jean Paul gewissermaßen als längeren Titel einem seiner Exzerpte aus David Hartleys *Observations on Man, his frame, his duty, and his expectations* voranstellt: »Die grundsätzli-che Definizion von der Freiheit des Menschen ist falsch – oder m.a.W. der Mensch ist nicht frei« (Götz Müller: Jean Pauls Exzerpte, Würzburg 1988, S. 84).

Die Exzerpte haben also beim jungen Jean Paul eine doppelte Funktion: Einerseits dienen die kopierten Textpassagen als rhetorische und stilistische Vorlagen, andererseits bieten sie dem Leser und Kopisten einen beträchtlichen Vorrat an Argumenten und Ideen für seine eigene Textproduktion. Der junge Jean Paul kopiert, was ihn zum Nachdenken bringt, und er wird nicht müde, der Lektüre eine stimulierende Rolle zuzuweisen. Am Ende seines Lebens hält er in einem seiner Hefte fest:

Lob und Werth des Lesens kann sich doch nicht auf bloßes Aufnehmen und Ausbreiten fremder Gesinnungen und Ansichten beziehen sondern stets auf ein Neues, das sich eben durch Lesen in jedem Individuum entwickelt zum Weiterbreiten. Lesen ist also nicht Einimpfen fremder Früchte, sondern Befruchten; und Erwärmen durch Sonne zu eignen Früchten.[21]

In Wahrheit kann die Aneignung von Ideen nicht streng unterschieden werden von der Sammlung stilistischer Vorbilder. Zweck der Exzerpthefte war es ursprünglich, einem jungen Mann, der wie Jean Paul eine Karriere als Pastor anstrebte, die Möglichkeit zu geben, Material für seine Predigten zu sammeln. Er brauchte einerseits vielfältige Beispiele und Ideen und musste sich gleichzeitig darauf vorbereiten, seine Rede dem jeweiligen Anlass anzupassen, d.h. ein breites Spektrum an Textsorten und Tonarten zu beherrschen. Genannt sei beispielsweise der neutral objektive Ton der logischen Argumentation, der erhabene, würdevolle Ton der ermahnenden oder belehrenden Rede, aber auch der empfindsam-emotionale Ton des vom Gegenstand seiner Rede Ergriffenen. Als Beispiel der gefühlvollen Schreibart gilt Jean Paul in den *Leiden des jungen Werther* die berühmte Landschaftsbeschreibung aus dem Brief vom 10. Mai, die der junge Schüler schon 1779 unter dem Titel *Vom Gefühle* in sein drittes Exzerptheft kopiert:

Wenn das liebe Tal um mich dampft, und die hohe Sonne an der Oberfläche der undurchdringlichen Finsternis meines Waldes ruht, und nur einzelne Strahlen sich in das innere Heiligtum stehlen, ich dann im hohen Grase am fallenden Bache liege, und näher an der Erde tausend mannigfaltige Gräschen mir merkwürdig werden; wenn ich das Wimmeln der kleinen Welt zwischen Halmen, die unzähligen, unergründlichen Gestalten

---

[21] HKA II, Bd. 6, S. 227, Nr. 16 (Merkblätter 1820).

der Würmchen, der Mückchen näher an meinem Herzen fühle, und fühle die Gegenwart des Allmächtigen, der uns nach seinem Bilde schuf, das Wehen des Allliebenden, der uns in ewiger Wonne schwebend trägt und erhält; mein Freund! wenn's dann um meine Augen dämmert, und die Welt um mich her und der Himmel ganz in meiner Seele ruhn wie die Gestalt einer Geliebten – dann sehne ich mich oft und denke: Ach könntest du das wieder ausdrücken, könntest du dem Papiere das einhauchen, was so voll, so warm in dir lebt, daß es würde der Spiegel deiner Seele, wie deine Seele ist der Spiegel des unendlichen Gottes![22]

Die zweite große Landschaftdarstellung des *Werther*, die im Brief des 18. August mitgeteilt wird, erscheint ebenfalls im gleichen Exzerptheft. Diesmal wählt Jean Paul eine noch charakteristischere Überschrift: »Entzückung! Gefühl! Empfindung!« – ein Notat, das nebenbei gesagt auf eindrucksvolle Weise die Wirkung der von Goethe entfalteten emotionalen Rhetorik bezeugt. Daneben legt Jean Paul eine spezielle Rubrik an, die vor allem den rhetorischen Stilfiguren gewidmet ist.[23]

Johann Paul Friedrich Richter hat im Jahre 1781 mit achtzehn Jahren bereits eine über 3.000 Seiten umfassende Exzerptsammlung in achtzehn Bänden angelegt, wobei eines dieser Hefte ausschließlich den französischen Büchern (Abschriften in französischer Sprache) gewidmet ist. Jeder Band bzw. jedes Heft schließt mit einem oder mehreren Indizes ab, die den Zugang zu den kopierten Texten erleichtern sollen. Im Allgemeinen handelt es sich dabei jeweils um ein Themen- und Werkverzeichnis. Jean Pauls frühe Exzerpte sind zum Teil mit den Sammlungen von *loci communes* vergleichbar und stehen in einer alten, in der Zeit des Humanismus besonders entwickelten Tradition gelehrter (polyhistorischer) Wissensaneignung, die in Deutschland noch bis zum späten 18. Jahrhundert gepflegt wurde.

---

[22] Johann Wolfgang Goethe: Die Leiden des jungen Werther, in: Goethes Werke. Hamburger Ausgabe in 14 Bden., Bd. VI, München 1981, S. 9. Vgl. Götz Müller: Jean Pauls Exzerpte, S. 38.

[23] So findet sich am Ende von Bd. 12 seiner Exzerpte eine Sammlung von Vergleichen aus den Schriften Rousseaus, Chesterfields, Unzers, Montaignes, Merciers, Göckingks, Montesquieus, Fontenelles, Shaftesburys, Algarottis, usw. (Götz Müller: Jean Pauls Exzerpte, S. 105).

»Unnütze Gelehrsamkeit?«
oder: Was soll ein Romanautor mit Exzerpthefen anfangen?

Im vorhergehenden Abschnitt wurde festgestellt, dass sich Aufbau und Form der Exzerpthefte Jean Pauls ab 1782 fundamental ändert. Dieses Datum ist durchaus bemerkenswert. Ab Ende des Jahres 1781 verändert sich in der Tat Jean Pauls Karriereweg. Er entschließt sich, sein Theologiestudium aufzugeben und sich fortan der Schriftstellerei zu widmen.[24] Zu diesem Zeitpunkt hätte er folgerichtig auch das Sammeln von Exzerpten und das Anlegen von Exzerpthefen aufgeben können, die ihm ja bisher auch als Vorübungen für die Predigten dienen sollten, die er später hätte verfassen müssen. Es kommt aber ganz anders: Jean Paul setzt seine Exzerptsammlung fort. Warum? Oder anders gefragt: Welche alternative Verwendung kann ein Romanautor für Exzerpte finden? Diese Frage muss nun in einem ersten Schritt beantwortet werden, um anschließend eine detaillierte Beschreibung der Exzerpthefte zu geben, die Jean Paul zwischen 1782 und 1824 zusammenstellte. In der Tat erklärt sich die Form dieser Exzerpthefte, die sich von den Hefen aus Jean Pauls Jugendzeit unterscheiden, aus der neuen Art der Exzerpt-Verwertung.

Nach anfänglichem Zögern widmet sich Jean Paul zunächst intensiv dem literarischen Genre der Satire. Die Satire zählt zu den wichtigsten literarischen Gattungen im Europa der Aufklärung.[25] Die ersten Schriften des jungen Richter bringen jedoch nicht den gewünschten Erfolg. Nur zwei seiner Satire-Sammlungen werden in den 1780er Jahren verlegt. Noch dazu erweisen sich die beiden Werke als unverkäuflich. Am Ende des 18. Jahrhunderts gehört die Satire bereits zu einem Genre, das stark an Popularität verliert. Jean Paul erlebt als Autor zehn schwierige Jahre und macht die Erfahrung der Erfolglosigkeit, die zugleich mit erheblichen finanziellen Problemen verbunden ist. Trotzdem sind diese zehn Jahre für ihn keine verlorenen

---

[24] Zu diesem Lebensabschnitt Jean Pauls vgl. Geneviève Espagne: Les années de voyage de Jean Paul Richter. Biographie d'une fin de siècle en Allemagne, Paris 2002, S. 60 sowie die Arbeiten von Wilhelm Schmidt-Biggemann: Maschine und Teufel; Wulf Köpke: Erfolglosigkeit. Zum Frühwerk Jean Pauls, München 1977; Engelhard Weigl: Aufklärung und Skeptizismus.

[25] Vgl. Jörg Schönert: Roman und Satire im 18. Jahrhundert. Ein Beitrag zur Poetik, Stuttgart 1969.

Jahre, denn der junge Schriftsteller perfektioniert in dieser Zeit einen Schreibstil, der ihm als Vorlage für die Romane dient, die er in den 1790er Jahren zu schreiben beginnt.

Satire ist eine Gattung, die auf der Grenze steht zwischen der argumentativen und der fiktiven Rede. Da in der Satire (wie in der Predigt) bestimmte Positionen mit Beweisen und Beweisschlüssen gestützt werden, kann Jean Paul auch auf seine Exzerthefte zurückgreifen, wie im nachfolgenden Beispiel deutlich wird. In seiner Satire *Über die Schriftstellerei* gibt der »Autor« oder Erzähler ein natürlich antiphrastisch zu lesendes Lob der Unwissenheit:

> An der kalten Gelehrsamkeit stirbt das Genie; es wächst am besten durch Mangel an Nahrung, so wurden die Kinder der Sparter grösser, ie weniger ihre Eltern ihnen zu essen gaben. Darum verachten genielose Köpfe alle Gelehrsamkeit, auf die Ankunft ihres Genies laurend; eben so zündet man an einigen Orten die nächtlichen *Laternen* nicht an, weil man auf das *Aufgehen des Mondes* harret, und darauf oft bis zum Aufgehen der Sonne harret.[26]

Man könnte sagen, die Satiren Jean Pauls zeichnen sich durch eine exzessive, *übertriebene* Logik aus. Auffällig ist in den Jugendsatiren unseres Autors die Anhäufung von Konjunktionen, die eine kausale Verknüpfung herstellen sollen:»daher«,»denn«,»weil«,»da ja« usw. Jean Paul übernimmt die Sprache und die Form der Argumentation (z. B. die Formen der Induktion und der Deduktion), wendet aber diese Formen auf gänzlich Unbewiesenes oder auf inadäquat verknüpfte Sätze an, so dass die Logik selbst gewissermaßen ganz pervertiert wird. Dieses Verfahren, in dem der Text mit allen Formen der wissenschaftlichen oder philosophischen Beweisführung ausgestattet und gewissermaßen in das formale Korsett der Logik eingebunden wird, gehört zu den charakteristischsten Merkmalen eines Stils, den Jean Paul auch nach 1790 noch pflegen sollte – in einer Zeit also, in der er das Schreiben von *Satiren* aufgegeben hatte und sich statt dessen der (eigentlich) rein erzählenden Gattung des *Romans* widmete. Ob in den frühen Satiren oder in den späteren Romanen, stets wird Jean Paul das parodistische Spiel mit den formalen Merkmalen von

---

[26] SW II, Bd. 1, S. 398 (Grönländische Prozesse, 1783).

hergebrachten, stark kodifizierten Textsorten und Gattungen pflegen. Der gelehrte Diskurs mit seinem Gefolge an wissenschaftlichen Exkursen und Fußnoten ist eine der Formen, für die sich Jean Paul am häufigsten entscheidet und die er am häufigsten nachahmt. Es gibt aber noch viele andere von dem Autor des *Siebenkäs* und der *Flegeljahre* parodierte Formen: Predigten, Vorlesungen, Gerichts-, Schul-, Fest- und Grabreden, Testamente, Verträge, Urteilsbegründungen, Bitt-, Lob-, Grab-, oder Klagschriften usw. Gerade für diese parodistischen Elemente seiner Werke konnte Jean Paul nun auf seine Exzerpte zurückgreifen.

Darüber hinaus sollte festgehalten werden, wie der literarische Text bei Jean Paul im Detail entsteht. Wenn wir noch einmal die oben schon zitierte Textstelle aus der Satire *Über die Schriftstellerei* betrachten, wird deutlich, dass wir es mit einer mit Analogien arbeitenden *ampflificatio* zu tun haben. Wünscht Jean Paul eine ironische Lobrede auf die Unwissenheit zu verfassen, so sucht er in seinen Heften Notizen zu sozialen Praktiken, die es ihm erlauben, eine (ebenfalls ironische) Lobrede auf alle Formen der Sparsamkeit, der Enthaltsamkeit oder der Entbehrung zu halten. In Sparta wurde das Fehlen von Nahrung als eine Wohltat empfunden, in einigen Gemeinden werden Einsparungen bei der Straßenbeleuchtung durch den Hinweis auf das kostenlos verfügbare Mondlicht begründet, usw. Um diese Beispiele verwenden zu können, muss Jean Paul nur Nahrung und Licht metaphorisch mit der Gelehrsamkeit gleichzusetzen.

In den Romanen und Erzählungen, die Jean Paul nach 1790 verfasst, wird er sich stets dieses Verfahrens bedienen. In seinen Romantexten begegnet eine Vielzahl von Anspielungen, die auf mehr oder weniger spezielle Wissensgebiete verweisen, vor allem geographischer, historischer, philosophischer, theologischer, medizinischer und juristischer Art. Will der Erzähler die Schwermut des Armenadvokaten Siebenkäs schildern, der bekanntlich unter dem beengten und freudlosen Dasein leidet, dem er in der Kleinstadt Kuhschnappel ausgeliefert ist, so schildert er uns, wie seine Romanfigur auf einen kleinen Hügel steigt, der den Rahmen für eine einige Kapitel früher stattfindende große Abschiedsszene zwischen ihm und seinem auswärts wohnenden Freund Leibgeber bildete. Dieser Ort bezeichnet die Grenze zwischen der drückenden Enge Kuhschnappels und der unendlich weiten Welt draußen: »Diese Höhe war der Hügel, auf den der Kaiser Hadrian den

Juden jährlich zweimal zu steigen erlaubte, damit sie hinüber nach
den Trümmern der heiligen Stadt blicken und das beweinen könnten,
was sie nicht betreten durften«.[*27]

An einer anderen Stelle zeigt der Erzähler die Konsequenzen des
Ehekriegs im Hause Siebenkäsens, insbesondere das beharrliche
Schweigen Lenettes, der Frau des Protagonisten. Und er führt aus:

Bloß bei Fremden genas sie von ihrer Zungenlähmung. Es
muß geschickt physisch erkläret werden, warum eine Frau oft
nicht sprechen kann, außer mit Fremden; und man muß die
entgegengesetzte Ursache von der entgegengesetzten Erscheinung aufspüren, daß eine Somnambüle nur mit dem Magne-
tiseur und seinen Bundgenossen redet. Auf St. Hilda husten
alle Menschen, wenn ein fremder aussteigt; Husten ist aber,
wenn nicht Sprechen selber, doch das vorhergehende Schnar-
ren des Räderwerks in der Sprachmaschine. Diese periodische
Stummheit, die vielleicht, wie oft die immerwährende, von der
Zurücktreibung der *Hautausschläge* herkommt, ist den Ärzten
etwas Altes: Wepfer[**] erzählt von einer schlagflüssigen Frau,
daß sie nichts mehr sagen konnte als das Vaterunser und den
Glauben; und in den Ehen sind Stummheiten häufig, worin die
Frau nichts zum Manne sagen kann als das Allernötigste. Ein
Wittenberger Fieberkranker[***] konnte den ganzen Tag nicht
sprechen, außer von 12 bis 1 Uhr; und so findet man genug
arme weibliche Stumme, die des Tages nur eine Viertelstunde
oder nur abends ein Wort hervorzubringen imstande sind und
sich übrigens mit dem *Stummenglöckchen* behelfen, wozu sie
Schlüssel, Teller und Türen nehmen.[28]

Wie man sieht, werden die gelehrten Anspielungen in den reinen
Erzähltext als Analogien eingeführt – ein assoziatives Verfahren, das
eine mehr oder weniger ausgeprägte Vergleichbarkeit voraussetzt. Ist

---

* Nach Justin; s. Bastholms jüdische Geschichte, aus dem Dänischen, 1785
  [Anm. von Jean Paul].
27 SW I, Bd. 2, S. 313. Das Werk Christian Bastholms exerpierte Jean Paul im
  Jahre 1788 (vgl. Götz Müller: Jean Pauls Exzerpte, S.198).
** Wepf. hist. apoplect. p. 468 [Anm. von Jean Paul].
*** Repub. des lettres, Octobr. 1685 [Anm. von Jean Paul].
28 SW I, Bd. 2, S. 332f.

(was bei Jean Paul nicht selten vorkommt) diese Vergleichbarkeit in der Sache eigentlich nicht gegeben, so wird die Verknüpfung allein durch den überaus analogiefreudigen Geist des Jean Paulschen Erzählers hergestellt. Die Fähigkeit, Verbindungen herbeizuführen – genau dies ist die Jean Paulsche Definition des *Witzes*, in Jean Pauls Augen eine der wichtigsten Hervorbringungen des menschlichen Geistes. Der Witz, so schreibt er im § 43 seiner *Vorschule der Ästhetik* »findet das Verhältnis der Ähnlichkeit, d.h. teilweise Gleichheit, unter größere Ungleichheit versteckt«[29]

Nun ist die Suche nach Ähnlichkeiten zwischen den verschiedensten Objekten und Phänomenen der sichtbaren Welt keine Erfindung des Autors der *Vorschule der Ästhetik*. Indem er das Denken in Analogien zum Fundament seiner Ästhetik macht, nimmt er paradoxerweise eine Aneignungs- und Organisationsform des Wissens wieder auf, die – so Michel Foucault – bis zum Beginn des 17. Jahrhunderts in Europa dominant war.[30] Wissen konstituierte sich durch die Entdeckung von Ähnlichkeiten.[31] Schrittweise verdrängt durch neue, auf empirische Beobachtungen und experimentelle Untersuchungen

---

[29] Jean Paul: Vorschule der Ästhetik, in: SW I, Bd. 5, S. 171.

[30] Unter Umständen sollte man über diese von Michel Foucault angegebene zeitliche Grenze hinausgehen (Die Ordnung der Dinge, Frankfurt am Main 2003, S. 46). Die Physikotheologie, die nach Beweisen für die Existenz Gottes in den kleinsten Naturphänomenen suchte und am Anfang des 18. Jahrhunderts eine gewisse Blütezeit erlebte, ist geprägt durch das Prinzip der Analogie: Sie interessiert sich für die Fischgräte, die dem Kreuz Jesu ähnelt, oder für eine in der Natur vorkommende Zahl, die eine biblische Zahl wieder aufnimmt usw. Unter den von Jean Paul gelesenen und exzerpierten Büchern befinden sich natürlich auch physikotheologische Werke, so etwa die zwischen 1730 und 1764 oft aufgelegte deutsche Übersetzung der einschlägigen *Physico-Theologie* William Derhams (das englische Originalwerk erschien 1713), aber auch Christian Christoph Sturms mehrbändige, in erster Auflage 1772 in Halle erschienene und noch am Anfang des 19. Jahrhunderts wiederaufgelegte *Betrachtungen über die Werke Gottes im Reiche der Natur und der Vorsehung* (vgl. Götz Müller: Jean Pauls Exzerpte, S. 190 u. 196).

[31] Ann Blair: Bibliothèques portables: les recueils de lieux communs dans la Renaissance tardive, in: Le Pouvoir des bibliothèques. La mémoire des livres en Occident, hg. von Marc Baratin u. Christian Jacob, Paris 1996, S. 84–106, vor allem S. 92. Vgl. auch Ann Blair: Humanist methods in natural philosophy: the commonplace book, Journal of the History of Ideas, 53 (1992), S. 554–551, sowie die ausführliche Arbeit Ann Blairs: Too Much to Know. Managing scholarly information before the modern age, New Haven: Yale University Press, 2010.

sich stützende Formen des naturwissenschaftlichen Wissenserwerbs hat das Prinzip der universellen Analogie im 18. Jahrhundert seinen eigentlichen wissenschaftlichen Status verloren. Jean Paul ist wahrscheinlich einer der Ersten, der sich der poetischen Dimension einer inzwischen überholten wissenschaftlichen Methodik bewusst wurde. Was gestern noch Wissenschaft war, wird nun poetisch wertvoll. In der Tat gehört die Suche nach Ähnlichkeiten zum Prinzip der Metapher. Die wissenschaftlichen *Allegata* und die Kuriositäten, die der Autor Jean Paul im Laufe seines Lebens sammelt, sind das Rohmaterial der Vergleiche und der Metaphern, mit denen er seine Texten spickt. »Ob ich gleich nicht weiß«, schreibt Jean Paul wahrscheinlich zu Recht, »wer unter allen Autoren der Erde die meisten Gleichnisse gemacht, so freuet es mich doch, daß ihn niemand übertrifft als ich.«[32] Für diese Metaphernarbeit bedarf es aber der schier unerschöpflichen Quelle der Exzerpthefte.

Dies aber ist nur ein Aspekt dieses Verfahrens. Jenseits ihres eigentlich poetischen Wertes besitzt die Suche nach Ähnlichkeiten für Jean Paul eine unleugbare heuristische Dimension. »Für einen von viel Wiz und Belesenheit giebts gar keine Unähnlichkeiten mehr«[33] hält er 1793 in seinen Heften fest. Bei Jean Paul wird das Denken in Analogien zu einem »intellektuellen Reflex«. Auch zögert er nicht, diese Form des Denkens zu einem der Grundprinzipien der intellektuellen Bildung des Menschen zu erheben. Jean Paul widersetzt sich der zunehmenden Spezialisierung in der Wissenschaft und befürwortet stattdessen eine intensive Zirkulation des Wissens. In der *Unsichtbaren Loge*, dem ersten Roman Jean Pauls, erläutert der Erzähler, der bekanntlich innerhalb der Fiktion auch als Erzieher der Hauptfigur in Erscheinung tritt, die Maxime seines Unterrichts:

> Ich gewöhnte meinem Gustav an, die Ähnlichkeiten aus entlegnen Wissenschaften anzuhören, zu verstehen und dadurch selber zu erfinden. Z. B. alles Große oder Wichtige bewegt sich langsam: also gehen gar nicht die orientalischen Fürsten – der Dalai Lama – die Sonne – der Seekrabben; weise Griechen gingen (nach Winckelmann) langsam – ferner tut es das Stundenrad – der Ozean – die Wolken bei schönem Wetter. [...]. Es

---

[32] Jean Paul: Ideen-Gewimmel, S. 28, Nr. 20.
[33] HKA II, Bd. 5, S. 72, Nr. 32.

ist unbeschreiblich, welche Gelenkigkeit aller Ideen dadurch in die Kinderköpfe kommt. Freilich müssen die Kenntnisse schon vorher da sein, die man mischen will.[34]

Bei diesem verblüffenden pädagogischen Ansatz handelt es sich keinesfalls um ein simples theoretisches Konstrukt. Es ist bekannt, dass Jean Paul während der vier Jahre (1790–1794), die er bei einigen Familien in Schwarzenbach an der Saale als Hauslehrer angestellt war, auf diese Methode zurückgriff, um die Intelligenz seiner Schüler zu schärfen. Er trug ihre überraschenden Einfälle selbst in eine *Bonmots-Anthologie meiner Eleven* ein.[35] In dieser Sammlung finden sich Sätze, die denen Jean Pauls auf bemerkenswerte Weise ähneln:

Die Luftröhre, die intoleranten Spanier und die Ameisen dulden nichts Fremdes, sondern stoßen es aus. Karl. Der Herbst ist die Vorstadt des Winters. Georg. Die großen Städte schaden dem Lande, die großen Weiher der Gesundheit.[36]

Solche Analogieketten können kaum in der direkten Betrachtung der Phänomene entstehen, sondern nur in der Sprache. Offensichtlich setzen der Unterricht und die poetische Praxis Jean Pauls voraus, dass die sichtbare Welt wie ein Text begriffen werden kann. Seine Theorie des Witzes stützt sich auf die antike Vorstellung des *liber naturae*.[37]

Das Denken in Analogien ist eine Denkfigur, die sich aber gleichzeitig, wie wir hier sehen, als Stilfigur manifestiert. Unter stilistischen Gesichtspunkten kann die Analogie mehr oder weniger betont werden, der Übergang zwischen dem Erzähltext und dem gelehrten ›Fremdkörper‹ kann mehr oder weniger sanft gestaltet werden. Nicht selten reiht Jean Paul die rein narrativen Elemente seines Texte und die wissenschaftliche Verweise einfach aneinander. Letztendlich ist jede Transition, jede Überleitung zwischen verschiedenen Text-Teilen ja ein Luxus, der sowohl dem Autor als auch dem Leser durchaus entbehrlich

---

[34] SW I, Bd. 5, S. 842. Jean Paul: Levana oder Erziehlehre, § 136; vgl. auch Die unsichtbare Loge, SW I, Bd. 1, S. 135.

[35] Jean Paul gibt einige ausgesuchte Beispiele dieser *Bonmots-Anthologie meiner Eleven* im § 138 der *Levana*, das Heft selbst wurde im Rahmen der historisch-kritischen Jean-Paul-Ausgabe veröffentlicht (HKA II, Bd. 6, S. 621–652).

[36] HKA II, Bd. 6, S. 632 u. 637.

[37] Vgl. hierzu Hans Blumenberg: Die Lesbarkeit der Welt, Frankfurt am Main 1986.

ist. Es genügt also, die Analogie z.B. durch die Konjunktion *so* oder durch irgendein anderes diskret und schnell operierendes Bindewort ersichtlich zu machen. Die Analogie ist unter den Figuren, die mit dem Kriterium der Vergleichbarkeit operieren, diejenige, bei der die Gemeinsamkeit zwischen den miteinander verknüpften Dingen am schwächsten ausgeprägt ist und mitunter kaum wahrnehmbar sein kann; gleichzeitig tritt in der Analogie das intellektuelle Moment besonders stark hervor. Die Ähnlichkeiten der Analogie, so schreibt Michel Foucault,»sind nicht jene sichtbaren und massiven der Dinge selbst; es genügt, daß es die subtileren Ähnlichkeiten der Verhältnisse (*rapports*) sind«.[38]

Folgendermaßen beschreibt der Erzähler des *Siebenkäs* z. B. den Verführungskünstler Rosa von Meyern:»Er roch paradiesisch, sein Schnupftuch war ein Bisambeutel und sein Kopf ein Rauchaltar oder eine vergrößerte Zibetkugel. *So* bemerket auch Shaw, daß das ganze Viperngeschlecht einen eignen Wohlgeruch ausdampfe.«[39] Dies sind die Reihungen, die den scherzhaften Ton des Jean Paulschen Erzählers kennzeichnen, aber auch den Ton der zahlreichen satirischen Reden, die in seinen Romanen von humoristischen Figuren wie Fenk (aus der *Unendlichen Loge*), Leibgeber (*Siebenkäs*), Schoppe (*Titan*), Giannozzo (*Komischer Anhang des Titan*) oder Vult (*Flegeljahre*) gehalten werden. Dieses geschmeidige und unkompliziert einsetzbare Verfahren ermöglicht die Bildung von längeren analogischen Sequenzen, so zum Beispiel in folgender Passage aus dem *Titan*, in der Schoppe bemerkt, die Deutschen liebten das Schöne nur in Begleitung des Nützlichen:

> Echte Schönheit und Kunst wird daher bei uns nur auf Sachen gesetzt, gemalt, geprägt, welche dabei nützen und abwerfen: z. B. gute Madonnen nur ins Modejournal – radierte Blätter nur auf Briefe voll Tabaksblätter – Kameen auf Tabaksköpfe – Gemmen auf Petschafte und Holzschnitte auf Kerbhölzer – Blumenstücke werden gesucht, aber auf Schachteln – treue Wouwermanne, aber zwischen Pferdeständen neben Beschälern – erhobenes Bildwerk von Prinzenköpfen, entweder auf Talern oder auf baierschen Bierkrug-Deckeln, beide nicht ohne reines

---

[38] Michel Foucault: Die Ordnung der Dinge. Eine Archäologie der Humanwissenschaften, Frankfurt am Main 1971, S. 51.

[39] SW I, Bd. 2, S. 240 (Hervorhebung von mir, C.H.).

Zinn – Rosen- und Lilienstücke, aber an tätowierten Weibern.
– *Auf ähnliche Weise* war in Basedows Erziehungsanstalt stets
das schöne Gemälde und das lateinische Vokabulum verknüpft,
weil das Philanthropin dieses leichter unter jenem behielt. – *So*
malte Van der Kabel nie einen Hasen auf Bestellung, ohne ein
frisch geschossenes Modell nach dem andern sich zum Essen
und Kopieren auszubitten. – *So* malte der Maler Calkar schöne
Strümpfe, aber unmittelbar an seine eignen Beine.[40]

Hier kann jede Idee eine andere hervorrufen.[41] Darum sind die
Humoristen, wie Jean Paul am Beispiel seiner ›Satiriker‹ Leibgeber
und Schoppe selbst bemerkt, stets redselige Figuren,[42] da es ja, um
ein Diktum Leibgebers zu zitieren (in dem Jean Paul bezeichnenderweise nicht nur eine Analyse, sondern gleichzeitig ein Beispiel
seines eigenen humoristischen Stils bietet) »mit Gleichnissen und
Ähnlichkeiten wie mit Goldstücken [sei], von denen Rousseau sagt,
das erste sei schwerer zu erhalten als das nächste Tausend«.[43] Da sie im
Sinne der rhetorischen *amplificatio* immer erweiterbar sind, kennen
die gelehrten Wortkaskaden eigentlich keine Grenzen. Sie zeigen
beispielhaft ein grundlegendes Prinzip des humoristischen Stils, das
Jean Paul in seiner *Vorschule der Ästhetik* hervorhebt, indem er auf
die berühmten Aufzählungen und Listen in den Romanen Rabelais'
verweist: das Prinzip der willkürlichen Anhäufung.[44] Oft ist der
Zusammenhang zwischen der gelehrten Anspielung und dem Detail
innerhalb der erzählten Welt, das der Dichter zum Anlass dieses gelehrten Eingriffs nutzt, gar nicht auszumachen. In dem Augenblick,
in dem der Erzähler des *Hesperus* den Grafen von O nennt, bemerkt
er: »So hieß im Siebenjährigen Kriege auch ein berühmter Offizier
und bei Shakespeare die Erde; und das ganze Gebet einer alten Frau;
und nach Bruce liebten die Hebräer diesen Vokal vorzüglich; das ist
aber im Grunde hier unnütze Gelehrsamkeit«.[45]

---

[40] Jean Paul: Titan, in: SW I, Bd. 3, S. 45 (Hervorhebungen von mir, C.H.).
[41] Vgl. zu diesen Kaskaden von gelehrten Anspielungen auch die Erklärungen
in § 50 der Vorschule der Ästhetik, in: SW I, Bd. 5, S. 186.
[42] Leibgeber »konnte nie aufhören« (SW I, Bd. 2, S. 531), Schoppe »schwieg nie«
(SW I, Bd. 3, S. 46).
[43] SW I, Bd. 2, S. 530.
[44] SW I, Bd. 5, S. 142.
[45] SW I, Bd. 1, S. 626.

Betrachten wir dieses Verfahren aber aus einer anderen Perspektive, so erinnert die Kontinuität des Redeflusses, die sich aus der Anhäufung von Wissensschnipseln ergibt, an moderne Erzähltechniken, etwa an den *stream of consciousness*, der allerdings ein unbewusstes Phänomen zu reproduzieren sucht, während die Jean Paulsche Aufzählung von gelehrten *Allegata* wie ein überaus rationaler oder zumindest bewusst gesteuerter Diskurs erscheint.

Wie man ein Kuriositätenkabinett zusammenstellt – Ein Blick auf die Exzerpte Jean Pauls nach 1782

Das, was der reife Jean Paul mit seinen Exzerpten macht, unterscheidet sich also durchaus von der Art der Verwertung, die dem angehenden Schriftsteller vorschwebte, als er im Alter von fünfzehn Jahren seine ersten Exzerpthefte anlegte. Ab 1782 passen sich seine Exzerpthefte dem Gebrauch an, den er für sie vorgesehen hat. Es geht nun nicht mehr darum, ein Verzeichnis rhetorischer Beispiele zu erstellen, sondern ein Speicher mit Textbruchstücken, mit Bildern und Ideen, die ihm als Ausgangspunkt für seine mit dem Mittel der Analogie operierende Texterweiterungen dienen. In den Exzerpten, die nach 1782 entstehen, interessiert sich Jean Paul nicht in erster Linie für die Gedankenführung der Autoren der gelesenen Texte. Er richtet seine Aufmerksamkeit nicht auf ihre *Argumentation*, sondern auf ihre *Meinungen* oder auf die *Fakten*, die im Buch präsentiert werden. Der Kontext, in dem diese Elemente erscheinen, wird oft ausgeblendet. In der Regel schreibt Jean Paul in seinen späteren Exzerptheften nicht mehr lange Textpassagen ab, sondern er formuliert das, was ihm in den gelesenen Büchern wichtig erscheint, selbst aus. Seine Sammlung von Exzerpten wird zu einem Kuriositätenkabinett, dessen unverbundene Elemente von dem Autor zu einem neuen Text gefügt werden können.

Um dies zu veranschaulichen, sei es uns hier erlaubt, vier Einträge zu zitieren, die im Exzerptheft *Geschichte. Achter Band. 1785* einge-tragen wurden:

> *Die* Kartesianer theilen den Körper in pellucida (durchsichtige) lucida und opaca ein.

Die Transplantazion ist die Kunst, wodurch man die Krankheit aus dem Menschen in ein anderes Ding (in einen Stein p.) transferiert, ihn zu heilen.

Thomas de Aquina zerbrach den redenden hölzernen Kopf des Alberti M. in der Meinung der Zauberei.

Parazelsus: die Menschen aus drei grossen Substanzen: die Sele zu Got und aus Got; der Leib zur Erde; der Astralgeist oder Sternenleib, aus Luft und Feuer bestehend (Handwerk, Künste, Sprache) in Luft wieder verwandelt, braucht längere Zeit zur Verwesung als der Leib. Walch philosophisches Lexikon.[46]

Jeder Eintrag stellt gewissermaßen die kondensierte Form, den Extrakt, das Resümee einer mehr oder weniger langen Textpassage dar, die Jean Paul in seinen Quellen lesen konnte. Da er die Gewohnheit hatte, viele Bücher gleichzeitig zu lesen, ist die Kohärenz dieser vier Einträge nicht sofort ersichtlich. Über achtzig Hefte sind mit dieser Art von verdichteten Aufzeichnungen gefüllt. Die Verwendung dieser Notate hätte sich allerdings schwierig gestaltet, hätte Jean Paul nicht zugleich ein thematisches Register angelegt,[47] in dem seine Exzerpte zum Zwecke ihrer späteren literarischen Verwertung in eine Vielzahl von Rubriken eingeordnet sind.

Dieses Register besitzt nun allerdings ganz überraschende Ausmaße. Er erstreckt sich über mehr als 1.200 Seiten und enthält ungefähr 160 Rubriken unterschiedlicher Größe, die alphabetisch angeordnet sind. Unter dem Buchstaben ›t‹ finden sich die Artikel *taub, Theater, Thiere, tief Grube, Tod, Traum, trocken, trunken trinken, Tugend Laster.* Während einige Rubriken nur ein oder zwei Seiten benötigen (beispielsweise *einsam, Geschmak, wiederholen*), gibt es andere, die besonders wichtige Jean Paulsche Motive abdecken und deshalb sehr umfangreich sind, z. B. der Artikel *Tod*, in dem die Verweise auf die Exzerpthefte 50 Seiten umfassen, der Artikel *Fürst Sklave* (35 Seiten) und der Artikel *Bücher Buch* (32 Seiten). Wie man sieht, sind in den Rubriken dieses Registers oft schon die antithetischen Konstruktionen

---

[46] Vgl. das Faksimile und die Transkription der Seiten 70 und 71 dieses Bandes in Götz Müller: Jean Pauls Exzerpte, S. 324.

[47] Die Schlagwörter des Index werden bei Götz Müller: Jean Pauls Exzerpte, S. 292 gelistet.

vorformuliert, die für die Texte Jean Pauls so strukturbildend sind, z. B. die Gegensatzpaare *Fürst und Sklave, Tugend und Laster*, aber auch *Bewegung und Ruhe, Dorf und Stadt, fallen und steigen* etc. Trägt Jean Paul in seine Exzerpthefte ein für ihn bemerkenswertes Detail ein, so ist dies nur ein erster Schritt. Wirklich entscheidend ist die zweite Etappe: der Augenblick, in dem er die Notate ordnet und unter einen gleichen Titel miteinander verknüpft, d.h. im anscheinend Inkongruenten Verwandtschaftsbeziehungen aufspürt bzw. konstruiert. Wie wichtig die Figur der Analogie für den Autor des *Titan* ist, wurde vorhin schon hervorgehoben. Das Auffinden von Analogien bedingt sowohl seine Lektüre als auch sein eigenes literarisches Schaffen.

Die Existenz des riesigen Wissens- und Textspeichers der Exzerpthefte hat wiederum Auswirkungen auf die Art und Weise, *wie* Jean Paul liest. Schon das Vorhandensein eines Indexsystems der Exzerpte verleitet ihn zu einer besonderen Lektüre. Seine Aufmerksamkeit als Leser wird notwendigerweise von den Anekdoten, von den Tatsachen und Äußerungen angezogen, die sich in die Rubriken seines Registers einfügen lassen, d.h. von Textteilen, die sich besonders gut in den Prozess seiner eigenen literarischen Textherstellung werden einfügen lassen. Die Exzerptsammlung Jean Pauls ist somit der Reflex einer ganz persönlichen Wissensorganisation und -taxonomie. Die von ihm vertretene Ordnung ist rhetorischen Ursprungs: sie beruht im Wesentlichen auf Denk- und Stilfiguren. In diesem Sinne erinnert sie an die Technik der *loci communes*, die in der antiken Rhetorik theoretisch begründet wurde. Jean Paul begnügt sich für seine Exzerptbände gewissermaßen damit, eine Konservierungs- und Speichermethode anzuwenden, die insbesondere von den humanistischen Gelehrten und dann auch von ihren Nachfolgern im 17. und 18. Jahrhundert gepflegt wurde. Während die Zusammenstellung eines Vorratsspeichers für Bilder und Textfragmente also einer jahrhundertealten Tradition folgt, stößt Jean Paul dieses System vollkommen um und erfindet es zugleich neu, indem er seine Lesefrüchte in ein Ordnungsschema einreiht, das sich nicht wirklich universalisieren lässt, sondern ein Reflex seiner ganz eigenen Vorlieben und Denkmuster ist.

Die Originalität des Jean Paulschen Textsammel- und Schreibsystems liegt mithin in einer zweifachen Abweichung von der Norm begründet. Einerseits bedient Jean Paul sich einer traditionellen Methode der Wissensspeicherung, die am Ende des 18. Jahrhunderts immer mehr aus der Mode kommt und insbesondere aus dem Feld der Dichtung verbannt wird, in dem zusehends das Prinzip der Originalität und der Innovation an Bedeutung gewinnen. Das Arbeiten mit Exzerptheften ist hier *passé*. Auf der anderen Seite pervertiert er aber die von ihm adoptierte Tradition, indem er nur die Idee der Sammlung aufnimmt, ohne gleichzeitig die klassischen Klassifizierungsprinzipien zu übernehmen: die Sammlungen Jean Pauls enthalten keine *loci communes*, sondern überaus individuelle Kategorien und Rubriken.

Eigentlich müssten wir noch ein weiteres Paradoxon festhalten: Der Arbeitseifer und der Ernst, mit dem Jean Paul unaufhörlich versucht, seine Sammlung an Exzerpten zu vergrößern, stehen (anscheinend) im Gegensatz zu der häufig verspielten Verwendung des Materials, das er so sorgfältig zusammengetragen hat. Auch arbeitet Jean Paul nur selten mit evidenten Verknüpfungen: verbunden werden bei ihm Ideen und Phänomene, die ein anderer so nicht miteinander in Beziehung gebracht hätte. Das den Lesefrüchten entlehnte Bild oder Exemplum trägt nicht eigentlich zur unmittelbaren Erhellung der Jean Paulschen Rede bei, sondern hebt im Gegenteil das Nicht-Evidente der Verknüpfung hervor. Zelebriert wird letzten Endes das Spielerisch-Virtuose eines Geistes, der alles miteinander in Beziehung zu setzen vermag.

Schlussbetrachtung

Von einem spielerischen Gebrauch der Gelehrtheit zu sprechen, wie soeben geschehen, bedeutet nun nicht, dass dieser Gebrauch sinnlos oder unnütz wäre. Einige Interpreten haben in den Texten Jean Pauls nur eine willkürliche Entfaltung von Gelehrsamkeit sehen wollen, eine besonders wirksame Art und Weise, die Beliebigkeit bzw. Sinnlosigkeit der Welt hervorzukehren. Jean Paul erhebe sich über eine Welt, deren lächerliche Seite zur Schau zu stellen sein vornehmliches Ziel sei. »Der von Jean Paul zitierte Weltstoff wird nur installiert, um zertrümmert werden zu können«,[48] schreibt Bernhard Böschenstein.

---

[48] Bernhard Böschenstein: Jean Pauls Romankonzeption (1966), in: Uwe Schweikert (Hg.): Jean Paul, Darmstadt 1974, S. 330–352, hier S. 348.

Uns erscheint es im Gegensatz dazu wichtig, auch die konstruktiven Elemente der Jean Paulschen Gelehrsamkeit zu unterstreichen.[49]

Nennen wollen wir hier drei positive Momente der gelehrten Anspielungen Jean Pauls. *Erstens* stellt der Autor, indem er den Leser zwingt, sich mit anscheinend bizarren Phänomenen auseinanderzusetzen und zu überlegen, was an dem Ungewöhnlichen so ungewöhnlich ist, indirekt das in Frage, was wir für normal halten. Bilder und Ideen jenseits des *mainstream* zeigen dem Leser Wahrheiten auf, die von der Normalität verdeckt waren. In diesem Sinne ist das Bizarre viel bedeutender als das Alltägliche.[50] *Zweitens* kann Jean Paul durch das Einfügen von Weltsplittern seinen Texten einen gewissen Realitätsgehalt gehen. Allein dadurch, dass man den Namen der Dinge (gerade auch den Namen der außergewöhnlichen Dinge) ausspricht, verleiht man ihnen eine gewisse Präsenz. Diese Sprachauffassung vertritt Jean Paul insbesondere im §131 seiner 1806 publizierten *Levana*.

> Durch Benennung wird das Äußere wie eine Insel erobert, und vorher dazu gemacht, wie durch Namengeben Tiere bezähmt. Ohne das Zeige-Wort – den geistigen Zeigefinger, die Rand-Hand (in margine) – stehet die weite Natur vor dem Kinde wie eine Quecksilbersäule ohne Barometer-Skala (vor dem Tiere gar ohne Quecksilber-Kugel), und kein Bewegen ist zu bemerken. Die Sprache ist der feinste Linienteiler der Unendlichkeit, das Scheidewasser des Chaos, und die Wichtigkeit dieser Zerfällung zeigen die Wilden, bei denen oft ein Wort einen ganzen Satz enthält.[51]

Mit anderen Worten: Nur wer die Vielfalt der Weltobjekte benennt, legt ein Zeugnis ab von dem Reichtum und von der Vielstimmigkeit der Welt.

Drittens ist Jean Paul ein Autor, der stets schon Geschriebenes braucht, um damit die Texte, die er gerade schreibt, zu speisen und

---

[49] Für eine vertiefende Darstellung dieser Diskussion vgl. Christian Helmreich: Jean Paul & le metier littéraire. Théorie et pratique du roman, S. 233.

[50] Vgl. hierzu Wolfdietrich Rasch: Die Erzählweise Jean Pauls. Metaphernspiele und dissonante Strukturen (1961), in: Jost Schillemeit (Hg.): Interpretationen. Deutsche Romane von Grimmelshausen bis Musil, Frankfurt am Main 1966, S. 82–117, hier S. 108.

[51] SW I, Bd. 5, S. 82.

anzureichern. Die Aufzeichnungen in seinen Exzerptheften sind zugleich die Grundlage und das *Stimulans* seiner Textproduktion. Jede Idee, jedes von außen importierte Bild muss erweitert, klarer ausgedrückt werden, sobald es in einen zur Publikation vorgesehenen Text eingearbeitet wird. Jean Paul muss z. B. Verbindungsstücke zwischen den narrativen Textelementen und den gelehrten Anspielungen herstellen. Das Exzerpt ist der Keim, aus dem ein größeres Textsegment entspringen kann. Das, was Jean Paul zum Zeitpunkt seiner Lektüre von fremden Büchern in ein konzentriertes handschriftliches Notat zusammengefasst hat, ist dazu bestimmt, später in Jean Pauls Texten zu expandieren. Der Autor verwendet das Exzerpt als diskursiven Kern, aus dem sich der literarische Text weiter entfaltet und verzweigt.

Dieses Verfahren, das wir hier anhand von Jean Pauls Exzerptheften verfolgt haben, gilt im Grunde genommen für all die handschriftlichen Hefte, die der Autor des *Siebenkäs* und des *Titan* für seine eigentliche Schreibarbeit nutzte. Obgleich die Exzerpthefte eine wesentliche Funktion in der Jean Paulschen Schreib-Ökonomie innehaben, dürfen sie nicht isoliert betrachtet werden. Sie nehmen nur ca. 20 Prozent seines handschriftlichen Nachlasses ein. Beim Verfassen seiner Texte kann Jean Paul ganz allgemein auf eine Vielzahl von Notaten und z. T. vorformulierten Textelementen zurückgreifen, die er in seine zahlreiche, mehr oder weniger thematisch geordnete Hefte eintrug. Er gebietet über eine Masse von Aufzeichnungen, auf die er zurückgreifen kann, um in seine Texte Sentenzen und Maximen, Anmerkungen und Kommentare, moralische oder ›psychologische‹[52] Exkurse einzuflechten. Die Textproduktion von Jean Paul spielt sich im Wesentlichen in dem Spannungsfeld zwischen dem fortlaufenden Schreiben und der Übernahme von früher entstandenen, gewissermaßen externen Textbausteinen und Fragmenten ab, die integriert werden wollen und den Autor oft dazu zwingen, seine Texte umzuschreiben und neu zu disponieren. Stets wird der Autor durch seine riesige Sammlung an Textmaterial dazu aufgefordert, Umwege zu gehen. So kommt der narrative Diskurs Jean Pauls von dem eigentlich kürzesten Weg ab,

---

[52] Zu den Sentenzen und Maximen Jean Pauls, sowie ganz allgemein zu seinen Exkursen vgl. Christian Helmreich: ›Einschiebeessen in meinen biographischen petits soupers‹. Jean Pauls Exkurse und ihre handschriftlichen Vorformen, in: Geneviève Espagne u. Christian Helmreich (Hg.): Schrift- und Schreibspiele. Jean Pauls Arbeit am Text, Würzburg 2002, S. 99–120.

um winzige, früher schon geschriebene Texteinheiten einzufügen. Während des Schreibprozesses kann sich Jean Paul auf schon Geschriebenes stützen, seine eigene Rede wird Formen und Worte aus fremder Rede bewohnen, sich in eine schon durch andere Diskurse geprägte Landschaft einschreiben. All dies erklärt zweifellos den Wert, den Jean Paul seinen Exzerptheften beimaß. Nichts belegt die Bedeutung der Exzerpthefte im Jean Paulschen Schreibuniversum so gut wie das Merkblatt, das der Schriftsteller im Jahr 1812 seiner Ehefrau in seiner Abwesenheit »täglich durchzulesen« befahl, bevor er zu einer seiner relativ seltenen Reisen aufbrach: Bei Feuer, so steht dort gleich als zweite der fünfzehn Anweisungen, »sind die schwarzeingebundnen Exzerpten zuerst zu retten; ferner im schwarzen Koffer dein Geld- und Papier-Kästchen.«[53]

---

[53] HKA III, Bd. 6, S. 267.

Die handgeschriebene Bibliothek
Wilhelm Heinses

Sylvie Le Moël

Vom Standpunkt der literarischen Nachwelt aus betrachtet bleibt Wilhelm Heinse (1749–1803) Autor des 1787 anonym erschienen Romans *Ardinghello und die glückseligen Inseln*, nachdem zuvor einige Auszüge mit dem Titel *Fragmente einer Italiänischen* [sic!] *Handschrift aus dem sechszehnten Jahrhundert* 1785 in der Zeitschrift *Deutsches Museum* veröffentlicht worden waren. Die Mystifikation, wonach sich der Autor damit begnügt haben soll, eine antike Handschrift, die er in einer italienischen Bibliothek gefunden habe, aus dem Italienischen zu übersetzen, greift nicht nur auf eine zur Zeit übliche literarische Konvention zurück, sondern stützt sich auf eine Tatsache, die vom skandalösen Erfolg des Romans zunächst verschleiert wurde: *Ardinghello* entstand ja aus der Kompilation eines Korpus ganz unterschiedlicher schriftlicher Quellen von der *Naturgeschichte* Plinius' des Älteren über die Schriften Lessings und Winckelmanns zu Bildhauerei und Malerei bis hin zu den italienischen Chroniken des 16. Jahrhunderts aus Florenz und Genua.

Es sollte bis zur Veröffentlichung der ersten kritischen Ausgabe des Romans dauern, die Max Lorenz Baeumer im Jahre 1975 herausgab, bis der beträchtliche Umfang evaluiert werden konnte, den Heinses Leseaufzeichnungen im *Ardinghello* einnehmen.[1] Dass das fast ausschließliche

---

[1] Wilhelm Heinse: Ardinghello und die glückseligen Inseln, hg. von Max L. Baeumer, Stuttgart 1975 (nachfolgend: Ardinghello). In einem späteren Aufsatz hat Rolf Wiecker weitere Abschnitte erfasst, die Heinse in seinen Roman einbezogen hatte und dem Gebrauch des Begriffes »Montage« widersprochen, mit dem die vom Schriftsteller vollendete Arbeit bezeichnet wurde, woraus

Interesse der meisten Kritiker lange Zeit nur *Ardinghello* galt, drängte auch den zweiten bedeutenden Roman von Heinse, *Hildegard von Hohenthal*, ins Abseits, der sich der Musik widmet und nach analoger Methode verfasst wurde. Daraus ergab sich überhaupt eine bruchstückhafte und daher vereinfachende Sichtweise von Heinses posthumen Exzerptheften, die über 7.300 handgeschriebene Seiten in 60 Heften umfassen.[2] Den Hauptteil von Heinses Schriften stellen also gerade seine Leseaufzeichnungen dar. Vermutlich betrachtete sie der Schriftsteller selbst als integralen Bestandteil seines schriftstellerischen Werkes, denn er hatte kurze Zeit vor seinem Tode geplant, diese zu klassifizieren und diejenigen unter dem Titel *Vermischte Schriften* zu veröffentlichen, die er am interessantesten fand.[3]

Zunächst sei jedoch darauf hingewiesen, dass diese Exzerpthefte genau genommen nicht nur eine handgeschriebene Bibliothek für Heinse darstellten. Ein Großteil seiner Lesenotizen bezieht sich auf persönliche Eindrücke während verschiedener Reisen, insbesondere auf Landschaftsbeschreibungen, oder sie widmen sich der Beschreibung von Kunstobjekten, die er in Italien oder Deutschland entdeckt hatte (Architektur, Malerei, Bildhauerei), sowie auch der Analyse von musikalischen Partituren – allesamt Notizen, die unterschiedliche, sowohl visuelle als auch auditive Interessen des Autors widerspiegeln, der sich selbst ebenso als Augen- wie als Ohrmensch betrachtete. Demzufolge

eine Diskussion über dessen romanhafte Poetik initiiert wurde. Rolf Wiecker: Die Notizhefte Heinses und ihre Bedeutung für den Roman Ardinghello. Ein Beitrag zur Entstehungsgeschichte des Ardinghello, in: Text & Kontext, Jg. 5, Heft 1, München 1977, S. 49–72.

[2] Ich verwende die Bezeichnung »Hefte« oder »Exzerpthefte« und beziehe mich damit auf die gesamten posthumen Handschriften, die unpassend als ›Tagebücher‹ oder ›Aphorismen‹ in der Ausgabe der Werke von Heinse, die zwischen 1902 und 1925 veröffentlicht wurden, bezeichnet wurden. Erna M. Moore hat sich mit Recht gegen diese Bezeichnungen aufgelehnt, die in der neuesten Forschung nicht mehr gültig sind. Vgl. Erna M. Moore: Wilhelm Heinses literarischer Nachlass: Tagebücher oder Aphorismen?, in: Monatshefte, Bd. 64, Nr. 1, 1972, S. 43–50. Vgl. ebenso Dies.: Die Tagebücher Wilhelm Heinses, München 1967. Die Nummerierung dieser in der Stadt- und Universitätsbibliothek von Frankfurt am Main aufbewahrten Exzerpthefte zeigt außerdem auf, dass einige verschwunden sind. Das Exzerptheft Nr. 16 wurde 1976 wiedergefunden und 1997 unter dem Titel Aus verwischten einzelnen Blättern (hg. von Ira Wilhelm, St. Ingbert) veröffentlicht.

[3] Vgl. Max L. Baeumer: Wilhelm Heinses literarische Tätigkeit in Aschaffenburg, in: Jahrbuch der Schillergesellschaft, 1967, 11, S. 408–435.

enthalten sie auch eine scharfe Kritik an den traditionellen Stubenge-
lehrten dar, denn Heinse war begierig, alle seine Sinne zu gebrauchen
und die Welt durch Erfahrung kennen zu lernen.

Bei alledem war er ein Bewunderer der Buchkultur, insbesondere der
griechisch-lateinischen, obwohl der enzyklopädische Charakter seiner
Lektüren den Wunsch nach Eklektizismus und der Öffnung zur Welt
untermauert. Aufgrund einer Untersuchung der Titel der von Heinse
konsultierten Werke und deren Erscheinungsjahr kann festgestellt
werden, dass dieser trotz der Zurückgezogenheit, in der er nach 1796
in Aschaffenburg lebte, bis zum Ende seiner Tage über die wichtigen
Neuerscheinungen informiert war. Zwar entbehrte Heinse selbst aller
Mittel, besaß kein wirkliches privates Domizil und konnte sich demzufolge auch keine eigene Bibliothek aufbauen, jedoch hatte er über
lange Phasen seines Lebens Zugang zu zwei bedeutenden Bibliotheken.
Zum einen handelte es sich um die vom wohlhabenden Gelehrten
Friedrich Heinrich Jacobi besonders gut ausgestattete Bibliothek, da
dieser Verbindungen zu Buchhändlern in ganz Europa hatte.[4] Heinse
hielt sich bei Jacobi in Düsseldorf, zunächst zwischen 1776 und 1780
und nach seiner Rückkehr aus Italien zwischen 1783 und 1786 auf.[5] Zum
anderen hatte er ab 1786 eine Stellung als Bibliothekar beim Kurfürsten
und Erzbischof von Mainz inne und hatte daher freien Zugang zu dessen umfangreichem Bestand. Dieser reich bestückten Sammlung mit
Inkunabeln und antiken Büchern hatte Heinse ein fundiertes Wissen
über die Geschichte des Buches und des Buchdrucks zu verdanken.[6]

---

[4] Jacobi unterhielt enge Verbindungen mit Marc Michel Rey, einem Buchhändler in Amsterdam, der insbesondere zahlreiche in Frankreich zensierte
Bücher herausgab. Vgl. Les Années de formation de F. H. Jacobi d'après ses
lettres inédites à M. M. Rey (1771–1773), hg. von Theodor de Booy und Roland Mortier, Genf 1966.

[5] Mit Hilfe der Untersuchung des Kataloges von Jacobis Privatbibliothek, der
1989 veröffentlicht wurde, konnte die Herkunft des größten Teils der von
Heinse kommentierten oder abgeschriebenen Werke während dieser beiden Zeiträume identifiziert werden. Vgl. Die Bibliothek Friedrich Heinrich
Jacobis. Ein Katalog, bearbeitet von Konrad Wiedemann unter Mitwirkung
von Peter Paul Schneider, Stuttgart-Bad Cannstatt 1989.

[6] Seine Leseaufzeichnungen zu diesem besonderen Bestand an religiösen und
klassischen lateinischen Werken gehören zum Gebiet der Bibliophilie und
sind frei von jeglichem Kommentar. Sie bezeugen übrigens seine Bewunderung für die ersten Zeugnisse der Druckkunst in Mainz. Vgl. Joseph Merkel:
Kritisches Verzeichniß höchst seltener Inkunabeln und alter Drucke, welche

Anscheinend verbrachte er den Großteil seiner letzten Lebensjahre in dieser Bibliothek und vernachlässigte darüber den Kontakt mit seinen Zeitgenossen.[7]

Entgegen seiner Ankündigungen war Heinse also sehr wohl Wissenschaftler und gleichzeitig gelehrter Dichter (*poeta doctus*). Es ist umso bedauerlicher, dass die Leser bis 2005 einen recht beschränkten Zugang zu seiner selbstaufgebauten handgeschriebenen Bibliothek haben konnten. Die Teilausgabe der Exzerpthefte, die von Carl Schüddekopf und Albert Leitzmann zwischen 1902 und 1925 realisiert wurde, gab eben nicht die zahlreichen von Heinse notierten Exzerpte wieder. Im textkritischen Apparat äußerte Leitzmann freilich den Wunsch, seine editorische Arbeit mit einer kommentierten Ausgabe zu ergänzen, wo die Herkunft der Zitate und zitierten Sammlungen von Heinse überprüft werden sollten, doch Grenzen wurden prinzipiell der Transkription der Manuskripte auferlegt.[8] Diese Edition zeigt die Widersprüche, wohin diese Voreingenommenheit führen sollte: Im Anhang sind beispielsweise einige Kostproben von Beurteilungen Heinses über die Werke aufgeführt, die er abgeschrieben hat, wobei die Auswahlkriterien nicht belegt sind. Die textliche Basis fehlt außerdem den langen kritischen Besprechungen Heinses: dass diese in voller Länge ediert wurden, während die entsprechenden Auszüge nur durch Auslassungszeichen dargestellt sind, machte sie teilweise unverständlich. Leitzmann sah sich trotzdem gezwungen, einige in die Rezensionen oder kritischen Textanalysen eingebaute Fragmente wiederzugeben, wollte er doch nicht mitten in einem Satz eine Zäsur einfügen. Erst die zwischen 2003 und 2005 erschienene, vollständige und kommentierte Ausgabe der posthumen Handschriften füllte diese Lücken aus und zeigte damit die Wissenslandschaft Heinses genauestens auf. Sie ermöglicht es, den poetischen und kognitiven Wert seiner Exzerptpraxis besser zu erfassen.[9]

---

in der ehemals Kurfürstlich Mainzischen jetzt königlichen Bayerischen Hof-Bibliothek in Aschaffenburg aufbewahrt werden. Nebst Bemerkungen aus einem von Wilhelm Heinse hinterlassenen Manuscripte, Aschaffenburg 1832.

[7] Vgl. Albert Leitzmann: Wilhelm Heinse in Zeugnissen seiner Zeitgenossen, Jena 1938, S. 32f.

[8] Wilhelm Heinse: Sämmtliche Werke in acht Bänden (nachfolgend: SW), hg. von Carl Schüddekopf u. Albert Leitzmann, Leipzig, 1902–1925, Bd. 8/3, S. 279.

[9] Wilhelm Heinse: Die Aufzeichnungen. Frankfurter Nachlass, hg. von Markus Bernauer, Adolf Heinrich Borbein, Thomas W. Gaethgens, Volker Hunecke,

Gesamtvorstellung des Materials und der Vielfalt der Handschriften

Die heute verfügbaren Exzerpthefte, die ein Freund aus Heinses Lebensjahren, der Anatom Sömmering, gesammelt hatte und von dessen Erben im Jahre 1882 der Stadt- und Universitätsbibliothek Frankfurt am Main vermacht worden waren, stellen die Konkretisierung einer Lektüre- und Schreibpraxis dar, die Heinse schon in seiner Studentenzeit in Erfurt (1768–1771) begonnen und bis zu seinem Tod 1803 weiterverfolgt hatte. Eine erste Sicht des gesamten Inhaltes der Hefte scheint zunächst eine auf die Lektüre der Schüddekopf/Leitzmann-Ausgabe begründete verbreitete Meinung zu bestärken, die darin besteht, den spontanen Charakter dieser Leseaufzeichnungen zu unterstreichen.[10] Diese sind sicherlich sehr heterogen und ihr Inhalt von unterschiedlicher Wertigkeit. Mitunter haben sie die Funktion einer einfachen Merkhilfe (z.B. durch die Auflistung italienischer und französischer Maler, inkl. deren Geburts- und Sterbedaten oder banaler Reisekosten). Ebenso werden Buchtitel erwähnt, die man sich beschaffen sollte – also Skizzen eines idealen Bibliothekskataloges. Eine bestimmte Anzahl von Lesenotizen enthalten zwar unmittelbar aufgezeichnete Eindrücke einer ersten Lektüre; man findet aber auch kritische Besprechungen, die viel ausgefeilter sind. Es handelt sich hier also sowohl um Themenmaterial im Rohzustand, als auch um eine echte konzeptionelle, kritische und dichterische Arbeitsgrundlage. Die einzige materielle Vorlage weist daher große Unterschiede bezüglich der Sorgfalt der Schrift und der Abfassung der Lesenotizen und der Exzerpte auf. Die Schrift wirkt manchmal unruhig und lässt sich nur schwer entziffern, andererseits gibt es Abschnitte, die in eleganter Schönschrift verfasst sind. Der größte Teil der Hefte wurde mit dem Bleistift geschrieben, wobei auch einige von ihnen mit Tinte und offensichtlich sorgfältig nach Themen geordnet ins Reine geschrieben wurden.

Werner Keil u. Norbert Miller, 5 Bde, München u. Wien 2003–2005 (nachfolgend: Die Aufzeichnungen).

[10] Besonderer Dank gilt hier Herrn Kroll der Abteilung Handschriften der Stadt- und Universitätsbibliothek, der mir die Originalhandschriften zur Verfügung gestellt hat.

Dass Heinses Nachlass daher nicht nur aus hastig notierten Leseaufzeichnungen besteht, wird durch die Tendenz Heinses bestätigt, sie mit
Überschriften zu versehen, die dem jeweiligen Stand der Ausarbeitung
entsprechen. Insbesondere empfiehlt es sich, zwischen verschiedenen
Arbeitsphasen und damit verbundenen Themenkreisen zu unterscheiden: erstens den während der Reise nach Italien entstandenen
Leseaufzeichnungen, die nach Heinses Ansicht eine noch zu säubernde
Rohfassung darstellen),[11] und die dann mehrmals neu gestaltet wurden,
bevor sie in den *Ardinghello* aufgenommen wurden ; zweitens den
Kommentaren zu den Partituren, einer wahrhaften Musikbibliothek,
die er bei Jacobi in Düsseldorf 1784–1786 und dann 1793 zusammenstellte,[12] und die als Grundlage für die Überarbeitung von *Hildegard
von Hohenthal* dienen sollten ; drittens den Leseaufzeichnungen, die
er in Mainz und dann in Aschaffenburg in den Jahren 1787–1792
bzw. 1795–1803 zusammenstellte. Hinsichtlich der Phase nach 1787
unterstreicht Dürten Hartmann, die 1976 als Erste das gesamte Material
der Hefte gesichtet hat, dass Heinses Situation in Mainz ihn übrigens
zur Vorsicht antrieb. Beispielsweise beruft sie sich auf das Exzerptheft
Nr. 25, wo Abschnitte mit erotischen, politischen und antiklerikalen
Inhalten von Heinse unleserlich gemacht wurden, da er befürchtete,
seine Leseaufzeichnungen könnten vor einem durch die Aufstände im
August und September 1790 erschütterten politischen Hintergrund
entdeckt werden, zu einer Zeit also, wo die Zensur daraufhin verstärkt
wurde.[13] Die Rolle der Exzerpte erscheint aufgrund dieser Tatsache
noch bedeutsamer, da allein ihre Auswahl indirekt die Standpunkte
offenbart, die Heinse nicht eindeutig zu formulieren wagte.

Dürten Hartmann ist der Ansicht, dass sogar ein reiflich überlegtes
Kompositionsprinzip bei einer bestimmten Anzahl von Heften erkennbar ist. In diesen sind die letzten Seiten jeweils kurzen Leseaufzeichnungen, Exzerpten, kopierten Versen, Skizzen und ersten Eindrücken
der Lektüre vorbehalten. Überdies lassen sich ihnen zwei bis drei,

---

[11] Auszüge und Beschreibungen zu sehr auf dem Raub für die wichtigen Gegenstände; doch immer gut für die Zukunft, Heft Nr.17 (Titel), Bl. 2r, Die
Aufzeichnungen, Bd. 1, S. 1083/1085.

[12] Heinse war während der Besetzung von Mainz durch die französischen Trup-
pen nach Düsseldorf geflüchtet.

[13] Dürten Hartmann: Kritische Untersuchung und Neubewertung von Wilhelm
Heinses Nachlaß, in: Gert Theile (Hg.): Das Maß des Bacchanten. Wilhelm
Heinses Über-Lebenskunst, München 1998, S. 248–250.

manchmal vier Themen zuordnen.[14] Die Untersuchung der eigentlichen Exzerpte ermöglicht die umfassende Bestätigung dieser Annahme. Die Leseaufzeichnung zeigt sich oft kohärent, sogar systematisch, in den Heften sind manchmal Abfolgen von kommentierten Exzerpten angeordnet. Der Inhalt von Heft Nr. 1 teilt sich in drei Bereiche: zuerst Kommentare von Spinoza mit passenden Zitaten, dann Reiseberichte und schließlich Exzerpte aus Übersetzungen von Pindar und der Tragödien Sophokles'. Das Heft Nr. 24 widmet sich zu einem großen Teil den kommentierten Exzerpten aus Reiseberichten. Darunter findet sich der erste 1782 erschienene Band der *Voyage pittoresque de la Grèce* von Graf Choiseul-Gouffier, für dessen Analyse Heinse mehrere Tage hintereinander im April 1786 verwendete, ebenso wie *The Ruins of Palmyra* von Robert Wood aus dem Jahre 1753, die *Voyage à l'isle de France* von Melon, die 1784 erschien. Diese Beispiele zeigen, dass Heinse, der zu Beginn auf den Bestand angewiesen war, der ihm zur Verfügung gestellt wurde, deren Inhalte dann methodisch auswertete.

Heinses Lektürepraxis

Die Lektürepraxis nimmt bei Heinse den für einen Vertreter der Spätaufklärung typischen polyglotten und extensiven Aspekt an. Er ist mit dem Lateinischen genauso vertraut wie ein Vertreter der europäischen Gelehrtenrepublik, der seine Kommentare mit Zitaten ausschmückt. Offensichtlich spürt er die Notwendigkeit, ständig seine Kenntnisse des Altgriechischen zu vervollständigen, was sich in der Einrichtung eines kleinen griechisch-deutschen Glossars für Kommentare von Aristoteles niederschlägt, oder in der Auflistung griechischer Begriffe, die aus dem Anfang von Sophokles' Tragödie *Antigone* entstammen und mit deren lateinischer Übersetzung angeführt werden. Was die modernen Sprachen angeht, verfügt er über ausgezeichnete Italienischkenntnisse. Dies wird durch seine Arbeit als Übersetzer von Ariost und Tasso, sowie durch einen dreijährigen Aufenthalt in Italien untermauert. Die italienischen Exzerpte fungieren nicht zuletzt als Zugang zur antiken Literatur.[15]

---

[14] Ebd., S. 243–245.
[15] Er verwendet für seine kommentierten Exzerpte eine italienische Übersetzung von Herodot sowie ein Werk zur lateinischen Literatur von Tiraboschi (1772).

Die Leseaufzeichnungen betreffen jedoch zu einem großen Teil auch die Geschichte der antiken sowie der modernen Kunst,[16] oder auch Geschichte und Philosophie der Renaissance.[17] Die französischsprachigen Exzerpte betreffen literarische Werke des 17. und des 18. Jahrhunderts. Reiseberichte, politische oder volkswirtschaftliche Schriften aus französischer Provenienz erstrecken sich bis zur Revolution. Das Werk von Gibbon *The Story of Decline and Fall of the Roman Empire* hat er 1790 in französischer Übersetzung gelesen (*Histoire du déclin et de la chute de l'Empire romain*) und in einem Heft kommentiert, wobei ein französischer Satz in einem anderen Heft zitiert wird.[18] Die bedeutende Länge der Exzerpte in französischer Sprache zeugt von einer echten Sprachbeherrschung, die an der Qualität der Transkription erkennbar ist – mit Ausnahme der Zeichensetzung, die nach den deutschen grammatikalischen Regeln erfolgt. Für das Französische wie das Altgriechische gleichermaßen ist die Exzerpierkunst untrennbar mit dem Interesse verbunden, das Heinse der Philologie entgegenbringt und scheint daher die Funktion zu haben, seine Sprachausbildung zu stärken.[19] Im Gefolge seiner Exzerpte zum Reisetagebuch von Choiseul-Gouffier erwähnt er das 1785 erschienene Synonymwörterbuch von Abt Roubaud, *Nouveaux synonymes français*, und notiert danach Synonyme oder Antonyme.[20] Diese Lust

---

[16] Exzerpte aus den Biographien von Vasari, aus dem Werk von Scamozzi: Le fabriche di designi di Andrea Palladio raccolti e illustrati (1776).

[17] Exzerpte aus Chroniken des 16. Jahrhunderts, aus Machiavelli und Giordano Bruno, die in der Bibliothek von Jacobi verfügbar sind.

[18] Heft Nr. 25, Bl. 47r–62v sowie 74r–76v u. Heft Nr. 30, Bl. 8r, Die Aufzeichnungen, Bd. 2, S. 315–330 u. 339–340 (Heft 25), S. 984 (Heft 30).

[19] Vgl. seine Analyse eines lateinischen Kommentars über die griechische Grammatik im Heft Nr. 6, Bl. 81v–84r, Die Aufzeichnungen, Bd. II, S. 572–574 (Valckenaerii Observationes Academicae p., Lennep praelectiones academicae p., animadversiones adiecit Scheidius, Trajecti ad Rhenum, 1790) sowie seine Anmerkungen über das moderne Griechisch, das als Entartung des Altgriechischen galt. (Ebd., S. 430f.). Rolf Wiecker hat offenbart, dass die zweite Ausgabe des *Ardinghello* mit Leseaufzeichnungen hinsichtlich der griechischen Grammatik angereichert wurde. Siehe Rolf Wiecker: Die Notizhefte Heinses und ihre Bedeutung für den Roman Ardinghello, S. 72, Anm. 45.

[20] Heft Nr. 24, Bl. 67v, Die Aufzeichnungen, Bd. II, S. 137. Die Exzerpte eines anderen Reisetagebuches enthalten den Begriff »girouette« [Wetterfahne], für den er offensichtlich die Übersetzung suchte, denn der deutsche Begriff befindet sich oberhalb der französischen Vokabel (Bl. 71r, Die Aufzeichnungen, Bd. II, S. 139).

an der Sprache zeigt sich ebenso in den Listen von – teilweise etwas gewagten – Sprichwörtern oder Wortspielen oder von idiomatischen Wendungen in der Fremdsprache.

Ein Exzerptheft ist für Heinse eine stets geöffnete Werkstatt, in der er unaufhörlich neues Material abstellt, wobei sich einige Probleme mit der Zuordnung der Leseaufzeichnungen innerhalb der Hefte zu einem bestimmten Datum ergaben. Dürten Hartmann erwähnt neben anderen Beispielen das Heft Nr. 27 aus dem Jahr 1790, das jedoch auch ein Exzerpt mit Kommentarzeilen über den von Madame de Genlis 1796 im Hamburger Exil veröffentlichten Text *Précis de ma conduite depuis la Révolution* enthält.[21] Die Untersuchung der von Heinse abgeschriebenen Exzerpte erklärt diese spätere Ergänzung: Der auf den Kontext bezogene politische Text von Madame de Genlis ist im Wesentlichen ein an die Regierung des Direktoriums gerichtetes Plädoyer, wofür Heinse sich aber nicht interessiert. Er extrahierte aber doch einen Abschnitt, welcher der Kritik an *Clarissa Harlowe* und an Rousseaus Nouvelle *Héloïse* gewidmet war, mit dem Ziel, seine eigenen Lesenotizen aus 1790 über diese beiden Werke zu vervollständigen und unterwarf sie dabei den gegensätzlichen Beurteilungen von Madame de Genlis und von Voltaire. Auf diese Weise stellte er sich auf der Basis intertextueller Verknüpfungen eine wahrhaft individuelle Mappe zusammen.[22]

Trotz der ganz unterschiedlichen Beschaffenheit der Exzerpte ist es möglich, eine kurze Taxonomie der Hefte aufzustellen. Ein Großteil von ihnen enthüllt unbestritten die traditionelle Lektürekunst der Gelehrten und bescheinigt, dass Heinses Bezug zur Lektüre sein Leben lang vom klassischen Humanismus geprägt war – diese Bemerkung gilt gleichermaßen für die verwendete Methode. Aufschlussreich ist in dieser Hinsicht, dass Heinse die *Collectanea adagiorum* neu schreibt, die von Erasmus gesammelt worden waren, oder in dessen Nachfolge lateinische Zitate und Sprichwörter kompiliert, insbesondere von Vergil.[23] Heinse schreibt ebenso die antiken Texte in Originalsprache ab (an dieser Stelle sei darauf hingewiesen, dass er seinen ersten großen

---

[21] Vgl. Dürten Hartmann: Kritische Untersuchung und Neubewertung von Wilhelm Heinses Nachlaß, S. 254f.

[22] Heft Nr. 27, Bl. 12v–14r., Die Aufzeichnungen, Bd. II, S. 361–363.

[23] Heft Nr. 26, Bl. 1r–20v, Die Aufzeichnungen, Bd. II, S. 207–230; Heft Nr. 21, Bl. 5r–v, Die Aufzeichnungen, Bd. I, S. 589–590.

literarischen Erfolg mit der Übersetzung des *Satiricon* feierte) oder in moderner Übersetzung mit den dazu passenden Glossen.[24] Den eigentlichen Exzerpten fügt Heinse manchmal Daten hinzu, die dem Wunsch nach Vollständigkeit entstammen und auf den ersten Blick das Bestreben nach der Anhäufung von Gelehrtenwissen veranschaulichen. Beispielsweise befinden sich im Heft Nr. 13 Namenslisten von antiken Schriftstellern und deren moderner italienischer Übersetzungen sowie chronologische Schilderungen der römischen Geschichte.

Ein weiterer Exzerpttyp offenbart bei Heinse sein vorwiegend dokumentarisches und wissenschaftliches Interesse an der Natur mit einer moderneren Perspektive. Es handelt sich hierbei hauptsächlich um in französischer Sprache verfasste Reisebeschreibungen, um Texte zur Geschichte der Kartographie (Heft Nr. 26) sowie zu Grundlagen der Geographie. Im Bereich der Wissenschaft handelt es sich u. a. um Exzerpte von Lavoisier (*Considérations générales sur la dissolution des métaux dans les acides*, Heft Nr. 7) und um eine Rezension der *Naturgeschichte* von Lamarck (Heft Nr. 30), also um Texte, welche die philosophischen Gedanken der letzten Lebensjahre Heinses über den Hylozoismus weiterführen und darauf schließen lassen, dass er dieser Disziplin eine wissenschaftliche Grundlage geben wollte.

Ein dritter Exzerpttyp ist philosophischer und ästhetischer Art und umfasst antike und moderne Autoren. Die Kommentare, die mit Exzerpten oder Umschreibungen von Texten von Lessing, Mendelssohn und Winckelmann zusammengestellt wurden, haben die größte Aufmerksamkeit der Kritik erregt, denn sie zeigen einen Autor, der sich an den zeitgenössischen ästhetischen Diskussionen beteiligt, und ermöglichen eine Klärung der Positionen Heinses zur Kunstgeschichte, die dann im Roman *Ardinghello* perspektiviert wurden.[25] Die Exzerpte von Spinoza in den Heften aus der zweiten Düsseldorfer Zeit bestätigen die direkte oder indirekte Beteiligung Heinses an den prägenden philosophischen Debatten des letzten Viertels des Jahrhunderts. Ohne sich öffentlich am Spinozastreit zu beteiligen, der durch die Aussagen Jacobis über den vermutlichen Spinozismus Lessings ausgelöst wurde,

---

[24] Vgl. seine Analyse der *Commentarii* von Cäsar nach der französischen Übersetzung von Graf Turpin de Crissé (1785), Heft Nr. 27, Bl. 72r–85r, Die Aufzeichnungen, Bd. II, S. 406–415.

[25] Vgl. Rita Terras: Lessing und Heinse. Zur Wirkungsgeschichte des Laokoon, in: Lessing-Yearbook, 1970, S. 56–89.

hat sich Heinse offensichtlich sehr dafür interessiert. Die Exzerpte sowohl aus Spinozas *Ethica* als aus dessen Korrespondenz gehen mit den Zitaten aus Jacobis *Über die Lehre des Spinoza* einher.[26] Wahrscheinlich wurde Heinse auch durch Jacobi motiviert, *Aristée* von Hemsterhuis zu lesen, aus dem er exzerpiert hat, sowie Fergusons *Grundsätze der Moralphilosophie* und dessen Reflexionen über den Geselligkeitstrieb, die er in deutscher Übersetzung zitiert.[27]

Der vierte Exzerpttyp betrifft die Geschichte und die Volkswirtschaftslehre. Was diese Gebiete anbelangt, so sind die Kommentare eindeutig im Kontext der Krise am Ende des *Ancien Régime* und der Umwälzungen durch die Französische Revolution zu betrachten. Zu den von ihm am sorgfältigsten analysierten Werken gehören Montesquieus *Considérations sur les causes de la grandeur et de la décadence des Romains* sowie das zweiteilige Werk von Gibbon *Decline and Fall of the Roman Empire*. Ebenso sind *Du pouvoir exécutif dans les grands Etats* von Necker sowie *De l'économie politique moderne* von Herrenschwand zu erwähnen.

Der fünfte Exzerpttyp betrifft schließlich die moderne Literatur, wobei der kritische Kommentar die Oberhand über das Abschreiben gewinnt. Die eigentlichen Exzerpte beschäftigen sich hauptsächlich mit der klassizistischen, seltener mit der zeitgenössischen Literatur Frankreichs (Beaumarchais). Bei der deutschen Literatur handelt es sich meistens um kritische Kommentare zu großen zeitgenössischen Werken wie Wielands *Geschichte des Agathon und Oberon*, zu Stücken von Lessing, Goethes *Faust* und *Wilhelm Meister*, Schillers Dramen. Die umfangreichsten Exzerpte sind doch der *Geschichte des Agathon* (Heft Nr. 26) gewidmet. Damit zeigt sich die nachhaltige Auswirkung dieses Romans auf Heinse, dessen anfängliche Bewunderung mit ironischen Einschlägen dem Werk gegenüber bis hin zu offener Feindschaft umschlug. Mit den Kommentaren zu Jean Pauls beiden Romanen *Hesperus* (1795) und *Die unsichtbare Loge* (1793) bewahrheitet sich, dass Heinse dem literarischen Leben gegenüber trotz seiner offensichtlichen Isolation in Aschaffenburg, wo er seine letzten Jahre verbrachte, aufmerksam geblieben ist.[28]

---

[26] Heft Nr. 64B, Bl. 28v–35r, Die Aufzeichnungen, Bd. II, S. 1346–1350.
[27] Ebd., Bl. 11ar–27r, Die Aufzeichnungen, Bd. II, S. 1333–1346 (Aristée); Heft Nr. 28, Bl. 13r–23v, Die Aufzeichnungen, Bd. II, S. 1090–1095 (Ferguson).
[28] Heft Nr. 16, Bl. 115–119, Die Aufzeichnungen, Bd. II, S. 1050–1051.

Heinses Exzerpierkunst zwischen Tradition und Moderne

Vor seiner Ernennung zum Bibliotheksrat des Kurfürsten von Mainz
war Heinse zunächst dessen Lektor. Als solcher konnte er sich der
Exzerpierkunst beruflich widmen, um die Lektüren für seinen Fürsten
auszuwählen. Mit dieser Praxis ist aber auch er aus höchst persönlichen
Gründen vertraut, zu denen vor allem der konstante Wunsch gehört,
seine intellektuelle Ausbildung weiter zu verfolgen. Die leidenschaftliche Lobrede über das Exzerpieren, die er aus Anlass seiner Analyse
der Memoiren von Madame Roland verfasste, bezeugt nämlich dies:

> Bey ihrem vielen Lesen kam sie auf die Idee, Auszüge zu ma-
> chen, um die Sachen vollkommen zu verdauen (– Wer viel liest,
> muß bald darauf kommen, man liest viel besser, und erspart
> sich viel Zeit. Man liest ferner kein Buch durch, woraus nichts
> auszuziehen ist. Der Auszug ist Probe der Güte. Man sollte alle
> jungen Leute daran gewöhnen.)[29]

Diese Zeilen liefern einige wertvolle Angaben über den Wert und
die Rolle, die er dieser Praxis zugedacht hatte. Ganz im Sinne der
Tradition definiert er die Exzerpierkunst als Ausbildungsdisziplin
für junge Menschen. Trotzdem sollte bei deren Ausübung überlegt
vorgegangen werden. Pikant ist in diesem Zusammenhang, dass
er gerade Madame Roland, die er doch glühend bewundert, eine
gewisse Pedanterie und eine Unkenntnis der realen Welt vorwirft,
induziert durch eine zu häufige und zu frühe Lektüre von Plutarchs
Biographien.[30] Das Exzerpt dient jedoch nicht nur als wertvolle Hülle
für Zitate. Der Denker entfaltet beim Exzerpieren zunächst seine
Fähigkeit, mit größter Aufmerksamkeit eine Auswahl zu treffen und
erweitert dabei sein Wissen, beweist aber gleichzeitig auch seine Autonomie gegenüber dem Original. Heinse sieht die oberste Aufgabe
der Exzerpte darin, den geistigen Dialog mit sich selbst zu fördern,
indem er das Prinzip des Widerspruchs integriert, das gleichzeitig
Bestandteil des dialogischen Denkens ist und der Ökonomie seiner
Romane zugrunde liegt: »Pro und Contra findet sich zuweilen neben
einander, zu weiterem Gebrauch für künftige poetische Werke.«[31]

---

[29] Heft Nr. 31, Bl. 38v, Die Aufzeichnungen, Bd. II, S. 804.
[30] Heft Nr. 31, Bl. 44v, Die Aufzeichnungen, Bd. II, S. 808.
[31] Heft Nr. 28 (Titel), Bl. 1r, Die Aufzeichnungen, Bd. II, S. 1083/1085.

Heinse stellt in seinen Exzerptheften häufig Verbindungen zwischen den kommentierten und anderen von ihm gelesenen Texten zur Verfeinerung und Differenzierung seiner ersten Beurteilung her, die jedoch nicht notwendigerweise Gegenstand einer Rezension oder einer Aufzeichnung waren.

Ein Text wird von Heinse also grundsätzlich nicht als eine unüberwindbare Autorität, sondern als ein Stimulus aufgefasst: Seine Betrachtungsweise vereinigt den Respekt gegenüber der Textquelle, die er konsultiert, und den Emanzipationsprozess gegenüber deren Inhalt. In seinen Exzerpten hält er den Originaltitel fest, den Ort und das Datum der Ausgabe, die er im Allgemeinen gewissenhaft verwendet hat. Oft gibt er die Nummer des Kapitels an, dem das Exzerpt entstammt und manchmal sogar die passende Seitennummerierung. Die Überprüfungen, die ich bei einer bestimmten Anzahl von Ausgaben dieser Zeit machen konnte, bestätigen die Genauigkeit dieser Daten. Diesem formalen Respekt des Textursprungs steht aber dessen unmittelbare Aneignung für persönliche Zwecke gegenüber. Die ausgewählten Exzerpte folgen tatsächlich nicht immer dem Ablauf des Textes. Was die Reiseberichte anbelangt, so schreibt Heinse offensichtlich schon beim Lesen Lesenotizen auf, dies gilt auch für die Exzerpte aus Montesquieus *Considérations*.

Für andere Texte stellt Heinse im Gegensatz dazu Exzerpte zusammen, die er mit einer deutschen Zusammenfassung des gelesenen Textes kombiniert, um ein Konzentrat der Gedanken und der Grundsätze des Autors anzulegen, der dann Gegenstand einer grundsätzlichen Debatte werden soll. Besonders auffällig ist dies hinsichtlich der Auszüge aus der Abhandlung über die politische Ökonomie von Jean Herrenschwand (1786) mit dem Titel *Discours fondamental sur la population,* wo er über die Zusammenstellung der Exzerpte die von ihm aufgedeckten Widersprüche mehrerer Formulierungen kritisieren kann.[32]

Im Allgemeinen ändert Heinse den Wortlaut des ursprünglichen Textes nicht, es kommt jedoch vor, dass er Sätze auslässt. Meistens reduziert er sie auf eine allgemeine Formulierung, die dadurch zu einem beeindruckenden Sinnspruch oder Aphorismus wird. Der Umfang der Leseaufzeichnungen ist daher sehr unterschiedlich. Heinse schreibt manche Abschnitte in voller Länge ab oder übernimmt einfach nur

---

[32] Heft Nr. 2, Bl. 34r–45v, Die Aufzeichnungen, Bd. II, S. 943–949.

ein Satzglied daraus. Es kommt sogar vor, dass ein Satz in seiner
Originalsprache beginnt und dann auf Deutsch weitergeführt wird,
wenn Heinse gerade zusammenfasst oder die weniger wichtigen Sätze
umschreibt, ganz offensichtlich um Zeit zu gewinnen, aber auch weil
er in seinem Umgang mit dem Originaltext nicht das vollständige
Original festzuhalten wünscht, sondern reaktiv vorgeht. Daher fügt
er Glossen ins Exzerpt ein, wobei an bestimmten Stellen zwischen
den beiden Textsorten nur durch Klammern unterschieden wird. Die
positiven oder negativen Gedanken und einfachen Einschätzungen
zeigen seine kritische, in Bewegung befindliche Einstellung, aber
auch einfache spontane, manchmal abwertende Reaktionen.[33] Heinse
unterbricht im Allgemeinen seine Exzerpte durch kurze kritische
Einschätzungen und teilweise schnelle und scharfe Urteile. So wertet
er das Musikwörterbuch von Rousseau auf Anhieb ab, was ihn jedoch
nicht daran hindert, dieses detailliert zu analysieren, denn er findet
trotzdem eine Menge Informationen, die in seine Überlegungen über
die Grundlagen der Musiktheorie einfließen: »Eine Menge Artikel
darin sind leer, einseitig, oder gar falsch. Von diesen allen wenig oder
nichts.«[34] Diese Bemerkung bestätigt eindeutig den qualitativen Wert,
den Heinse den Exzerpten beimisst, die Referenzen ähneln, sowie die
höchst kritische Funktion seiner Lektüre.

Die Lektüre nach dem Prinzip des kritischen und unnachsichtigen
Dialogs schließt die Möglichkeit einer Empathie mit dem gelesenen
Text nicht aus, der in diesem Fall weitestgehend exzerpiert wird und
Gegenstand langer Ausführungen ist. Es handelt sich hier allerdings
um Ausnahmen. Die Exzerpte der *Memoiren* von Madame Roland
gehören sicherlich zu den eklatantesten Fällen, da sie Heinse zur
äußersten Bewunderung animiert haben, was die große Anzahl an
ausgewählten Exzerpten beweist. Ganze Sätze, ja sogar Abschnitte
folgen aufeinander, die sorgfältig und mit nur wenigen Auslassungen
aufgezeichnet wurden (Abb. 1 und 2). Die Exzerpte sind hier Ausdruck
des Glücks, das er bei der Lektüre empfindet, mit der er seine eigene
Intuition stärken kann und zugleich eine Wahlverwandtschaft zu
den großen Geistern spürt. Somit stellt für ihn die späte Entdeckung

---

[33] Vgl. seine Bemerkung hinsichtlich der Kontroverse zwischen den ›dogmatischen‹ und ›idealistischen‹ Anhängern Fichtes: »E questo basta« (Heft Nr. 2,
Bl. 49v, Die Aufzeichnungen, Bd. II, S. 952).

[34] Heft Nr. 5/9, Bl. 145r, Die Aufzeichnungen, Bd. II, S. 502.

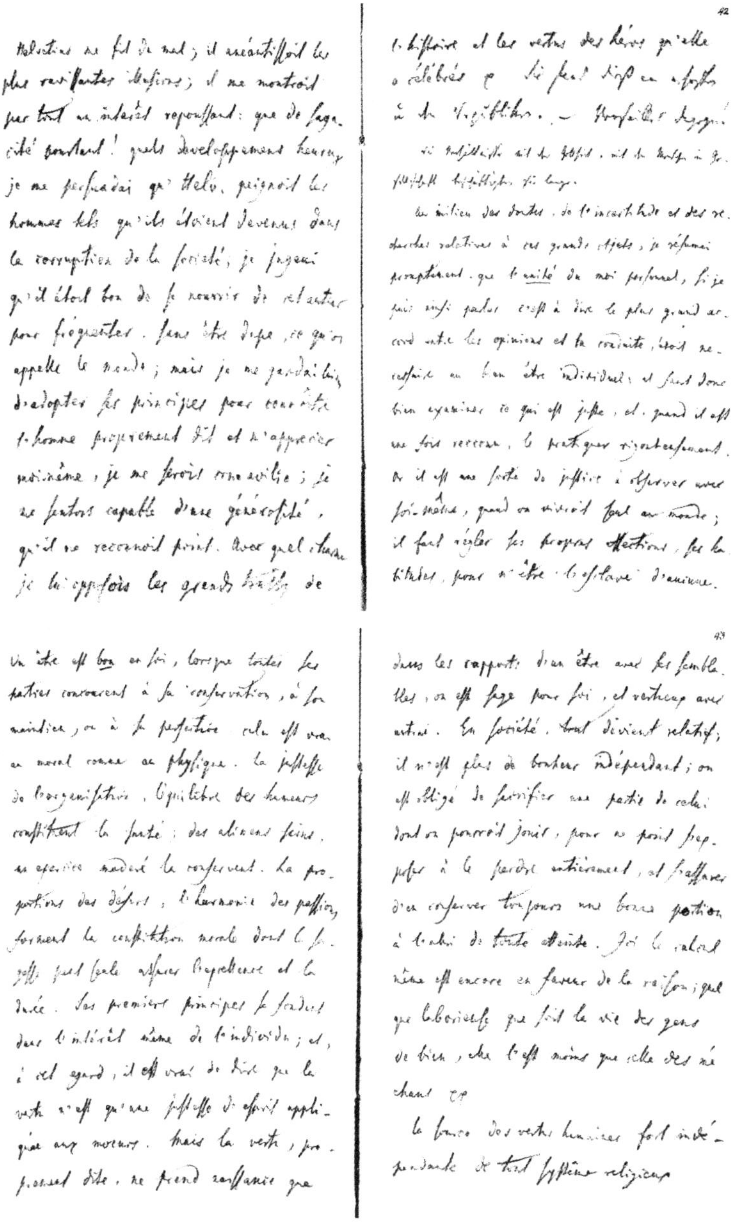

Abb. 1 und 2 Wilhelm Heinse: Exzerpte aus den ›Mémoires‹ der Madame Roland, Stadt- und Universitätsbibliothek, Frankfurt am Main, Abteilung Handschriften, Heft 31, Bl. 41v, 42r, 42v, 43r.

der *Nikomachischen Ethik* von Aristoteles eine echte Offenbarung im Nachhinein dar: »Ich wurde entzückt, als ich manchen meiner liebsten Gedanken hier bey dem Fürsten der Philosophen fand.«[35]

Selbst wenn die Lektüre für Heinse eine Form von Kritik, sogar von Subversion darstellt, ist sie ebenfalls ein Spiegel, der ihm die Richtungsänderung seines Denkens und seiner Sensibilität vor Augen führt und schließlich die kulturelle Grundlage, die sein Schreiben und seine anthropologische Reflektion speist. Zwei Stränge dieses Aspektes sollen nachfolgend betrachtet werden: die dem Reisebericht zukommende Funktion und der Zusammenhang zwischen der Antike und der Moderne.

Von der Lektüre zum Schreiben:
Die Bedeutung der Reiseberichte

Reiseberichte hatten in Europa im Zeitalter der Aufklärung, wo sie reichlich verbreitet und übersetzt wurden, einen ungeheuren Erfolg. 1782, d.h. im gleichen Jahr wie die französische Erstausgabe, erschien in Gotha die deutsche Übersetzung von Choiseul-Gouffiers *Voyage pittoresque de la Grèce* in zwei Teilen. Heinses Aufzeichnungen enthalten Rezensionen mit Exzerpten unterschiedlicher Länge von acht Reiseberichten, die zwischen 1728 und 1790 veröffentlicht wurden, wobei einige von ihnen zu den größten literarischen Erfolgen des 18. Jahrhunderts zählen.[36] Heinse hat einige von ihnen erst nach der Rückkehr von seiner Italienreise gelesen. Gerade zu diesem Zeitpunkt fielen die Aufarbeitung seiner eigenen Reiseaufzeichnungen und die Entstehung des *Ardinghello* zusammen. Sein Interesse für diese Art von Texten setzt sich jedoch bis zu Beginn der 1790er Jahre fort. Diese Lektüren wurden allerdings nicht alle beendet und der für die Zeit typische Geschmack am Exotischen spielt natürlich eine Rolle am Interesse, das Heinse dieser Literaturgattung entgegenbringt. Einige Exzerpte zeigen, dass er, dem Beispiel seiner Zeitgenossen folgend, auf realistische Details versessen ist, die ein Pfand für Authentizität darstellen (aus der Seereise Melons exzerpiert er z. B. die Beschreibung

---

[35] Heft Nr. 8, Bl. 1r, Die Aufzeichnungen, Bd. II, S. 841 (Januar 1796).

[36] Vgl. Nicole Hafid-Martin: Voyage et connaissance au tournant des Lumières, 1780–1820, Oxford 1995.

des Mangels an Komfort und der Nachlässigkeit im Hinblick auf die Sicherheit an Bord). Er schätzt dabei die soziokulturellen Zeugnisse, die es ihm ermöglichen, Sitten und Gebräuche aufzudecken, welche hinsichtlich von Anstand und Moral gegen die europäischen Normen verstoßen. Ein grundlegender Aspekt der Reiseschilderungen stellt außerdem in den Augen Heinses die exakte physische Beschreibung der Orte dar, die seinem eigenen Interesse für die Naturwissenschaften gerecht wird, und er wirft daher mehreren Autoren deren Unwissenheit über die Geographie oder geringe botanische Kenntnisse vor. Die Herausforderungen bei der Beschreibung der Landschaft jedoch liegen auch auf der Ebene der Ästhetik und Heinse wählt zwei Arten von Exzerpten aus: Die ländlichen Idyllen in der Tradition der *locus amoenus*, die auch mit botanischer Genauigkeit die Länder des Südens schildern, oder auch die wunderbaren Inszenierungen der Landschaft, wie in *Travels to Discover the Sources of the Nile* von James Bruce.[37] Diese Polarität zeigt sich auch in zahlreichen Landschaftsbeschreibungen oder Beschreibungen von Naturphänomenen, mit denen Heinse seine Romane ausschmückt oder die er so sorgfältig wie Stilübungen in seinen Heften verfasst. Den friedlichen Beschreibungen italienischer oder rheinischer Landschaften stehen die Schilderungen der Wasserfälle von Terni oder Schaffhausen gegenüber, wo sich exakte Beschreibung mit intensiver Empfindung verbindet.

Die niederschmetternde Kritik Heinses an zwei besonderen Reiseberichten gewährt einen Einblick in sein eigenes Vorhaben, theoretische Kenntnisse, Erfahrungen und Ästhetik durch das literarische Medium Reisebericht zusammenzuführen – ein Projekt, das der Roman *Ardinghello* hinter der Maske der Fiktion umsetzen soll. Es handelt sich zunächst um den dritten Band des *Traité de la peinture et de la sculpture par Mrs Richardson, père et fils* von Jonathan Richardson aus dem Jahre 1728, der von einer Kunstreise nach Italien erzählt. Ein zweiter Reisebericht, *Briefe über Sicilien und Maltha*, von Graf Michael Jan Borch, stammt aus dem Jahre 1782. Richardsons Werk, das italienische Kunstwerke beschreibt, wird von Heinse in Verbindung mit seiner jüngsten Erfahrung gesetzt, was ihm erlaubt, die Fehler in seinen Beschreibungen zu kritisieren, insbesondere was die Proportionen der darin vorkommenden Statuen anbelangt, die

---

[37] Heft Nr. 27, Bl. 37–44b, Die Aufzeichnungen, Bd. II, S. 380–386.

den Leser in die Irre führen könnten. Die Briefe von Borch ihrerseits missfallen ihm aufs Äußerste und zwar nicht so sehr ihres traditionellen Briefstils wegen, der zu dieser Zeit noch üblich war und den er in seinem Roman *Ardinghello* auch verwendete, sondern eher wegen des selbstgefälligen und mondänen Untertons, der typisch für die *Grand Tour*-Erzählungen der Adligen ist und der das charakteristische Kastenbewusstsein des Autors offenbart.

Zwei weitere Gründe für die Kritik, die er an den beiden Autoren übt, erscheinen jedoch aufschlussreicher, denn sie zeigen, inwiefern Heinses Beziehung zum Ursprungstext sich ändern mag und was bei der Lektüre grundsätzlich auf dem Spiel steht. Heinses abfällige Urteile zeichnen nicht zuletzt eine damalige kulturgeschichtliche Entwicklung nach, d.h. sie veranschaulichen, wie die Differenzierung zwischen Nachahmung und Originalität sich allmählich auf Kosten des ersteren Begriffes durchsetzt. Im Allgemeinen wirft er den beiden Autoren eine zweitklassige Gelehrsamkeit vor, die in zahlreichen Reiseberichten zu erkennen ist und eine Tradition der gelehrten Kompilation aufrecht erhält, welche nunmehr als ungerechtfertigt gilt. Zunächst spricht Heinse von Flickschusterei, um die geleistete Arbeit abzuwerten: »Es ist gar keine Kunst, so eine Reisebeschreibung zu machen; man nimt [sic!] den ersten besten Antiquar u schreibt alles auf, was er sagt, u flickt hernach zu Hause in einer zahlreichen Bibliothek Anmerkungen hinein.«[38]

Die Briefe von Graf Borch sind Gegenstand des modernen Plagiatsvorwurfes: »Dem Brydonne nachgereist; trägt alles ein, was er über Brydonne gehört hat.«[39] Die Kritik an der Buchgelehrsamkeit, welche die unmittelbare Erfahrung ersetzen soll, ist zwar seit Mitte des 16. Jahrhunderts ein Topos, der von Rousseau wieder aufgenommen wurde, könnte jedoch hinsichtlich des Kopisten Heinse verwundern, der ein bewusster Erbe der Gelehrtentradition ist und sich den Spruch ›ex nihilo nihil fit‹ zur Maxime gemacht hat. Die Kritik zeugt in der

---

[38] Heft Nr. 11, Bl. 49, Die Aufzeichnungen, Bd. I, S. 990.
[39] Heft Nr. 64B, Bl. 1r, Die Aufzeichnungen, Bd. II, S. 1325. Es handelt sich dabei um A Tour through Sicily and Malta, in a series of Letters to William Beckford (1773), einen berühmten Reisebericht, der Heinse zugänglich war, denn Jacobi besaß eine deutsche Übersetzung davon in seiner Bibliothek (P. Brydone's Reise durch Sicilien und Malta, in Briefen an William Beckford, Leipzig 1774).

Tat von einem dem Autor innewohnenden Widerspruch, der versucht, mit *Ardinghello* die Tradition der Ekphrasis auf der Grundlage einer Einfühlung in das betrachtete Objekt ohne Vermittlung des Buches zu erneuern, dabei aber auch immer noch auf die vorherrschenden Beschreibungen zurückgreift. Man kann auch die Ironie des Schicksals geltend machen: Heinse, der seinen Traum, seine Italienreise bis Griechenland zu verlängern, nicht verwirklichen konnte, ist daher verpflichtet, selbst eine Reise per Prokura anzutreten, um seine eigenen Lücken zu kompensieren. Dadurch erklärt sich zweifellos die spärliche Ausführung seiner Beschreibungen der griechischen Utopie im Roman, im Vergleich zu denjenigen der Kunstschätze Italiens, die er beobachten konnte.

Heinses Bezug zum Exzerpt stellt also einen Übergang von der traditionellen Kompilation zur Praxis der kreativen Aneignung dar. Die Verwendung von Choiseul-Gouffiers Reisebericht liefert ein beeindruckendes Beispiel für diese Haltung. Dieser Text war Gegenstand besonders umfangreicher Exzerpte und ist eng mit der Endfassung des *Ardinghello* verbunden. Es handelt sich um den Bericht über eine Forschungsreise nach Griechenland und Kleinasien im Jahre 1776, die ihren Autor als Archäologen berühmt gemacht hat, denn er enthält Ortspläne und Kopien von Inschriften aus Tempeln sowie zahlreiche Tafeln. Heinse hat für seinen Teil eine Karte des Südens des Peloponnes und der Zykladen mit dem Bleistift in seinem Exzerptheft reproduziert. Dies hat vor allem dokumentarischen Wert. Walther Brecht wies auf die zwei wichtigsten beschreibenden und rein geographischen Hauptabschnitte hin, die sich im fünften Teil des zweiten Bandes des Romans befinden und direkt von Choiseul-Gouffier inspiriert sind. Brecht hat auch die von Heinse vervollständigte Neubearbeitung analysiert.[40] Beispielsweise bündelt Heinse in wenigen Sätzen unterschiedliche Beschreibungen der Zykladen und baut dabei eine besondere Information in die Konstruktion der Utopie ein: das Fehlen des Hafens, wobei die Insel den Frauen als Aufenthaltsort vorbehalten ist, wo nur deren Liebhaber im Boot anlanden dürfen.

Andere Aspekte des Textes von Choiseul-Gouffier scheinen aber auf Heinse einen ebenso entscheidenden Einfluss ausgeübt zu haben.

---

[40] Ardinghello, S. 365 u. 371. Vgl. Walther Brecht: Heinse und der ästhetische Immoralismus. Zur Geschichte der italienischen Renaissance in Deutschland. Nebst Mitteilungen aus Heinses Nachlaß, Berlin 1911, S. 47–50.

Es handelt sich um Abschnitte, die ein Bild der Griechen vermitteln, wonach deren vergangene Größe ihren Widerhall in der Gegenwart findet. Die Erzählung des Franzosen ist in der Tat nicht nur der Verherrlichung der antiken Überreste gewidmet, die er bewundern konnte – und deren Beschreibung übrigens einige detaillierte Kritiken bei Heinse hervorruft. Er bringt auch ein entschlossenes Engagement hinsichtlich der Befreiungsbewegungen, die einem unterdrückten Volk seinen Stolz zurückgeben, zum Ausdruck. Die Vorrede (»Discours préliminaire«) besitzt daher einen klaren programmatischen Wert:

> Il en coûte de mépriser l'infortune; aussi cherchais-je, au milieu de la dégradation que j'avais sous les yeux, à démêler quelques traits héréditaires des Grecs comme j'eusse cherché l'empreinte d'une médaille antique sous la rouille qui la couvre et qui la dévore; je recueillois avec toute l'attention de l'intérêt les preuves d'intelligence, d'activité, de courage dont le hasard me rendoit témoin. Dans ces scènes violentes et passagères, que nécessitent enfin quelquefois les Ministres de l'oppression, dans cette chaleur qui souvent fait terminer aux Grecs leurs querelles particulières par des actes de violence, j'aimois à retrouver quelques vestiges de leur ancienne énergie, je la cherchois même jusque dans les emportements d'une grossièreté souvent importune aux voyageurs; en un mot je leur aurois pardonné d'être féroces, je ne pouvois leur pardonner d'être vils.[41]

---

[41] Marie-Gabriel-Florent-Auguste, Comte de Choiseul-Gouffier: »Discours préliminaire« aus Voyage pittoresque de la Grèce, Paris 1783, S. 9f. Deutsche Übersetzung: » Es fällt einem schwer, das Unglück zu verachten; so versuchte ich, im verfallenen Zustand, den ich beobachten konnte, einige erbliche Eigenschaften der Griechen zu entdecken, wie ich unter der verzehrenden Rostschicht einer antiken Münze nach deren Prägung gesucht hätte; mit Aufmerksamkeit und Teilnahme sammelte ich die Nachweise ihrer Klugheit, Tatkraft und Tapferkeit, die ich zufällig beobachten konnte. In den gewaltsamen und flüchtigen Szenen, die die Vollstrecker der Unterdrückung manchmal hervorrufen, in dem feurigen Gemüt, das die Griechen oft dazu führt, ihre persönlichen Streitigkeiten mit Gewalttaten zu beenden, wollte ich Überreste ihrer früheren Kraft wieder erkennen; diese Kraft wollte ich sogar in jenen groben Zornausbrüchen suchen, die den Reisenden oft lästig sind; kurzum: ich hätte ihnen ihre Wildheit verziehen; ihre Gemeinheit konnte ich ihnen nicht verzeihen.«

Diese Rehabilitierung der modernen Griechen weist Affinitäten mit der Utopie auf, die Heinses Roman zugrunde liegt. *Ardinghello* ist nicht nur ein Kunstroman, sondern entwirft ein Menschenbild, das sich auf die Verherrlichung der Energie gründet – ein zentraler Begriff im Denken und in der Ästhetik der Spätaufklärung.[42] Das höchste Ziel Ardinghellos ist die Befreiung der Zykladen von der türkischen Besatzung trotz der guten Beziehungen, die er sonst mit der Regierung unterhält, um damit »der ganzen Regierung der Türken ein Ende zu machen und die Menschheit wieder zu ihrer Würde zu erheben.«[43]

Choiseul-Gouffier hoffte seinerseits, dass Russland unter Katharina der Großen den Griechen zu einem freien Staat verhelfen, die türkische Macht schwächen und das Schwarze Meer, die griechischen Städte und Westeuropa über den Handel vereinen würde. In Heinses Roman kombiniert die Politik der von Ardinghello gegründeten Kolonie den Handel mit der damals noch üblichen Piraterie und lässt sich dabei offensichtlich von dem Modell inspirieren, das vom Franzosen vorgeschlagen wurde:

> Kriegerische Schiffahrt und Handlung zwischen Kleinasien, dem Schwarzen Meer und den westlichen Ländern, und höchste Freiheit, Süßes Ergötzen und frohe Geschäftigkeit im Innern, darauf zweckte alles [...].[44]

Man versteht unter diesen Bedingungen leicht, dass Heinse nicht nur die Landschaftsbeschreibungen und Sittengemälde im Reisebericht von Choiseul-Gouffier aufzeichnet, sondern auch dessen Bemerkungen über den Stolz und den Kampfgeist der Griechen, und es überrascht einen nicht, dass er noch dazu diesen besonderen Lobgesang der Völker, »in denen Menschen zu finden sind, die *die regste Tatkraft, die schleunigste Einsicht und die größte Energie aufweisen*« (»où il existe encore les êtres doués de *l'activité la plus soutenue, de la pénétration la plus prompte, de la plus vive énergie*«), mit einem Bleistiftsstrich unterstreicht.[45]

---

[42] Michel Delon: L'idée d'énergie au tournant des Lumières 1770–1820, Paris 1988.
[43] Ardinghello, S. 376.
[44] Ebd., S. 373.
[45] Heft Nr. 24, Bl. 23r (Exzerpt in französischer Sprache; der kursive Abschnitt ist in der Handschrift unterstrichen), Die Aufzeichnungen, Bd. II, S. 101.

Heinse interessiert sich also nicht nur für die Reiseberichte, insofern als sie gelehrt oder malerisch sind. Er benutzt sie eher als Vorlage für die eigenen Werke, denn sie liefern ihm die Basis für ein wahrhaft anthropologisches Programm. Die Reiseberichte veranschaulichen schließlich seine schriftstellerische Technik aus Nachahmung und Übertragung seiner Quellen, am Schnittpunkt von Entlehnung und Erfindung.

Ein Menschenbild zwischen Antike und Moderne

Den Analysen Walther Brechts folgend sahen die Kritiker lange Zeit in Heinse einen Anhänger des »immoralischen Ästhetizismus«, dessen einziges Ziel und einzige Verhaltensregel das persönliche Vergnügen sein soll. Erst im Zuge der Arbeiten von Manfred Dick zu Beginn der 1980er Jahre wurde Heinse als engagierter Vertreter der antiklerikalen und anti-absolutistischen Aufklärung und als aufmerksamer Beobachter der Französischen Revolution entdeckt.[46] Jürgen Schramke hat sogar die These aufgestellt, dass Heinse ein radikaler Revolutionär gewesen sei. Er stützte sich dabei auf einige leidenschaftliche Abschnitte der Exzerpthefte.[47] Trotz der Zurückhaltung, zu der ihn seine Arbeitsstelle im Dienste des Kurfürsten von Mainz zwang, bewegt sich ein wichtiger Teil der Gedanken Heinses zweifellos um die Fragen nach dem Verhältnis des Einzelnen zur Gemeinschaft und enthält zahlreiche Fragestellungen über die Art der Regierung der menschlichen Gesellschaft, die in der Lage wäre, die freie Entfaltung der natürlichen Fähigkeiten zu ermöglichen bzw. zu begünstigen. Die Exzerpte, die sich mit politischer Philosophie beschäftigen, zeigen wie Heinse, dem Beispiel der französischen Revolutionäre folgend, sich weiterhin von den Originalreferenzen der römischen Geschichte nährt, d.h. durch die direkte Lektüre der römischen Historiker, oder aber von zwei ausschlaggebenden Texten des 18. Jahrhunderts, in denen sie neu interpretiert wurde: den *Considérations sur les causes de la grandeur des Romains et de leur décadence* von Montesquieu (unter anderem von Friedrich dem Großen mit der Schreibfeder in der Hand gelesen) und *The Story of Decline and Fall of the Roman Empire* von

---

[46] Manfred Dick: Der junge Heinse in seiner Zeit. Zum Verhältnis von Aufklärung und Religion im 18. Jahrhundert, München 1980.

[47] Jürgen Schramke: Heinse und die Französische Revolution, Tübingen 1986.

Edward Gibbon. In seinem Pantheon der römischen Historiker aus
Sallust, Polybios und Tacitus sitzt Sallust aufgrund seiner Qualitäten als Erzähler, seiner ergreifenden Charakterschilderungen sowie
seiner Knappheit (ein wichtiger Punkt für den Leser, der von dem
riesenhaften Informationsmaterial überfordert wird, aber auch für
den Kopisten!) auf dem ersten Rang:

> Die ganze Römische Geschichte ist ein langwieriges Studium; es
> ist gut, sie einmal durchgegangen zu haben, und die interessan-
> testen Perioden derselben zu kennen; aber Sallusts kleines Buch
> gibt einem in wenigen Stunden die reichhaltigste Anschauung
> des lebendigsten Stückes vom Ganzen. Und die Zeit ist kostbar.[48]

Auf den ersten Blick hat man den Eindruck, dass das Aufeinandertref-
fen der modernen und antiken Texte vor allem politisch motiviert ist:
Diese Art der Leseaufzeichnungen stammt hauptsächlich aus der Zeit
zwischen 1793 und 1803, d.h. im Zuge der durch die Revolutionskrie-
ge herbeigeführten Unruhen. Die Krisen der römischen Republik,
der Untergang des römischen Reiches und das Problem der tyran-
nischen Herrschaft stellten für die zeitgenössischen Umwälzungen
ein Lektüreraster dar und lieferten auch Beispiele außerordentlicher
Menschengröße, die Heinse besonders wichtig war. Es ist also kein
Zufall, dass er in diesem Zusammenhang Montesquieu zitiert:

> Dans les guerres civiles, il se forme souvent de grands hommes;
> parce que dans la confusion, ceux qui ont du merite [sic!] se font
> jour, chacun se place et se met à son rang; au lieu que dans les
> autres temps on est placé, et on l'est presque toujours tout de
> travers.[49]

Die Lesenotizen im Heft Nr. 31 von 1795 sind, wie bereits aufgeführt,
im Wesentlichen um zwei Themen angeordnet: Kunst (Gedanken über

---

[48] Heft Nr. 29, Bl. 3r, Die Aufzeichnungen, Bd. II, S. 711. Titus Livius wird bei
Heinse nicht zitiert, der übrigens einen kritischen Satz von Montesquieu abschreibt:»J'ai du regret de voir Tite-Live jeter ses fleurs sur ces énormes colos-
ses de l'Antiquité« (Heft Nr. 31, Bl. 77v, Die Aufzeichnungen, Bd. II, S. 826.)
[49] Heft Nr. 31, Bl. 81v, Die Aufzeichnungen, Bd. II, S. 829. Deutsche Übersetzung:»In den Bürgerkriegen treten oft große Männer in Erscheinung; denn
im Durcheinander kommen die Verdienstvollen an den Tag, jeder schafft sich
seinen Rang und Platz; in anderen Zeiten hingegen wird einem ein Platz zugewiesen und dieser ist meistens völlig verkehrt.«

Musik und Ballett) und Politik. Das am ausführlichsten behandelte Thema der Politik ist besonders reich mit Exzerpten bestückt und typisch für die Fokussierung Heinses auf aktuelle Ereignisse. Die ersten Leseaufzeichnungen sind den Memoiren von Madame Roland gewidmet.[50] Allerdings hat Heinse überraschenderweise Abschnitte exzerpiert, die »mémoires particuliers« (Band 3 und 4) enthalten und keinerlei Inhalte zur Revolution, die in den ersten beiden Bänden behandelt werden, u. a.: die Umstände der Verhaftung von Madame Roland und die Erzählung von der politischen Tätigkeit ihres Mannes. Demgegenüber stellt er die Memoirenschreiberin als eine der großen Figuren der Revolution und als Vorbild für eine großartige Menschlichkeit dar. Die anderen Exzerpte veranschaulichen im Gegensatz dazu perfekt die Parallelität zwischen Antiken und Modernen: Die Gedanken zu Erbe und Besitztum werden über eine Präsentation der *lex agraria* eingeführt, die unter der römischen Republik galt. Daran schließen sich einige Zeilen aus *La Philosophie de Monsieur Nicolas* von Restif de la Bretonne an und schließlich Exzerpte aus dem von Marmontel verfassten Vorwort zu dessen Übersetzung von Lukan. Die Exzerpte über Montesquieus *Considérations* knüpfen direkt daran und die Glossen veranlassen eine eindeutige Aktualisierung des antiken Kontextes. Die letzten Seiten des Heftes enthalten kurze Leseaufzeichnungen und Buchtitel, die eng mit den aktuellen politischen Geschehnissen verbunden sind: Es handelt sich hierbei um ein französisches Zitat über die Heiligkeit der Pressefreiheit in den Augen der Amerikaner, um die Erwähnung der französischen Ausgabe von Gibbons *Story of Decline* sowie um das Zitat eines Werkes von Germain Garnier (den Leitzmann im kritischen Anhang ungenau in ›Gauvier‹ transkribiert hat). Auch Heinse weist (auf französisch) darauf hin, dass Germain Garnier ein »ehemaliger Verwalter im Pariser Parlament war und ein ausgezeichnetes Buch über das Besitztum geschrieben hatte« (»ancien administrateur au parlement de Paris, auteur d'un excellent ouvrage sur la propriété«).[51] Dieses kurze Werk, das 1792 unter dem Titel *De la propriété dans ses rapports avec le droit politique* veröffentlicht wurde, verteidigt entschieden das Recht auf Landbesitz als Basis des sozialen Zusammenhaltes, während einige

---

[50] Jeanne-Marie Roland de la Platière: Appel à l'impartiale postérité, 4 Bde., Paris 1794–1795.

[51] Heft Nr. 31, Bl. 93v, Die Aufzeichnungen, Bd. II, S. 838.

Bemerkungen Heinses im gleichen Heft dessen Berechtigung tendenziell in Frage stellen. Es zeigt sich also, dass sich die relativ kohärente thematische Gliederung des Exzerptheftes nicht notwendigerweise in den direkten oder indirekten Stellungnahmen Heinses widerspiegelt, der sich eher für die dialogische Methode an sich interessiert als für die Begründung einer stringenten Doktrin.[52]

Heinse gab sich nie als politischer Denker und die Verbindung, die er zwischen der antiken Geschichte und den aktuellen Ereignissen zieht, ergibt sich zu guter Letzt aus seinem Verlangen, die Triebfeder der menschlichen Psyche zu erforschen. Die Erforschung des ganzen Menschen inklusive Körper, Nerven und Geist, steht im Zentrum seiner Tätigkeit als Leser, Kopist und Schriftsteller. Daher widmet er im Januar 1796 den größten Teil eines Exzerptheftes dem Studium der *Nikomachischen Ethik* von Aristoteles, die bei ihm eine alte Erwartung erfüllt:

Ein vollkommenes Werk über Menschenkenntniß fehlt uns noch. Aus der Moral des Aristoteles sind trefliche [sic!] Sachen dafür zu hohlen. Dieß gäbe noch reichen Stoff zu einem Roman; zu einer Komödie. Die man gerade betiteln könnte der *Menschenkenner*; weil man die gewöhnlichen Leute mit der Nase sogleich darauf stoßen muß, wenn sie etwas lernen sollen.[53]

Im Mittelpunkt seiner Überlegungen steht der Begriff *Megalopsychia*, für den er Beispiele sucht, sowie eine passende Entsprechung im Deutschen. Die Schwierigkeit, eine Übersetzung für diesen Begriff zu finden, besteht seines Erachtens darin, dass der moderne Mensch gerade unfähig ist, dieses Ideal zu verwirklichen. Die außergewöhnliche Länge der Exzerpte der Memoiren von Madame Roland findet ausgerechnet eine Erklärung in der bemerkenswerten Übereinstimmung, die Heinse in diesem Text zwischen den Antiken und den Modernen aufzudecken glaubt:

---

[52] Die kurzen Exzerpte von Burke (Lettres à un membre de la chambre des communes du Parlement d'Angleterre sur les négociations de paix ouvertes avec le Directoire), die Heinse in Heft Nr. 2, Bl. 32r–33v (Die Aufzeichnungen, Bd. II, S. 942–943) auswählt, gleichen die revolutionären Akzente aus, die Schramke in anderen Texten zu entdecken meint.

[53] Heft Nr. 8, Bl. 50v, Die Aufzeichnungen, Bd. II, S. 863–864.

Die *Memoires* sind ein Muster (und zugleich Beweis von der haarscharfen Richtigkeit des größten aller Philosophen) zu dem *alêteutikos kai tô biô kai tô logô* zu dem wahrhaften Menschen des Aristoteles. Wie sklavisch erscheint dagegen die geprisene [sic!] Bescheidenheit unsrer modernen Moralisten! Gegen die edle Form und Gestalt und Seele des freyen Menschen![54]

Die Auswahl der von Heinse abgeschriebenen Exzerpte zeigt dessen Interesse für die Begründung einer modernen Anthropologie: Das ausführliche physische und moralische Selbstbildnis, dem sich die Memoirenschreiberin widmet, dient der Suche nach einem Gleichgewicht zwischen Nachdenken und Intuition. Den folgenden Satz kopiert er mit Freude:»Un être est *bon* en soi, lorsque toutes ses parties concourent à sa conservation, à son maintien, à sa perfection: cela est vrai au moral comme au physique.«[55]

Madame Roland ist in seinen Augen ein Beispiel für den zeitgenössischen *Megalopsychos*, einen starken Charakter, der versucht, seine Energie zu intensivieren, ohne diese zu verschwenden und vereint daher Kraft, Selbstbeherrschung, Großzügigkeit und Vorsicht. In diesem Zusammenhang zitiert er anerkennend einen Abschnitt der Memoiren, der die Überlegenheit der Großzügigkeit über die Moral des Eigennutzes zum Ausdruck bringt, und mithin Helvetius Theorien widerlegt. Heinse ist in der Tat der Ansicht, dass die Ansichten Helvétius' für den gewöhnlichen Menschen gelten mögen, allerdings nicht für eine außerordentliche Menschengestalt wie Madame Roland, von welcher einige Exzerpte in seinen Augen »klassisch schön« sind.[56] Diesen Begriff behält Heinse im Allgemeinen dem künstlerischen Schaffen vor, welches die Erhabenheit der Form mit der Energie des

---

[54] Heft Nr. 31, Bl. 32r, Die Aufzeichnungen, Bd. II, S. 800. Dieses Selbstbewusstsein ohne jegliche Arroganz findet sich im Porträt von Madame du Châtelet wieder, das von Voltaire skizziert und von Heinse im Heft Nr. 28, Bl. 93v abgeschrieben wurde (Die Aufzeichnungen, Bd. II, S. 1100).

[55] Heft Nr. 31, Bl. 42v, Die Aufzeichnungen, Bd. II, S. 807. Deutsche Übersetzung:»Ein Wesen ist an sich gut, wenn all seine Bestandteile zu seiner Erhaltung, zu seiner Fortsetzung, zu seiner Vollkommenheit beitragen. Dies trifft sowohl für seine moralische als auch für seine physische Beschaffenheit zu.«

[56] Ebd., Bl. 34v, Die Aufzeichnungen, Bd. II, S. 802. Zu Heinses Helvetius-Lektüre vgl. Roland Krebs: Helvetius en Allemagne ou la tentation du matérialisme, Paris 2006.

Charakters vereint und ein gleichermaßen humanistisches wie ästhetisches Ideal verwirklicht. Aus dieser Tiefgründigkeit heraus haucht er den Äußerungen der Memoirenschreiberin seinen eigenen Atem ein, ohne sie aber durch unpassende Glossen abzuschneiden oder zu unterbrechen. Er verweigert sich hier einer zu starken Fragmentierung, was seinen Vorsatz manifestiert, den Fluss eines Diskurses zu respektieren, der bei ihm echte Empathie erzeugt und den er außerdem als ein stilistisches Muster betrachtet.

Die Beziehung Heinses zum Exzerpt erweist sich schließlich als einigermaßen raffiniert. Einerseits veranschaulicht sie zweifellos das Fortbestehen der Gelehrtentradition in Deutschland im letzten Viertel des 18. Jahrhunderts: Für ihn ist das Exzerpt methodisch wertvoll. In seinen Augen repräsentiert es den Erwerb einer geistigen Disziplin und gleichzeitig den privilegierten Zugang zum Wissen. Die Sammlungen von Leseaufzeichnungen ermöglichen ihm jedoch auch, schrittweise eine eigene Ästhetik und Ethik auszuarbeiten, um damit vom Stadium der Assimilierung zur Erfindung zu gelangen. Die Aneignung des Exzerpts hat sich so vollzogen, dass sich die dialektische Beziehung zwischen Entlehnung und Schaffen manchmal umkehrt. Die Exzerpte von Aristoteles sollen die Richtigkeit der Äußerungen beweisen, die von den Helden der beiden Romane, *Ardinghello* und *Hildegard* stammen und die Heinse in seinem Heft wiederum anführt. Diese Selbstzitate rechtfertigt er folgendermaßen:

> Als ich es schrieb, hatte ich dieß noch nicht gelesen, und dachte weder an den Aristoteles, noch irgend einen andern Philosophen. Aber es ist völlig dasselbe, nur lebendig deutsch, und auf meine Art gedacht und gesagt.[57]

Der Prozess der Zusammenstellung seiner handgeschriebenen Bibliothek enthüllt bei Heinse ein subtiles Zusammenspiel von Lektüre und Schreiben. Sein Werk verherrlicht nicht primär die Originalität auf Kosten der Tradition, es nährt sich doch von letzterer, um diese zu überdenken und sogar von innen heraus zu unterminieren. Die unermüdliche Exzerptpraxis ist daher integraler Bestandteil seines intellektuellen Forschens und seines literarischen Programms.

---

[57] Heft Nr. 8, Bl. 91r, Die Aufzeichnungen, Bd. II, S. 879.

Der Schriftsteller als Sammler.
Blütenlese in der Poetik von Louis-Sébastien Mercier

Jean-Claude Bonnet

Louis-Sébastien Mercier (1740–1814) ist mit seinem zugleich einzigartigen und exemplarischen Werdegang eine Figur, die den Übergang
von den schönen Wissenschaften (»belles-lettres«) zur Literatur veranschaulicht. Nachdem er bereits sehr früh mit der akademischen
Gelehrtenwelt gebrochen hatte, ging er als »literarischer Ketzer«
(»hérétique en littérature«), wie er sich selbst gerne bezeichnete, in die
Opposition. Einige Jahre später wies er sogar den Geist der *Encyclopédie* zurück, indem er die fruchtlose Abstraktion seines Jahrhunderts
anprangerte und dabei gerne auf markante Formulierungen wie »die
augenlose klassische Sucht« (»la classicomanie qui n'a point d'yeux«)
zurückgriff, um seine Zeit zu kennzeichnen. Das Neue an seiner eigenen Poetik beruht auf einer Kunst des Lesens, die eine Pädagogik
der Beobachtung beinhaltet. Sowohl bei seinen Spaziergängen durch
die Pariser Straßen als auch bei seinen Lektüren schnappte er alles
auf, was ihn interessierte. Mit seinem Buch *Tableau de Paris* entdeckte
er das grenzenlose Inventar des Beobachteten als Grundprinzip für
sein Schreiben. Daher haftete Mercier das abwertende und unge-
rechtfertigte Bild eines Kompilatoren und Vielschreibers an – ein
Bild, das vielmehr auf eine vergangene Epoche verweist, während er
als Journalist und Autor eines Wörterbuchs dagegen die Figur eines
modernen Schriftstellers verkörpert.

Von seinen ersten Schriften wie beispielsweise dem *Discours sur la
lecture* an, den er 1764 im Alter von 24 Jahren veröffentlichte, bis zur
Néologie, seiner letzten Publikation von 1801, erscheint sein ganzes
intellektuelles Unternehmen als von einer unkonventionellen Lesekunst

getragen. Die grundlegende Bedeutung seiner zahlreichen Bekenntnisse zur Kunst des Lesens wird verständlicher, wenn man im »Fonds
Mercier«, seinem Nachlass in der Bibliothèque de l'Arsenal in Paris, die
Handschriften sichtet, die seine Lektüremethode dokumentieren, und
insbesondere all die Unterlagen erforscht, die seine ›handgeschriebene
Bibliothek‹ ausmachen. Bei dieser Bibliothek handelt es sich um eine
wahrhafte Schriftstellerwerkstatt, die weit mehr als einfache Notizhefte enthält. Der Nachlass Mercier wurde 1920 durch seinen letzten
Biographen Léon Béclard der Bibliothèque de l'Arsenal anvertraut.
Der offizielle Erwerb des Bestandes fand aber erst 1967 statt. Erst
dann konnte auch ein Bestandsverzeichnis angelegt werden. Dieser
umfangreiche Nachlass von über 10.000 Blättern enthält sowohl offizielle Dokumente als auch Briefe, Entwürfe, Arbeitsaufzeichnungen,
Exzerpte und vor allem Handschriften der Werke von Mercier. Dieser
sorgte sich stets um das Schicksal seines handschriftlichen Bestandes
und ließ sich ihn während seines langen Aufenthaltes in Neuchâtel
nachschicken. Insbesondere in den Jahren der Revolution und vor
allem in den dreizehn Monaten seiner Gefangenschaft sorgte er sich
um ihn, wie Briefe an seine junge Ehefrau bezeugen. Zwar bekundete er
immer eine starke Abneigung gegen sorgfältig geordnete Bibliotheken,
in denen Bücher schön gelagert wurden, die in ihrem Einband wie
gefangen waren. Doch empfand er stets das Bedürfnis, vom Wust der
losen Blätter seiner Handschriften umgeben zu sein, die für ihn das
Bild eines Geistes verkörperten, der ständig in Bewegung war – eine
Bewegung, die die unerlässliche Voraussetzung für die Entstehung
neuer Werke war.

Einige Aufzeichnungen in diesem bunt zusammen gewürfelten
Nachlass können zweifelsohne als Bestandteil einer ›handgeschriebenen
Bibliothek‹ betrachtet werden. Hierzu zählen mehrere Exzerpte im
eigentlichen Sinne des Wortes aber auch Vorarbeiten oder Leseaufzeichnungen mit ausführlichen Kommentaren von Mercier selbst.
Unter seinen Exzerptheften berührt nur ein einziges den Bereich
der Politik und stammt aus der Zeit der Revolution. Dabei handelt es
sich um 18 Exzerptseiten aus dem politischen Essay von Antonio de
Giuliani über die »unvermeidlichen Abwechslungen in den Zivilge-
sellschaften« (»Extrait de l'essai politique d'Antonio de Giuliani sur les

vicissitudes inévitables des sociétés civiles«).[1] Alle anderen Exzerpte gehören in den Bereich der Religion. Die 196 Exzerptseiten aus dem *Alten Testament* erinnern an die Exzerpierpraxis biblischer Texte, die unter dem Einfluss der protestantischen Theologie in Deutschland besonders verbreitet war. Sie bestätigen die Bedeutung der religiösen Dimension des Werkes von Mercier. Sein erster Biograph hat hierzu angemerkt: »Es ist nichts rührender, überzeugender und mitreißender als seine religiöse Moral« (»Il n'est rien de plus touchant, de plus persuasif, de plus entraînant que sa morale religieuse«).[2] Im Nachlass Mercier befinden sich zwei längere Exzerpte aus der *Sintflut* und dem *Buch Joseph* (*Le Déluge*, 31 Seiten; *Joseph*, 151 Seiten) sowie ein Stück etwas anderer Art: eine wörtliche Übersetzung vom *Hohelied Salomon* aus der *Vulgata* auf zwölf Seiten (»Le Cantique des cantiques de Salomon traduit littéralement de la Vulgate«). Mercier hat sich die Mühe gemacht, seine Übersetzung mit Anmerkungen zu versehen, um die »doppeldeutigen Obszönitäten des Textes aufzudecken« (»éclaircir les équivoques obscènes«) und aufzuzeigen, dass dieses »leere, uneinheitliche Gerede« (»verbiage hétéroclite«) vom Heiligen Geiste nicht diktiert werden konnte. Nach dieser wortwörtlichen Übersetzung schreibt er das Kapitel »Epithalame« aus *Mon bonnet de nuit*, eine Adaptierung dieses biblischen Textes, die sich nach seinen eigenen Worten als eine »sehr freie Übersetzung« (»traduction plus que libre«) darstellt.[3] Er gesteht gerne, nur »einige Grundzüge« (»quelques traits«) des Originaltextes beibehalten und zusammengetragen zu haben.[4] Dieses Kapitel stellt eigentlich ein ästhetisches Manifest gegen Versübersetzungen dar. Mercier prangert hier das schlechte Beispiel Voltaires an, der das *Hohelied Salomon* in einen »poetischen Galimathias« und ein »anzügliches Märchen« verwandelt habe, während – Merciers Wunsch und Plädoyer zufolge – nur eine Prosaübersetzung »den sanften, naiven und sentimentalen Ausdruck, den der Autor der Liebhaberin

---

[1] Antoine de' [sic!] Giuliani: Essai politique sur les révolutions inévitables des sociétés civiles, aus dem Italienischen übersetzt von E.T. Simon, Paris 1791.

[2] Varrot d'Amiens: Mémoires sur la vie et les ouvrages de Louis-Sébastien Mercier, Bibliothèque Nationale de France, ms. Fr., Nouv. Acq. 10260.

[3] Um seine Übersetzungen von mehreren Autoren – darunter Lukan, Dante oder Pope – zu charakterisieren, greift Mercier regelmäßig auf diesen Ausdruck zurück.

[4] Louis-Sébastien Mercier: Mon bonnet de nuit, hg. von Jean-Claude Bonnet, Paris 1999, S. 529.

gegeben hat« (»l'expression douce, naïve et sentimentale que l'auteur
a donnée à l'amante«), wiedergeben könne.[5] Der Übergang von der
ursprünglichen Übersetzung zur gedruckten Adaptierung zeigt, dass die
handgeschriebene Bibliothek für Mercier keinen Fundus festgefügter
Ideen darstellte, sondern dass er sich mit ihr in einem sich ständig
erneuernden Dialog befindet und immer wieder unterschiedliche,
spielerische Lektüreparcours erfindet.

Andere handschriftliche Konvolute, in denen das Exzerpt und der
Kommentar so eng miteinander verbunden sind, dass sie voneinander
nicht mehr unterschieden werden können, sind ganz offensichtlich
Vorarbeiten zu möglichen Werken, selbst wenn diese von Mercier
später nicht ausgeführt wurden. Dies ist z.B. bei einem Konvolut von
vier Seiten der Fall, in dem unter dem Titel *Observations relatives aux
halles de Paris* heterogene Informationen zusammengestellt wurden,
die allem Anschein nach unterschiedlichen Quellen entnommen
wurden. Dort sind Einblicke in den Alltag und die Organisation der
Pariser Markthallen zu finden: Immobiliengeschäfte, Instandhaltung
der Strassen, Monopol der Gesellschaft, die die Verkaufsbuden ver-
pachtet, Streitereien zwischen den verschiedenen Händlerzünften usw.
Diese Beobachtungen sind zugleich mit den Erhebungen eines Stadt-
planers oder Architekten, mit den zusammengestellten Notizen eines
Anwaltes im Hinblick auf ein Plädoyer oder mit den Aufzeichnungen
für einen Roman verwandt, wie Zola sie später gerne aufschrieb. In
einem anderen Konvolut hat der Schriftsteller Dokumente über Jeanne
d'Arc gesammelt, wie etwa Auszüge aus dem Protokoll ihres Prozesses,
Exzerpte aus der *Histoire de France* von Velly oder aus den *Questions
sur l'Encyclopédie*. Mercier hatte ein Theaterprojekt über Jeanne d'Arc
ins Auge gefasst, wie der Entwurf eines zukünftigen Stücks beweist.
Er gab sich 1802 schließlich damit zufrieden, die Übersetzung von
Schillers Drama durch seinen Freund Cramer herauszugeben.

Das interessanteste Konvolut dieser Art ist ein sechzehnseitiges Heft
vom 1. Mai 1791 mit dem Titel *Recueil d'anecdotes choisies sur la vie,
la mort et les ouvrages de Mirabeau avec des notes historiques.* Auf der
Rückseite des ersten Blattes weist Mercier darauf hin, dass er dieser
»Sammlung« (»collection«), die er möglicherweise für einen Moment
so herausgeben wollte, wie sie war, gerne ein Vorwort hinzugefügt

---

5 Ebd., S. 531.

hätte. Bevor sich der Begriff »œuvres complètes« (»sämtliche Werke«) im letzten Viertel des 18. Jahrhunderts durchsetzte, wurde der Begriff »collection« häufig verwendet, um die Herausgabe der unterschiedlichen Werke eines Autors zu bezeichnen. Mercier bezeichnet *Mon bonnet de nuit* – sein heterogenstes Werk – als eine »collection«, in der Schriften aus allen Phasen seiner Karriere zusammengetragen sind. Mit dem Begriff »collection« ist für ihn ganz offensichtlich das Prinzip der Zusammenstellung verbunden, das in seiner Tätigkeit als Schriftsteller eine zentrale Rolle einnimmt und der besonderen Einheit seiner Werke zugrunde liegt. Die sich auf Mirabeau beziehende »collection« lädt schon aufgrund ihrer reichhaltigen Auswahl an Dokumenten dazu ein, die Verbindungen dieser Dokumente in Hinsicht auf eine spätere mögliche historische Arbeit zu untersuchen.

Als Mirabeau am 2. April 1791 starb, veröffentlichten die Zeitungen leidenschaftliche Würdigungen dieser ersten großen Figur (»grand homme«) der französischen Revolution, die aufgrund ihres pathetischen Tonfalls wie feierliche Grabreden klangen. So erinnert beispielsweise eine Nummer der *Révolutions de France et de Brabant* von Camille Desmoulins mit ihrem Frontispiz an das dunkle Layout einer Trauerkarte. In unmittelbarem Anschluss an Mirabeaus Tod stellte Mercier eine eigene Chronik der Ereignisse zusammen, die sich einen Monat lang nach dessen Tod mitten in der landesweiten Aufregung abspielten. Diese Sammlung wollte Mercier nutzen, wenn er in der Zukunft die Absicht haben sollte, sich als Historiker der Revolution zu behaupten – sofern er diese allerdings überleben würde. Die Vielschichtigkeit und Verschiedenartigkeit der gesammelten Dokumente zeugt von einer eigenartigen Neugierde Merciers sowie seinem Willen, einen weit gefassten und etwas umständlichen Überblick über die gegenwärtigen Ereignisse zu entwerfen, der typisch ist für den Autor des *Tableau de Paris*. Die Elemente, aus denen diese Sammlung besteht, lassen sich wie folgt gruppieren:
– Anekdoten, Kindheitserinnerungen, berühmte Sätze Mirabeaus
– Exzerpte aus verschiedenen Zeitungen (insbesondere aus den *Lettres d'Aix* von 1789, die während des stürmisch umjubelten Aufenthaltes Mirabeaus in der Provence entstanden sind)
– Exzerpte aus großen Reden des Volksredners (über den Ruhm, über die königlichen Haftbefehle) oder aus dessen *Nekrolog über Franklin*

– schließlich ein Ensemble von Stücken über die letzten Momente im Leben Mirabeaus, über dessen Begräbnis und Beisetzung im Pariser Pantheon (Exzerpte aus der Grabrede von Cerutti in der Kirche Saint-Eustache und aus dem Theaterstück von Olympe de Gouges *Mirabeau aux Champs-Elysées*).

An den Anfang seiner Sammlung, wo die Dokumente bereits bearbeitet sind, stellt Mercier ein Portrait von Mirabeau, worin er mit viel Scharfsinn die Themen kursorisch, aber auf visionäre Art behandelt, aus denen ein Kapitel des *Nouveau Paris* hätte werden können. Doch dieses Kapitel sollte aufgrund der späteren Ungnade des bedeutenden Mannes niemals geschrieben werden. Mit großer Scharfsinnigkeit bezieht sich Mercier 1791 beispielsweise auf einen durchaus geeigneten Abschnitt aus dem Artikel »Platonisme« aus der *Encyclopédie*, um Mirabeau moralisch einzuordnen:

> Qu'on me permette de placer ici une réflexion hasardée par un des premiers philosophes de la nation qui, comme Mirabeau, eut l'honneur d'être renfermé dans le donjon de Vincennes. »Il semble, dit Diderot, qu'il soit plus permis aux grands hommes d'être méchants. Le mal qu'ils commettent passe avec eux; [...] après tout, cette éponge des siècles fait honneur à l'espèce humaine.«[6]

Die ausgezeichnete Eloquenz des Volkstribuns Mirabeau beschreibt Mercier sehr genau. Seiner Ansicht nach gab es sowohl gute als auch

---

[6] Deutsche Übersetzung: »Erlauben Sie, dass ich an diese Stelle einen gewagten Gedanken von einem der bedeutendsten Philosophen der Nation einfüge, der wie Mirabeau die Ehre hatte, im Gefängnis von Vincennes gefangen zu sein. ›Es scheint, so sagt Diderot, dass es den bedeutenden Männern mehr erlaubt sei, bösartig zu sein. Die Übeltaten, die sie begehen, vergehen mit ihnen; [...] schließlich macht der Schwamm, die die Jahrhunderte wischt, der Menschheit Ehre.‹« Es handelt sich hier um ein Zitat aus dem Gedächtnis. Diderot schreibt eigentlich in Bezug auf Platon, dass das Genie ein »Recht auf Übeltaten« habe, weil diese letzten Endes »von den Jahrhunderten weggewischt werden sollen«. Vgl. Art. »Platonisme«, in: Encyclopédie ou Dictionnaire raisonné des sciences, des arts et des métiers, hg. von Denis Diderot u. Jean Le Rond d'Alembert, Bd. 12, Neufchastel 1765, S. 745–753, hier S. 746: »Il semble qu'il soit plus permis aux grands hommes d'être méchans. Le mal qu'ils commettent passe avec eux; le bien qui résulte de leurs ouvrages dure éternellement [...]. Mais après tout, cette éponge des siècles fait honneur à l'espèce humaine.«

schlechte Momente: »C'est qu'alors, il n'avait point d'idées, il en attendait.«[7] Diese Formulierung verweist auf die berühmte »Schreibwerkstatt« (»atelier«) von Mirabeau, die aus seinen Genfer Freunden bestand. Dumont, Clavière, Reybaz dienten ihm in der Tat als geheime Sekretäre in der Abgeordnetenversammlung und ließen ihm je nach Verlauf und Widerhall seiner Rede Notizen mit Exzerpten, Argumenten und den allerneuesten Informationen zukommen. Zum erwiesenen politischen Doppelspiel von Mirabeau gesellte sich also diese eigentümliche Rollenverteilung zwischen dem Redner und den eigentlichen Schreibern, die Desmoulins auf die bissige Formel brachte: Mirabeau »ne s'est jamais réservé que le geste et s'est toujours reposé pour le son sur une autre personne cachée derrière la toile«.[8] Diese vielstimmige Improvisation unterschied sich deutlich von den Reden eines Vergniaud, der seine Rhetorik ausfeilte und deren Wirkung vorab kalkulierte, indem er für jedes Thema und jeden Abschnitt bestimmte Exzerpte und ausgewählte rhetorische Mittel vorsah. Dafür zeugt seine letzte, als sein Schwanengesang konzipierte, blumige Rede, die seine Henker ihn jedoch nicht halten ließen.

Das letzte von Mercier im Mirabeau-Portrait skizzierte Thema betrifft die erstaunliche Physiognomie desselben. So schreibt Mercier: »Quelqu'un voulant définir à la fois sa physionomie et son visage, disait assez heureusement qu'il ressemblait à un lion qui aurait eu la petite vérole«.[9] Dabei handelt es sich um den einzigen Punkt dieser handschriftlichen Sammlungen zu Mirabeau, an den Mercier in *Le Nouveau Paris* im Kapitel »Dessins de Lebrun« anknüpft. Dort lässt er sich von der Physiognomik inspirieren, um die Gattung des historischen Porträts zu erneuern (ein Ansatz, den Michelet und Hugo mit großem Nutzen später weiter verfolgen sollten). Nachdem Mercier in dieser Publikation geschrieben hatte, dass Robespierre einer »wilden Katze« (»un chat sauvage«) und Marat einem »Nachtvogel« (»un oiseau de nuit«) ähnelten, notierte er in einer Fußnote, ohne seine

---

[7] Deutsche Übersetzung: »Hier hatte er keine Ideen. Er wartete darauf«.

[8] Camille Desmoulins: Révolutions de France et de Brabant, April 1791. Deutsche Übersetzung: Mirabeau »hat sich selbst nur auf die Bewegungen beschränkt. Was den Ton betrifft, hat er sich immer auf eine andere, hinter der Kulisse versteckte Person verlassen«.

[9] Deutsche Übersetzung: »Jemand, der seine Physiognomie und sein Gesicht zugleich bezeichnen wollte, sagte recht zutreffend, dass er wie ein Löwe aussah, der die Pocken gehabt hätte.«

Quelle anzugeben: »J'ai caractérisé le premier Mirabeau, en disant de lui qu'il ressemblait à un lion qui aurait eu la petite vérole; mais ce serait une absurdité de prétendre que cette ressemblance influait sur son caractère«.[10] Man sieht, dass Mercier hier (was er in den Handschriften nicht tat) die Urheberschaft einer Formulierung beansprucht, die schon zu Lebzeiten Mirabeaus kursierte. Doch erscheint dies als gerechtfertigt, da er ihr einen komplett anderen Status verleiht und daraus sogar einen Grundzug seines historischen Schreibens macht. So sieht man, wie Mercier über eine »collection« frei verfügt, in der von Anfang an die Energie des persönlichen Kommentars zu spüren ist.

Dieselbe kritische Energie findet man in jener besonderen Exzerptform wieder, welche die Leseaufzeichnungen ausmachen. So etwa in kommentierten Exzerpten aus Newtons und Kants Schriften. Mercier benutzt diese Exzerpte für eine Reihe von Vorträgen über den deutschen Philosophen im *Institut national*. Das wichtigste Konvolut (*Fragments sur l'histoire*, 75 Seiten) ist eine seltsame Sammlung von Zitaten und Kommentaren, in denen er Cicero und Sallust, Quintilian und Sueton, Gibbon und Robertson miteinander diskutieren lässt und somit die antike mit der modernen Geschichte konfrontiert. In diesen Handschriften kommt deutlich zum Vorschein, wie der Schriftsteller schon bei der Anfertigung von Leseaufzeichnungen damit anfängt, sich das Gelesene anzueignen, und diese Notizen als Vorarbeiten für seine späteren Schriften benutzt. In diesen Leseaufzeichnungen sind seine eigenen Werke schon im Keime enthalten.

Diese Art und Weise, mit der Schreibfeder in der Hand zu lesen und sich die Texte eines anderen anzueignen, bringt eine besondere Praxis des Zitierens mit sich, die man bei der editorischen Arbeit an Merciers Werken zwangsläufig genauestens kennenlernt. Am häufigsten zitiert Mercier anscheinend aus dem Gedächtnis und weist dabei eine ausgeprägte Lässigkeit auf, zumindest aus heutiger Sicht. Er stellt die Wörter gerne um, nimmt auch bei leicht zu memorierenden Versen von Corneille, La Fontaine oder Voltaire einige Veränderungen nach seinem Gutdünken vor. So wurden die Verse von Boileau, die als Inschrift im Frontispiz vom elften Band des *Tableau de Paris*

---

[10] Louis-Sébastien Mercier: Le Nouveau Paris, hg. von Jean-Claude Bonnet, Paris 1994, S. 790. Deutsche Übersetzung: »Ich habe den ersten Mirabeau als einen Löwen bezeichnet, der die Pocken gehabt hätte. Es wäre aber sinnlos, zu behaupten, dass diese Ähnlichkeit sich auf seinen Charakter auswirkte.«

erschienen, stark umgearbeitet.[11] Die ungenauen lateinischen Zitate aus Virgil oder Lukrez führen manchmal dazu, dass der poetische Charakter des Originaltextes verloren geht. Mercier, der dem Geist treuer ist als dem Buchstaben, hat keine Bedenken, die Zitate zu kürzen, um sie bündiger und geschmeidiger zu machen, damit sich der fremde Textkörper in den Rhythmus seines Satzes gut einfügt. Aus der Einfügung entsteht damit kein Bruch im eigenen Text. Diese Wiederaufnahme eines Originaltextes in einer bündigeren und pointierteren Form erinnert an die Art und Weise, wie Mercier seine Leseaufzeichnungen verfasst, und deutet auf einen entschlossenen Interventionismus hin. Zweifellos versteht Mercier zumeist sehr gut, wie er seinen Zitaten eine deutlichere und größere Ausdruckskraft geben kann. Wenn also Voltaire schreibt, dass »die Freundschaft die Eheschließung einer Seele ist« (»l'amitié est le mariage de l'âme«), greift Mercier das Bild auf und gibt es folgendermaßen wieder: »Voltaire hat die Freundschaft als Eheschließung zweier Seelen bezeichnet« (»Voltaire a défini l'amitié, le mariage de deux âmes«).[12] Die Bemerkung Montesquieus in den *Lettres persanes*: »Es ist, mein Lieber, als würden die Köpfe der größten Männer kleiner werden, wenn sie zusammen kommen. Da wo es mehr Weise gibt, scheint es auch weniger Weisheit zu geben« (»Il semble, mon cher, que les têtes des plus grands hommes s'étrécissent lorsqu'elles sont assemblées et que, là où il y a plus de sages, il y ait aussi moins de sagesse«), wird von Mercier folgendermaßen zusammengefasst: »Je mehr Köpfe zusammen kommen, je kleiner werden sie« (»Plus les têtes s'assemblent, plus elles se rétrécissent«).[13] Montaignes Sprache wird dabei immer modernisiert und seine Texte werden stets neu geschrieben, je nach Thema

---

[11] Mercier gibt in der Inschrift folgendes Zitat an: »Sachez dans vos écrits, si vous désirez plaire/Passer du grave au doux, du plaisant au sévère« (deutsche Übersetzung: »Falls Sie gefallen wollen, sollten Sie in ihren Schriften vom Ernsten zum Weichen, vom Amüsanten zum Strengen übergehen können«). Boileaus Originaltext lautet aber: »Heureux qui, dans ses vers, sait d'une voix légère/Passer du doux au grave, du plaisant au sévère!« (deutsche Übersetzung: »Glücklich ist derjenige, der in seinen Versen einen leichten Ton annehmen und vom Ernsten zum Weichen, vom Amüsanten zum Strengen übergehen kann!«). Vgl. Louis-Sébastien Mercier: Tableau de Paris, hg. von Jean-Claude Bonnet, Paris 1994, Bd. II, S. 1797.
[12] Louis-Sébastien Mercier: Mon bonnet de nuit, S. 69.
[13] Ebd., S. 322.

sogar teilweise revidiert und adaptiert. So wird beispielsweise das in den *Essais* ausführlich behandelte Thema der »Feigheit als Mutter der Grausamkeit« (»couardise, mère de la cruauté«) in *Le Nouveau Paris* viel allgemeiner dargestellt: »In allen Ländern der Welt zerfetzt der Pöbel die Leichen und besudelt sich dabei bis zu den Ellbogen« (»La populace par tous les pays, déchiquette les cadavres, et s'en met jusqu'aux coudes«).[14] Es kommt auch vor, dass Mercier sich an den Buchstaben hält und ein wahrhaftes Exzerpt veröffentlicht, das er selbst aufgeschrieben hat, wie etwa dieses Gedicht, das er während seiner Streifzüge durch Paris aufgelesen hat:

> En me promenant sur les quais, j'ai vu une gravure représentant des patineurs; et au-dessous de l'estampe, j'ai lu ces vers sans nom d'auteur, et qui me paraissent mériter d'être conservés:
> Sur un mince cristal l'hiver conduit leurs pas.
> Le précipice est sous la glace.
> Telle est de nos plaisirs la légère surface.
> Glissez mortels! n'appuyez pas.[15]

Es spielt keine Rolle, ob Mercier wortwörtlich zitiert oder frei überträgt: All sein Vergnügen als Schriftsteller besteht darin, sich die geliebten Bücher anzueignen. Seine hedonistische Lektüreauffassung (eine Beschäftigung, bei der seiner Ansicht nach Bewunderung und Sympathie immer vorherrschen sollten) stützt sich auf eine irenische Vorstellung des intellektuellen Lebens, die sich bis in die Frühzeit seiner Ausbildung zurückverfolgen lässt. Er blieb immer der Spontaneität treu, die ihm als Kind eigen war und der er seine ersten literarischen Entzückungen verdankte. So beschreibt er seine Ausbildungszeit nie als eine karge und mühsame Phase seines Lebens, in der er die Qual der Schule und die Autorität alter Bücher erlitten hätte. Ganz im Gegenteil war diese Zeit für ihn durch unvergessliche Augenblicke

---

[14] Louis-Sébastien Mercier: Le Nouveau Paris, S. 17.
[15] Louis-Sébastien Mercier: Tableau de Paris, Bd. I, S. 102. Deutsche Übersetzung: »Als ich am Ufer spazieren ging, sah ich einen Stich mit Eisläufern. Unter dem Stich habe ich folgende Verse gelesen, die mit keinem Autornamen versehen waren und es in meinen Augen verdienen, aufbewahrt zu werden:
   Über eine dünne Kristallschicht führt der Winter ihre Schritte.
   Unter dem Eis ist ein Abgrund.
   So ist die dünne Oberfläche unserer Vergnügen.
   Gleitet, Ihr Sterbliche! Übt keinen Druck aus!«

geprägt, die ihn begeisterten und in denen er in jugendlichen Diskussionen mit seinen Schulkameraden im Café Procope ein in seinen Augen unübertreffliches Modell der gelehrten Geselligkeit entdeckte. In der Erstausgabe seiner ersten kurzen Schrift *Le Bonheur des gens de lettres* (1763) hat er das Ideal seiner Jugendzeit beschrieben – ein Ideal, das er niemals verleugnete, obwohl die grausame Realität seine Träume sehr schnell zerstörte. Dieser verklärten Vision zufolge stellt sich der Gelehrte, der sich andächtig der Bewunderung der seltensten Genies und der Schriftsteller aller Zeiten hingibt, eine Gesellschaft aus auserlesenen schönen Seelen zusammen, die den bösartigen Wettbewerbsgeist ignorieren, der die literarischen Kreise zu vergiften pflegt. Der junge Mercier mahnt von vornherein, dass die belebende Macht des Geistes von keiner akademischen Zugehörigkeit abhängig sei. Die einzige wahre intellektuelle Verbindung entstehe, so verkündet er, aus den Büchern, die »in der Einsamkeit trösten« (»nous consolent dans la solitude«). Somit wird der Leser zu einem »geheimen Gespräch« (»entretien secret«) eingeladen,[16] bei dem »die zarte Feundschaft ihm zulächelt« (»la tendre amitié lui sourit«).[17]

Diese Forderung nach Empathie, die Mercier der Niedertracht der Kritik und der Bissigkeit des literarischen Milieus gegenüberstellt, steht mit der legendären Herzlichkeit des Schriftstellers vollkommen im Einklang. Allerdings führt ein solches Glaubensbekenntnis an die »Empfindsamkeit« (»sensibilité«) bei ihm weder zu schwachen noch zu undeutlichen Urteilen, wie man es hätte befürchten können. Damit wird die kühne Scharfsinnigkeit von Merciers Ansichten keineswegs geschwächt, sondern ganz im Gegenteil seine Einstellung zur Lesekunst radikalisiert. Diese Verschärfung ist folgendem Abschnitt zu entnehmen, den man ohne Zögern jenen Anschauungen zurechnen kann, die der Schriftsteller seine »apercevances« nennt:

> Le livre n'est jamais que l'archet qui joue sur mes cordes sentimentales [...]. La richesse du livre est en moi et non dans les pages imprimées; c'est mon âme tout entière qui fait l'ouvrage, c'est

---

[16] Louis-Sébastien Mercier: Discours sur la lecture, o. O. 1764, S. 240.
[17] Louis-Sébastien Mercier: Le Bonheur des gens de lettres, in: Mon bonnet de nuit, S. 1048.

l'esprit qui anime, qui colore ce papier chargé de petites figures
noires. [...] Qu'est-ce qu'un livre ai-je dit, c'est celui qui le lit?[18]

Dieses recht kühne Postulat setzt Mercier für sich selbst strikt um.
Sein Œuvre, das nichts Autistisches hat, gewährt dem Leser einen
wichtigen Platz und tritt mit ihm – Sternes Vorbild gemäß – in
fortwährende Konversation: »Ihr, die mir alle zuhört, die mich alle
lest, Ihr seid alle Autoren« (»Vous tous qui m'écoutez, qui me lisez,
vous êtes tous auteurs«), verkündet Mercier.[19] Durch eine derart ver-
wegene Aufhebung der bisher geltenden Trennungslinien zwischen
Schriftsteller und Leser fordert uns Mercier zur Neubewertung der
unbestrittenen Vorrangstellung des Autors sowie zur Revision der
angeblich zwangsläufigen Passivität des Lesers auf. Damit wird in der
Tat angekündigt, dass die Werke nur durch die Lektüre existieren,
der man sie unterzieht. Sie sind immer, wie es Jean Starobinski in
L'Œil vivant treffend beschrieb, unsere »lieben Verstorbenen« (»chères
disparues«). Nur an uns liege es, sie durch die Lektüre wieder aufleben
zu lassen. Durch seine kritischen Ansichten kann Mercier zu Recht
als sehr modern erscheinen. Tatsächlich zeigt er sich dabei aber vor
allem scharfsinnig gegenüber der Literatur seiner Zeit. Merciers
Epoche zeichnet sich durch eine große Unentschiedenheit aus: Zwar
setzt sich in seiner Zeit das Bild des Schriftstellers als wichtige Figur
allmählich durch, jedoch tendiert auf der anderen Seite die Figur des
Autors zur Auflösung – beispielsweise im kollektiven Abenteuer der
Encyclopédie, im Journalismus oder in der klandestinen Literatur, in
der die Werke zerstückelt in Form handgeschriebener Auszüge im
Umlauf sind.

Deshalb gehörten die großen Schriftsteller des Zeitalters der Aufklärung zu den ersten, die sich um die Frage ihres Bildes und der Einheit
ihres Werkes wahrhaftig sorgten. Rousseau kam mit seinem Versuch
einer autobiographischen Selbstuntersuchung, die immer wieder neu

---

[18] Louis-Sébastien Mercier: »Le scepticisme littéraire«, in: Ders.: Mon bonnet
de nuit, S. 1552. Deutsche Übersetzung: »Das Buch ist immer nur der Bogen,
der auf den Saiten meiner Empfindungen spielt [...]. Der Reichtum des Buches liegt in mir, nicht in den gedruckten Seiten; meine ganze Seele ist es, die
das Werk produziert, der Geist beseelt dieses mit kleinen schwazen Formen
beladene Papierblatt und versieht es mit Farben. [...] Was ist ein Buch, sagte
ich: Es ist nicht Anderes, als derjenige, der es liest.«

[19] Louis-Sébastien Mercier: Néologie, Paris 1801, Einführung, S. LXIV.

aufgenommen werden musste, niemals wirklich zur Ruhe und hätte es schließlich vorgezogen, seine Identität auf die eines unscheinbaren ›Musikkopisten‹ zu beschränken. Sein Werk *Recueil d'airs, de romances et de duos*, das er mit *Les Consolations des misères de ma vie* betitelte und aus dem er Stücke schöpfte, die er seinen Besuchern gerne vorsang, gibt zweifellos das einzige Bild von ihm wieder, mit dem er zufrieden war. Der geniale Kompilator Diderot, von dem man annehmen kann, dass er auch ein Plagiator war, versuchte mit großer Energie, die Orientierungslinien zu verwischen, die ihn seinen Zeitgenossen voll und ganz sichtbar gemacht hätten: Welche Vorstellung konnten sie in der Tat von einem Autor gewinnen, der Dialoge, Kommentare, Supplemente, Wörterbücher, Übersetzungen, Widerlegungen schrieb? Diderot, dessen Bild zu seinen Lebzeiten stets unscharf blieb, wollte sich seinen Lesern immer nur durch andere Autoren zeigen. Den *Confessions* konnte er nur sein letztes testamentarisches Werk, den *Essai sur les règnes de Claude et de Néron* gegenüber stellen, in dem er durch eine gelehrte Zusammenstellung von Exzerpten aus Seneca indirekt ein Selbstporträt zeichnete. Danach stellten sich eine Reihe von Autoren, von Sainte-Beuve bis Mallarmé, von Proust bis hin zu den Vertretern der strukturalistischen Literaturwissenschaften immer wieder diese Frage. In dem Buch *Roland Barthes par Roland Barthes* wird beispielsweise untersucht, inwiefern das, was der Autor als »Fragmentenkreis« (»cercle des fragments«) und als »kurze Schriftform« (»l'écriture courte«) bezeichnet, als Grundlage eines Selbstportraits dienen kann. Roland Barthes vergleicht die bunte Zusammenstellung von kurzen Texten, die zum Teil aus Zitaten aus seinen eigenen Werken bestehen, mit den Flicken einer Patchworkarbeit. In diese »rhapsodische Decke aus zusammengeflickten viereckigen Stoffstücken« (»couverture rhapsodique faite de carreaux cousus«) findet er Vergnügen daran, einen »Brief Jilalis« (»lettre de Jilali«) einzufügen – ein Verfahren, das der alten Exzerptkultur entstammt.[20] Der arabischen Tradition gemäß drückt dort sein junger marokkanischer Freund ganz selbstverständlich seine intimsten Gefühle anhand sentenzartiger *loci communes* aus.

Mercier selber hegte auch eine Leidenschaft für kurze Textformen und wurde stärker als jeder andere Schriftsteller seiner Zeit den Gefahren des fragmentarischen Schreibens ausgesetzt. Dieses

---

[20] Roland Barthes: Roland Barthes par Roland Barthes, Paris 1975, S. 145.

Schreibverfahren hat die Konturen seines Werkes dermaßen unscharf und undeutlich gemacht, dass es heute noch verkannt wird. In Wirklichkeit hatte Mercier alles dafür getan, um in der Literaturgeschichte zu verschwinden. Eine Liste seiner sämtlichen Schriften aufzustellen, hielten schon seine Zeitgenossen für eine sehr schwierige Aufgabe und bleibt für uns ein wahrhaftes Geduldspiel, denn er legte eine Menge seiner Texte immer wieder neu auf, nachdem er sie überarbeitet und ihnen Übersetzungen und fremde Exzerpte beigefügt hatte, so dass es manchmal für uns schwierig wird, herauszufinden, welcher Text überhaupt das Original ist. Erst mit dem *Tableau de Paris* gelang es ihm, seine Vorstellungen vom Schriftstellertum zur Geltung und Anerkennung zu bringen, denn dieses riesige und zu unendlicher Erweiterung fähige Buch bringt jene Poetik der Unvollendung und der Diskontinuität zum Ausdruck, die Mercier als Autor ausmacht. Aufgrund des Erfolges dieses Werkes konnte er sich im Anschluss an diese Publikation zu seiner besonderen Art, Bücher zusammenzustellen, ausdrücklich bekennen. Seine Bekenntnisse nahmen meistens eine poetische Form an, wie in der nachfolgenden Diatribe gegen die Buchbinder, deren Originalität und Kraft als ästhetisches Manifest seine Zeitgenossen leider nicht wahrnehmen konnten:

> A moi, faciles et complaisantes brochures! vous ne m'empêchez pas comme les belles éditions, de lire longtemps; vous ne me fatiguez ni l'œil ni la main, vous n'êtes point rebelles à mes caresses. Je tourne et retourne le livre dans tous les sens; il m'appartient, je le corne et le charge de notes; je fais connaissance avec lui d'un bout à l'autre. Ô brochures! vous ne surchargez point ma table, et si vous tombez, je ne crains ni pour vous ni pour moi [...]. Entrez chez moi, vous n'y trouverez aucun volume relié; c'est que je tourmente mes livres. Quand j'achète ce qu'on appelle un bouquin, vite je lui casse le dos, j'ai bien soin de le dépouiller de ses vieilles planches, parce que je veux qu'il s'ouvre facilement sur ma table, et que pour lire je ne veux employer ni pupitre ni marbre à poire ou à pomme [...]. On m'objectera la conservation des livres: mettez-les dans des cartons ou dans des cassettes en bois![21]

---

[21] Louis-Sébastien Mercier: Des relieurs et de la reliure, in: Journal de Paris, 20 nivôse an VII. Wieder aufgenommen in: Louis-Sébastien Mercier: Le

So drückt Mercier seine Aversion gegen das gebundene Buch aus, wovon seine eigenen Werke nicht ausgenommen sind. Hat er es nicht gerne, ihnen sozusagen »den Rücken zu brechen«, um daraus Exzerpte zu machen, die er in neuen Publikationen immer wieder zitiert und variiert, damit seine Schriften eine neue Chance bekommen? Das Plädoyer für die Broschüren erweist sich darüber hinaus als eine vehemente Verteidigung der lebendigen Lektüre, d.h. der authentischen und tiefgreifenden Auseinandersetzung mit Büchern.

Merciers Lesekunst ist mit einer Erziehung des Auges untrennbar verbunden. Für Mercier entspricht die Arbeit am *Tableau de Paris* tatsächlich dem Moment, in dem er die Bücher vergessen musste, um zu lernen, wie man besser sieht. Ab dieser Periode musste das Lesen dem Beobachten weichen. Die gleiche Zäsur kann man in der Karriere von Winckelmann feststellen. In Italien hörte dieser damit auf, sein Wissen über die Kunstwerke ausschließlich aus Büchern zu schöpfen, um sich der Entdeckung der realen Kunstwerke hinzugeben, die er dann zum Sprechen brachte. Mercier zeigte sich ungeduldig, den *Apollo vom Belvedere* im »Musée central des arts« zu betrachten, das Winckelmann ihn »im Geiste« hatte sehen lassen.[22] Er hatte ein Theaterprojekt über den »begeisterten« (»enthousiaste«) Kunsthistoriker, der, nachdem er lange von den Bibliotheken fasziniert gewesen war, selbst Wörter erfunden hatte, die aus der alleinigen Betrachtung

---

scepticisme littéraire, in: Ders.: Mon bonnet de nuit, S. 1537. Deutsche Übersetzung: »Ihr leichte und gefällige Broschüren, Ihr passt zu mir! Zum Unterschied von den schönen Ausgaben hindert Ihr mich nicht daran, lange zu lesen: Ihr macht weder mein Auge noch meine Hand müde und wehrt Euch nicht gegen meine Liebkosungen. Das Buch drehe ich in allen Richtugen um. Es gehört mir, ich falte seine Seiten und bekritzle sie ganz mit meinen Aufzeichnungen. Ich lerne es gründlich kennen. Oh Ihr Broschüren! Ihr überlastet nicht meinen Schreibtisch. Fällt Ihr zu Boden, so muss ich mich weder um Euch noch um mich sorgen [...]. Kommen Sie zu mir nach Hause, so werden Sie kein gebundenes Buch finden; dies liegt daran, dass ich die Bücher quäle. Wenn ich einen sogenannten Wälzer kaufe, breche ich ihm schnell den Rücken, reiße seine alten Tafeln weg, weil ich es gerne habe, wenn er sich ohne Widerstand auf meinem Schreibstisch öffnet, und weil ich weder Pult noch Marmor mit Birne oder Apfel brauche [...]. Man wird mir einwenden, dass die Bücher sich lange erhalten müssen: legen Sie sie einfach in Cartonoder Holzkisten!«

[22] Louis-Sébastien Mercier: De l'Apollon du Belvédère, toujours encaissé, Handschrift der Bibliothèque de l'Arsenal, in: Ders.: Le Nouveau Paris, S. 1000.

des Sichtbaren entstanden waren. »Lasst uns wenn möglich die Welt sehen, bevor wir sie verlassen« (»Voyons le monde, s'il est possible, avant d'en sortir«), schreibt der Autor des *Tableau de Paris*, ein wunderbarer Plan, den jeder ausführen sollte, jedoch – Mercier zufolge – nicht selbstverständlich sei, da die Menschen unfähig seien, das anzuschauen, was sie vor Augen haben.[23] So seien die Pariser blind für das Treiben der großen Stadt oder die Schweizer unempfindlich für die Erhabenheit der Berge. Das Sehvermögen sei tatsächlich bei weitem keine unmittelbar gegebene Fähigkeit und erfordere dieselbe Anstrengung und Ausbildung wie das Lesen. Mercier war ständig von der Tätigkeit des Auges fasziniert, die ihm als eine menschliche Eigenschaft erschien. »Schauen Sie das anschauende Auge an« (»Regardez l'œil qui regarde«), rät er den Besuchern des »Musée central des arts«:

> Vous ne connaissez guère la physionomie humaine si vous ne la regardez pas au moment où l'esprit débrouille ou cherche à débrouiller un objet. Les études m'ont confirmé dans l'idée que j'avais, que chacun fait le tableau qu'il contemple, c'est-à-dire qu'il y ajoute ou qu'il en retranche.[24]

Durch die Betrachtung eines Bildes macht jeder für sich sozusagen seine eigenen Exzerpte. So verfährt Mercier, wenn er die Welt im Allgemeinen anschaut oder seine einzelnen Beobachtungen sammelt.

Die visuellen Übungen des Schriftstellers lassen sich durch einige bemerkenswerte Bilder aus dem *Tableau de Paris* metaphorisch beschreiben, so etwa durch das Bild des Trödlers oder der »Netze in der Seine« (»filets de la Seine«), die das einsammeln, was die Strömung bringt, oder des »Finders« (»trouveur«), der davon lebt, was er in der Stadt aufsammelt. »Notre œil a huit muscles; les huit muscles de cet homme travaillent, le long des routes, avec une mobilité surprenante.«[25]

---

[23] Louis-Sébastien Mercier: Tableau de Paris, Bd. II, S. 1451.

[24] Louis-Sébastien Mercier: Musée central des arts, Journal de Paris, 18. Mai 1799, in: Ders.: Musée, jardins et fêtes, Le Nouveau Paris, S. 1003. Deutsche Übersetzung: »Die menschliche Physiognomie kennen Sie kaum, wenn Sie sie nicht dann betrachten, wenn der Geist einen Gegenstand entziffert oder zu entziffern versucht. Durch meine Untersuchungen wurde ich in der Überzeugung verstärkt, dass jeder das Bild ausmalt, das er gerade betrachtet, d.h. dass er ihm etwas hinzufügt oder ihm etwas wegnimmt.«

[25] Louis-Sébastien Mercier: Tableau de Paris, Bd. II, S. 651. Deutsche Übersetzung: »Unser Auge besitzt acht Muskel; die Straßen entlang arbeiten alle acht

Ausgehend von Jean-François Millets Gemälden wird in dem Film von Agnès Varda *Les Glaneurs et la Glaneuse* das Thema des Sammelns und Auflesens in seinen unzähligen Formen (auf dem Land und in der Stadt, auf den Feldern, in den Mülltonnen) variiert. Damit entwirft die Filmemacherin ihr Selbstporträt: War sie selbst nicht auch immer auf der Lauer nach fotografischer oder cinematografischer Beute? Ebenso aufmerksam für die ihn umgebende Welt hat Mercier nach und nach exzerpiert und entziffert, was seine Aufmerksamkeit als Hellseher eingefangen hatte. ›Hervorhebung von mir‹, scheint der Schriftsteller jedes Mal in den kurzen handgeschriebenen Texten aus dem Bestand der Bibliothèque de l'Arsenal betonen zu wollen. All diese Aufzeichnungen zeugen für die Freiheit seiner Tätigkeit als Exzerpierer und Sammler, die nichts mit stumpfsinniger Kompilation zu tun hat, sondern eher mit dem sorgfältigen und fröhlichen Umherschlendern eines Kindes zu vergleichen ist, das sich von einem sicheren Sammelinstinkt leiten lässt.

Der Blick Merciers hat nichts mit dem zufälligen und passiven Angaffen des Schaulustigen gemein, denn er ist fest in der Sprache verankert. Der Schriftsteller hat die Sprache immer als das beste optische Instrument beschrieben. Indem er »farbige Wörter« (»mots couleurs«) erfunden hatte, um die blinde und blasse Muse (»muse pâlotte«) der sterilen Nomenklaturen zurückzuweisen, wie er es formulierte, gab er sich die Möglichkeit, die Welt zu betrachten. Das letzte Wort seiner Poetik wird in der *Néologie* ausgesprochen, einem Wörterbuch, das er alleine schreiben wollte, denn »ein Werk muss von einem einzigen despotischen Willen geprägt sein, um eine Physiognomie zu bekommen« (»pour qu'un ouvrage ait une physionomie, il faut qu'il soit empreint d'une volonté une et despotique«).[26] So stellte er dieses letzte Buch, das hauptsächlich aus Exzerpten besteht und alle Eigenschaften einer handgeschriebenen Bibliothek aufweist,[27] nachdrücklich als sein eigenes Werk dar. Für La Harpe sei

---

Muskel dieses Mannes mit einer überraschenden Beweglichkeit.«
[26] Louis-Sébastien Mercier: Néologie, Paris 1801, Einführung S. II.
[27] Elisabeth Décultot bemerkt ganz treffend zu Winckelmann: »Tout se passe comme si, dans son obsession lexicographique, il avait pressenti la parenté historique qui relie l'art du dictionnaire à celui de l'extrait.« Dies.: Johann Joachim Winckelmann. Enquête sur la genèse de l'histoire de l'art, Paris 2000, S. 66 (deutsche Übersetzung: Dies.: Untersuchungen zu Winckelmanns Exzerptheften. Ein Beitrag zur Genealogie der Kunstgeschichte im

nach Merciers Formulierung die Bezeichnung des »ewigen Kopisten« (»copiste éternel«) zutreffend.[28] Was ihn selbst jedoch anbelange, so unterwerfe er sich nie einem Vorbild und paradoxerweise vor allem dann nicht, wenn er sammle.[29] Beim Sammeln eigne er sich in der Tat die Wörter an und erfinde dabei seinen »Stil«, der das »Gepräge der Seele« (»l'empreinte de l'âme«) sei, und den man weder »lernen« noch »nachahmen« könne, wie er schon mit zwanzig Jahren in *De la littérature et des littérateurs* schrieb. So beteuerte er unaufhörlich:

> Je fais ma langue. Tant pis pour celui qui ne fait pas la sienne. L'instrument est à moi. La langue française est ma servante, ma très humble servante; je ne l'ai même adoptée qu'en vertu de son obéissance passive; je l'aime et je la tourmente, car on tourmente toujours un peu ce qu'on aime.[30]

Bei Mercier ist alles und insbesondere die grundlegende Kunst des Exzerpierens mit dem »besonderen Siegel« (»le cachet particulier«) der Individualität geprägt.

---

18. Jahrhundert, übers. von Wolfgang von Wangenheim u. René Mathias Hofter, Ruhpolding 2004, S. 38).

[28] Louis-Sébastien Mercier: Néologie, Einführung, S. XV.

[29] Die *Néologie* enthält einen Eintrag über die »Nachlese« (»Glanure«): »Glanure. C'est un homme qui vit de la glanure de la conversation. Ainsi faisait Chamfort, qui à force d'enregistrer l'esprit d'autrui, a fait croire qu'il en avait lui-même.« (deutsche Übersetzung: »Nachlese. Es handelt sich um einen Mann, der von Konversation-Nachlese lebt. So verfuhr Chamfort, der durch das Abschreiben des Witzes anderer Menschen davon überzeugen konnte, dass er selbst welchen besaß.«)

[30] Nachlass Mercier, Paris, Bibliothèque de l'Arsenal, Ms. 15078, II, 1, Bl. 44. Deutsche Übersetzung: »Ich stelle meine eigene Sprache her. Pech für denjenigen, der seine Sprache nicht herstellt. Das Werkzeug gehört mir. Die französische Sprache ist meine Dienerin, meine äußerst ergebene Dienerin. Ich habe sie auch nur deshalb übernommen, weil sie passive Gehorsamkeit zeigen konnte; ich liebe und quäle sie, denn was man liebt, quält man immer ein wenig.«

Namenregister

Bibliographie[1]

Primärquellen[2]

BALZAC, Jean-Louis Guez de: Œuvres, 2 Bde., Paris 1665.

BERGK, Johann Adam: Die Kunst, Bücher zu lesen. Nebst Bemerkungen über Schriften und Schriftsteller, Jena 1799.

BOUHOURS, Dominique: La manière de bien penser dans les ouvrages de l'esprit (Erstaufl.: Paris 1687), Paris 1705 (Reprint: hg. von Suzanne Guellouz, Toulouse 1988).

CICERO, Marcus Tullius: De inventione/Über die Auffindung des Stoffes, Lateinisch-Deutsch, hg. u. übers. von Theodor Nüßlein, Darmstadt 1998.

CICERO, Marcus Tullius: Rede für den Schauspieler Q. Roscius, in: Ders.: Sämtliche Reden, eingel., übers. u. erläutert von Manfred Fuhrmann, 2. durchges. Auflage, 7 Bde., Zürich u. München 1985 (Erstaufl.: 1970), Bd. 1, S. 183–207.

DIDEROT, Denis: Lettre sur les sourds et muets à l'usage de ceux qui entendent et qui parlent (Erstaufl.: 1751), in: Ders.: Œuvres complètes, Bd. 1, hg. von Jules Assézat u. Maurice Tourneux, Paris 1875, S. 345–428.

DREXEL, Jeremias: Aurifodina Artium et scientiarum omnium. Excerpendi Sollertia, Omnibus litterarum amantibus monstrata, München 1638.

HALLBAUER, Friedrich Andreas: Anweisung zur verbesserten Teutschen Oratorie, nebst einer Vorrede von den Mängeln der Schul-Oratorie, Jena 1725 (Reprint: Kronberg/Ts. 1974).

HAMANN, Johann Georg: Sämtliche Werke. Historisch-kritische Ausgabe, hg. von Josef Nadler, 7 Bde., Wien 1949–1957.

HAMANN, Johann Georg: Briefwechsel, hg. von Walther Ziesemer u. Arthur Henkel, 7 Bde., Wiesbaden 1953–1979.

HEINSE, Wilhelm: Sämmtliche Werke in acht Bänden, hg. von Carl Schüddekopf (Bd. 1–7) u. Albert Leitzmann (Bd. 8), 8 Bde., Leipzig 1902–1925.

---

[1] Die vorliegende Bibliographie soll helfen, die vielseitigen Aspekte der Exzerpierkunst im 18. Jahrhundert zu untersuchen. Sie erhebt keinen Anspruch auf Ausführlichkeit.

[2] Hier werden nur die Werke erfasst, die im vorliegenden Band untersucht oder erwähnt werden.

HEINSE, Wilhelm: Ardinghello und die glückseligen Inseln, hg. von Max L. Baeumer, Stuttgart 1975.

HEINSE, Wilhelm: Die Aufzeichnungen. Frankfurter Nachlass, hg. von Markus Bernauer, Adolf Heinrich Borbein u.a., 5 Bde, München u. Wien 2003–2005.

HERDER, Johann Gottfried: Sämmtliche Werke, hg. von Bernhard Suphan u.a., 33 Bde., Berlin 1877–1913 (Reprint: Hildesheim u. New York 1967–1968).

HERDER, Johann Gottfried: Werke in zehn Bänden, hg. von Martin Bollacher, Jürgen Brummack, Ulrich Gaier u.a., 10 Bde., Frankfurt am Main 1985–2000.

JEAN PAUL: Sämtliche Werke. Historisch-kritische Ausgabe, hg. von Eduard Berend u.a., Weimar u. Berlin 1927ff.

LE CLERC, Jean (Johannes Clericus): Ars Critica, in qua ad studia Linguarum Latinae, Graecae, Hebraicae, via minitur [...]. Editio Quarta auctior & emendatior, ad cuijus calcem quatuor Indices accesserunt, 2 Bde., Amsterdam 1696–1697.

LICHTENBERG, Georg Christoph: Schriften und Briefe, hg. von Wolfgang Promies, 6 Bde., München 1967–1992.

[LOCKE, John]: Méthode nouvelle de dresser des recueils communiquée par l'auteur, in: Bibliothèque universelle et historique de l'année 1686, Bd. II, Amsterdam 1687, S. 315–340 (englische Übersetzung mit Angabe des Autornamens: John LOCKE: A New Method of Making Common-Place-Books, London 1706).

MEINERS, Christoph: Anweisungen für Jünglinge zum Arbeiten besonders zum Lesen, Excerpiren und Schreiben, Hannover 1789 (2. verm. Aufl.: Hannover 1791 unter einem leicht veränderten Titel: Anweisungen für Jünglinge zum eigenen Arbeiten besonders zum Lesen, Excerpiren, und Schreiben).

MERCIER, Louis-Sébastien: Le Nouveau Paris, hg. von Jean-Claude Bonnet, Paris 1994.

MERCIER, Louis-Sébastien: Tableau de Paris, hg. von Jean-Claude Bonnet, 2 Bde., Paris 1994.

MERCIER, Louis-Sébastien: Mon bonnet de nuit, hg. von Jean-Claude Bonnet, Paris 1999.

MONTAIGNE, Michel de: Essais, hg. von Pierre Michel, 3 Bde., Paris 1973 (Erstaufl.: Paris 1965).

MONTESQUIEU: Œuvres complètes, hg. von André Masson, 3 Bde., Paris 1950–1955.

MONTESQUIEU: L'Esprit des lois, hg. von Victor Goldschmidt, 2 Bde., Paris 1979.

MONTESQUIEU: Œuvres complètes, hg. von Jean Ehrard u. Catherine Volpilhac-Auger, Oxford 1998ff.

MORHOF, Daniel Georg: Polyhistor litterarius, philosophicus et practicus, cum accessionibus virorum clarissimorum Joannis Frickii et Joannis Molleri (Erstaufl.: Lübeck 1688), 4. Aufl. mit einem Vorwort von Johann Albert Fabricius, Lübeck 1747 (Reprint: Aalen 1970).

MOSER, Johann Jacob: Einleitung zu denen Cantzley=Geschäfften. Abgefasset zum Gebrauch seiner ehemaligen Staats= und Canzlei=Academie; nun aber zum allgemeinen Nutzen bekannter gemacht, Frankfurt am Main 1755.

MOSER, Johann Jacob: Einige Vortheile für Canzley=Verwandte und Gelehrte, in Absicht auf Acten=Verzeichnisse, Auszüge und Register, desgleichen auf Sammlungen zu künfftigen Schrifften, und würckliche Ausarbeitung derer Schrifften, o.O. 1773 (Sign. Staatsbibliothek München: J.pract. 187h).

MOSER, Johann Jacob: Lebens=Geschichte [...] von ihm selbst geschrieben, 4 Bde., Frankfurt am Main u. Leipzig 1777–1783.

PHILOMUSUS S.: Industria excerpendi brevis, facilis, amoena, a multis impedimentis, quibus adhuc tenebatur, exsoluta, Konstanz 1684.

PITAVAL, François Gayot de: L'Art d'orner l'esprit en l'amusant, 2 Bde., Paris 1728–1732.

PLACCIUS, Vincentius: De arte excerpendi. Vom gelahrten Buchhalten liber singularis, Stockholm u. Hamburg 1689.

PLINIUS, C. Caecilius Secundus: Sämtliche Briefe, eingeleitet, übers. u. erläutert von André Lambert, Zürich u. Stuttgart 1969.

QUINTILIAN, Marcus Fabius: Institutionis oratoriae libri XII/Ausbildung des Redners. Zwölf Bücher, hg. u. übers. von Helmut Rahn, 2 Bde., 2., durchgesehene Aufl., Darmstadt 1988.

SACCHINI, Francesco: De Ratione Libros cum profectu legendi libellus, Ingolstadt 1614.

SCHUBERT, Johann Balthasar: Sciagraphia de studio excerpendi, Leipzig 1699.

SHAFTESBURY, Anthony Ashley Cooper, Third Earl of: Standard Edition. Sämtliche Werke, ausgewählte Briefe und nachgelassene Schriften, hg., übers. u. komm. von Wolfram Benda, Gerd Hemmerich u.a., Stuttgart u. Bad Cannstatt 1981ff.

SHAFTESBURY: Exercices (Askêmata), übers. u. hg. von Laurent Jaffro, Paris 1993.

SOREL, Charles: De la connoissance des bons livres ou Examen de plusieurs autheurs. Supplément des »Traitez de la connoissance des bons livres«, hg. von Hervé D. Béchade, Genf u. Paris 1981.

TURNÈBE, Adrien: Adversariorum tomus primus, Paris 1564.

UDENIUS, Justus Christophorus: Excerpendi ratio nova. Das ist eine neue und sonderbahre Anweisung wie die studierende Jugend in jeden Wissenschaften, Disciplinen und Facultäten vornehmlich aber in Theologia homiletica ihre Locos communes füglich einrichten [...], Nordhausen 1681.

WEISE, Christian: Gelehrter Redner, das ist: Ausffführliche und getreue Nachricht wie sich ein junger Mensch in seinen Reden klug aufführen soll, Leipzig 1692.

WINCKELMANN, Johann Joachim: Briefe, hg. von Walther Rehm unter Mitwirkung von Hans Diepolder, 4 Bde., Berlin 1952–1957.

WINCKELMANN, Johann Joachim: Kleine Schriften. Vorreden. Entwürfe, hg. von W. Rehm, Berlin 1968.

WINCKELMANN, Johann Joachim: Geschichte der Kunst des Alterthums. Text: Erste Auflage Dresden 1764; Zweite Auflage Wien 1776, hg. von Adolf H. Borbein u.a., Mainz 2002.

ZEDLER, Johann Heinrich: Großes vollständiges Universal-Lexicon Aller Wissenschafften und Künste [...], 64 Bde., Leipzig u. Halle 1732–1750.

Sekundärliteratur

ADLER, Emil u. IRMSCHER, Hans Dietrich: Der handschriftliche Nachlaß Johann Gottfried Herders, Wiesbaden 1979.

ARBURG, Hans-Georg von: Kunst-Wissenschaft um 1800. Studien zu Georg Christoph Lichtenbergs Hogarth-Kommentaren, Göttingen 1998.

ARNOLD, Werner u. VODOSEK, Peter (Hg.): Bibliotheken und Aufklärung, Wiesbaden 1988.

BALDWIN, Thomas Whitfield: William Shakespeare's Small Latine and Lesse Greeke, 2 Bde., Urbana 1944.

BARNER, Wilfried: Barockrhetorik. Untersuchungen zu ihren geschichtlichen Grundlagen, Tübingen 1970.

BAUMECKER, Gottfried: Winckelmann in seinen Dresdner Schriften. Die Entstehung von Winckelmanns Kunstanschauung und ihr Verhältnis zur vorhergehenden Kunsttheoretik mit Benutzung der Pariser Manuskripte Winckelmanns dargestellt, Berlin 1933.

BEAL, Peter: »Notes in garrison«: The Seventeenth-century Commonplace Book, in: New Ways of Looking at Old Texts, hg. von William S. Hill (Medieval and Renaissance Texts and Studies, 107), Binghamton NY 1993, S. 131–147.

BEETZ, Martin: Rhetorische Logik. Prämissen der deutschen Lyrik im Übergang vom 17. zum 18. Jahrhundert, Tübingen 1980.

BERNAUER, Markus, STEINSIEK, Angela u. WEBER, Jutta (Hg.): Jean Paul. Dintenuniversum. Schreiben ist Wirklichkeit, Berlin 2013,

BLAICHER, Günther: »The Improvement of the Mind«: Auffassungen vom Lesen bei John Locke, Richard Steele und Joseph Addison, in: Goetsch 1994, S. 91–107.

BLAIR, Ann M.: Humanist Methods in Natural Philosophy: The Commonplace Book, in: Journal of the History of Ideas, 53, 1992, S. 541–551.

BLAIR, Ann M.: Bibliothèques portables: les recueils de lieux communs dans la Renaissance tardive, in: Le pouvoir des bibliothèques. La mémoire des livres en Occident, hg. von Marc Baratin u. Christian Jacob, Paris 1996, S. 84–106.

BLAIR, Ann M.: The Theater of Nature: Jean Bodin and Renaissance Science, Princeton 1997.

BLAIR, Ann M.: Annotating and Indexing Natural Philosophy, in: Books and the Sciences in History, hg. von Marina Frasca-Spada u. Nick Jardine, Cambridge 2000, S. 69–89.

BLAIR, Ann M.: The Practices of Erudition according to Morhof, in: Waquet 2000, S. 59–74.

BLAIR, Ann M.: Too Much to Know. Managing Scholarly Information before the Modern Age, New Haven 2010.

BOLGAR, Robert Ralph: The Classical Heritage and its Beneficiaries, Cambridge 1963.

BOLGAR, Robert Ralph (Hg.): Classical Influences on European Culture, A.D. 1500–1700, Cambridge 1976.

BOLZONI, Lina: La stanza della memoria: modelli letterari e iconografici nell' età della stampa, Turin 1995.

BORNSCHEUER, Lothar: Topik, Frankfurt am Main 1976.

BREUER, Dieter u. SCHANZE, Helmut (Hg.): Topik. Beiträge zur interdisziplinären Diskussion, München 1981.

BUCK, August: Die humanistische Tradition in der Romania, Bad Homburg 1968.

BUCK, August: Die Rezeption der Antike in den romanischen Literaturen der Renaissance, Berlin 1976.

CAHN, Michael: Hamster. Wissenschafts- und mediengeschichtliche Grundlagen der sammelnden Lektüre, in: Goetsch 1994, S. 63–77.

CAVALLO, Guglielmo u. CHARTIER, Roger (Hg.): Storia della lettura nel mondo occidentale, Rom 1995 (frz. Übers.: Histoire de la lecture dans le monde occidental, Paris 1997).

CAVE, Terence: The Cornucopian Text: Problems of Writing in the French Renaissance, Oxford 1979.

CEVOLINI, Alberto: De arte excerpendi. Imparare a dimenticare nella modertinà, Leo S. Olschki editore 2006.

CHARTIER, Roger: L'Ordre des livres. Lecteurs, auteurs, bibliothèques en Europe entre XIVe et XVIIIe siècle, Aix-en-Provence 1992.

CHARTIER, Roger: vgl. CAVALLO, Guglielmo 1995.

CHARTIER, Roger: Culture écrite et société. L'ordre des livres. XIVe–XVIIIe siècle, Paris 1996.

CHARTIER, Roger (Hg.): Lesen und Schreiben in Europa, 1500–1900. Vergleichende Perspektiven, Basel 2000.

CHATELAIN, Jean-Marc: Encyclopédisme et forme rhapsodique au XVIe siècle, in: Littérales, 21, 1997, S. 97–111.

CHATELAIN, Jean-Marc: Les recueils d'adversaria aux XVIe et XVIIe siècles: des pratiques de la lecture savante au style de l'érudition, in: Le livre et l'historien. Études offertes en l'honneur du Professeur Henri-Jean Martin, hg. von Frédéric Barbier u.a., Genf 1997, S. 169–186.

CHATELAIN, Jean-Marc: Philologie, pansophie, polymathie, encyclopédie: Morhof et l'histoire du savoir global, in: Waquet 2000, S. 15–29.

COMPAGNON, Antoine: La Seconde Main ou le travail de la citation, Paris 1979.

CONTA, Johann: Hamann als Philologe, Diss., Graz 1889.

COURTNEY, Cecil P.: L'art de la compilation de l'Histoire des deux Indes, in: L'Histoire des deux Indes: réécriture et polygraphie, hg. von Hans-Jürgen Lüsebrink u. Anthony Strugnell, Oxford 1995, S. 307–323.

COURTNEY, Cecil P. (unter Mitwirkung von C. Volpilhac-Auger): Liste bibliographique provisoire des œuvres de Montesquieu, in: Revue Montesquieu, 2, 1998, S. 211–245.

DAINVILLE, François de: Le Ratio discendi et docendi de Jouvancy, in: L'éducation des jésuites (XVIe–XVIIIe siècle), hg. von Marie-Madeleine Compère, Paris 1978, S. 209–266 (zuerst in: Archivum historicum Societatis Jesu, 20, 1951).

DÉCULTOT, Élisabeth: Johann Joachim Winckelmann. Enquête sur la genèse de l'histoire de l'art, Paris 2000 (dt. Übers.: Untersuchungen zu Winckelmanns Exzerptheften. Ein Beitrag zur Genealogie der Kunstgeschichte im 18. Jahrhundert, übers. von Wolfgang von Wangenheim u. René Mathias Hofter, Ruhpolding 2004).

DÉCULTOT, Élisabeth: Les lectures françaises de Winckelmann. Enquête sur une généalogie croisée de l'histoire de l'art, in: Revue Germanique Internationale, 13, 2000, S. 49–65.

DÉCULTOT, Élisabeth: Theorie und Praxis der Nachahmung. Untersuchungen zu Winckelmanns Exzerptheften, in: Deutsche Vierteljahrsschrift für Literaturwissenschaft und Geistesgeschichte, 76, 2002, Heft 1/März, S. 27–49.

DÉCULTOT, Élisabeth (Hg.): Lire, copier, écrire. Les bibliothèques manuscrites et leurs usages au XVIIIe siècle, Paris 2003.

DÉCULTOT, Élisabeth: Winckelmanns Medizinstudien. Zur Wechselwirkung von kunstgeschichtlichen und medizinischen Studien, in: Heilkunst und schöne Künste. Wechselwirkungen von Medizin, Literatur und bildender Kunst im 18. Jahrhundert, hg. von Heidi Eisenhut, Anett Lütteken u. Carsten Zelle, Göttingen 2011, S. 108–130.

DÉCULTOT, Élisabeth: »Voll vortrefflicher Grundsätze...; aber...«. Herders Auseinandersetzung mit Winckelmanns Schriften zur Kunst, in: Herder und die Künste. Ästhetik, Kunsttheorie, Kunstgeschichte, hg. von É. Décultot u. Gerhard Lauer, Heidelberg 2013, S. 81–99.

DESGRAVES, Louis: Notes de lecture de Montesquieu, in: Revue historique de Bordeaux, 1952, S. 149–151 (auch in: DESGRAVES, Louis: Montesquieu, l'œuvre et la vie, Bordeaux 1995, S. 261–273).

DESGRAVES, Louis: Les extraits de lecture de Montesquieu, in: Dix-huitième siècle, 25, 1993, S. 483–491.

DESGRAVES, Louis u. VOLPILHAC-AUGER, Catherine (unter Mitwirkung von Françoise Weil): Catalogue de la bibliothèque de Montesquieu à la Brède, Neapel, Oxford u. Paris 1999 (Cahiers Montesquieu, 4).

EHLICH, Konrad: Zur Analyse der Textart »Exzerpt«, in: Pragmatik. Theorie und Praxis, hg. von Wolfgang Frier, Amsterdam 1981, S. 379–401.

ESSELBORN, Hans: Das Universum der Bilder. Die Naturwissenschaft in den Schriften Jean Pauls, Tübingen 1989.

FUMAROLI, Marc: L'Age de l'éloquence, Genf 1980.

GAJEK, Bernhard: Sprache beim jungen Hamann, München 1959 (Reprint: Bern 1967).

GOETSCH, Paul (Hg.): Lesen und Schreiben im 17. und 18. Jahrhundert, Tübingen 1994.

GOLDMANN, Stefan: Lesen, Schreiben und das topische Denken bei Georg Christoph Lichtenberg, in: Goetsch 1994, S. 79–90.

GOYET, Francis: À propos de »ces pastissages de lieux communs« (le rôle des notes de lecture dans la genèse des Essais), in: Bulletin de la Société des Amis de Montaigne, 5–6, Jul.–Dez. 1986, S. 11–26 u. 7–8, Jan.–Jul. 1987, S. 9–30.

GOYET, Francis, Encyclopédie et »lieux communs«, in: Encyclopédisme, hg. von Annie Becq, Paris 1991, S. 493–504.

GOYET, Francis: Le sublime du lieu commun: l'invention rhétorique dans l'Antiquité et à la Renaissance, Paris 1996.

GRAFTON, Anthony: The World of the Polyhistors: Humanism and Encyclopedism, in: Central European History, 18, 1985, S. 31–47.

GRAFTON, Anthony u. JARDINE, Lisa: From Humanism to the Humanities: Education and the Liberal Arts in 15th and 16th Century Europe, London 1986.

GRAFTON, Anthony: Forgers and Critics: Creativity and Duplicity in Western Scholarship, Princeton 1990.

GRAFTON, Anthony: Defenders of the text: the traditions of scholarship in an age of science, 1450–1800, Cambridge (Mass.) 1991.

GRAFTON, Anthony: L'umanista come lettore, in: Cavallo u. Chartier 1995, S. 199–242 (frz. Übers.: Le lecteur humaniste, in: Histoire de la lecture dans le monde occidental, hg. von G. Cavallo u. R. Chartier, Paris 1997).

GRAFTON, Anthony: On the Scholarship of Politian and its Context, in: Journal of the Warburg and Courtauld Institutes, 40, 1997, S. 150–188.

GRAFTON, Anthony: Commerce with the Classics: Ancient Books and Renaissance Readers, Ann Arbor 1997.

GRIMM, Gunter E.: Literatur und Gelehrtentum in Deutschland. Untersuchungen zum Wandel ihres Verhältnisses vom Humanismus bis zur Frühaufklärung, Tübingen 1983.

GRIMM, Gunter E.: Letternkultur. Wissenschaftskritik und antigelehrtes Dichten in Deutschland von der Renaissance bis zum Sturm und Drang, Tübingen 1998.

HARTMANN, Dürten: Kritische Untersuchung und Neubewertung von Wilhelm Heinses Nachlaß, in: Das Maß des Bacchanten. Wilhelm Heinses Über-Lebenskunst, hg. von Gert Theile, München 1998, S. 248–250.

HAVENS, Earle: Commonplace Books: A History of Manuscripts and Printed Books from Antiquity to the Twentieth Century, New Haven 2001.

HELMREICH, Christian: Jean Paul et le métier littéraire. Théorie et pratique du roman à la fin du XVIIIe siècle allemand, Tusson 1999.

HELMREICH, Christian: »Einschiebeessen in meinen biographischen petits soupers«. Jean Pauls Exkurse und ihre handschriftlichen Vorformen, in: Schrift- und Schreibspiele. Jean Pauls Arbeit am Text, hg. von Geneviève Espagne u. C. Helmreich, Würzburg 2002, S. 99–122.

HOFFMANN, Volker: Johann Georg Hamanns Philologie. Hamanns Philologie zwischen enzyklopädischer Mikrologie und Hermeneutik, Stuttgart 1972.

IMMENDÖRFER, Nora: Hamann und seine Bücherei, Diss., Königsberg 1932 (Schriften der Albertus-Universität, Geisteswissenschaftliche Reihe 20), Königsberg u. Berlin 1938.

IRMSCHER, Hans Dietrich: vgl. ADLER, Emil 1979.

IRMSCHER, Hans Dietrich: Johann Gottfried Herder, Stuttgart 2001.

JACKSON, Helen J.: Marginalia: Readers Writing in Books, New Haven 2001.

JAFFRO, Laurent: Éthique de la communication et art d'écrire. Shaftesbury et les Lumières anglaises, Paris 1998.

JAFFRO, Laurent: Les Exercices de Shaftesbury: un stoïcisme crépusculaire, in: Le Retour des philosophies à l'âge classique, hg. von Pierre-François Moreau, 2 Bde., Paris 1999–2001, Bd. 1, S. 340–354.

JARDINE, Lisa: vgl. GRAFTON, Anthony 1986.

JOACHIMSEN, Paul: Loci communes. Eine Untersuchung zur Geistesgeschichte des Humanismus und der Reformation, in: Luther-Jahrbuch 1926, S. 27–97.

JOOST, Ulrich: »Schmierbuchmethode bestens zu empfehlen« – Sudelbücher?, in: Georg Christoph Lichtenberg 1742–1799. Wagnis der Aufklärung, München 1992, S. 19–48.

JØRGENSEN, Sven-Aage: Zu Hamanns Stil, in: Germanisch-romanische Monatsschrift, N.F. 16, 1966, S. 374–387.

JØRGENSEN, Sven-Aage: Johann Georg Hamann, Stuttgart 1976.

JUSTI, Carl: Über die Studien Winckelmann's in seiner vorrömischen Zeit, in: Historisches Taschenbuch, 1866, S. 129–202.

JUSTI, Carl: Winckelmann und seine Zeitgenossen, 5. Aufl., hg. von W. Rehm, 3 Bde., Köln 1956, (Erstaufl. unter dem Titel: Winckelmann, sein Leben, seine Werke und seine Zeitgenossen, 3 Bde., Leipzig 1866–1872).

KATRITZKY, Linde: Lichtenbergs Gedankensystem: Denkanweisung für Jedermann, New York u.a. 1995.

KRAJEWSKI, Markus: Zettelwirtschaft: Die Geburt der Kartei aus dem Geiste der Bibliothek, Berlin 2002.

KÜHLMANN, Wilhelm: Gelehrtenrepublik und Fürstenstaat. Entwicklung und Kritik des deutschen Späthumanismus in der Literatur des Barockzeitalters, Tübingen 1982.

LECHNER, Joan Marie: Renaissance Concepts of the Commonplaces, New York 1962.

MAYER, Heike: [Art.] Kollektaneen, in: Historisches Wörterbuch der Rhetorik, hg. von Gert Ueding, Darmstadt u. Tübingen 1992ff., Bd. 4 (1998), Sp. 1125–1130.

MAYER, Heike: Lichtenbergs Rhetorik. Beitrag zu einer Geschichte rhetorischer Kollektaneen im 18. Jahrhundert, München 1999.

MEINEL, Christoph: Enzyklopädie der Welt und Verzettelung des Wissens: Aporien der Empirie bei Joachim Jungius, in: Enzyklopädien der frühen Neuzeit. Beiträge zu ihrer Erforschung, hg. von Franz M. Eybl, Wolfgang Harms u.a., Tübingen 1995, S. 162–187.

MEYNELL, Geoffrey Guy: John Locke's Method of Common-placing, as seen in his Drafts an his Medical Notebooks, Bodleian Mss. Locke D. 9, F. 21 and F. 23, in: The Seventeenth Century, Bd. 8, Nr. 2, 1993, S. 245–267.

MOORE, Erna M.: Die Tagebücher Wilhelm Heinses, München 1967.

MOORE, Erna M.: Wilhelm Heinses literarischer Nachlaß: Tagebücher oder Aphorismen?, in: Monatshefte, 64, 1, 1972, S. 43–50.

MOSS, Ann: Printed Commonplace-Books and the Structuring of Renaissance Thought, Oxford 1996.

MOSS, Ann: The Politica of Justus Lipsius and the Commonplace-Book, in: Journal of the History of Ideas, 59, 3, 1998, S. 421–436.

MÜLLER, Götz: Jean Pauls Exzerpte, Würzburg 1988.

MULSOW, Martin u. ZEDELMAIER, Helmut (Hg.): Die Praktiken der Gelehrsamkeit in der frühen Neuzeit, Tübingen 2001.

NEUMANN, Gerhard: Ideenparadiese. Aphoristik bei Lichtenberg, Novalis, Friedrich Schlegel und Goethe, München 1976.

NEUMANN, Florian: Jeremias Drexels Aurifodina und die Ars excerpendi bei den Jesuiten, in: Mulsow u. Zedelmaier 2001, S. 51–61.

ONG, Walter J.: Commonplace Rhapsody: Ravisius Textor, Zwinger and Shakespeare, in: Bolgar 1976, S. 91–128.

PAULSEN, Friedrich: Geschichte des gelehrten Unterrichts auf den deutschen Schulen und Universitäten vom Ausgang des Mittelalters bis zur Gegenwart, 2 Bde., 2. verm. Aufl., Leipzig 1896–1897 (Erstaufl.: 1884).

PROCHASKA, Roman: Hamann und Horaz. Die Funktion des Zitates in der Wortkunst des Magus, Diss. (Masch.), Graz 1966.

PROß, Wolfgang: Jean Pauls geschichtliche Stellung, Tübingen 1975.

RAABE, Paul: Bücherlust und Lesefreuden. Beiträge zur Geschichte des Buchwesens im 18. und frühen 19. Jahrhundert, Stuttgart 1984.

REES, Graham: An Unpublished Manuscript by Francis Bacon: Sylva Sylvarum Drafts and Other Working Notes, in: Annals of Science, 38, 1981, S. 377–412.

SAENGER, Paul: Space between Words: The Origins of Silent Reading, Stanford 1998.

SCHANZE, Helmut: vgl. BREUER, Dieter 1981.

SCHIFFMAN, Zachary S.: Montaigne and the Rise of Skepticism in Early Modern Europe: a Reappraisal, in: Journal of the History of Ideas, 45, 1984, S. 499–516

SCHMIDT-BIGGEMANN, Wilhelm: Maschine und Teufel. Jean Pauls Jugendsatiren nach ihrer Modellgeschichte, Freiburg u. München 1975.

SCHMIDT-BIGGEMANN, Wilhelm: Topica universalis. Eine Modellgeschichte humanistischer und barocker Wissenschaft, Hamburg 1983.

SERRAI, Alfredo: Dai »loci communes« alla bibliometria, Rom 1984.

SERRAI, Alfredo: Storia della bibliografia, hg. von Maria Cochetti u.a., Rom 1988ff.

SHARPE, Kevin: Reading Revolutions: The Politics of Reading in Early Modern England, New Haven 2000.

SOFFKE, Günther: Jean Pauls Verhältnis zum Buch, Bonn 1969.

SPICKER, Friedemann: Der Aphorismus. Begriff und Gattung von der Mitte des 18. Jahrhunderts bis 1912, Berlin u. New York 1997.

SPICKER, Friedemann: Vom »Sudelbuch« zum »Aphorismus« – Lichtenberg und die Geschichte des Gattungsbegriffes (Teil I u. II), in: Lichtenberg-Jahrbuch, 1997, S. 96–115; 1998, S. 115–135.

STEINSIEK, Angela: vgl. BERNAUER, Markus 2013.

STOLPE, Heinz: Die Handbibliothek Johann Gottfried Herders. Instrumentarium eines Aufklärers, in: Weimarer Beiträge, 12, 1966, S. 1011–1039.

STOLPE, Heinz: J. G. Herders Handbibliothek und ihr weiteres Schicksal, in: Goethe-Jahrbuch, 1966, S. 206–235.

THIONVILLE, Eugène: De la théorie des lieux communs dans les topiques d'Aristote et de ses principales modifications, Paris 1855.

VODOSEK, Peter: vgl. ARNOLD, Werner 1988.

VOLPILHAC-AUGER, Catherine: vgl. DESGRAVES, Louis 1999.

VOLPILHAC-AUGER, Catherine (unter Mitwirkung von Claire Bustarret): L'Atelier de Montesquieu. Manuscrits inédits de La Brède, Neapel u. Oxford 2001.

WAQUET, Françoise (Hg.): Mapping the World of Learning. The Polyhistor of Daniel Georg Morhof, Wiesbaden 2000.

WEBER, Jutta: vgl. BERNAUER, Markus 2013.

WEIGL, Engelhard: Aufklärung und Skeptizismus. Untersuchungen zu Jean Pauls Frühwerk, Hildesheim 1980.

WEIMAR, Klaus: Geschichte der deutschen Literaturwissenschaft bis zum Ende des 19. Jahrhunderts, München 1989.

WIECKER, Rolf: Die Notizhefte Heinses und ihre Bedeutung für den Roman Ardinghello. Ein Beitrag zur Entstehungsgeschichte des Ardinghello, in: Text & Kontext, Jg. 5, Heft 1, München 1977, S. 49–72.

WIEDEMANN, Conrad: Polyhistors Glück und Ende. Von Daniel Georg Morhof zum jungen Lessing, in: Festschrift Gottfried Weber, hg. von Heinz Otto Burger u. Klaus von See, Bad Homburg 1967, S. 215–235.

WIEDEMANN, Conrad: Topik als Vorschule der Interpretation. Überlegungen zur Funktion von Toposkatalogen, in: Breuer u. Schanze 1981, S. 233–255.

WILL, Michael: Die elektronische Edition von Jean Pauls Exzerptheften, in: Jahrbuch für Computerphilologie, 4, 2002, S. 167–186 (auch abrufbar unter: http://computerphilologie.uni-muenchen.de/ejournal.html).

WILL, Michael: Jean Paul: »Schreiben – Aufzeichnen – Eingraben.« Aus den unveröffentlichten Exzerptheften (1782–1800), in: Jahrbuch der Jean-Paul-Gesellschaft 37 (2002), S. 2–13.

WILL, Michael: Jean Pauls (Un-)Ordnung der Dinge, in: Jahrbuch der Jean-Paul-Gesellschaft 41, 2006, S. 71–95.

WILL, Michael: Lesen, um zu schreiben – Jean Pauls Exzerpte, in: Bernauer 2013, S. 39–48.

WIRTZ, Thomas: Die Erschließung von Jean Pauls Exzerptheften, in: Jahrbuch der Jean-Paul-Gesellschaft, 34, 1999, S. 27–30.

YATES, Frances Amelia: The Art of Memory, London 1966.

ZEDELMAIER, Helmut: Bibliotheca universalis und bibliotheca selecta. Das Problem der Ordnung des gelehrten Wissens in der frühen Neuzeit, Köln, Weimar u. Wien 1992.

ZEDELMAIER, Helmut: De ratione excerpendi: Daniel Georg Morhof und das Exzerpieren, in: Waquet 2000, S. 75–92.

ZEDELMAIER, Helmut: vgl. MULSOW, Martin 2001.

ZEDELMAIER, Helmut: Lesetechniken. Die Praktiken der Lektüre in der Neuzeit, in: Mulsow u. Zedelmaier 2001, S. 11–30.

ZEDELMAIER, Helmut: Buch, Exzerpt, Zettelschrank, Zettelkasten, in: Archivprozesse. Die Kommunikation der Aufbewahrung, hg. von Hedwig Pompe u. Leander Scholz, Köln 2002, S. 38–53.

Wissenschaft im
Ripperger & Kremers Verlag

Realitätsflucht und Erkenntnissucht. Alkohol und Literatur
Herausgegeben von Markus Bernauer und Mirko Gemmel
Mit acht Grafiken von Johannes Jansen
Einleitung von Norbert Miller
mit Beiträgen von:
Peter Sprengel, Markus Bernauer, Hans-Christian Stillmark, Michael
Heidgen u. Svenja Nier, Ronald Perlwitz, Matthias Berning, Astrid
Henning, Tan Wälchli, Katharina Lukoschek, Francesco Burzacca,
Roland Berbig, Stephanie Schmitt, Špela Virant, Valerie Holbein u.a.

Wissensräume. Bibliotheken in der Literatur
Herausgegeben von Mirko Gemmel und Margrit Vogt
mit Beiträgen von:
Dietmar Rieger, Monika Schmitz-Emans, Elisabeth Décultot, Regina
Hartmann, Angela Steinsiek, Dirk Werle, Nikolas Immer, Matthias
Hennig, Christian Ronneburger, Ira Diedrich, Andreas Grünes u.a.

Demiurgen in der Krise. Architektenfiguren in der
deutschsprachigen Literatur nach 1945
Sarah Pogoda

Angemessenheit und Unangemessenheit.
Studien zu einem hermeneutischen Topos
Mirco Limpinsel

Denksystem – Logik und Dichtung bei Käte Hamburger
Claudia Löschner